珞珈政治学评论

武汉大学政治与公共管理学院 主办

《珞珈政治学评论》编辑委员会 编

第一卷
VOL.1

武汉大学出版社

图书在版编目(CIP)数据

珞珈政治学评论.第一卷/武汉大学政治与公共管理学院主办;《珞珈政治学评论》编辑委员会编.—武汉:武汉大学出版社,2007.8
ISBN 978-7-307-05735-7

Ⅰ.珞… Ⅱ.①武… ②珞… Ⅲ.政治学—文集 Ⅳ.D0-53

中国版本图书馆 CIP 数据核字(2007)第 104142 号

责任编辑:舒 刚　　　责任校对:黄添生　　　版式设计:詹锦玲

出版发行:**武汉大学出版社** 　　(430072　武昌　珞珈山)
　　　　　(电子邮件:wdp4@whu.edu.cn 网址:www.wdp.whu.edu.cn)
印刷:湖北恒泰印务有限公司
开本:787×1092　1/16　印张:16.25　　字数:388 千字　插页:2
版次:2007 年 8 月第 1 版　　2007 年 8 月第 1 次印刷
ISBN 978-7-307-05735-7/D · 747　　　定价:23.00 元

珞珈政治学评论

（第一卷）

卷 首 语

张星久

很长时间以来，我们一群致力于政治学研究和教学的同仁就有一个愿望，希望找到某种学术园地，以便发表和交流自己的研究心得；也希望借助这个平台，吸引更多的大家、同行来展示政治学的魅力，好让我们有接受激励、迎接挑战、经受学术洗礼的机会。这本《珞珈政治学评论》（第一卷）就是我们期待中的平台和园地。它的旨趣就是切磋学问，砥砺精神，养成学术共同体，培育学术的可持续发展能力，在杂花生树的珞珈山下，播几粒学术的种子。

不用说，作为首卷《珞珈政治学评论》，一定不免缺憾之讥，但这毕竟是一个可喜的开端。今后，随着经验的逐渐积累和各方面条件的成熟，我们会把《珞珈政治学评论》内容做得更丰富、栏目专题更集中、学术品位更高、特色更鲜明。为此，我们诚请各位学界大家、同行的关注、批评与不吝赐教。

目　录

学科调查报告

读 书 札 记

学 术 动 态

当代政治学与政治理念

坚持马克思的立场，研究当代政治学

刘德厚*

编者的话：武汉大学政治学理论专业的部分中青年教授和博士，近几年来，在刘德厚教授的提倡和指导下，坚持以马克思学说的立场、观点、方法为指导，紧密结合中国社会主义改革开放的实践，对当代政治学理论的若干基本问题，进行了系统的研究，产生了一系列比较优秀的成果——《广义政治论》、《人本政治论》、《政治现代化比较研究》、《政治文明论》、《大众媒介的政治社会化功能》和《行为主义政治学方法论研究》等。由它们所组合而成的"当代政治学马克思主义研究系列"专著出版后，受到了学界的关注和好评，其中的两部被评为"第四届中国高校人文社会科学优秀成果二、三等奖"，两部以优秀作品分别入选 2004、2005 年《中国学术年鉴》（人文社会科学版）。

现在，我们利用《珞珈政治学评论》创办的机会，将刘教授为上述著作撰写的有关序言、评论予以摘要发表，以便读者对这些著作的特点和彼此间的相关性有一个整体的了解，对其学科建设的意义，有更为明晰的认同。

一、中国政治学研究应坚定地走向马克思的立场①

马克思是迄今为止，人类历史上最坚定、最勇敢、最明确因而也是最彻底地站在解放全世界劳动者立场上为之解放而呐喊的一位伟大学者和革命家。他用自己的科学理论和天才智慧为全世界人民服务，而自己却终身贫困，最后端详地坐在陪伴他一生的安乐椅上与世长辞。为了永不忘却的纪念，我愿意将《广义政治论》首先献给马克思，以表达对他的敬仰和眷恋。

历史在走向马克思，时代在走向马克思，中国在走向马克思，谋求自我解放的人类，总是把自己的命运同马克思人类解放的科学理念联系在一起。如果说，亚当·斯密发现了资本主义社会对利润最大化的追求是"经济人"的根本动力，资本怎样利用这只所谓"看不见的手"获取最大利润，积累财富，结果使人被物化成为金钱的奴隶。那么，马克思则从人的劳动生存本性出发，发现人类必将在"自由劳动"的基础上，把自己从物的奴隶变成为物的主人，最后实现人的解放就是人自身的解放。**人类必将通过自由劳动，创造出新世界，从而把自己铸就成为"自由人"。**

＊ 武汉大学政治与公共管理学院教授。

① 这是从《广义政治论》一书《序言》中摘录的，文字作了修饰。小标题系编者所加。——编者注

现代资本（各种形态的）尽管像一位有高招的魔术师，在人们面前玩弄变换财富的戏法，造出种种幻影，以推动文明进步。但是，大多数人则仍然被桎梏于"文明的野蛮"之中。劳动者创造的财富，源源不断地流向少数人，而多数人循环地生活在物的统治之下，哀苦求生，并一代又一代地继承着贫穷与苦难的折磨。历史证明，劳动者创造世界，创造财富，但又总是由劳动者承担着这种苦难！因此，只有真正代表劳动者利益的思想，才称得上是颠扑不破的真理；只有永远站在人民一边，才能成为世界上不可战胜的力量。为人民呐喊，走向人民，真理才会变成为现实的物质力量，人类才能享受到解放的成果。胡锦涛同志在《"七一"重要讲话》中发出了一个几乎被人忘却了的时代最强音：**相信谁、依靠谁、为了谁，是否始终站在最广大人民的立场上，是区分唯物史观和唯心史观的分水岭，也是判断马克思主义政党的试金石。**这个根本的马克思的立场，我们新时代的共产党人决不能丢！

中国人民正在走向马克思，中国化的马克思主义，始终是保证中国人民取得胜利的法宝。只有走向马克思，才有中国化的马克思主义，也只有把马克思主义中国化，才能实现走向马克思。因此，构建当代中国政治学科体系，也需要在中国特色社会主义的伟大实践中走向马克思，以适应从"阶级的政治解放"转向"经济的社会解放"新时代的要求。

二、当代政治学的马克思主义研究①

我们撰写的这几部书，是武汉大学承担的"中华人民共和国教育部'211 二期工程'项目"子课题《当代政治学的马克思主义研究》的成果。它们曾于 2003、2004、2005 年，分别被列为武汉大学学术丛书出版。为了更好地体现研究者们的创作本意，凸显共同特色，现集中起来，以《当代政治学的马克思主义研究系列》的名义单独出版发行。

我们选择以"当代政治学马克思主义研究"视角为创作的立足点，其目的就是要把马克思主义中国化的研究，同构建有中国特色的政治学科研究有机地结合起来。改革开放以来，中国政治学理论工作者，遵照邓小平关于"政治学要赶紧补课"的号召，本着服务于社会主义改革和经济社会发展之所需，积极投入政治学科的恢复与重建，贯彻解放思想，实事求是的思想路线，清除政治学科领域"左"的教条主义的影响，取得了重大的成就。同时，在贯彻大胆"吸收和借鉴当今世界各国包括资本主义发达国家的一切反映现代社会化生产规律的先进经营方式、管理方法"②的精神指引下，学界和出版机构大力组织翻译出版了大量西方政治学著作（包括经典名著）、教材和文献资料。20 多年来，我们引进西方政治文化的深度和广度，在历史上达到了空前。这些外来思想文化，一方面，其精华使中国人思考、研究政治学科的世界视野开阔了，思想解放了，进而推动了中国政治现代化的进程；但另一方面，不可否认，西方政治思想中暗含的形形色色的资产阶级自由主义、极端个人主义等价值观念和陈旧思想意识，也随之被带进到了国内。不仅影响人们的思想行为，而且影响到中国政治学科的构建。在一些缺乏批判精神和创造能力的人中，生吞活剥、食洋不化的倾向产生了；在一些论文、新编的教科书里，照搬照抄，充斥

---

① 这是从《当代政治学马克思主义研究系列》丛书的《总序言》和《对〈人本政治论〉一书评述》中摘录的有关内容。小标题系编者所加。——编者注

② 《邓小平文选》第 3 卷，人民出版社 1993 年版，第 373 页。

外来理念的现象发生了；在一些大学和学术讲台上，抽象地宣扬所谓"政治价值中立"、不加分析地反对所谓"政治意识形态化"的思潮流行起来了。所有这些，模糊了马克思主义在政治学中的指导地位，冲击了以社会主义为共同理想的主流社会意识形态的主导作用。不同的社会政治价值观念在学科建设中发生激烈的碰撞，成为当前政治理论战线上一个不可忽视的严重问题。因此，实施马克思主义中国化的研究工程的一项现实性的迫切任务，就是要在包括政治学科在内的社会科学建设中，在继续清除"左"的教条主义的影响的同时，认真解决学科领域出现的上述种种倾向。

政治学作为一门学科，本是从19世纪末、20世纪初开始从欧美传入到中国的；"五四"运动后，一部分先进知识分子和中国共产党人，把马克思列宁主义的政治学理论引入到了中国。这两大政治潮流，深刻影响了近代中国社会的发展。百年后今天，中国进入全面、持续经济社会发展的新时代，我们党坚定明确地提出：为了适应全面建设小康社会的新形势、新任务，政治思想工作必须坚持高举邓小平理论和"三个代表"重要思想的伟大旗帜，着眼于巩固马克思主义在我国意识形态领域的指导地位和发展社会主义先进文化。因此，在中国政治学科的建设中，毫无疑义地要着力开展当代政治学的马克思主义研究，在现实的教学与研究领域，克服"食洋不化"和"照抄照搬"倾向；要提倡运用马克思主义的基本立场、观点和方法，密切联系实际，发扬自主创新精神，独立探索以中国经济社会发展为中心的政治学基础理论及其学科体系，构建反映中国经济社会发展的客观规律和民族特征的政治学及其各分支学科。中国社会主义经济政治现代化的伟大实践，必然推进包括政治学科在内的中国社会科学学科化发展。

现在，编入这套系列的书，是由《广义政治论》、《政治现代化比较研究》、《政治文明论》、《大众媒介的政治社会化功能》、《行为主义政治学方法论研究》等专著构成。这些著作力图站在发展时代的高度，抓住中国政治学学科建设中的若干基本主题，深入展开学科基础理论的专题研究，形成了有一定内在学科联系的著作群。我们坚持以马克思主义方法论作指导，大胆探索中国政治学科发展的新路子，分别就广义政治研究方法，国家权力政治学、经济政治学、文明与文化政治学，大众传播政治学、心理行为政治学等分支作了一定自主创新研究。现就已出版的著作，分别作简要说明：

《广义政治论》，是一部为现当代中国"广义政治"论道的奠基作品。它从现代政治学的学科性上，用马克思主义的政治历史整体观和"劳动人本政治论"为方法论基础，系统分析了现代人类怎样从政治社会走向社会政治的客观必然性和现实可能性，中国怎样通过在双重转型中走向社会政治未来的规律性。从而为建设具有中国特色的经济社会发展政治学及其分支学科，提供理论和方法论基础。本书深入阐发了邓小平关于"政治即大局"的人民政治发展观，人民群众的大局利益关系，是社会政治形成的出发点和根本基础，并以此建立现代中国的发展政治学。为此，本书就"政治关系社会化"、"国家政治"、"社会政治"、"中国社会双重转型"、"中国走向社会政治"等重要新范畴作出了学科性论证。为中国政治学建立在现代马克思主义的基础上，贡献出了新的思维。广义政治论从社会关系整合性特点出发，论证了人类社会生活基本要素间的彼此渗透、相互转化，是造成人类三大政治体系——权力政治体系、经济政治体系、文化政治体系——的客观基础。为政治学新兴学科的构建，提供了科学的依据。

《政治现代化比较研究》，是一部关于系统论述当代政治现代化历史经验和发展规律性著作。它围绕以国家权力政治学为中心内容，用综合比较的方法，研究人类社会政治形态从传统向现代发展的一般动力（或阻力）过程和结果，揭示不同现代政治模式的民族特点和发生、发展的规律；在制度和体制层面上，以20世纪80年代中期各国政治现代化取得的成果为依据，着重分析现代政治的规范、运作，指出国家政治生活的真正秘密，正如马克思主义的历史唯物主义方法论所阐明的那样，不是从观念和国家自身去探寻，而是从国家与社会的整体关系中，透视政治与经济文化社会的互动，把握现实与历史的关联。从而将现代政治的体系与环境、结构与功能、原理与机制、组织与文化、心理与行为视为一个不可分割的有机整体；在方法论层面上，论述了将马克思主义唯物辩证法与现代政治学的系统分析、比较分析、个案分析、结构功能分析、制度分析、心理分析以及行为分析等实证性方法有机结合，达到科学的历史唯物主义的阶级分析与社会化分析相统一。用丰富的资料历史的经验，对东西方传统政治与现代政治的总体异同，世界各国各种具体政治形态（公民政治、政党政治、选举政治、集团政治、政府权力、政府领导等），说明当今人类政治生活怎样从传统向现代转型，为中国目前正在进行中的社会政治的现代化，提供可资借鉴的理论养分与实践经验，使其进程更为稳健、更加有效地向前推进。

《政治文明论》，是一部围绕当今中国政治文明建设为主题而展开的关于政治文明体系化和学科化的专门论著，是对现今政治文化的理论基础的一个马克思主义的说明。本书就政治文明的历史理论、范畴特征、学科内涵、科学体系进行了系统的概括，成为中国人结合自己的实践经验，论述中国化的政治文明理念的重要作品。作者就中国政治文明主体建设，政治文明建设的目标模式和在新世纪如何发展中国化的政治文明道路与途径，作了有现实意义的深入探讨。要特别指出的是，本书还对建设政治文明与发展现代文化政治学之间的相关性的意义进行了讨论。当今人类社会整体性的发展，将政治学同文化学联姻，人类社会生活的文化化、信息化相依，从而加快了人类政治生活的社会化、文化化进程。当今人类发展与进步的高度文化化的趋势不可阻挡。没有人类文化化的政治，也就没有人类社会的现代政治文明的发展与进步。民主法治是构建社会主义和谐社会的基本内容之一，发展社会主义民主，建设社会主义政治文明，成为推进中国政治文化化的不可或缺的一个重要方面。因此，现代政治文明建设成为了文化政治学的理论基础和核心内容。不断深化中国政治文明的研究，必然为中国文化政治学的建设开辟先河。

《大众媒介的政治社会化功能》，是一部试图将现代传播学与现代政治学相交集，从传媒的政治社会化功能这一集合点切入，提出构建大众媒介政治社会学体系的著作。传播学是研究人群之间的各种社会信息的交流，政治学则是研究人们之间的政治关系及其调控，两者在社会生活整合中，有着紧密的内在联系。如果说，传播与交流是政治社会得以形成的前提，那么，各种复杂的社会政治关系的调控则需依靠信息传播工具来实现。没有信息传播，就不会有社会政治生活的形成。作者紧紧抓住政治关系社会化与大众传媒这一交集点，以宽阔的历史视野，和新闻与政治的坚实理论基础，结合这一新领域的若干现实问题，比较深入地探讨了作为政治社会化渠道的大众媒介，对政治目标实现过程中的基本功能及发生机制、政治社会化的效果及调控方式、传播艺术手段在政治生活中的运用等，进行了创新性的论述；对当代中国大众媒介政治社会化功能多样性战略构建，提出了对策与建议，为开辟中国传播政治学的研究工作做出了开拓性的贡献。

《行为主义政治学方法论研究》，是一部用马克思主义的辩证唯物主义基本原理，分析研究行为主义政治学方法论及其限度性的著作。本书有三大主要贡献：第一，作者从廓清"政治行为"这一概念着手，指出行为主义政治学把行为心理学的方法，当作惟一可实证的科学引入政治学研究领域，是一种"新形而上学"和"唯实证论"的表现。这一政治思维方式，集中地表现在行为主义政治学方法论所坚持的两大主张上：一是针对传统政治学的意识形态倾向而提出的"价值中立"论，二是针对传统政治学思辨和抽象的方法而推行的唯实证的研究方法。它公开提出把这种"价值中立"论的实质，归结为以美国为中心的价值观体系为政治价值的终结，拒绝对既定的政治价值进行变革，在意识形态问题上设置双重标准；唯实证的研究方法强调将政治现象量化，局限于政治现象中可测量的方面，只相信认识的感性成果，而忽视理性认识的能动作用，终于使其思维方法上走向了"新形而上学"。第二，作者结合中国政治学科的发展实际，分析了20世纪80年代改革开放初期的中国，政治学研究还处于恢复阶段的背景，深刻指出，在克服"左"倾教条主义思维而形成的暂时空白点上，使行为主义政治学方法论似乎重新寻找到了可替代"教条主义"的"生长"缝隙。这种在西方已经开始走向衰落政治思潮，一时间在中国政治学界的影响重新鼓噪起来，使某些政治学者甚至全盘接受了这种价值观和方法论。但实践已经证明，行为主义政治学方法论有其自身的限度，它并不是万能的，更不是真正科学。第三，本书明确指出了目前中国政治学学科建设的首要任务，就是建立具有中国特色的政治学方法论，而具有中国特色的政治学方法论，不是如行为主义政治学那样的唯实证，而必须是建立在马克思辩证法指导下的科学实证方法论基础上。

《人本政治论》①，是一部集中研究马克思的人本政治思想与中国特色人本政治建设新实践的专著。本书主要进行了三个方面的独到研究：（1）人的政治主体性和人本政治的一般理论。即从人本政治的研究方法和分析框架，人的政治主体性和人本政治的概念、本质与属性以及人本政治的类型等方面，对人的政治主体性和人本政治的一般理论作了基础性的论述。（2）"劳动人"的政治主体性和马克思的人本政治思想。作者通过回归马克思"劳动人本"的历史逻辑假设而证明，马克思拥有丰富而独特的人本政治思想——"劳动人本政治观"；"劳动人本性"是马克思的人本政治思想区别于西方其他理性人本政治思想的本质特征。在此基础上，对马克思人本政治思想的基本含义及其人民性、完整性、开放性和现代性这四个基本特点作出了恰当的解释，并对其主要思想内容进行了系统的梳理。（3）马克思人本政治思想的中国化和中国政治人本化的理论与实践。作者突出论证了马克思主义人民政治思想中国化的历史发展阶段与理论形态，解读了马克思人本政治的中国化和中国政治人民化与人本化的逻辑联系。这些研究，对于中国共产党人结合中华民族传统文化而构建以人为本的新政治文化的现实实践和发展趋势，提供了马克思主义的诠释，即以胡锦涛为首的党中央，提出"要坚定不移地以科学发展观统领经济社会发展全局，坚持以人为本"的经济社会政治发展的思想路线，集中地表现出在继承人民民主政治思想优秀传统的基础上，发展了"新人民政治"的思想体系。而且，以人为本的科学发展观也创造性地完成了从马克思的劳动人本政治观的一般原理，向当代中国以经济社会发展为中心的政治人本化新思想的过渡。

---

① 刘俊祥著《人本政治论》原本是《当代政治学马克思主义研究系列》计划中的一部，因客观原因未能及时出版，后由中国社会科学出版社于2006年单独出版。

三、研究马克思人本政治思想的学理价值与时代意义①

我们人类，现在正处在一个新的历史发展阶段上。人本政治，再一次被政治家所重视，为学界广为关注。古今中外，在解析何为"人本"的问题上，一直争论不休，众说纷纭。当今，提出"人本政治"的概念及其理论基础研究的新课题，似乎更是令人费解。但这又确实为新时代所需求。

学界一提到"人本政治"问题，有人就以为是讲"人本主义政治"。其实不然，"以人为本"并不等同于"人本主义"，因此，"人本政治"也就不等同于"人本主义政治"。研究"人本政治"，简言之，就是研究"以人为本的政治"。我们可以从两个层面上加以展开：一是从"人本"即人的本质性意义上，所谓"人本政治"就是关于"人的政治本质性"的研究；二是从"人本"即人进行活动的目的就是为了人本身的意义上，所谓"人本政治"，就是一切政治活动要坚持"以人为本"，以人为出发点。在中国社会主义现代化的历史进程中，政治家提出了"坚持'以人为本'的科学发展观"，实质上是要坚持人民群众创造历史的观念，实现人的自主创新和自我解放；在现实性的政治生活实践中，贯彻"以人为本"的历史唯物主义基本原则。因此，抓住了中国经济社会发展中的人与政治这一根本关系，开展关于"人的政治主体性的马克思主义研究"，不能不说是一项极具开创意义的学理探索工程。

人类社会的一切政治现象，说到底都是以人为主体的政治。一方面，人通过对政治关系的内在化而生成为**人的政治性**；另一方面，人又通过政治实践，使人的政治主体性外在化为**人实现自我的手段**。人的政治性所表明的是政治人的自我与非自我之间的一种必然的特定关系，在政治学理论上，我们把它称为"人的政治主体性"。因此，从这个意义上讲，"人本政治"概念所表达的一个核心思想，就是关于人的政治本质性与人的政治生活行为过程之间的内在联系。这在中外学界曾形成了许多不同的观点。但归纳起来，主要有两种：一是"理性人本政治观"，从亚里士多德的"人是天生政治动物"，到霍布斯的所谓"人造人的本质"的自然法政治理论，再到卢梭关于人具有天生自由政治权利的理念。他们都是以自然人本主义为基础，将人性逻辑地抽象为一种关于人的政治理性，构成为西方传统政治学中的哲学基础。在过去的2500多年间，"理性人本政治观"以其独特的政治思维范式，支配着自由主义政治观念的信奉者。现在流行的新政治自由主义思潮，归根到底不过是历史上自由主义的新变种；二是"劳动人本政治观"，其渊源可追溯到19世纪四五十年代马克思提出的"异化劳动"理论。马克思对欧洲近代传统政治学中的"理性人本"理论进行了批判，确立了新唯物主义"劳动人本"理论，从资本主义的雇佣劳动制关系中揭露了资本与劳动的对立，进而建立了"劳动人本政治观"的理论基石。

上述两种政治观，也是两种方法论。在2004年出版的《广义政治论》一书中，分别论述了这两种不同思维范式在观察社会政治现象时所表现的不同特征，并尝试得出了以下的若干结论：（1）人的政治本性并不是天生所具有，而是人劳动生存利益关系的集中表现；（2）劳动创造人，同时人在劳动中也自我生成为自己的本性，使人的自然性、社会

---

① 这里摘录的是刘德厚为《人本政治论》一书出版时所写的序言部分。小标题系编者所加。——编者注

性、意识性三者有机统一起来，并获得不断发展和完善；（3）人的政治主体性在现实人的劳动生存活动中，必然生成为一种社会全局性政治利益关系，社会政治生活的原生起点也就从这里开始；（4）在社会划分阶级、阶层的情况下，阶级关系不过是人类劳动生存利益关系在特定社会条件下的特殊经济、政治关系，是形成阶级政治的基础。以上各点，构成了"劳动人本政治"的观念体系。由此，我们可以看出，研究"人本政治"，对于揭示整个人类社会政治关系的由来与发展、现象和本质、特殊性与普遍性，以及准确把握人类政治生活发生、发展的自然历史过程的规律性，都具有重要的方法论意义。它对于人们观察、分析当今经济社会发展时代的政治生活多样性形态及变迁，有广泛的普遍性价值。

人是自然进化的产物，又能创造人化的自然；社会是人的社会，又是人社会化的结果。新唯物主义把"社会化的人类"作为自己的立脚点。因此，马克思主张把现实性的人作为自己学说的出发点。他在早年（1843～1844）就已确认，从事劳动生产活动的人类，在从自然到社会的发展、进化过程中，造就了人的自由自觉的劳动本质潜能。人以劳动为本，社会以人为本。[①] 马克思说："人不是抽象的蛰居于世界之上的存在物。人就是人的世界，就是国家，社会。""人的根本就是人的本身。"而从德国的实际情况看，"惟一实际可能的解放是以宣布人是人的最高本质这个理论的立足点的解放。"然而，正是因为年轻的马克思曾经有过这些最初关于人的本质性的论述，后来就被20世纪二三十年代的苏联众多学者视为带有费尔巴哈"理性人本主义"的深刻烙印。从而造成了一种传统的观点：认为只有人的阶级性，才是现实的人性，才是所谓真正的历史唯物主义者。这些学者把马克思关于人的社会阶级观点，简单化为"人性即阶级性"。这种对马克思"人本"理论的片面理解，为以后政治革命高潮中产生左倾教条主义制造了理论基础。人们也许不知道，马克思论证"劳动人本"的新人性观的根本目的，就是要摆脱"理性人本"的桎梏，为走向新唯物主义的现实人性观开辟道路。现实的人性总是首先要以其依存的社会性为基础的。马克思在《〈黑格尔法哲学批判〉导言》中，把德国无产阶级的阶级性，首次称为"非市民阶级的市民社会阶级"，认为无产阶级也不可能脱离所依存的市民社会。他在回答关于德国人如何实现人的解放问题时指出：只有通过德国无产阶级的解放，才能达到人的真正自我解放。从下面所说的这段话，就可以看出马克思"人本"思想的初衷：

"那么，德国解放的实际可能性到底在哪里？

答：就在于形成一个被戴上彻底的锁链的阶级，一个并非市民社会阶级的市民社会阶级，形成一个表明一切等级解体的等级，形成一个由自己遭受普遍苦难而具有普遍性质的领域，这个领域不要求享有任何特殊的权利，因为威胁着这个领域的不是特殊的不公正，而是一般的不公正，它不能再求助于历史的权利，而只能求助于人的权利，它不是同德国国家制度的后果处于片面的对立，而是同这种制度的前提处于全面的对立，最后，在于形成一个若不从其他一切社会领域解放出来从而解放其他一切社会领域就不能解放自己的领域，总之，形成这样一个领域，它表明人的完全丧失，并因而只有通过人的完全回复才能回复自己本身。社会解体的这个结果，就是无产阶级

---

① 参见《马克思恩格斯选集》（第1卷），人民出版社1995年版，第1～80页。

这个特殊等级。"①

恩格斯晚年，在回忆自己早年所著的《工人阶级状况》一书时指出，虽然该书多少带有费尔巴哈式的印记，但对于马克思最初关于人与社会、阶级之间的相互关系的基本思想，却明确认定为具有新唯物主义的本质特征。比如，他在 1888 年公布《关于费尔巴哈的提纲》时，把"社会化的人类"，当作是马克思创立新唯物主义的基本立足点，并得出了一个经典式的概括：

> "环境的改变和人的活动或自我改变的一致，只能被看作是并合理的理解为革命的实践。""费尔巴哈把宗教的本质归结于人的本质。但是，人的本质不是单个人所固有的抽象物，在其现实性上，它是一切社会关系的总和。""旧唯物主义的立脚点是市民社会，新唯物主义的立脚点则是人类社会或社会的人类。"②

后来，恩格斯就是根据马克思《1844 年经济学哲学手稿》关于"劳动异化"理论、人类劳动形态发展的理论和《资本论》关于人类一般劳动和劳动价值理论，专门撰写了《劳动在从猿到人的转变中的作用》，全面论述了什么是历史唯物主义的"劳动人本"学说，进一步彻底批判了"理性人本主义"。为建立现代科学的新"人本学"奠定基础。也就是马克思主义科学的劳动人本理论，为我们在政治学领域提出用"劳动人本政治观"顶替了"理性人本政治观"，完成政治学科体系的马克思主义政治哲学的改造，开辟了先河。

在当今人类进入经济社会持续发展与高速信息化时代，中国特色社会主义现代化建设蓬勃发展，新的科学技术革命，极大地推动着劳动知识化和科学化，社会主义的劳动实践，呼唤着"人类劳动的解放"和"人的劳动潜能的发挥"，要求实现人劳动权利的平等！这一新的不可阻挡的社会历史潮流，把劳动解放从阶级的政治解放，推进到了经济的社会解放新阶段，开始对市场经济条件下的现存劳动制度和劳动方式实现变革；从旧式商品劳动关系中，引发出了对人与政治的关系的新思考：人类在劳动生存活动中，不仅要摆脱人身依附关系，上升为形式上有独立劳动人格的商品劳动者，而且也要创造条件，逐步摆脱旧式资本形式的物对人的统治状态，以争取新式的和独立的自由劳动制度，取代雇佣劳动制度。现代社会生产劳动的高度社会化、知识化，直接促进人的现实劳动方式和生活方式的革新，更高形态的新社会劳动制度的各种萌芽开始出现，要求劳动者的政治主体性不断获得提高和改善。否则，劳动者就不能在旧式劳动制度下获得真正的解放。

人类历史到 20 世纪中后期，开始进入到一个多样性发展的新阶段。中国在新型工业化、现代化、市场化和社会化道路上，所激发出的人的劳动潜能创新化、自主化和知识化程度的提高，显示出了劳动解放的巨大的社会改造力量和人自我解放的历史作用。《人本

---

① 《马克思恩格斯选集》第 1 卷，人民出版社 1995 年版，第 1～16 页。

② 《马克思恩格斯选集》第 1 卷，人民出版社 1995 年版，第 55～57、61 页。在 1888 年恩格斯所公布的稿本中为"社会化的人类"。可见，在马克思和恩格斯看来，"社会"本身就含有"社会化"之意——作者注。

政治论》，站在新的经济社会发展时代的高度，以马克思主义的新视角，并以中国化的发展道路为立足点，专题探索人的劳动本性与社会政治实践的必然性，科学地揭示现实人类的政治主体性内在潜能，为向以经济建设为中心的新政治生活的历史性的转移，作了开拓性和创新性的研究。

我国社会发展正沿着中国特色的社会主义现代化方向，建设社会主义的新型市场经济制度，处在一个"双重转型"的时期。这就是说，在同一历史时空里，既要由传统社会向现代社会进行现代化转型，又要向创新社会主义制度和体制的转轨。其经济结构和社会结构都具有"双重转型"。在经济社会政治发展方面，正在经历新的历史性的转折，全面贯彻"以人为本的科学发展观"，是中国共产党以人为本的执政理念的集中表现。建设中国特色的政治学理论，坚持"劳动人本政治观"，从人的劳动生存的内在需要中培育人的新的政治理念和政治素养，发挥人的政治主人翁精神，从而为人的全面发展准备条件；国家和社会以人为本是政治的最高本质，实行亲民政治，从法制和制度上完善、落实胡锦涛同志所说的"权为民所用，情为民所系，利为民所谋"的原则，有助于将全党、全民的政治境界，提高到一个新的历史水平。

四、中国社会"双重转型"期的社会阶层结构分析①

私营企业主阶层及其政治参与问题，是当代中国社会结构和政治生活中发生的一件新鲜大事，也是重大的理论和实践问题。怎样科学认识中国私营企业主阶层的经济政治地位和社会历史作用以及它的发展前景，是中国社会"双重转型"期的重大理论和实践问题。回顾历史经验，我们党在新民主主义革命阶段和社会主义改造时期，遵循一切从实际出发的原则，科学分析了"民族资产阶级"的基本经济政治特性，采取了正确的政策，克服了"左"的右的干扰，从而保证了革命的胜利。现今，在社会主义初级阶段的社会"双重转型"期，中国社会又新生了"私营企业主阶层"。这个**新兴社会阶层**，根本上不同于历史上**原来意义**的"旧式资产阶级"，其经济政治状况具有极端的复杂性和民族的独特性。因此，确认私营企业主阶层在当今中国整体政治战略中的地位，科学把握它的特有经济政治性质，正确处理它同其他社会各阶层的政治关系，直接关系到中国社会政治结构的重构，关系到我们党的基本路线和基本政策的理论基础。如果说，工人阶级（包括知识分子）和广大劳动农民仍然是我国现阶段社会阶层的主体，那么，新生私营企业主阶层，则是社会主义建设事业的坚强的同盟者和经济、政治的重要依靠力量。胡锦涛总书记在2003 年7 月1 日发表的《"七一"重要讲话》中明确告诫全党：在深入改革开放的新形势下，正确解决"**相信谁、依靠谁、为了谁，是否始终站在最广大人民的立场上，是区分唯物史观和唯心史观的分水岭，也是判断马克思主义政党的试金石**"。所以，坚持用马克思主义的立场、观点和方法，分析我国当代社会阶层，是关系能否正确处理**经济社会发展中全局利益关系**的重要关键。

我们应该承认，在分析现代社会阶层问题上，马克思主义者的观点，同西方流行的所谓"社会分层"理论之间，有着原则性的分歧。西方政治社会学采用的所谓"社会分层"

---

① 这里摘录的是刘德厚为敖带芽博士（原系武汉大学马克思主义理论教育专业）撰写的《私营企业主阶层的政治参与研究》一书所作的《序言》的一部分。小标题系编者所加。——编者注

理论,抹杀了阶级关系同社会关系的区别,从而完全否认在阶级存在的条件下进行阶级分析的必要性。马克思主义者认为,阶级和阶层在历史上之所以必然发生,根本原因在于它与社会经济和劳动发展的程度有关。阶级是社会分工和社会经济发展不足的必然结果;所有制是决定人们之间的经济社会利益关系的基础。以所有制关系为核心进行中国现代社会经济结构、社会阶层结构的分析,进而在政治关系分析中,始终坚持唯物辩证法,做到政治的阶级分析同社会历史的分析的辩证统一,仍然是我们党必须坚持的基本方法。

这个科学的方法论告诉我们:中国私营企业主阶层,在社会主义公有制为主体和主导的条件下,从经济上看,他们是属于社会主义市场经济的重要组成部分;从所有制属性上看,他们又归于私有制的现代化企业范畴,并借其对生产资料私人占有的特权,无偿占有了别人的部分劳动成果,具有剥削者性质的一面;从社会管理和经营上看,私营企业主阶层中的大多数人,是企业的创始者,直接从事经营管理,具有劳动者性质的一面;从社会效果和发展趋势上看,由于我国私营企业主总体是依附于社会主义经济、政治主体,一切经营活动必须服务和服从于社会主义四个现代化事业发展的需要。在积累社会资本、发展社会经济、扩大社会就业等方面,他们客观上起着推进社会主义事业发展,发挥着国有经济难以替代的重要作用。然而,现代生产资料的私人占有,在客观上又同时存在某种程度上存在着自发资本主义倾向。因此,对于私营企业主阶层的社会政治经济的特殊历史作用的估量,我们决不可片面化、简单化,既不要低估它的现实性和长期性的积极作用,也不要完全否定它的某些必然的消极影响。改革开放20多年来,私营企业主阶层的经济、政治和社会地位不断提升,使其成为了一支不可忽视的重要经济社会力量。这是中国特色社会主义发展的历史必然。在社会主义公有制为主体的多种经济成分(新型混合制经济结构)长期并存的情况下,私营企业主所发挥的积极的历史性的作用,要充分肯定,坚决保护。我们不仅要充分估量到它的经济社会积极作用,而且还要以现实主义的科学态度,正确估量到它参与政治必要作用,团结、吸收他们中的先进代表人物,参与党和国家组织开展的政治活动。

我国宪法对私营企业主阶层的政治地位作了总体的规定。他们享有一切公民平等权利和义务,而且,他们属于人民范围,是社会主义政治主体的重要力量。正因为如此,我国私营企业主阶层的政治参与活动,都必须以宪法精神为准绳,坚持与社会主义根本利益目标、原则相一致。这是私营企业主参与政治活动的政治基础和法律前提。这样的总原则,有利于促进整个民营企业家阶层,自觉避免自发资本主义倾向的产生。

邓小平曾经明确指出,在我国要做到避免产生新资产阶级,关键在于经济上**坚持共同富裕,不搞两极分化**;政治上**坚持社会主义目标、方向**。他说:

> "社会主义与资本主义的不同特点就是共同富裕,不搞两极分化。创造的财富,第一归国家,第二归人民,不会产生新的资产阶级。……中国要搞现代化,绝不能搞自由化,绝不能走西方资本主义道路。"又说,"在我们国家,搞资本主义自由化,就是走资本主义道路,就统一不起来。""在改革中坚持社会主义方向,这是一个很重要的问题。我们要实现工业、农业、国防和科学技术现代化,但在四个现代化前面有'社会主义'四个字,叫'社会主义四个现代化'。我们现在讲的对内搞活经济、对外开放是在坚持社会主义原则下开展的。社会主义有两个非常重要的方面,一是公

有制为主体，二是不搞两极分化。公有制包括全民所有制和集体所有制，现在占整个经济的百分之九十以上。同时，发展一点个体经济，吸收外国的资金和技术，欢迎中外合资合作，甚至欢迎外国独资到中国办厂，这些都是对社会主义的一种补充。一个三资企业办起来，工人可以拿到工资，国家可以得到税收，合资合作的企业收入还有一部分归社会主义所有。更重要的是，从这些企业中，我们可以学到一些好的管理经验和先进技术，用于发展社会主义经济。这样做不会也不可能破坏社会主义经济。我们倒是觉得现在外国投资太少，还不能满足我们的需要。至于不搞两极分化，我们在制定和执行政策时注意到了这一点。如果导致两极分化，改革就失败了。会不会产生新的资产阶级？个别资产阶级分子可能会出现。总之，我们的改革，坚持公有制为主体，又注意不导致两极分化，过去四年我们就是按照这个方向走的，就是坚持社会主义。""共同富裕，这是体现社会主义本质的一个东西。如果搞两极分化，情况就不同了，民族矛盾、地区间矛盾、阶级矛盾都会发展，相应地中央和地方的矛盾也会发展，就可能出乱子。"①

这就是说，对于中国私营经济的存在和发展是有条件的。只允许它在政府正确政策引导下有利于社会主义的发展，不允许搞自由放任的自发性发展。私营企业主阶层要在政治上依据国家宪法和法律自由参与各种政治活动，平等享有公民的一切权利和义务，以及实行当家作主的政治地位。目的都是为了保证我国的私营经济不脱离服务于社会主义的发展方向，不让私营企业主阶层自发地发展成为一个"完整意义的阶级"——新资产阶级。他们依法拥有私人财产权，独立自主经营权，政治上拥有合法利益与权利，但不可有独立的"阶级政纲"和"政治统治权"。私营企业主阶层的合法政治参与权，不等同于说他拥有"政治统治权"。之所以如此，就是因为由我国社会主义制度的主体性，决定了私营企业主必须依据宪法做到使自己的政治利益和政治要求与社会主义根本利益一致。因此，在整个建设社会主义的过程中，私营企业主阶层的社会政治作用，只有在中国共产党的领导下，在以工农联盟为基础的人民民主国家制度范围内，以人民的一员和公民的资格，平等参与社会主义民主政治生活。一般说来，他们的一切合法利益，都要受到法律的保护。他们在政治参与的过程中，可以和应该积极反映这个阶层的利益与愿望。党和政府要重视它们合理、合法的种种政治性的诉求，依法保护他们的一切正当利益。但是，不能把我国私营经济的现实的合法占有权，不加分析地引入政治生活领域，对其客观存在的自发资本主义的倾向，应受社会主义整体制度监督和限制。善于积极引导私营企业主阶层，自觉坚持社会主义发展道路，是我们党和政府的一项长期而艰巨的历史任务。

---

① 《邓小平文选》第 3 卷，人民出版社 1993 年版，第 123～124、138～139、364 页。

从"权治政治"向"法治政治"的文化转型

——中国人本宪政建设的路径选择

刘俊祥*

摘要：宪政，即宪法政治，是指坚持以人为本的、奉行宪法规则至上性的政治生活方式。从人类文明的发展来看，宪政的政治基础应该是法治政治。这种法治政治观对人的规则性和政治的法治性的倡导，实际上就是对政治的强力性和权治政治的否定。中西方政治文化在表面上是"人治"与"法治"之分，但从实质上来看，两者应该是"权治政治"与"法治政治"的差别。正因为权治政治文化至今仍主导着中国社会，所以，法治政治与宪法政治才难以确立。于是，中国要推进宪政文明建设，首先就需要推动宪政基础理念的转换，这即是从权治政治向法治政治的文化转型以及相应的制度建构。

关键词：权治政治；法治政治；宪法政治；中国宪政理念转换；人本宪政

宪政，也称为"立宪政治"、"宪治政治"或"宪法政治"。国内学者对"宪政"概念有不同的界定，如民主政治说、分权限权说、法治统治说、国家权力合法性说、人权保障说、政治自由说和多元主义说等。具体分析，可以看到，这些"宪政"概念的观点往往具有表象性和片面性。从宪政的构成要素来看，美国学者汤普森指出："汉密尔顿是从政治方面看待宪政的典型，而布莱克斯通则是从法律方面看待宪政的典型。"① 也就是说，宪政包括了政治与法律两个方面。实际上，宪政应该由人、法律与政治三个要素所构成，首先，宪政具有人本性，体现人的政治主体性（人权、民主、自由等）；其次，宪政要坚持（公正的）法律规则（宪法规则）的至上性和权威性，即"宪政就是宪法政治，以宪法治理国家"②；最后，宪政应该是一种法治政治（而非权治政治）或者说宪法政治，即是说，它是"以宪法为前提，以民主政治为核心，以法治为基石，以保障人权为目的的政治形态或政治过程"③。从这个意义上讲，所谓宪政，就是指坚持以人为本的、奉行宪法规则至上性的法治政治。再具体地讲，宪政就是"国家依据一部充分体现现代文明的宪法进行治理，以实现一系列民主原则与制度为主要内容，以厉行法治为基本保证，以充

---

* 武汉大学政治与公共管理学院教授。

① 〔美〕肯尼思·W. 汤普森编：《宪法的政治理论》，生活·读书·新知三联书店1997年版，"导言"第1页。

② 张庆福：《宪法与宪政》，中国检察出版社1994年版，第286页。

③ 李龙等：《宪法学基本范畴论》，《中国法学》，1996年第6期。

分实现最广泛的人权为目的的一种政治制度"①。总之，宪政即是宪法政治，也就是以人为本并依宪而治的法治政治，这种法治政治谋求人的主体性与政治的规则性的统一并最终体现在宪法规则之中。

从宪政的规则性来看，宪政的政治基础应该是法律规则主治的法治政治，而非权力至上的权治政治。法治政治的法律规则性是以宪法为元规则的，即是说，宪政是以宪法为根本行为准则的法治政治，法治政治的最高形式是"宪法政治"。虽然不能将"法治政治"等同于"宪法政治"，但是，"宪法政治"与"法治政治"在基本目标和本质属性上却是一致的。如果说法治政治是规则政治，以规则为本位，那么，宪法政治就是最高层次的规则政治。正如布伦南和布坎南所说，"我们始终把'宪法'视为一套规则，或一套社会制度，个人在其中从事活动和相互交往。把这些规则比作一种博弈规则可能是有用的。一场博弈可以通过其规则来加以描述——这些规则亦即该项博弈的宪法"，② 这种宪政是制度中的重中之重，它是生成制度的制度，是规则的规则，是元制度、元规则。③

这种规则至上的法治政治是西方宪政的文化传统基础。对于中国来说，宪政则是舶来品。虽然法治与宪政的推行已经走过一段路程，但是，中国的宪政理念、宪政实践和宪政制度还非常落后，而且在宪政之路上还存在许多困难，其最大的阻碍在于，权治政治文化在中国至今仍然占据主导地位，还没有确立法治政治的文化理念。因此，中国走向宪政文明的现实之路径，就必然是推进从"权治政治"向"法治政治"的文化转型，同时，进行相应的宪政制度建设。

一、法治政治是对权治政治的否定

1. 权治政治是权力至上的政治

以人的强力性（动物性）为本位的政治是强力政治，权治政治则是强力政治的重要表现形式，就是权力至上的政治，或者是权力本位的政治。萨托利认为："政治现实主义是以被称为纯政治的特殊的政治和政策行为的形式来体现自身。在较晚近的时代，纯政治又获得了 Machtpolitik（权力政治）的名称。纯政治或权力政治一般是指那种不管理想，只以权势、欺诈的无情地运用权力为基础的政治。人们普遍认为，这就是政治现实主义所提倡的政治和政策。"④

在权治政治学者看来，政治的本质与核心是强力或权力。一般认为，这种权治政治观在西方开始于马基雅维利，马基雅维利第一次把政治问题看成是纯粹的权力问题，他"把权力作为政治的核心，从而使政治学初具独立性"，⑤ 他反对古代思想家把道德的良善作为政治追求的目标，认为国家的根本问题就是统治权，政治就是权力，统治者应以夺取权力和保持权力为目的。可见，权治政治观的核心，就是肯定并倡导政治的权力本质或

① 李步云：《走向法治》，湖南人民出版社 1998 年版，第 2 页。
② 〔澳〕布伦南、〔美〕布坎南：《宪政经济学》（《征税权——财政宪法的分析基础》），中国社会科学出版社 2004 年版，第 3 页。
③ 引自盛洪：《布坎南〈宪政经济学〉中文版序》，《南方周末》2003 年 11 月 13 日（阅读版）。
④ 乔·萨托利：《民主新论》，东方出版社 1993 年版，第 41～42 页。
⑤ 张桂林：《西方政治哲学——从古希腊到当代》，中国政法大学出版社 1999 年版，第 87 页。

政治的强力特性，认为权力与政治之间具有本质的相关性，权力是政治的，政治就是权力的。政治生活就是人类权力性的社会生存方式。这种权力至上的权治政治观，是对人自身所作的动物式的强力本性的确认，同时，也是人类实际存在的权治政治现象的现实主义反映。

"权治政治"的思想不同于"政治权力"的思想，只有在人的强力性和权力现象的基础上信仰强力的天然合理性，在价值上追求权治政治的，才是权治政治的思想。如在古希腊的智者学派中，有的智者把所谓的"自然"（或者人的本性）等同于弱肉强食的自然法则，强权即公理。① 古罗马的波利比认为，人类最初和禽兽一样合聚在一起。这时，权力的限度完全由体力大小决定，体力强大和有勇气的人自然地统率着体力弱小和胆怯的人，这种权力是专制主义的。后来随着家庭观念的形成和社会关系的发展，人们便产生了拥戴君主的心理和义务观念，从而导致君主制的产生。君主为了保护其地位便凭借暴力，这就变成暴君政体。②布丹从家庭的父权中引申出国家的主权，并认为，国家像家庭一样，依靠权力中心，才能运行不殆。这个权力中心或者是一个人，或者是一个集团，他们必须握有至高无上的权力，这个权力就是国家主权，父亲在家庭中有绝对的支配地位和支配性权力，据此，他强调国家的形成过程主要是通过战争与征服而完成的，即他强调国家中的暴力的一面。③ 斯宾诺莎也主张"强权政治论"，他认为，人的自然权利的大小和他的力量有关，人有多大的力量就能满足多大的欲望，也就有多大的权利。即权力就是权利，或曰"强权就是公理"、"力之所及理之所致"。每个人有一定的权力来寻求他的个人利益，这些权力就是人的自然权利。即使通过社会契约建立的文明社会的国家，也"必须借助人类的恐惧之心管理社会"。霍布斯认为，"人的权势普遍讲来就是一个人取得某种未来具体利益的现有手段"。因为人的"永无休止的权势欲"，人与人之间必然为生存而相互争斗，彼此争斗实际上已经成为人的天性。据此，他所建构的国家也是"伟大的利维坦（Leviathan）的诞生"④。尼采在"强力意志"（权力意志）基础上对"超人"和"强权政治"的论述，更是明确地认为，权力意志是万物的起源，是在自然界和人类社会中发生作用的惟一动力，世界就是强者和弱者较量权力的斗争，世界上万事万物都是各种能力和各种意志争权夺势的结果，强者永远靠牺牲、镇压、兼并弱者而生存，因此，权力意志是"弃弱就强"，少数强者应支配和统治多数弱者，而弱者理应俯首听命于强者，这是生命意志的自然规律。如此等等，在这种权治政治或强权政治思想基础上建立的政治体系，就是权治政治制度。

2. 弱肉强食是权治政治的基本特性

综观权治政治的观念，可以说，权治政治观就是强力的政治观，在他们看来，权力至上的权治政治，其本质特性就是强力性，这种强力对于人类政治具有天然的合理性，弱肉强食是人类政治生活的普遍准则。这种强力性，可以从权治政治信奉者的思想中看出来。

（1）人的强力本性源于动物的强力本能。强力特性不是人所独有的，恰好相反，动

---

① 唐士其：《西方政治思想史》，北京大学出版社 2002 年版，第 54 页。
② 徐大同：《西方政治思想史》，天津人民出版社 1985 年版，第 66 页。
③ 唐士其：《西方政治思想史》，北京大学出版社 2002 年版，第 190 页。
④ 霍布斯：《利维坦》，商务印书馆 1985 年版，第 62、132 页。

物群体生活的方式就是"弱肉强食"，动物群体依靠体力的强弱决定在群体中的地位和生存关系。动物暴力性在人类身上的遗留就是人的动物本性即强力性。托马斯·莫尔说："战争是惟一适宜于野兽的活动，然而任何一种野兽都不像人那样频繁地进行战争。"① "马基雅维利曾经指出，解决人与人之间的冲突有两种途径，一是法律，二是暴力。前者是合乎人性的方法，后者则是兽性的体现。但是，马基雅维利认为，在人的身上兽性的成分太多，因此，君主要获得并维持自己的统治，便不能不同时具备狐狸的智慧和狮子的勇敢。"② 可见，马基雅维利肯定了暴力是人的动物本性，而且他更相信暴力的社会作用，把秩序更多地寄托于政治上的强力与权谋。因此，权治政治观不仅相信动物的暴力性或强力本能以及人的权力特性，更在于他们相信暴力或权力作为人类政治生活准则的天然合理性，推崇权力至上的政治。

对于动物的暴力性或强力本能，以及动物群体内"强力政治"的情况，动物学家认为，动物的等级行为实际上就是动物群体社会关系的表现，是社会、政治地位确立的基本方式。动物的攻击性即强力特性是确立动物"政治统治"地位的方式。"在对欧洲大陆的猴子进行研究之后，人类学家伍德·沃什伯恩和精神病学家戴维·汉伯格一致认为，在同一群猴子中，攻击性在进食、繁殖及确定统治地位方面都起重要的作用。一个群体里最健壮、最富有攻击性的雄性，最初通过显示其攻击性夺得统治地位。"根据动物心理学家伯尼·莱博尤夫的研究，"每年交配季节到来之前，一对对雄象海豹互相拉开架势为争夺统治地位而凶猛地血战一场。最强壮、最富有攻击性和最敏捷的雄性象海豹，在同伴中不仅居第一号统治地位，而且是头号'交配者'"③。

人虽然是具有人性的高等动物，但人依然是动物，人是从动物进化而来，在进化过程中，人"继承"了动物的强力性或强力基因，而且这种兽性是不可能完全消除的（恩格斯在这方面有论述）。由此也可以说，人与其他动物一样，都具有强力本性，必然以强力为中轴而过政治生活。这就是权治政治观的逻辑。美国社会心理学家埃利奥特·阿伦森，在《社会性动物》一书中，肯定了人类具有攻击性。他说，"从广义的范围看，人类已显示出自己是一种特别具有攻击性的物种"。所谓攻击性行为，是指"旨在导致他人身体上或心理上的痛苦的有意识行为"④。阿伦森最后说，"我们可以总结出，虽然攻击的本能成分确实存在于人类身上，但是攻击并不完全是由本能所致。许多例子清楚地表明，环境和社会事件能够导致攻击性行为。更重要的是，我们知道，在人类身上，这种攻击性行为可以被环境和社会因素所改变。简而言之，攻击性行为是可能被减少的"⑤。人的暴力攻击既源于本能（内因），但又需要外因的作用。人承继了动物的强力本能，但人类却发展了强力能力，人类越进化，人类的强力特性往往比动物表现得更明显，强力能力也比动物更为强大。

（2）权治政治的强力性本源于人的强力本性。根据权治政治观，权力性是人的本质

---

① 托马斯·莫尔：《乌托邦》，商务印书馆1982年版，第16页。
② 唐士其：《西方政治思想史》，北京大学出版社2002年版，第181页。
③ 埃利奥特·阿伦森：《社会性动物》，新华出版社2002年版，第259页。
④ 埃利奥特·阿伦森：《社会性动物》，新华出版社2002年版，第252、253页。
⑤ 埃利奥特·阿伦森：《社会性动物》，新华出版社2002年版，第258~259页。

属性，人的政治性就是人的权力（强力）特性，权治政治就是人的强力本性的逻辑生成和现实表现。马克思曾经指出，马基雅维利、康帕内拉等都已经用人的眼光来观察国家了，他们都是从理性和经验中而不是从神学中引出国家的自然规律。不过，马基雅维利的"人"是权力人，具有强力本性的人。这种"权力人"的"人性分析模式"肯定，"人是权力的动物。人类社会无不贯穿着权力关系"，① "追求权力是人类的本性之一"，② 而且，政治是强者（主体）强制、征服弱者（客体），弱者服从强者而形成的政治统治。因此，强力生成的政治，就是强力本位或权力至上的政治。强力政治论者在看到人所具有的动物性强力本能的同时，崇尚强力，认为强力是人类社会政治生成的当然方式与路径，强调用强力来调整人类社会政治关系。从这里可以看到强力政治生成论者与规则政治生成论者的根本区别。强力政治本体论的主要代表有君权神授论和父权论者如菲尔麦、暴力论者如杜林、强力意志论者如尼采和上述的冲突论者等。如狄骥所说，"在人类的一切大小社会中，我们如看到一个人或一部分人具有强加于他人的一种强制权力，我们就应当说已有一种政治权力，一个国家存在了"③。具体地说，政治国家是社会"自然分化"的产物，因为，社会的事实是，一部分社会成员可以用物质的强制手段把自己的意志强加于其他的社会成员。发号施令的人便是统治者，而那些成为他们发号施令的对象并被迫服从一种强制权力的人就是被统治者。这种统治与被统治的分化就形成了政治权力。任何国家都是由强制权力构成的，只要证明某个共同体内存在一种强制的权力，就可以说已经有政治国家了。斯宾塞甚至把存在于生物界的生存竞争直接搬到了人类社会，他根据生存竞争原则，认为"生存竞争、适者生存"不仅在生物界，而且在人类社会中也起支配作用，同时，他把优胜劣汰、弱肉强食说成是进化的一条规律，他强调按照社会进化论即社会达尔文主义的观点，他甚至主张对所谓无适应能力的人进行残酷的镇压乃至战争，这是实现社会"自然选择"的最好手段。

（3）政治应该是一种强力现象或权力活动。一般而论，"权治政治"学者都有意无意地认为，人类为了协调生存利益的矛盾与冲突，就自然或本能地想到"权力"，并通过权力构建社会关系和社会秩序，过社会和政治生活。因此可以说，在"权治政治"学者那里，"权力欲"是人的自然天性或本能欲望，有学者说，"什么使人与人相互'关联'呢？除了天然的血缘和地缘之外，组成'社会'的基本纽带是'权力'（power），权力左右人与人之间的关系。换言之，权力是社会的核心，"并且，"权力源于社会，作用于社会，构成人类社会的基本纽带"④。因此，"由权力来连接社会是天然和永恒的。没有权力就没有社会，没有社会也就无所谓权力"，"凡群体生活的动物都构成社会，也都受权力关系的制约"⑤。由于"无政府的社会必然是弱肉强食的社会，是受丛林法则支配的社会。政府是人类阐明的曙光。在一定的地理和人群范围内建立政府乃是人类文明的第一步。最

---

① 吕元礼等：《权力与个性》，江西人民出版社 1999 年版，第 181 页。

② 黎鸣：《中国人性分析报告》，中国社会出版社 2003 年版，第 40 页。

③ 狄骥：《宪法论》（第 1 卷），商务印书馆 1959 年版，第 469 页。

④ 潘维：《法治与"民主迷信"——一个法治主义者眼中的中国现代化和世界秩序》，香港社会科学出版社有限公司 2003 年版，第 347 页。

⑤ 潘维：《法治与"民主迷信"——一个法治主义者眼中的中国现代化和世界秩序》，香港社会科学出版社有限公司 2003 年版，第 348 页。

初的人类文明意味着人们把使用暴力的权利转让给了政府，只有政府才能行使暴力"①。正是如此，政治国家在本质上就是暴力，而非对暴力的规范或消除，另有学者说，"所以，从本质上说，国家不是以和平的形式消除暴力而是用暴力的形式消除暴力的一种政治组织形式。对于国家来说，它是依靠暴力来维持的一种政治组织，它的产生所真正体现的是利用暴力对暴力实行垄断；而就此而论，国家是借助和平的方式消除暴力的手段这一论点，就只不过是社会契约论者虚幻的想象罢了"②。

3. 法治政治则是法律主治的政治③

简单地说，"法治政治"可以理解为法治下的政治或奉行法律至上的政治。具体而言，所谓法治政治，就是通过法律规则的选择与运用以建立社会秩序，分配社会利益的公共治理活动。正如布坎南所说："从某种意义上讲，整个的社会相互作用的全部过程，包括经济是当然具有'政治性的'，因为所有的行为都被包围着它的法律所制约，而法律本身又必须在政治行为中找到最终起源，或至少受到基本的强制力量的支持。……或许可以预料的是，政治和法律之间划分的界线是难以维系的，不论理论上还是在实践上都是如此。"④ 根据这种"法治政治"观念，法与政治具有内在的相关性，法（律）是一种社会规则性现象，是人类社会交往和社会活动的行为规范，而政治是一种社会规则性活动，是选择和运用法律规则的活动。法治政治具有规则性，法治政治是以法律规则为本位的政治。同时，法治政治还内含了人本性。即是说，法治政治的规则性也就是法治政治的人本性，法治政治通过对规则性的确认与张扬，也就是对人的政治本性和人的政治主体性的肯定和推崇。因此，法治政治提供了政治人本性实现的平台。法治政治所体现的"以人为本"，具体表现为对自由、民主、人权、平等和公正等人的政治主体价值和主体利益的追求。

4. 法治政治是对政治的强力性和权治政治的否定

法治政治观对人的规则性和政治的法律规则性的倡导，实际上就是对政治的强力性和权治政治的否定。

仔细观察，在西方政治文化中，"权治政治"和"法治政治"是相互对立的两种政治思维方式和两种政治治理形式。法治政治学者之所以认为人类需要法治政治，就是为了消除强力政治或权治政治给人类带来的痛苦。因此，法治政治的对立面是权治政治，而不是人治。或者说，人治政治与权治政治，实际上就是以权力和权力的拥有者为本位的政治治理方式，其表现形式是"人治政治"，但其实质则是"权治政治"。因此，法治政治在政治模式上是反对权治政治的。如果说强力是一种政治，那么这种政治是动物的政治，是兽性政治，而非人的政治，与此相反，人的政治应该是符合人性的规则政治。在古希腊人看

---

① 潘维：《法治与"民主迷信"——一个法治主义者眼中的中国现代化和世界秩序》，香港社会科学出版社有限公司2003年版，第349页。

② 欧阳英：《论"主导力量"在国家起源中的地位和作用——兼评历史上有关国家起源学说》，《对话中的政治哲学》，人民出版社2004年版，第34页。

③ 对于法治政治及其规则性等方面的详细论述，可以参见刘俊祥：《法治政治与规则政治》，《武汉大学学报》（人文科学版），2004年第4期。

④ 〔美〕布坎南等：《原则政治，而非利益政治——通向非歧视性民主》，社会科学文献出版社2004年版，第10～11页。

来，"人的本质是理性的，人与人之间可以通过讨论来达成一致与同意，威压与暴力都不可能导致合理的政治"，① 即强力或暴力，不能成为政治生活方式，因此，"奴役状态，就是非自由状态，在这种状态中，人无法展示其自由的本质，这是一种强制状态，是一种非政治状态"。在希腊人看来，"言说以及在言说中体现出来的人的理性，是人区别于动物的本质特征，也是希腊人区别于野蛮人的本质特征。'人'的交往，以言而不以力。政治是自由人的活动，它的本质在于以言作为本质的活动方式，而不是暴力。言说的方式在城邦政治中体现为广场上的演说、法庭中的论辩、会饮时的明智的对话、投票、竞技和悲剧竞赛等这样一些以公共规则为规范的竞说、竞赛等活动。在这些活动中，人体现了他的自由。政治就是让人展现其自由本质的领域"②。可见，人的理性本质，在于人根据"公共规则"而活动，并以此展现其自由本质。因此，城邦政治就是实现人的理性的规则性活动。由此也奠定了西方法治政治的反强权、反暴政、反权治政治的文化传统。近代启蒙思想家基于自然法和契约论，更是坚定的法治政治论者并以此反对权治政治。洛克认为，通过赤裸裸的暴力建立的政权与国家的本质是相对立的。因此，只有在人民自由表达意志的基础上，通过契约和协议建立的政权才是合法的政权。③ 卢梭提出，政治的形成不能源于强力而是人们的约定，他说："既然任何人对于自己的同类都没有任何天然的权威，既然强力并不能产生任何权利，于是便只剩下来约定才可以成为人间一切合法权威的基础。"④

当然，法治政治对权治政治的否定，并不意味着法治政治就忽视或否定权力的存在及其在政治中的作用，而是否定其作为政治现象对于以人为本的合法性、合理性。对于权力，法治政治的基本态度是反对作为政治模式的"权治政治"，同时，利用权力的功能，但这并不意味着相信权力和权力拥有者，更谈不上崇拜或迷恋。因此，在法治政治下，强调对权力进行分解，并且对权力及其拥有者进行双重制约，一是以权制权。二是依法制权，即法治政治强调权力配置和权力运行的规则性，主张依法制约政治权力、政治权威，推行法治国家和法治政府，在权力与法律规则发生矛盾冲突时，强调法律规则的至上性。

法治政治之所以既要利用权力又要制约权力，是因为，法治政治学者也相信，人是自然属性（动物性）与社会属性（人类性）的统一体，人具有兽性（动物性）即强力本能与人性即规则理性双重性。但同时又认为，人类文明的发展趋势就是法治政治（规则本位的政治）不断抵制和战胜权治政治（权力本位的政治）的过程。法治政治首先是承认人的强力性并授予政治机关进行合法的利用。可以说，"在一定的地理和人群范围内建立政府乃是人类文明的第一步。最初的人类文明意味着人们把使用暴力的权利转让给了政府，只有政府才能行使暴力"⑤。而在法治政治下，权力必然是具有合法性的影响力即权威。这种"权威产生于规则（或产生于统治 rule）。一个官方机构有权威，是因为它由一

---

① 浦兴祖等:《西方政治学说史》，复旦大学出版社 1999 年版，第 41 页。

② 浦兴祖等:《西方政治学说史》，复旦大学出版社 1999 年版，第 38 页。

③ 马啸原:《西方政治思想史纲》，高等教育出版社 1997 年版，第 367 页。

④ 卢梭:《社会契约论》，商务印书馆 1980 年版，第 14 页。

⑤ 潘维:《法治与"民主迷信"——一个法治主义者眼中的中国现代化和世界秩序》，香港社会科学出版社有限公司 2003 年版，第 349 页。

系列规则构成，而且这些规则使它的权力具体化。一个官方地位有权威，是因为它按规则占据了这个位置。"① 因此，有学者认为，"法治的根本问题，在我看来，就是对公共（政治）权力的限制或者控制。这里的要害不是否认权力，权力始终是西方政治法律思想的最重要因素之一，而是承认权力，但是运用法律限制权力"②。因此，法治政治是一种"限权政治"。以此为基础来看待宪法政治，可以说，所谓宪政，是指以法治为基础，以宪法为形式，以规范公共权力为内容，实现某种人本价值的政治现象。

二、权治政治是中国的政治文化传统

在中国，一般都将"人治"与"法治"作为一对概念来看待和使用，即认为法治是相对于人治而言的，法治存在的理由是为了消除人治，③ 而且，认为中西方政治文化的差别就是"人治"与"法治"的差别。但实际上，这只是形式上的表现。如上所述，法治政治与权治政治是相互对立的，因此，从实质上来看，中西方政治文化之间应该是"权治政治"与"法治政治"的差别，因为，"'人治国家'中的'人'并不是指民众意义上的'人'，而是拥有国家权力的人。人治国家实际上是在没有法律约束下的'权治国家'"④。权治政治作为一种文化观念在我国的存在，可以从三个方面追述其原因：（1）中国古典政治思想的主流是王权主义的权治政治观。在我国，自古形成的血族政治和权治政治的传统根深蒂固，封建政治文化，在本质上是"官"本位文化，也就是"权"本位的文化。这是权治政治存在的文化根源。（2）从前苏联所引入的"列宁化"的马克思主义政治思想，被片面地或僵化地理解为阶级的、国家和革命的政治观，将马克思的政治思想简单地等同于阶级斗争和暴力革命的理论。这是权治政治存在的思想根源。（3）由于新中国是通过武装斗争和暴力夺权而建立的，这种革命时期的阶级斗争与暴力革命的成功经验的延续，就在一定程度上成了权治政治存在的实践根源。

正因为如此，我国的一些政治学者至今仍然有意无意地坚持和倡导权治政治观，如有人对权治政治作了如下的具有代表性的表述，他说："从政治与政治权力的关系来看，政治具有一种特殊的权力本质。政治状态与非政治状态的根本区别在于：政治状态建立起了一种普遍的、正规的、用来对社会进行组织管理、调节控制的政治组织与设施——公共权力，而非政治状态则完全没有这样的政治组织。政治状态愈是成熟，公共权力便愈是发达，国家是最发达的公共权力，因而国家社会是最成熟的政治社会。公共权力不仅是政治状态与自然状态的根本区别之所在，而且是政治社会全部政治生活的核心。"⑤ 可以说，"权力是社会生活的普遍法则。权力是一种最普遍的社会现象，而且是一切形式的意志统一、社会结合、社会协作，社会的组织、管理等等社会事务的根本动因。正如物理现象背后总是隐藏着'力'的作用，总有某个'动力'一样，社会现象的背后也总隐藏着权力

---

① 李小兵：《当代西方政治哲学主流》，中共中央党校出版社 2001 年版，第 207 页。
② 吴玉章：《法治的层次》，清华大学出版社 2002 年版，第 4 ~ 5 页。
③ 20 世纪 80 年代前期，中国学者在进行"人治"与"法治"的论争时，也曾提到"法大还是权大"的问题。但遗憾的是没有把讨论继续深入下去。如果我们透过现象追寻本质，从"人治"与"法治"分歧必然要进到"权治"与"法治"论争，并逻辑地转为"权治政治"与"法治政治"的讨论。
④ 卓泽渊：《法治国家论》，中国方正出版社 2001 年版，第 15 页。
⑤ 罗予超：《政治哲学论纲》，《湖南师范大学社会科学学报》，2001 年第 6 期，第 41 页。

的作用"。因此，"在政治世界中，离开了政治权力，简直就无政治可言。因为政治是依靠公共权力对社会进行组织管理、调节控制的社会生活领域。不研究权力，不把握权力的实质，不了解权力运作的基本方式和基本规律，不了解政治世界最基本的权力关系，就不可能有科学的政治学"①。

与这种权治政治观相共存的是在我国现今的政治社会存在的权治政治现象。如普遍存在的权力崇拜或强力崇拜；社会暴力行为的延展；社会关系的权力等级制；权本位的社会利益分配方式；权法关系上的权力至上；权力寻租与金权政治；经济领域的"仕场经济"；文化领域的"权力决定真理"；体育领域的"暴力足球"等。在当下的中国社会，权治政治观与权治政治行为互为因果，如果不作出理性的对策，是有走向霍布斯式的"人与人战争"的自然状态或者动物式"弱肉强食"生存状态的危险的，果真如此，那么，根本就不可能有什么法治、宪政与社会的公平、和谐。要避免这种权治政治的危险，可以说，真正推行法治政治与宪法政治是有效的政治药方，而且，从权治政治向法治政治的政治转型，正是现今中国走向宪政文明的前提条件和必由之路。

三、从权治政治向法治政治转型的中国之路

如果从推动政治发展的动力机制和发展重心来看，中国的政治发展经过了"暴力革命主导型政治发展"时期和"体制改革主导型政治发展"时期，现在正进入"制度建设主导型政治发展"时期。因此，以制度创新为导向的政治制度文明的建设反映了中国政治发展重心的战略转移，它实际上也是中国走向宪政文明，实现从权治政治向法治政治文化转型的基本路径。

所谓"暴力革命主导型政治发展"，就是强调通过政治革命包括暴力革命、武装斗争推翻旧的政治结构，推动政治发展的方式。这种政治发展方式崇尚"枪杆子里面出政权"，主要通过明确敌友的阶级斗争、大规模发动群众的群众运动、你死我活的暴力革命等形式展开政治变革活动。这个时期着重争夺国家政权并"打碎旧的国家机器"和政治制度。因此，健全的制度、规则和法治在这个时期是不适合的。所谓"体制改革主导型政治发展"，则是用局部的、渐进的改革（或改良）的手段破除旧的体制、制度机制，以谋求政治发展的方式。改革对于政治制度、政治体制和政治机制应该是"破旧立新"的过程，它可以是法治的形式，也可以是通过人治和政策以及群众自主实践的形式。所谓"制度建设主导型政治发展"，则是在已有的政治体系下，为了更好地进行政治治理而着重于新的制度建设，并通过制度创新形成新的秩序，以调整新的、多元化的利益关系。为此，就要强调法治国家和宪政建设，推行民主政治的法律化、制度化、程序化，建设政治文明。当然，这三个发展时期的划分不是绝对的，只具有相对的意义。政治发展的三个时期都在一定程度上涉及制度问题，只不过各个时期的目标、任务和手段的侧重点有所不同，才出现前后相继的三个发展阶段。

中国历代政权的变更都是通过大规模的农民起义和暴力革命实现的。近现代的中国史实际上就是一部革命史。中国共产党在列宁的"阶级政治"理论和"暴力革命"思想指导下，在"俄国十月革命"的影响下，经过长期的革命建立了新中国，推动了中国政治

---

① 罗予超：《政治哲学论纲》，《湖南师范大学社会科学学报》，2001 年第 6 期，第 42 页。

形态的发展。然而，在建立了新政权后，仍长期坚持抓革命促发展的思想，结果导致了"文化大革命"。

基于历史的教训，中国进入了体制改革时期。在政治改革方面，政治领导人已经认识到制度的重要性，制定、修改了新宪法，提出了民主与法制建设的要求，进行了行政体制和政府机构以及干部人事制度等具有制度的改革。但改革在实际上往往偏重于"破旧"，即主要致力于改变与计划经济体制相适应的高度集权的政治行政体制。不过，也就是在这个过程中，开始萌生了中国制度建设的思想。邓小平在总结"文化大革命"的历史教训中肯定了制度对于政治生活所具有的全面性、决定性的意义，认为"领导制度、组织制度问题更带有根本性、全局性、稳定性和长期性"①。这种制度问题，关系到党和国家是否改变颜色，因此，必须引起全党的高度重视。他还认为，"党和国家的领导制度以及其他制度需要改革的很多"。"如果不坚决改革现行制度中的弊端，过去出现过的一些严重问题今后就有可能重新出现。"② 所以，要"从制度上保证党和国家政治生活的民主化、经济管理的民主化、整个社会生活的民主化"③。从邓小平以制度视角观察、分析社会政治生活来看，可以说"他的政治理论是一种政治制度理论，其政治哲学也是一种政治制度哲学"④。在这种政治制度哲学指导下，提出了民主和法制建设的政治发展任务。特别是中共"十五大"提出"依法治国"的政治方略，要求将"发展民主同健全法制紧密结合"，"逐步实现社会主义民主的制度化、法律化"。这标志着中国开始进入"制度建设主导型政治发展"的新时期。江泽民也多次强调"制度建设更带有根本性、全局性、稳定性和长期性"，因此，建设社会主义政治文明，"要着重加强社会主义民主政治制度建设，实现社会主义民主政治的制度化、规范化、程序化"⑤。中共"十六大"将"政治建设"与"政治体制改革"并列起来，这表明党不仅要改革僵化的、不合时宜的政治体制，而且要着手进行新的政治体制和制度的建设。这是中国政治发展重心从"破旧"转到"立新"的表现，这也是我国政治文明建设的一大进步。⑥

中国政治文明建设的制度取向，不仅是中国政治发展进程的必然趋势，也是中国社会的迫切需要。经济体制的改革和市场经济的运行，要求一套法律制度的保障；民主政治建设必须法律化、制度化；中国作为 WTO 的成员国，必须搞法治、遵守规则；新的多元化利益关系的调整与和谐社会的构建，需要新规则体系；腐败问题的预防和处置的更权威、有效的措施还是法治和制度；中国公民的权利意识日渐提高，法治观念日渐增强，等等。这些因素都强烈地呼唤中国社会生活的法律化、制度化和规范化。

---

① 《邓小平文选》（第 2 卷），人民出版社 1983 年版，第 333 页。
② 《邓小平文选》（第 2 卷），人民出版社 1983 年版，第 322、333 页。
③ 《邓小平文选》（第 2 卷），人民出版社 1983 年版，第 336 页。
④ 杨百成：《邓小平视野中的制度问题——一种社会政治分析框架》，《邓小平理论》，2001 年第 5 期，第 35 页。
⑤ 参见江泽民在中央党校省部级干部进修班毕业典礼上的讲话和中共"十六大"报告。
⑥ 中共"十六大"提出政治文明建设，表明"中国开始准备接受在国际社会具有普遍性治理的模式，因为文明是普适的。胡锦涛总书记的讲话更加认识到国家靠人治不行了，靠偶然性、力量对比关系来治理不行了，要把国家治理纳入制度框架。"参见《南方周末》2003 年 3 月 13 日的专家访谈《宪政之路：从尊重宪法开始》。

　　而且，更为重要的是作为执政党的中国共产党，在新的政治纲领中也明确地提出了政党政治基础转变的现实需要和执政方式转变的迫切要求，这对于中国进入"制度建设主导型政治发展"的新时期具有直接的、决定性意义。首先，中国共产党已经从"阶级性政党"转变成"人民性政党"。中共"十六大"报告提出，要"通过锲而不舍的努力，保证我们党始终是中国工人阶级的先锋队，同时是中国人民和中华民族的先锋队，始终是中国特色社会主义事业的领导核心，始终代表中国先进生产力的发展要求，代表中国先进文化的前进方向，代表中国最广大人民的根本利益"。因此，中国共产党不仅是阶级性政党，更是人民性政党。其次，中国共产党已经从"革命性政党"转变为"执政性政党"。中共"十六大"报告指出："我们党历经革命、建设和改革，已经从领导人民为夺取全国政权而奋斗的党，成为领导人民掌握全国政权并长期执政的党；已经从受到外部封锁和实行计划经济条件下领导国家建设的党，成为对外开放和发展社会主义市场经济条件下领导国家建设的党。"于是，提出了"改革和完善党的领导方式和执政方式"的要求，要把制度建设贯穿在加强和改进党的建设的整个工作中，因为"制度建设更带有根本性、全局性、稳定性和长期性"。而且中共"十六大"顺利完成了新老交替，推进了权力更迭的制度化水平，也开始了通过制度化的方式依法执政的政治实践，如2004年的修宪对中国政治的宪政化就有重要意义。

　　虽然如此，也还不能说中国已经实现了从权治政治向法治政治的政治文化转型，实际上，这只能说仅仅是一种开始。要真正摒弃权治政治，走向法治政治与宪法政治，还必须沿着此路径作更多的努力，推进宪政理念创新、宪政体制改革和政治制度的建设，如（1）切实倡导法治政治与宪法政治的文明政治文化。从根本上抛弃权治政治的"权力至上"观念与"弱肉强食"的行为方式，确立法治政治的"法律主治"的观念与"公平分利"的行为方式。保障宪法的权威性和宪政的神圣性，完善宪法实施保障制度，增强人们的宪法和宪政意识。（2）在坚持中国共产党执政和人民代表大会制度的前提下，推进人大政协运行体制的改革与创新，建设中国特色的人民代议制政治体制。这有助于实现执政党领导方式和执政方式的转变，实现"政治法治化"，即实现执政理念、体制和方式的转变，使中国共产党真正能够在法治政治和宪法政治下依法执政与依法治国。同时，这也有助于重新构建规范政治权力的宪政制度，健全对政治权力运行的监督和制约机制。（3）构建宪政意义上的中国公务员制度。在现有《中华人民共和国公务员法》的基础上，从宪政的视角改进公务员的角色定位，健全公务员制度的政治功能与机制，强化公务员的权利保障与责任追究机制，划分公务员的职责类型，确立业务类公务员的利益中立制度等。（4）确立"政治法"的法律部门，加强政治法律体系建设。一般而言，"政治法"包括政治主体法、政治关系法、政治行为法和政治程序法。① 其中，政治法中最根本的就是宪法，宪法政治是以宪法为最根本行为规则的法治政治。按照詹宁斯的说法，作为"政治法"的"宪法所意指的是规定政府的主要机构的组成、权力和运作方式的规则以及政府机构与公民之间关系的一般原则的文件"②。可见，宪法是首要的政治法，在宪法之外还包括其他规范政治关系的法律。在中国，要推进法治政治和宪法政治，首先就有必要将

---

① 参见李元书主编《政治发展导论》，商务印书馆2001年版，第161~162页。

② ［英］詹宁斯：《法与宪法》，生活·读书·新知三联书店1997年版，第24页。

"政治法"作为一个相对独立的法律部门，进行理论研究与制度建设。同时，需要建立健全限制政治权力、保障个人权利的政治法律体系。并且还要就政治主体、政治关系、政治行为和政治程序等方面制定或完善相应的法律规范。特别是政党法、新闻法以及规范行政行为、政务信息公开和公民政治参与等方面的法律规范，有很多需要制订或完善。（5）加强司法制度建设，强化司法的宪政地位与功能。（6）健全公民利益博弈的政治协调机制，谋求宪政的人本价值。在社会利益关系的协调方面，中国走过了"政治主导型利益博弈"和"政治参与型利益博弈"阶段，现在需要实行"政治协调型利益博弈"的政治机制，以此推进人权与公民权利的切实保障和真实实现。这也是适应社会和谐所需要的政治建设工作。

马克思和诺斯关于制度变迁的意识形态理论模型的比较分析

柳新元*

摘要：无论是马克思关于制度变迁的意识形态理论模型还是诺斯的这一理论模型，都对当代中国的制度变迁提供了许多有启发性或可资借鉴的理论观点。但相对而言，马克思的有关理论对我们主要是方法论意义上的，比较适合社会革命；而诺斯的有关理论对我们主要是实际操作意义上的，比较适合于社会改革。而且，诺斯的有关理论像他的整个新制度经济学一样，无疑受到了马克思的深刻影响，即在某种意义上诺斯是马克思的学生。不过，诺斯并没有简单地重复和照搬马克思，而是就制度变迁中的意识形态因素提出了许多自己的独到见解。这决定了诺斯的有关理论在当代中国应占有它能够占有的一席之地。

关键词：马克思；诺斯；制度变迁；意识形态

在迄今为止的关于制度变迁的理论体系当中，许多社会科学家都注意到了文化—价值观或意识形态因素对制度变迁的实际进程的不可或缺的或内在的影响。而在这些理论体系当中，卡尔·马克思和道格拉斯·诺斯关于制度变迁的意识形态理论不仅较为完整，而且分别代表了在这一领域内的两种不同的科学范式，即马克思主义经济学范式与新制度经济学范式。因此，对这两种理论模型或范式分别进行概括和总结从而进行恰当的比较和评价，对于深化当代中国的意识形态与制度变迁的相互关系的实证研究就具有十分重要理论和现实意义。不过，进行这种比较研究，不能采取用其中一个范式批判另一个范式的简单粗暴的做法，因为它们也许会从不同的侧面就同一问题或研究对象得出了各自的洞见，进而对我们从多角度认识我国现实的制度变迁都具有借鉴意义。此外，它还要求我们必须认真回到相关文献当中，详细地占有理论材料并进行科学的概括和总结，以最大限度地减少主观性和片面性。当然，由于绝对意义上的详尽占有材料是不可能的，也由于我们对任何文本的理解都会因为有一种"前理解"的东西在起作用而不可避免地带有主观介入性，因此，完全避免主观性和片面性是不可能的，我们只能在条件许可的情况下尽量减少主观性和片面性。

鉴于上述基本认识，我们将按下列逐层递进的四个方面来展开我们对马克思和诺斯的制度变迁的意识形态理论模型的比较分析。即：（1）马克思关于制度变迁的意识形态理论模型的主要内容；（2）诺斯关于制度变迁的意识形态理论模型的主要内容；（3）马克思和诺斯关于制度变迁的意识形态理论模型的比较分析；（4）结论与启示（在上述分析

---

* 武汉大学政治与公共管理学院教授。

的基础上，就它们各自对当代中国的制度变迁的借鉴意义以及局限性作出总结和评价）。

一、马克思关于制度变迁的意识形态理论模型的主要内容

根据我们多年的经验，要主观而武断地批评和解构马克思的任何理论观点是比较容易的，但要真正搞清楚马克思针对某一问题或社会现象说了些什么以及这些说法为什么在马克思的整个理论体系中是合乎逻辑的（或自洽的），却并非易事。因为后者不仅要求我们回到马克思关于这一问题的有关文献中加以认真的梳理和概括，而且要求我们把马克思关于这一问题的有关论述放置到他的整个理论体系和他当时所处的历史条件当中进行整体性和历史的考察和说明。而要做到这一点，除了要做好繁复而细致的有关文献的阅读与整理工作而外，就是要对马克思的整个理论体系特别是其世界观与方法论进行深入系统的研究和全面准确的把握。这具体到马克思关于制度变迁的意识形态理论模型而言，就是要在认真阅读和整理马克思的有关文献基础上，搞清楚如下三个方面的相互联系的问题：（1）马克思对制度变迁问题的研究是哪个层面或性质的，他想借此达到一个什么样的研究目的；（2）马克思是如何定义意识形态的，他又是如何把它同制度变迁整个理论体系联系起来的；（3）马克思关于制度变迁的意识形态理论有哪些基本观点，这些基本观点又是如何自成一体的。下面我们就从这三个方面来诠释马克思关于制度变迁的意识形态理论模型。

首先，马克思对制度变迁问题的研究，从其基本内容或结构上讲，主要涉及社会基本经济制度（经济基础）以及与之相适应的政治和法律制度（除意识形态之外的上层建筑）的变迁；而从其基本形态或性质上讲，主要涉及经过较长历史时期孕育的社会形态更迭或社会革命。在马克思看来，决定既定社会形态下的社会秩序的总体性制度是由一系列具有层级隶属关系而又相互依存的制度子系统所组成的有机的制度结构。其中，由生产关系（或财产关系）的总和构成的社会基本经济制度（亦称社会经济基础）和作为这一基本经济制度的体现和保障的政治制度和法律制度（亦称社会政治与法律上层建筑），是该社会制度结构的两个主要组成部分。前者在该社会制度结构中处于本源性和基础性地位，而后者则是由前者派生的或相对次级的制度系统。前者决定后者，后者反作用于前者；前者的彻底性或局部性变迁必然要求后者发生相应的根本性变化或局部调整，而后者的变迁的滞后性或超前性都不利于前者的变迁成果的巩固和发展。但是，两者都不是社会制度或社会结构变迁的根本动力和终极原因。这一终极原因要从社会生产力发展与它们（上述两者）的内在矛盾或冲突的积累中去寻找。

在此，需要强调的是，马克思之所以把社会形态的更迭（或社会革命）特别是资本主义社会向社会主义（共产主义）社会的转变作为其研究制度变迁的重点，并不是因为他否认一个社会形态内的总体制度结构自我调整的可能性，更不是因为他看不到一个既定社会制度下的微观制度安排及其调适对该社会制度的实现和巩固的重要性，而是因为他的研究目的是想揭示人类社会发展的一般规律，并借此构建一个跨越时空的完整的社会发展理论。在马克思看来，在资本主义以前的社会（从原始社会到奴隶社会再到封建社会），是以"人对人的奴役"为基本特征野蛮社会；只是到了资本主义社会，人的个性和自由才得到一定程度的发展，但资本主义以追求利润最大化为目的的生产方式会使人因受到货币、商品和机器等人造物或物质力量的役使而异化，进而使人类社会仍然处于以"物对

人的奴役"为基本特征的不自由的状态；只有当人类历史发展到了能够超越资产阶级狭隘眼界和物质财富极大涌流的共产主义社会，由于生产资料的共同占有使生产组织表现为自由人的自由联合体，也由于社会生产的发展能直接为满足全体人民的需要服务并具有满足这种需要的无限潜力，人类社会发展才能进入到"人的全面发展"（这时既没有"人对人的奴役"，也没有"物对人的奴役"，一切人的自由发展是另外一切人自由发展的条件）的崭新历史时期。而要达到这一阶段，首先必须在资本主义社会的母胎内所孕育的革命时机（或物质条件）成熟时，进行社会主义革命，夺取政权，建立生产资料公有制，实现无产阶级的自我解放（阶级解放）；其次必须在社会主义基本经济和政治制度建立以后，通过自觉和不断地调整生产关系和上层建筑中不适应生产力发展的部分，实现社会生产力的自我解放（生产力解放）；只有在上述两个"解放"基本实现的前提下，以"人的全面发展"（人的彻底解放）为基本特征的共产主义社会才能逐步到来①。可见，正是由于马克思把包括无产阶级在内的全人类的彻底解放作为他的社会发展理论的真正主题，他才把他对制度变迁问题的关注焦点放在社会革命特别是社会主义革命这个关节点上。这也是我们研究马克思关于制度变迁的意识形态理论必须搞清楚的一个基本问题。

其次，马克思既在贬义性意义又在描述性意义上定义了"意识形态"一词，但只有后者比较适合于他关于革命性制度变迁（社会革命）中的意识形态问题的研究。根据我们所能搜集到的文献，马克思至少在两种意见上使用了意识形态一词：一种是贬义的或批判性的，另一种是描述性或中性的。当马克思批判当时代表德国哲学最高成就的费尔巴哈以自然界为本体论的唯物主义哲学和黑格尔以绝对精神为本体论的唯心主义辩证法的局限性以及它们对现实社会生活的遮蔽时，他是在贬义意识上使用了"意识形态"一词。而当马克思把意识形态看成是社会结构当中的"观念的上层建筑"，或相对于社会经济结构和社会政治结构（社会存在）的社会意识结构（社会意识）时，他主要是在描述性或中性意义上使用了"意识形态"一词。也正是这两个角度的描述性定义，才为马克思分析意识形态与制度变迁的关系的理论建立了桥梁。在马克思看来，社会意识（形态）作为观念形态的东西，不过是由社会经济结构（生产力和生产关系的总和）和社会政治结构（除意识形态之外的上层建筑的总和）所组成的"社会存在"的主观的能动的反映，它依赖于社会存在或社会经济与政治结构，又有自身的相对独立性或自我发展的逻辑，并对社会存在或社会经济与政治结构的发展和变迁发挥着现实的阻碍或促进作用。因此，在社会结构的层级性及其相互关联当中（生产力⇔生产关系或经济基础⇔政治和法律制⇔度意识形态），以及在社会意识与社会存在的双向互动的辩证关系当中，马克思能够把他的意识形态理论与他的制度变迁（社会革命）理论有机地联系起来。

最后，让我们按照马克思关于制度变迁的意识形态理论的内在逻辑，来概括一下他有关的基本观点。这包括：（1）马克思认为，社会结构或社会的总体性由生产力、生产关系（经济基础）、政治的和法律的上层建筑以及意识形态构成，这其中社会生产力的发展是社会革命或社会形态更迭的最根本的动力和最终决定力量。"社会的物质生产力发展到一定的阶段，便同它们一直在其中运动的现存生产关系或财产关系（这只是生产关系的法律用语）发生矛盾。于是这些关系便由生产力的发展形成变成生产力的桎梏，那时社

① 刘德厚：《对马克思人类解放及其历史进程学说的再认识》，《武汉大学学报》，1998 年第 6 期。

会革命的时代就到来了。随着经济基础的变更，全部庞大的上层建筑也或慢或快地发生变革。"① 这也就是说，社会存在（包括生产力、生产关系或经济基础、政治和法律上层建筑）的变革决定了社会意识（形态）的变革；而不是相反，人们的社会存在决定于人们的社会意识。换言之，马克思实际上有制度（实在）决定制度文化（观念）的基本思想。(2) 马克思认为，在社会革命中，人类始终只能解决自己能够解决的任务，而"任务本身只有在解决它的物质条件已经存在或者至少是在生成过程中的时候，才会产生"②。这就是说，人类利用自己的主观能动性特别是意识形态先导作用来指导和推动社会革命时是有前提条件的，这个条件就是社会物质生产力发展到与现存的社会生产关系严重对抗进而进行社会革命的物质条件基本成熟时，人类才能通过阶级斗争以及作为这一斗争的重要手段的阶级意识形态向旧的社会制度和意识形态宣战，以减少新旧社会制度分娩的痛苦。可见，马克思并没有脱离特定的社会生活条件，来抽象地说明意识形态对社会革命或社会制度变迁的实际作用。(3) 马克思认为，当社会革命的物质条件成熟时，意识形态是作为"人们借以意识到这个冲突"（即从社会存在的基础上上升的冲突）"并力求把它克服"的工具而对社会革命起作用的③。这也就是说，当社会革命的时机到来时，代表着社会先进生产力发展方向的先进阶级首先必须敏锐地观察这种冲突的实际存在，然后通过创立较完整反映这种冲突并力图把它克服的统一的新意识形态，来动摇统治阶级的合法性基础和激化统治阶级的内部矛盾，并以此来动员和号召本阶级及其他各种可以依靠的社会力量来具体实施这种社会革命。这也就是马克思关于意识形态创新在社会革命中起作用的方式的基本理论观点。(4) 马克思认为，尽管意识形态在社会革命中不发挥根本性或决定性的作用，但它的力量不可低估。一方面，由于"统治阶级的思想在每一个时代都是占统治地位的思想。……支配着物质生产资料的阶级，同时支配着精神生产资料"④，因此，可以推论，被统治阶级只有创立新的阶级意识形态，才能打破统治阶级的精神统治，获得精神独立和提高阶级觉悟，并为推动社会革命的发生准备思想条件。在另一方面，马克思强调："理论一经掌握群众，也会变成物质力量。理论只要说服人，就能掌握群众；而理论只要彻底，就能说服人。"⑤ 这就是说，一个创新了的完整而统一的理论体系或新的意识形态，只要它具有彻底的革命性并能真正说服人，就能最终掌握群众；而掌握了这种新理论的革命群众，则会在这种理论的鼓舞和指导下自觉地参加革命实践活动，并因此使这种理论最终变成能够推进社会革命的伟大物质力量。因此，革命的理论或意识形态在社会革命中的重要性，绝不能被忽视和低估。（5）不过，马克思认为，当社会革命的时机或物质条件成熟时，尽管革命的理论或意识形态的作用不能低估，但相对而言革命的实践（即用暴力革命及其他手段推翻统治阶级的统治）更为重要和根本。因此，他明确指出："批判的武器当然不能代替武器的批判，物质的力量只有用物质的力量来摧毁。"⑥ 可见，

---

① 《马克思恩格斯选集》（第 2 卷），人民出版社 1972 年版，第 83 页。
② 《马克思恩格斯选集》（第 2 卷），人民出版社 1972 年版，第 83 页。
③ ［匈］卢卡奇：《社会存在本体论导论》，沈耕等译，华夏出版社 1989 年版，第 308 页。
④ 《马克思恩格斯选集》（第 1 卷），人民出版社 1972 年版，第 52 页。
⑤ 《马克思恩格斯选集》（第 1 卷），人民出版社 1972 年版，第 9 页。
⑥ 《马克思恩格斯选集》（第 1 卷），人民出版社 1972 年版，第 9 页。

马克思虽然肯定了理论批判的必要性，但他更强调实践批判的重要性；即他既没有低估推翻统治阶级拥有的强大的政治上层建筑和国家机器的难度，也没有高估革命的理论或意识形态在社会革命中的作用。

二、诺斯关于制度变迁的意识形态理论模型的主要内容

在探讨诺斯关于制度变迁的意识形态理论模型的主要内容时，我们同样面临这样的基本问题，即如何在详尽占有诺斯关于制度变迁的意识形态理论的全部相关文献的基础上，把这些能够获取的理论材料或理论观点放置到诺斯关于制度变迁的整个理论体系当中加以系统性的考察，以准确揭示出诺斯关于制度变迁的意识形态理论的全部内容及其内在逻辑的问题。以这种基本认识为前提，并适当考虑到它与马克思的有关理论的可对照性，我们将从如下四个方面来铺陈诺斯关于制度变迁的意识形态理论模型。即：（1）诺斯所研究的制度变迁主要是哪个层面或性质的，他为什么要以这种制度变迁作为其主要研究对象；（2）诺斯是如何定义意识形态的；（3）诺斯是如何把意识形态同其制度变迁理论联系起来的；（4）诺斯关于制度变迁的意识形态理论有哪些相互联系的基本观点。

首先，诺斯所讲的制度变迁主要是指宪政秩序约束下的具体制度安排的变迁。这是因为：一方面，虽然诺斯承认制度变迁分为激进式或革命性的制度变迁与渐进式或演进性制度变迁两种形式，但他认为历史上发生的大量的制度变迁都是渐进式或演进性的①。而且，他还指出，由于文化或意识形态因素的传承、复制及其"合理性"作用，历史上的革命从来都不具有它的支持者所要求的那样的革命性，其经济实绩也和人们所预期的大相径庭②。另一方面，诺斯还把制度区分为制度环境和制度安排两个基本层次，并认为前者一般体现在宪法中，它是"一系列用来建立生产、交换与分配基础的基本的政治、社会、法律基础规则"③，它为人们选择后者（制度安排）设定了可能的范围和基本的界限。这就是说，诺斯是在宪政秩序或基础性制度意义上使用了制度环境一词，而在派生性或次生性意义上定义了"制度安排"的涵义。而且，他还认为体现在宪法中的制度环境一般是不易改变的，而他所使用的"制度"一词通常的含义最接近于"制度安排"一词。因此，可以断定诺斯所讲的制度变迁主要不是指从根本上改变宪政秩序的革命性的制度变迁（这种变迁在他的制度变迁理论模型中是作为外生变量而存在的），而是宪政秩序约束下的具体制度安排的变迁（虽然他并不否认社会革命的客观实在性以及某一个或一组具体制度安排导致宪法修改的可能性）。从这种意义上讲，诺斯所讲的制度变迁与当代中国的经济体制改革的指向是同一层面的。不过，需要补充说明的是，诺斯之所以用宪政秩序约束下的制度安排的变迁作为其研究的重点，是因为他作为一个具有新古典学术传统的新经济史家和新制度经济学家，不可能以说明社会革命的根本原因和必要条件为其理论主题，只能以说明经济史中由各种有效制度安排组成的制度结构是如何决定先进国家的长期的经

---

① ［美］诺斯：《制度、制度变迁与经济绩效》，刘守英译，上海三联书店、上海人民出版社 1994 年版，第 111 页。

② ［美］诺斯：《按时序的经济实绩》，《经济学情报》，1995 年第 1 期。

③ ［美］科斯：《财产权利与制度变迁》，刘守英等译，上海三联书店、上海人民出版社 1994 年版，第 270 页。

济实绩、以及落后国家如何通过相应的制度（安排）结构调整与创新来塑造有利于经济持续发展的激励与约束机制作为其理论主题。换言之，各种制度安排及其创新对经济绩效的实际影响的实证分析，制度变迁的经济动因分析以及作为其经济动因的补充的非经济动因的嵌入性分析，有效率的制度（安排）结构或经济体制的生成与演进的路径依赖分析等，才是他（诺斯）作为一个职业经济学家关注的焦点问题。这也正是诺斯的制度变迁理论在当代中国广为传播或大行其道的一个重要原因。

其次，诺斯所讲的意识形态与我们通常所讲的意识形态大体上是一致的，只不过其定义是中性的且涵盖较广。在诺斯看来，"意识形态是由相互关联、包罗万象的世界观构成"①，它"不可避免地与个人在观察世界时对公正所持的道德、伦理评价相互交织在一起"②；它既构建了我们理解周围世界的主观框架（世界观），又"是一种节约机制"③（即是人们接受和理解信息的便利工具）；它来自于人们的经历或经验，人们拥有相同的意识形态是因为他们的经历基本相同，人们拥有不同的意识形态是因为他们有不同的经历；"不同的意识形态起源于地理位置和职业专门化"，④ 不同的民族由于各异的经验而逐渐结合成不同的语言、习惯、禁忌和宗教，并最终形成相异的意识形态，"而职业专门化和劳动分工也导致了对于现实的相异的经验和不同的乃至对立的观点"⑤。可见，诺斯既把意识形态看成一个整体性世界观，又把意识形态看成是含有规范内容的价值观念体系；既把意识形态看成是人们理解世界的约定俗成的主观模型或思维方式，又把意识形态看成是人们认识世界时节省信息费用的有效工具；既把相同的意识形态看成是特定社会群体相同社会生活经验的产物，又把不同的意识形态看成是不同民族或不同社会阶层的不同的社会生活经历的结果。正是从上述这些意识上讲，诺斯关于意识形态的定义与我们通常所讲的意识形态并没有什么根本的不同。不过，诺斯是在描述性意义上使用意识形态一词的，他力图赋予意识形态以普遍的形式。他指出："意识形态是普遍存在的，但并不适用于任何阶级。'虚伪的良知'没有说到点子上，因为它暗含着某些'真诚的良知'的存在。"⑥ 这段话是否意味着诺斯认为不存在阶级或阶层的意识形态？不是的。他只是认为不仅每个阶级可以有不同的意识形态，而且每个阶级都将不得不面对各种各样的与自己的不同意识形态；而那种指责别的阶级或阶层的意识形态是"虚伪的良知"的做法不仅没有说到点子上，也暗含自己及其所属群体的意识形态是"真诚的良知"的不恰当的推论。

---

① ［美］诺斯：《经济史中的结构与变迁》，陈郁等译，上海三联书店、上海人民出版社 1994 年版，第 57 页。
② ［美］诺斯：《经济史中的结构与变迁》，陈郁等译，上海三联书店、上海人民出版社 1994 年版，第 53 页。
③ ［美］诺斯：《经济史中的结构与变迁》，陈郁等译，上海三联书店、上海人民出版社 1994 年版，第 53 页。
④ ［美］诺斯：《经济史中的结构与变迁》，陈郁等译，上海三联书店、上海人民出版社 1994 年版，第 56 页。
⑤ ［美］诺斯：《经济史中的结构与变迁》，陈郁等译，上海三联书店、上海人民出版社 1994 年版，第 56 页。
⑥ ［美］诺斯：《经济史中的结构与变迁》，陈郁等译，上海三联书店、上海人民出版社 1994 年版，第 53 页。

这种做法实际上只是把自己所属的阶级或阶层拥有的某种意识形态看成惟一正确的东西，并因此否认别的意识形态存在的合理性；而这种思想意识上的独断性不仅忽视了任何意识形态只能被证伪而不能被证明是"真实的"这一科学史上的基本事实，而且在事实上是把能够拥有某种意识形态看成是某个阶级或阶层的特权或专利（即在行使话语霸权）。如果我上述这番解读是对的话，那么诺斯的意识形态定义不仅是中性偏褒的，而且具有普遍的存在形式。正因为诺斯给意识形态以较为宽泛的定义，所以在我们认为只存在"农民意识"的地方，诺斯则认为存在农民意识形态；而在我们认为不存在超阶层的意识形态的场合，诺斯却看到了不同阶层间一致性意识形态存在的可能性（农民出身的知识分子永远会有农民意识形态，而又具有知识分子意识形态，就是其中典型的例证）；相反地，在我们试图把一国所有的人整合在一个意识形态之下时，诺斯则看到了意识形态越来越分散化而非集中化的发展趋势。

再次，让我们来看看诺斯是如何把意识形态因素引入其制度变迁的动态理论当中的。我们认为，诺斯将意识形态因素引入到其关于制度变迁的理论体系当中，是与对历史上林林总总的制度变迁的敏锐观察，以及他对新古典模型用来解释历史上全部的（特别是革命性的）制度变迁的局限性的清醒认识分不开。在对历史上大量的制度变迁的发生特别是社会制度结构的长期演进过程的观察和研究当中，诺斯发现了一个基本的事实，即历史上的社会革命既是制度变迁的一个内在组成部分，又是很难用新古典经济学的逻辑来解释的部分。因为按照新古典逻辑，理性的个人在社会革命这类集体行为中，必然会按成本—收益的物质主义的个人计算而行动；也因此会像奥尔森所言的团体行动那样，内生地存在着"搭便车"的问题（奥尔森，1965）。而按照这样的逻辑，社会革命就要么不会发生，要么成功的概率等于零。而事实则并非如此，社会革命仍是推动历史变迁的一个重要组成部分。因此，他认为要解释历史上的制度变迁的全部事实，一个意识形态的实证理论就是必不可少的；或者，如果没有一种明确的意识形态理论，我们在解释历史变迁的能力上就存在着无数的困境①。相应地，如果没有意识形态理论（或不将意识形态作为"内生变量"），则他的整个制度变迁理论将是不完整的。正是从这个角度来看，诺斯引入意识形态变量的根本目的是想让它为其构建完整的关于制度变迁理论体系服务，而不是像有人解读的那样或只是为其修正关于制度安排创新的理性选择模型服务②。换言之，从意识形态节约信息费用的角度，来解释诺斯将意识形态内生化的主要目的是为了完善制度安排变迁的理性选择模型虽然未尝不可也十分必要，但这只涉及问题的一小部分（即不是问题的全部）。因为诺斯的这一理论不仅涉及人类的非理性行为（如伊朗的霍梅尼手下伊斯兰属教育主义者），而且涉及文化或传统意识形态的遗传与复制对制度变迁的路径的影响等诸多的方面。

最后，让我们按照一定的形式逻辑来把诺斯关于意识形态作为内生变量的制度变迁的动态理论的基本观点描述一下。以某一制度或体制的被创新和被替代的过程为例，诺斯的意识形态作为内生变量的制度变迁的动态理论主要有以下几个相互联系的基本观点：（1）

---

① ［美］诺斯：《经济史上的结构与变迁》，陈郁等译，上海三联书店、上海人民出版社 1994 年版，第 51 页。

② 曹正汉：《将社会价值观整合到制度变迁理论之中的三种方法》，《经济科学》，2001 年第 6 期。

在诺斯看来，进行改变现存制度或体制这样的社会实践活动，主要是团队或集体行动，而按照奥尔森的关于集体行动必然会发生"搭便车"问题（而且行动团体越大则"搭便车"的可能性也越大）的逻辑，这一过程很可能不会实际发生或成功的可能性极小。因此，必须引人一个一致性的意识形态，来最大限度地减少"搭便车"行为，使这一变迁的发生成为可能。历史事实也证明，个人在集体行动中并不总是像奥尔森所说的那样必然存在"搭便车"问题。再者，从随机观察中可以发现，"个人在成本—收益计算中仅以获得更多的尊严作为利益取向的行为模式是广泛存在的。"① 因此，把意识形态因素引人制度变迁的动态理论当中不仅是必要的而且是可行的。（2）由于任何现存制度或体制都是与相应的意识形态所提供的"合理性"或合法性支持分不开的，因此凡是试图打破现存制度或体制的行动集团，就必须首先创立一个成功的反意识形态来动摇旧制度或旧体制的合法性基础。而且，"成功的反意识形态的目标就是不仅要使人们确信他们众目睽睽的不公正是现行体制的一个不可或缺的组成部分，而且要使人们确信只有通过人们参与改变现行体制的活动，一个公正的体制才能到来"②。（3）由于任何现行制度或体制都是非中性的，即"包括既得的利益"③，因而改变现行制度的努力必然包含着利益冲突，包含着得利者和失利者之间利用包括意识形态资源在内的各种社会资源来支持或反对变革的较长期的斗争及其斗争策略的灵活运用。而改革者要赢得这场斗争的胜利，一个基本的策略就是通过创立一个灵活的意识形态，使之既能得到新的团体的忠诚拥护，又能作为可识别的外在条件变化的结果而为旧的团体忠诚拥护。④ （4）由于意识形态变革相对于正式制度变迁的滞后性，所以在新的制度或体制建立起来以后，与之相适应新的意识形态并不会马上普遍建立起来并得到广泛的社会认同，因此必须通过反复的意识形态教化来为新制度进行"合理性"投资，以降低新制度的运行成本和维护新制度的稳定。因为当一个制度下的社会成员有着相同的意识形态时，"定义构成制度约束的社会正式规则不必很清楚，实施机制和程序可以保持在一个最低程度上，甚至根本就不需要"⑤，所以对新制度进行"合理性"投资可以极大降低维持一个现存秩序的成本。而且，尽管进行这种合理性投资也需要花费费用或成本，但由于这类投资与人们"对现行制度合理性的理解正相关"⑥，因此这类投资的费用会随着人们对现行制度认同程度的提高而在边际上递减。所以，从长期的总成本角度来看，进行意识形态投资的总成本必然会小于不进行这种投资而增加的现存制

① ［美］诺斯：《经济史中的结构与变迁》，陈郁等译，上海三联书店、上海人民出版社 1994 年版，第 60 页。

② ［美］诺斯：《经济史中的结构与变迁》，陈郁等译，上海三联书店、上海人民出版社 1994 年版，第 60 页。

③ ［美］诺斯：《经济史中的结构与变迁》，陈郁等译，上海三联书店、上海人民出版社 1994 年版，第 63 页。

④ ［美］诺斯：《经济史中的结构与变迁》，陈郁等译，上海三联书店、上海人民出版社 1994 年版，第 58 页。

⑤ ［美］埃瑞克·G. 菲吕博腾等编：《新制度经济学》，孙经炜译，上海财经大学出版社 1998 年版，第 254 ~ 255 页。

⑥ ［美］诺斯：《经济史中的结构与变迁》，陈郁等译，上海三联书店、上海人民出版社 1994 年版，第 59 页。

度运行的总成本，因而通过意识形态宣传来进行对现存制度的合理性方面的投资是必要和值得的。这也解释了各国教育体制为什么都直接地并反复地灌输一套价值观的基本原因。

三、马克思和诺斯关于制度变迁的意识形态理论模型的比较分析

在上面的叙述当中，我们分别对关于制度变迁的意识形态理论的马克思模型和诺斯模型进行了较全面的引介。在本节中，我们对这两种理论模型进行比较分析。这包括它们之间的相同点和不同点，但主要放在它们的不同点上。

首先，让我们来看看它们之间的相同点。我们认为，这两种理论的相同点主要表现在这几个方面：（1）无论是马克思还是诺斯，都把社会制度看成是一个由不同层级的各种制度组成而又相互作用的社会制度结构。只不过马克思是用基本经济制度（生产关系的总和）来代表本源性或核心制度，用政治与法律制度代表次生性或派生性制度；而诺斯用制度环境（宪法秩序）来代本源性或核心制度，用宪政秩序约束下的制度安排来代表次生性或派生性制度。而且，他们都没有否认本源性制度对派生性制度的决定作用，也都没有否认派生性制度对本源性制度的反作用。当然，在分析社会革命时，马克思的划分方法比较适用，而在分析既定社会制度下的社会变革时，诺斯的划分方法比较适用。（2）无论是诺斯还是马克思都把意识形态看成是观念的东西和群体的意识，并都认为意识形态是一种整体性的融贯一致的世界观，且都认为意识形态与价值观、道德规范、伦理准则及宗教教义等既有区别又有联系。马克思认为价值观、道德规范、伦理准则和宗教等是意识形态的重要组成部分，但意识形态并不能简单地还原于这些分散性或个别的东西，因为它是作为一种系统的有组织的价值观念或思想体系而存在的。诺斯明确地把观念形态的东西区分为价值观、道德规范、伦理准则、宗教教义和意识形态等，并明确指出"意识形态不同于道德"①，但他有时又把意识形态与上述这些观念形态的东西联系起来或替换使用，这说明他懂得它们之间的区别与联系。（3）无论是马克思和诺斯都看到了意识形态对制度变迁的先导作用（及其重要性）以及意识形态相对于正式制度变迁的滞后性，并都认为意识形态对制度变迁的作用是有条件和有限度的。马克思认为与旧制度相适应的意识形态是一种阻碍社会变革的力量，而新的意识形态只有能适时地反映现存社会经济结构与政治结构内在矛盾并能正确地指出解决这种矛盾的途径，才能正确地有效地发挥其指导社会革命或变革的作用；而且，他还认为意识形态在社会制度变迁中的作用是有限度的，它既不能替代生产力对社会制度变迁的根本决定作用，也不能代替暴力革命对新的社会制度诞生的助产婆作用。诺斯同样认为旧有的意识形态对形形色色的制度变迁起阻碍作用，也认为新的意识形态只有被进行制度变迁的行动团体共同认可并因其具有相当的灵活性和先进性而能获得广泛的社会支持时，才能有效地发挥作用；同时，他虽然比马克思更为强调意识形态的重要性，但他仍然认为，历史上大量的制度变迁只能用相对价格变动的压力来解释，而意识形态的根本作用只局限于克服制度变迁中的"搭便车"或机会主义行为，它并不能用来代替制度变迁过程中的利益冲突及其解决所必须的物质手段的运用。可见，诺斯对意识形态在制度变迁中的作用的看法也是审慎而适度的。这也解释了诺斯为什么只是

---

① ［美］诺斯：《经济史中的结构与变迁》，陈郁等译，上海三联书店、上海人民出版社 1994 年版，第 229 页。

从新古典经济学的制度变迁动力理论的边际上（即从新古典经济学解释不了的制度变迁的"余值"上），引入意识形态因素分析的一个基本原因。

其次，让我们来比较一下马克思和诺斯上述两种理论模型的不同点。这包括：（1）他们对制度变迁的研究层次或对象不同。马克思集中于宪政秩序的变迁，诺斯致力于宪政秩序约束下的具体制度安排的变迁。这倒不是因为他们各自认为对方研究的制度变迁层次不重要或不存在，而是因为各自的研究目的从而研究的中心任务不同。马克思研究宪政秩序的变迁是为了揭示人类社会发展的一般规律及其历史趋势。诺斯研究宪政秩序下的具体制度安排的变迁，是为了说明有效率的经济组织或制度是怎样形成的，它们又如何成为解释历史上各国经济增长实绩变异的关键解析变量的。也正是由于上述的不同之点，才使他们各自的理论体系将作为不同的科学范式而真正区别开来。（2）他们对意识形态的定义有细微的（但不是根本的）差别。马克思比较强调意识形态的阶级性，而诺斯比较强调其群体性。这倒不是像有些人说的那样，马克思与诺斯的意识形态理论的根本差别是承认与不承认意识形态的阶级性①。而是因为他们各自的研究对象和研究目的的不同，使得他们对各自所指向的制度层次进而意识形态层次的关注程度不同。马克思由于以社会革命及其条件作为研究对象和目的，自然着力点在于统治阶级以及主导革命的阶级的意识形态这样一些较主流和较综合的意识形态问题，但这并不意味着马克思不承认其他非主流的各个阶级或阶层没有他们的意识形态。诺斯以宪政秩序下的具体制度安排作为其研究重点，自然会关注较小范围（或某一行动团体）的意识形态，但诺斯却明确提及到当代世界两大主流意识形态——马克思主义意识形态与自由市场意识形态——各自优劣的问题，这说明他认为意识形态从其覆盖范围与重要性程度上是有层次差别。此外，诺斯还同马克思一样，把劳动分工看成是一致性意识形态或阶级利益共识形成的一个重要原因，并认为马克思使"意识"依赖于一个人在生产过程中的地位，这种见解是对发展成"阶级意识"的一个重大贡献。这说明诺斯并不是不承认阶级意识的存在，而只是因为其研究目的或别的原因而想淡化了这一点，这也使他的关于制度变迁的意识形态理论有更广阔的驰骋空间。（3）他们把意识形态引入到各自关于制度变迁的理论体系当中的切入点也不相同。马克思从他关于社会结构的构成要素及其相互关系的整体性理论体系当中引入和定位了意识形态对社会革命和社会变迁起作用的层次与方式。他认为社会生产力的发展的累积效应与现存生产关系及其与之相适应的政治和法律制度的内在矛盾与冲突，是社会革命或变革的根本原因；意识形态在社会革命或变革当中起作用的方式，是反映这种冲突的原因和程度并指出解决它的前途和方向。诺斯则从历史上无效率的政治—经济体系向有效率政治—经济体系（或有弹性的制度结构）的转变与生成过程中起作用的各种结构性因素（如人口、要素、相对价格、产权、国家以及意识形态）的不同重要性程度及其相互作用中，引入和定位了意识形态在历史变迁中的起作用的层次和方式。在诺斯看来，人类从驯化动植物（定居农业开始）到工业革命的近万年的经济体制变迁历史，既是作为知识存量基本变化结果的社会生产力发生根本变化的历史，也是与之相伴而来的同样重要的实现这些新知识

---

① 陈俊松：《制度变迁理论的两种范式》，《经济问题探索》，2001年第5期。

所带来的生产潜力增长的组织变化的历史①；并认为这两种变化都蕴含了根本性制度重构，而这种根本性制度重构的根本目的在于使新知识（及与之相适应的新技术）所带来的社会生产潜力得以实现；但"由于社会生产潜力的实现触及到产权的彻底重构，因而并不存在实现这种潜力的自动的社会力量"②；这种产权的彻底重构部分地是通过打破旧秩序的革命性制度变迁实现的，但大量的变迁是通过有目的和有秩序的适应性制度调整或渐进性变迁实现的；可是，无论是革命性制度变迁还是渐进性制度变迁，从总体上讲都发端于并取决于知识和技术变革与现存政治—经济体系之间的冲突的累积程度，并都必须克服它们作为集体行动所内在存在的"搭便车"问题。这也就是说，我们不单要用要素相对价格变动以及利益集团冲突程度来解释历史上林林总总的制度变迁的根本动力，还要在这一基础上或边际上引入意识形态因素来说明这些不同层次的制度变迁得以实现的必要条件。由此可见，诺斯正是从作为集体行动的各种制度变迁得以实现必须以一致性意识形态这个克服集体行动中"搭便车"的有效机制为前提这一角度切入，进而把意识形态变量引入到他关于制度变迁的动态理论体系当中的。也正是在这种独特的切入方式上，使他关于制度变迁的动态理论与马克思的有关理论体系或范式的区别扩大了。（4）他们对意识形态在制度变迁中的功能的认识上也有所不同。马克思更注重意识形态对既定制度变迁得以发生的能动反映功能，道德评价功能和理论导向功能，而诺斯更注重意识形态对既定制度变迁得以发生的团队整合功能、行为规范功能和信息（或交易费用）节约功能（虽然从总体上看，他们各自对意识形态的各个方面的功能都有所涉猎）。在这里，把意识形态看成是既定的历史条件下的社会结构的一个内在组成部分，是社会存在的主观的能动的反映，是物质条件已经基本具备的社会变革的先导力量，是马克思的伟大理论贡献；而强调意识形态是一种社会性行为规范，是一种节约信息费用的工具，是一种克服制度变迁这类集体行动中"搭便车"的有效机制是诺斯的深刻理论洞见。它们都在不同层面上对我们认识和推动现实的制度变迁有指导意义。

四、结论与启示

在本文的分析中，我们对马克思和诺斯关于制度变迁的意识形态理论模型进行了较全面的引介和比较分析。通过这些引介和分析，我们可以得出几个方面的初步结论与启示：

（1）由于马克思关于制度变迁的意识形态理论模型的研究对象是社会革命，因此他的这一理论模型并不适合于直接运用到当代中国制度变迁中的意识形态问题的理论研究中。但是，马克思作为这一理论领域的开拓者和奠基人，他的有关理论不仅仍然是我们进一步研究的出发点，而且为我们进一步研究提供了总体性的方法论基础。特别是马克思关于意识形态只是现实的社会存在的内在冲突的反映，并且只是人们借以克服这些现实冲突的精神手段的观点，具有重要的现实指导意义。它不仅表明意识形态要发挥正面功能，其内容就不能脱离现实的社会经济生活条件；而且表明即使是合乎时宜的意识形态，它对社

---

① ［美］诺斯：《经济中的结构与变迁》，陈郁等译，上海三联书店、上海人民出版社 1994 年版，第 192 页。

② ［美］诺斯：《经济中的结构与变迁》，陈郁等译，上海三联书店、上海人民出版社 1994 年版，第 193 页。

会变革或社会冲突的整合作用也不能人为地高估，因为社会存在内部的冲突归根到底只有靠经济发展和政治发展所提供的物质条件和制度条件来解决。

（2）诺斯关于制度变迁的意识形态理论模型的研究对象是宪政秩序约束下的制度变迁，因此这一理论模型在总体上比较适用于对当代中国制度变迁中的意识形态问题的理论研究。但要看到，诺斯的这一理论体系还很不完善，甚至存在着一些明显的缺陷。其中的一个致命的缺陷是，他忽视了意识形态这种作为克服"搭便车"问题的工具本身也存在"搭便车"问题。这种现象可以从"即使一个不讲道德的人也希望别人讲道德"这种看似矛盾却有内在一致性的现象可以得到说明。因为无论是他不讲道德还是希望别人讲道德，都是想从社会道德这种公共物品的供给获取好处而又不愿意为社会道德的形成承担一份社会责任或分担相关成本（即"搭便车"）；而社会道德规范是缺乏强有力的实施机制的"软约束"，如果"搭便车"或无良知的人足够的多，我们将无以借助道德这类社会资本（social capital）来铸造诺斯所言的克服"搭便车"的机制。

（3）从总体上讲，无论是马克思关于制度变迁的意识形态理论模型还是诺斯的这一理论模型，都对当代中国的制度变迁提供了许多有启发性或可资借鉴的理论观点。但相对而言，马克思的有关理论对我们主要是方法论意义上的，诺斯的有关理论对我们主要是实际操作意义上的。而且，两者并不是绝对对立而是可以相互补充的。因为，尽管他们的世界观和方法论不同，研究对象和研究目的也不一样，但他们讨论的主题都是关于意识形态与制度变迁的关系，他们也分别代表了马克思主义经济学和新制度经济学在这方面的最高成就。而且，诺斯的有关理论像他的整个新制度经济学一样，无疑受到了马克思的深刻影响，即在某种意义上诺斯是马克思的学生。不过，诺斯并没有简单地重复和照搬马克思，而是就制度变迁中的意识形态因素提出了许多自己的独到见解。正是这些独到见解及其对我国现实制度变迁启发性，决定了诺斯的有关理论在当代中国应占有它能够占有的一席之地。

论托克维尔政治思想中的现代专制主义谱系

胡 勇*

摘 要：在托克维尔的思想文本中主要出现了三种现代专制。一是僭主或个人专制。二是多数专制，这包括两种多数暴政版本，即政府中的多数暴政和多数的思想专制（又被称为公共舆论的暴政）。托克维尔对政府中的多数暴政的分析不太适用于现代民治政体，对思想专制的分析更接近现代大众民主的现实。托克维尔的多数暴政理论忽视了少数压迫的可能；他对多数一词的界定抽象而僵化，不符合流动的、多元的现代政治体系；他还常把多数混同于公共舆论。三是监护性专制，这种专制实质上是一种自我暴政，是人类灵魂自甘堕落的暴政。

关键词：托克维尔；政治思想；专制主义

托克维尔关于现代社会与政治中的专制主义现象的论述是其政治思想中最富有理智魅力又最具有理论争议的部分。即使是托克维尔的最同情的阐释者也对他展示的专制主义系列的含义与价值充满了分歧。皮埃尔·马南观察到，"在托克维尔对'民主专制'的描述中，在我看来充满了真理。雷蒙·阿隆看到了一种神话，肯定是惊人的，但远不是在描述我们的经历"。[1] 美国选举政治的研究者认为托克维尔的"多数暴政"只是一种遥远的可能，而更强调高度组织化的、更小的利益团体的危险影响。如果说学者对托克维尔的自由政治观的认识众说纷纭，甚至南辕北辙，那么对托克维尔的专制主义观念更是莫衷一是，臧否有加。

自由与专制是托克维尔政治思想的两个基本的、对立的两极。可以说，由于托克维尔的特殊身世与价值偏好，"对专制主义的恐惧是托克维尔自己的最早和最强大的政治激情"。[2] 在《论美国的民主》的开篇他就提出两种政治前景："民主的自由还是民主的暴政"是现代社会的两种基本政治抉择。[3]

托克维尔对自由观念的独特理解赋予了他对专制观念的独特感受。在他看来，自由不但意味着个人生活的独立，免于外部的专横干涉；它还意味着公民对自己的命运的积极控

---

* 武汉大学政治与公共管理学院讲师，法学（政治学）博士。

① Pierre Manent, Modern Liberty and Its Discontents, trans. Daniel J. Mahoney and Paul Seaton. Lanham, MD：Rowmanand Littlefield, 1998, p. 38.

② Sheldon S. Wolin, Tocqueville Between Two Worlds：The Making of a Political and Theoretical Life. Princeton, N. J.：Princeton University Press, 2001, p. 219.

③ ［法］托克维尔：《论美国的民主》，董果良译，商务印书馆 1988 年版，第 2 页。

制，对公共生活的活跃的参与与决策；它还意味着个人在精神世界的无私探索，对理智生活的独立追求；它甚至还意味着民族、国家和社会对政治伟大与崇高之物的渴望与保持（如民族独立、国家荣誉与社会活力等）。所以，专制在他看来，不仅意味着个人自由的剥夺、公共讨论的压制、精神自由之光的熄灭，还意味着社会生活的平庸与停滞。托克维尔对"专制"的理解显然不同于自亚里士多德直至孟德斯鸠以来对专制主义的理解。托克维尔认为，专制根植于或潜藏于现代民主之中，而他对现代民主的现代性有着清醒的认识。① 既然托克维尔认为现代民主是现代政治的本质特征，现代民主是专制主义的滋生土壤，所以我们把托克维尔的独特的专制主义诸版本——他时常称为"民主的专制"的东西称之为现代专制主义。

关于托克维尔所提出的专制主义版本到底有多少种，研究者众说纷纭。虽然托克维尔曾经在非正式文本中考虑过一种低层阶级的专政，表明了他对新兴城市大众的恐惧。这会是一种以工人阶级名义进行统治的全权国家。他曾表示："野蛮人已在我们的门口……他们在我们的周围，在我们城市的内部。"② 但这种暴政在他的思想视野中只占据边缘性的、模糊的角色。在他的正式文本与非正式文本中，主要出现了现代专制主义的三种版本：僭主（或个人，常以军事独裁者为外表的）专制；多数暴政；（人民主权与行政集权相结合的）监护性专制。在托克维尔的实际论述中，多数暴政的两种表现：政府中的多数暴政和社会与思想领域中的多数暴政有时结合在一起，有时又相对分离。

一、个人专制

对僭主政治——一种不同于世袭君主政治的以暴力和非法手段获取与掌握政权的政体形式的关注是近代以前政治学家研究的一种主要专制政治形式。近代的传统自由主义者所恐惧的主要专制形式也只是在个人专制后面加上了一个多数专制。

对于独夫统治特别是军事独裁的恐惧是托克维尔一生中时常出现的梦魇，虽然在他对现代专制主义的分析中并不占据主要地位。例如，在《论美国的民主》中，他预见到了民主时代的欧洲国家面临着两种抉择："不是走向民主的自由，就是走向专制者的暴政"；在私下，他认为，以军事起家的"杰克逊的腔调与语言是属于一个无情的专制者的……阴谋是他的职业……腐败是他的要素"。③ 在《回忆录》中他承认，自己之所以起初反对对六月起义者的进攻命令，是因为"我对于军事暴政有这样一种本能的厌恶与恐惧"。④ 他认为，军官的"习惯、行动与思维方式在每个地方，但特别是在一个自由国家是非常危险的"。⑤ 这些语句表明了托克维尔虽然没有把一人专制特别是军事独裁作为现代专制

① 在他看来，古典民主根本不同于现代民主，在今人看来实质上只是一种贵族或寡头政治。

② Quoted in Roger Boesche, The Strange Liberalism of Alexis de Tocqueville Ithaca, N. Y.: Cornell University Press, 1987, p. 231.

③ Alexis de Tocqueville, Journey to America, trans. by George Lawrence, ed. by J. P. Mayer. London: Faber and Faber, 1959, p. 161.

④ Alexis de Tocqueville, Recollections: The French Revolution of 1848, ed. by J. P. Mayer and A. P. Kerr, New Brunswick, U. S. A.: Transaction Books, 1987, p. 147.

⑤ Alexis de Tocqueville, Writings on Empire and Slavery, ed. and trans. by Jennifer Pitts. Baltimore: Johns Hopkins University Press, 2001, p. 78.

主义的主要版本，但也承认了它在现代社会中出现的可能性。

托克维尔对个人专制的分析也揭示了这种专制的现代性。民主时代对物质福利的爱好会使人民厌弃公民的政治义务，从而为"一个精明强干的野心家"夺取国家政权敞开了道路。这个独裁者只要能够"确保良好的秩序"，人民就会服从他；① 资产阶级出于保障个人财富的利己主义之心，也会把自己的自由让渡给一个主人。② 同物质相关联的另一种激情——对社会主义的恐惧也是使人们投入独裁者怀抱的一种原因。中产阶级大众被1848 年的欧洲革命所惊骇，"他们对社会主义失常的恐惧使自己轻率地投入专制主义的怀抱中。像在普鲁士，在匈牙利，在奥地利，在意大利一样，在法国，民主分子服务于专制主义者的事业"。③ 对于社会主义的恐惧驱使这些社会选择军事政体作为对完全的民主——社会主义的最终替代品。虽然他不认为民主国家的战争一定会导致古代世界中如苏拉或恺撒这样的独裁者，但他还是预见了一种新的武士贵族的可能性。"当我说一种贵族制不再可能之时，我是错了，由于人们依旧可能有一种军人贵族制。"

托克维尔对于个人专制的认识及在其专制主义思想中的地位经历了一个变化过程。在美国之行中，对于他的大部分属于土地贵族的信息提供者而言，杰克逊将军实际上是一个新的恺撒，民主专制的一种表现；托克维尔在其笔记和《论美国的民主》第一卷（1835）中也或隐或现地接受了他们的主张。在托克维尔的一生，他也被拿破仑的天才所折服与惊恐，认为他削弱了自由。在一段时间内（1835～1838），这种专制者——来自恺撒与拿破仑模式的军事僭主的版本，明显地捕获了托克维尔的想像力。在笔记中他写道："第一个僭主将要来到；他将怎么被称呼呢？我不知道，但是他在接近。……和平为专制做好了准备，战争将会建立它。"④ 但是，他逐渐意识到，在军事与民主专制之间没有必然的联系，它仅仅是最近的法国史的一个偶然事件。⑤ 最终，到了1840 年，对于行政专制的恐惧很大程度上取代了对军事暴政的恐惧；在这种行政专制中，专制者已失去了具体的面目特征，也变得温和起来。但在《论美国的民主》第二卷的注释中，他仍然没有放弃一种利维坦国家的形象：一个民族被军队所统治，好像整个社会是一个军营，但已在他的现代专制主义版本中退居次要地位。⑥

二、多数专制

"多数暴政"是人们关注最多的托克维尔的现代专制主义系列中的一个版本。现代民主不仅仅是一种政府形式，它还激发了一种新的生活方式，穿透了公民的灵魂，最终形成

---

① ［法］托克维尔：《论美国的民主》，董果良译，商务印书馆1988 年版，第 672 页。

② Alexis de Tocqueville, The Old Regime and the Revolution, tran. by Alan S. Kahan. Chicago：University of Chicago Press, 2001, notes and variants：p. 378.

③ Quoted in Alan S Kahan, Aristocratic Liberalism：The Social and Political Thought of Jacob Burckhardt, John Stuart Mill, and Alexis de Tocqueville. New York：Oxford University Press, 1992, p. 77.

④ Quoted in S. James T. Schleifer. The Making of Tocqueville's Democracy in America. Chapel Hill：University of North Carolina Press, 1980, p. 174.

⑤ Sheldon S. Wolin. Tocqueville between Two Worlds：The Making of a Political and Theoretical Life, p. 220.

⑥ ［法］托克维尔：《论美国的民主》，董果良译，商务印书馆1988 年版，第 893 页。

了一种新的道德法典。因此，托克维尔出示了两种不同的多数暴政版本：一种是从古代以来就被人们所熟知的，被传统自由主义者详尽探讨过的专制；另一种是特别新颖的，与给予现代民主以力量的理智与道德有着密切联系的专制，在此方面托克维尔作出了原创性的贡献。

1. 多数的政府权威

对托克维尔而言，多数在政府中的暴政表现为，人民权力对于政府机关越来越排它性的和越来越严密的控制：议员在很短的任期内而被选举；法官也在有限的时间中被选举，而不能独立地通过较长的任期；在机构的运作中，行政从属于更接近人民权力来源的立法，投票人施加给他们选举的人以强制的委托；法律权威的惟一来源——体现在多数中的人民权力，直接干预法律的起草与实施。作为一名法官，托克维尔注意到了，在美国，多数可以阻止或违反法律。例如，一个新闻记者因为反对人民赞成的对英国的战争，其房屋被抢劫，自己也被投入监狱，并被骚动的人群所杀死，而军队和警察却无能为力。① 至于自由的黑人，虽然获得了公民权利，由于惧怕大众的种族偏见却不能够行使自己的选举权利。② 虽然托克维尔指出了多数暴政在美国的潜在可能性，但是在关于多数暴政一章的前一章中，他还是首先指出了民主政府的优点：它促进了关于权利的某种理想观念，它提供了一些真正的自由权利，它的目标是普遍的福利。另一个方面，在美国，多数暴政在政治上的直接证据是稀少的。托克维尔是从法国的革命专政的语言与实践中提取出了一种政治科学的主题，并以一种新颖而显著的方式把它投射于美国的民主中。

托克维尔注意到，在国家层面，权力的宪政分离可以阻止多数统治向实际的无限权威的逐渐扩张；但托克维尔并没有像联邦党人一样给予它充分的强调和完全的信心，在他的脑海中它只是一根可以依靠的纤弱的芦苇。如果多数形成了推翻宪政分权的意志，那么用什么来阻止它呢？然而在事实上，美国的民主政府是相对温和的。但是这种温和能够阻止另一种更隐秘的专制吗？萦绕于托克维尔的分析中的更可行的暴政幽灵是多数行使的思想权力，由于托克维尔观察到："美国就缺少这种自由（精神的自由）。"③

2. 多数的精神权力

在托克维尔的脑海中，政治上的绝对之物与理智或精神王国的流行之物之间有着一种强烈的联系。盎格鲁——清教徒在美洲的定居，给予平等一个精神的注解，有助于政治平等到一种政治信仰的转变：多数具有一种道义的影响，"许多人联合起来总比一个人的才智大，所以立法的人数比选举还重要"。这是应用于大脑的平等理论。④

可以预料到，现代民主会把多数权威的领域从政府范围扩展到道德和"日常生活的一切细节"。⑤ 抽象的政治主权的原则会渗进习惯与风俗，影响生活的细节，构成感觉到它的存在范围的人们的思想，诱惑他们授予这些原则以一种更广大的权威。就像法国人相

---

① Alexis de Tocqueville, *Journey to America*, trans. by George Lawrence, ed. by J. P. Mayer. Landon: Faber and Faben, 1959, pp. 159～160.

② ［法］托克维尔：《论美国的民主》，董果良译，商务印书馆1988年版，第290页。

③ ［法］托克维尔：《论美国的民主》，董果良译，商务印书馆1988年版，第295页。

④ ［法］托克维尔：《论美国的民主》，董果良译，商务印书馆1988年版，第283页。

⑤ ［法］托克维尔：《论美国的民主》，董果良译，商务印书馆1988年版，第283页。

信国王不可能犯错一样，美国人也持有同样的观点。多数的道义权威开始作用于意志自身。它行使的力量与范围比君主制观念更大。多数至上主义的最后结果是导致了一种信仰：除了多数的意愿之外没有可行的标准，没有比有组织的多数所拥有的更大的权力。于是，无限的精神权威便出现了。

就我们所熟知，暴政意味着专断的权力、压迫、专制、绞刑架的权威。托克维尔在这里出示的暴政不是这种暴政，它是某种新的东西，民主所特有的东西，即公共舆论的暴政。它具有道义的、理智的、心理的性质。它是对那些不顺从之人的反对、敌意和排斥，并且它主要影响的是那些信仰肤浅、勇气虚弱或地位脆弱的那些人。多数给予思想的权力是一种比在欧洲任何地方所发现的更大的权力，然而它的运作是通过封闭认可之门而不是使用物质力量，因此是一种"非物质的专制"。暴政不再是一个专制国王同异议者或反对者之间的一种战斗。相反，它成为勾画一种边界的舆论氛围的创造。一位遭受暴政的公民完全有权利保持他的"生活"、"财产"和"社会上的特权"，但这样的一个人将被不理睬、忽视，被当作不纯洁的人而剥夺名望。① 观察不到这种边界的人牺牲的是公众的认可。

托克维尔没有举出遭受这种压迫的人的例子，或许他的意思是：它不是一种靠单一事例运作的力量。相反，多数意见的力量或权力可以无形地、间接地运作，在每个人的头脑中产生出一种必须不能逾越边界的意识。人们可以说，如果头脑受到了这种柔软的、间接的压力的感染，那么它是软弱的。但托克维尔的真正主张是，多数至上主义条件通过清除了可作为一种能量源泉的有价值的政治紧张而削弱了人类的灵魂。

3. 对托克维尔的"多数专制"的评价

托克维尔对于多数对政府机关的蚕食的分析回应了和亚里士多德一样古老又被孟德斯鸠所复兴的对民主的一种理解。然而，这种观点反映出了发生在过去的小型共和国的事情，而没有反映出像美国这样一个非常大的、联邦的、自由主义的、代议制的民主共和国的真实状况。因此，托克维尔关于这种形式的多数暴政的警告原则上是可理解的，但在现实情况中是不太适用的。

另一方面，托克维尔在专制主义理论上的创新之处是他对精神专制的分析。公共舆论对思想的暴政的分析更接近现代大众民主的现实，这是对一种属于明显的现代现象的"软暴政"的分析。这种暴政是巨大的、联邦制的、自由的、代议的民主共和国允许甚至可能促进的公共舆论的塑造与实施。从托克维尔对多数的这种权力的讨论中可以推断出：理智暴政是一个国家层面的和当前的危险。在提出这种主张时，托克维尔几乎没有作出任何努力以证实它是一种实证的主张，而且就我们看来，非常难以将它接受为一种对 19 世纪早期和中期的政治或理智氛围的描述。尽管托克维尔的主张完全以演绎推理为基础，他的逻辑存在着缺陷，他依赖的事实是有错的，然而至今仍获得了我们的尊重。尽管这种形式的多数暴政仅仅偶尔地或短期地（除了美国南方）在美国取胜过，但我们知道，就托克维尔关注的是欧洲的而非美国的民主而论，它的确在其他现代民主国家中出现过，而且具有比托克维尔所想象到的更悲剧性的后果。

正如许多研究者所指出的，在现代民主中，一个或许更常出现的少数"暴政"至少

---

① ［法］托克维尔：《论美国的民主》，董果良译，商务印书馆 1988 年版，第 294 页。

和托克维尔所谴责的多数暴政同样重要。密尔的评论无疑有助于托克维尔看到这种多数暴政思想的弱点，所以托克维尔在他的另一本草稿中写道："这是真实的、原创的图画；在第一卷中的一种是曲解的、普通的（陈腐的）和虚假的。"① 的确，托克维尔的错误是当他形成自己的多数专制理念时，很大程度上忽视了某一少数压迫的可能性。托克维尔对于一种单一概念的注意使他暂时看不到（在此处是完全地忽视）另一种同样有意义的观点。他的信仰："在美国，暴政只能来自多数"，② 使他不能考虑到某一具有政治、社会、精神或经济特权的小团体专制的可能性。

托克维尔的多数暴政理论同传统自由主义相比的原创之处，同时也招致了人们对其"多数暴政"理论致命批评的，是他对"多数"含义的理解。托克维尔明显地把多数（majorité）主要理解为一个抽象的、单一的、基本固定的实体。在他的头脑中，多数通常涉及的不是可触摸的、暂时的利益，而是社会意见或公共舆论的基本态度。对于托克维尔而言，多数最基本的外观是一个命令性的道德权威。这样一种观点和（首先由麦迪逊探索的）围绕着特定的公共问题而暂时形成的利益方面流动性联盟的概念形成鲜明的对比。在麦迪逊的图画中，多数是流动的、多元主义的。由于在某一天多数的一个成员会很容易地发现在另一天自己处于少数之中，没有一个人的长期利益和安全会因多数的权力滥用而被促进。除非是在一般的或不是以威胁少数团体的原则上，长久的（和潜在专制的）多数不会形成。正是由于托克维尔对多数的独特理解，所以，在1841年，贾里德·斯帕克斯在一封书信中说道："在他所说的多数暴政方面，我认为他是完全错误的……德·托克维尔先生的理论只有在多数是一个不可改变的实体的地方才是正确的……德·托克维尔先生常常把多数混同于公共舆论。"③ 如果托克维尔的多数暴政理论是他的最著名的思想之一，那么也是他的最受争议的思想之一。

但无论如何，至少在一个例子中，托克维尔的分析符合美国的现实。托克维尔注意到了在合众国各个州的自由黑人的低下地位；特别是在那些奴隶制被废除的州，偏见和不公正成为黑人人口的重担。④ 但是在关于多数权力的章节中，托克维尔并没有给予美国的种族分裂以特别的关注；他甚至没有把黑白形势作为多数暴政的一个特别适当的例子。托克维尔这样做的原因可能是：（1）他的挚友博蒙写了一本关于黑人在美国悲惨处境的小说《玛丽，或美国的蓄奴制》，极重友情的托克维尔不愿涉及博蒙的领域。（2）在创作《论美国的民主》时，托克维尔的思想主要集中在白种美国人，尤其是他经常称作的盎格鲁——美国人；在他考虑多数专制时，他主要考虑的是白人的多数与少数。

托克维尔对多数暴政思想的探讨触及到了民主的一个重要困境。假如一个政府真正地反映了人民的意志，个人或少数怎样才能得到保护，免受使得大众的错误和偏见合法化的措施和机构的戕害？当人民统治之时，怎样阻止他们实施自己最坏的冲动？

---

① Quoted in Jean-Claude Lamberti, Tocqueville and the Democracies, trans, by Arthur Goldhammer. Cambridge, Mass. : Harvard University Press, 1989, p. 220.

② Alexis de Tocqueville, Journeys to England and Ireland, trans. by George Lawrence and K. P. Mayer, ed. by J. P. Mayer. New Haven: Yale University Press, 1958, p. 231.

③ Quoted in James T. Schleifer, The Making of Tocqueville's Democracy in America, p. 217.

④ [法]托克维尔：《论美国的民主》，董果良译，商务印书馆1988年版，第399页。

我们应该记得，托克维尔一生持久的、热烈的关注的是民主时代的自由，个人或小团体持有和表达的新颖的或不被更大的共同体所共享的观点的自由。最重要的是，托克维尔的多数暴政理论首先强调的是多数基本的道德权威；他关注的焦点是任何社会所必需的基本的一致性。因此，托克维尔的多数是单一的和相对持久的；他更恐惧的不是任何特别的法律、政治或行政压迫（这是麦迪逊所谓的临时的联盟所可能做的恶事），而是多数可能建立的对于思想、价值观和观念的最微妙、最深刻的暴政。这或许是他得出不同于传统自由主义暴政观的原创性理论的原因之一。

三、监护性专制（或新专制主义）

具有明确现代感的托克维尔意识到，在民主社会建立的专制将会不同于古代社会经历的专制。"它的范围将会很大，但它的方法将会很温和；它只使人消沉，而不直接折磨人。"① 在民主社会，托克维尔更害怕的是作为领导者的"监护人"而不是僭主。在1835年版《论美国的民主》的结尾，托克维尔通过从法国革命集会的暴政和美国多数意见的一致性借来的特征描绘了多数暴政。但是，在1839年版《论美国的民主》第四部分第六章"民主国家害怕哪种专制"中，他又提出了一种新专制主义。这种专制更具有他个人化的建构特征，而且具有更大的预言价值。在《论美国的民主》（1839）草稿的边缘部分，他自己做的笔记是："新专制主义。在它的描画中，存在着我的思想的所有原创性与深度。在我的第一部作品中所写的东西是陈腐和肤浅的。"② 在《论美国的民主》的第二卷中，托克维尔说道："我曾试图用一个词精确地表达我对这种压迫所形成的完整观念，但是徒劳而未成功。专制或暴政这些古老的词汇，都不适用。"③ 对于这种托克维尔非正式地命名为"新专制主义"或"行政专制"的现代专制版本，有的评论者径直称之为"新专制主义"，④ 有的评论者将这种专制主义称为"福利国家"的预言，⑤ 有的评论者称之为"民主与集权的链接"，⑥ 有的评论者称之为"官僚集权"，⑦ 有的评论者称之为"行政或官僚专制"，"利维坦国家"或"集权的和官僚国家的独裁"。⑧ 凡此种种，都透露出了托克维尔试图出示的这种新型的、难以名状的专制主义的某些特点。正如托克维尔

---

① ［法］托克维尔：《论美国的民主》，董果良译，商务印书馆1988年版，第868页。

② Quoted in Jean-Claude Lamberti, "Two Ways of Conceiving the Republic". Ken Masugi, Interpreting Tocqueville's Democracy in America, Savage, Md.：Rowman & Littlefield Publishers, 1991, p. 14.

③ ［法］托克维尔：《论美国的民主》，董果良译，商务印书馆1988年版，第869页。

④ Wilhelm Hennis, "Tocqueville's Perspective". Peter Augustine Lawler（eds.）, Tocqueville's Political Science：Classic Essays. New York：Garland Pub, 1992, p. 84；Roger Boesche, The Strange Liberalism of Alexis de Tocqueville, Ithaca, N. Y.：Cornell University Press, 1987, p. 229.

⑤ Francoise Mélonio, Tocqueville and the French, translated by Beth G. Raps. Charlottesville：University Press of Virginia, 1998, p. 62；Jean-claude Lamberti, "Two Ways of Conceiving the Republic". Ken Masugi, Interpreting Tocqueville's Democracy in America, p. 14.

⑥ André Jardin, Tocqueville：A Biography, translated from the French by Lydia Davis with Robert Hemenway. New York：Farrar Straus Giroux, 1988, p. 270.

⑦ Donald J. Maletz, "Tocqueville's Tyranny of the Majority Reconsidered", The Journal of Politics. 2002, 64：3, p. 759.

⑧ James T. Schleifer, The Making of Tocqueville's Democracy in America, pp. 184～178.

所言："这个事物是新的，所以在不能定名以前，就努力说明它的特点。"① 因此，让我们首先描绘一下这种新专制主义的主要特征。

这种专制的基本特征为名义上的人民主权与实质上的行政专制的结合；"具有自由的外貌"，却受着"监护人"的压迫。② 它的具体特征表现为：

（1）疏离。托克维尔认为疏离是新专制主义保持自身平衡的重心。疏离甚至在如塔西佗、博丹等人的古典专制主义理论中也是一种公理。古代专制主义借助恐怖在公民间实施分裂和消除所有团体与社团；新专制主义的疏离来自于具有贵族社会特征的古老纽带与群体的消解。古代专制主义主动制造疏离，现代专制主义简单地利用疏离。在这种专制中，"他们每个人都离群索居，对他人的命运漠不关心。在他们看来，他们的子女和亲友就是整个人类。至于其他同类，即使站在他们的身旁，他们也不屑一顾。……在这样的一群人之上，耸立着一个只负责保证他们的享乐和照顾他们的一生的权力极大的监护性当局"。③ 在这个现代化的、城市化的商业与工业世界中，每一个个人都生活在孤独之中，处在一个全权国家的阴影之中。他相信，新专制主义的疏离在资产阶级社会的土壤中具有它的根源。新专制主义的种子是被资产阶级种下的，由于疏离因贵族社会纽带与团体的崩溃而发芽，在对自利的褒扬中成长。

（2）政治行动的缺乏。新专制主义会剥夺个人从事政治行动的能力、愿望和论坛。人们由于疏离和专注于积累私人的财富，会感到在私人世界之外无能为力。忙于私人事物的人们不能集合起来公开行动。产生意义深远的变革的伟大政治运动在现代商业世界中会变得越来越少；新专制主义将会以充满旁观者的场地取代政治舞台上的演员。

（3）自由的外貌。新专制主义最有害与最欺骗之处在于会以自由的名义表白自己。而实际上，正是支持专制主义的意识形态会表面上将自由作为自己最基本的价值观，让奴役之中的人相信自己是自由的。托克维尔甚至认为，新专制主义很可能是被选举产生的，但无论它比非选举的政府多么可取，还是不能改变一个社会的专制特征。在托克维尔的笔记中，他写道，如果他是一位专制主义的朋友，他会允许"国家的议员自由地讨论战争与和平、国家的财政、繁荣、工业和生活。但我无论如何不会同意一个村庄的代表有权利和平地集会，在他们自己中间讨论教堂和牧师住所的修葺计划"。④ 托克维尔给予这种政治过程的标签是"剧院代议制"。选举仅仅获得一种幻觉：个人已控制了自己的生活，而使得他匆忙地回到自己的私人空间中，关上大门，假装自己是自由的。托克维尔不像贡斯当，把自由等同于一个人的独立与私人空间的保存；相反，对他而言，自由意味着公民参与决策。

（4）私人世界的消失。蒙田主张，在一个冷酷与动荡的世界，一个人可以通过私人撤退来保护自己的人身自由。托克维尔坚称，这种作为私人化的、独立的存在的替代物，一种曾经在过去的专制主义下有可能获得的替代物，在新工业世界的专制中将不再可行。在罗马帝国，人们即使在家中也生活在忧虑与怀疑之中，但这只是一种普通的对暴力的恐

---

① ［法］托克维尔：《论美国的民主》，董果良译，商务印书馆 1988 年版，第 869 页。

② ［法］托克维尔：《论美国的民主》，董果良译，商务印书馆 1988 年版，第 870，869 页。

③ ［法］托克维尔：《论美国的民主》，董果良译，商务印书馆 1988 年版，第 369 页。

④ Quoted in Roger Boesche, The Strange Liberalism of Alexis de Tocqueville, p. 246.

惧，只落在那些有危险的、有影响的人的身上，大部分人却安然无恙。托克维尔认为，新专制主义不仅是公共生活的绝对的主人，它还会从各个方面渗入私人生活。这种专制主义会潜入每一个家庭，侵入迄今为个人独立所保留的领域；它不仅会破坏公共生活，还会对每个公民的私人习惯和思想施加控制。

（5）愉快的奴役。在《波斯人信札》中，孟德斯鸠认为某些专制主义会提供奴役之中的愉悦，个人是由于自己的满足而不是恐惧而委身于这种专制。托克维尔认为，新专制主义的不同之处在于它的"甜蜜"。① 它很少使用暴力，它的力量来自它所提供的物质享受；它的力量不是来自恐惧，而是腐败。专制主义不仅会克制自己的残暴，还会寻求取悦、最终堕落它的臣民。"这个当局的权威是绝对的，无微不至的，极其认真的，很有预见的，而且是十分和善的。"② 它堕落人们而不折磨人们，最终把作为历史的积极创造者的人类转变为心满意足的野兽。由于压迫者满足了人们的欲望，人们会珍视和尊敬这种新的奴役。

（6）非人格化的专制者。托克维尔恐惧的现代奴役是一种没有可以具体认定的专制者的专制主义；他描绘的是一种没有面目或匿名的新专制主义，就像卡夫卡的世界。在这个世界中，每个人，甚至特权者，都被纠缠于一种网络之中，而没有谁有意识地编织这种网络。孟德斯鸠面临的主要危险是堕落为无限个人统治的绝对君主制——路易十四和他的继承者的专制主义。托克维尔在一个完全不同的世界——民主世界中写作。在这个世界中，甚至恺撒式的统治，如两个波拿巴的统治，都以一种投票式民主的方式使自身合法化。民主恺撒主义不再具有个人统治即个人忠诚的特征。链条已经断裂，新主人是匿名的。托克维尔的主题不再是个人统治，而是在韦伯意义上的理性合法化的统治和在平等时代必需的特殊的服从动机。在这里，服从的动机已成为支配性的主题；统治追随服从。统治的特色不是被统治者所界定的，而是像在古代政治中一样主要被服从者：自由民或奴隶所界定的。因此，托克维尔对于统治者的个人特点毫不介意。他从来没有提到一个个人"统治者"，而提到的是"主权"、"监护性当局"，或实际上更经常地提到的是"中央权力"。这种温和的、有规律的、温柔的奴役还可以同自由的外在形式相融合，以至于它"可以在人民主权的幌子下建立起来"。③ 可以说在政治理论家中，托克维尔是第一个对来自于理性主义、官僚制的现代世界的脱魅现象的现实分析者。

（7）自适性的专制。托克维尔在他的 1838 年关于《论美国的民主》（第二卷）的草稿中描绘了新专制主义的一个重要特点。"我正在谈论的行政专制独立于代议制的、自由主义的、或革命的机构；政治世界是否被一个绝对国王、被一个或几个集会所领导，是否以自由或秩序的名义被质疑，甚至是否它堕落为无政府，是否它变得更虚弱和分裂，行政权力的行动不会更受到约束，不会不强大，不会不具有压倒性。它是一种真正的特色……使行政机器运转的人或权力［？］可以改变而机器不会变化。"④ 像韦伯一样，托克维尔

---

① Alexis de Tocqueville, Oeuvres Complètes d'Alexis de Tocqueville, edited by J. P. Mayer and François Furet. Bagneux: Galllimard, 1951-64 Ⅷ, pt. 3, p. 228.

② ［法］托克维尔：《论美国的民主》，董果良译，商务印书馆 1988 年版，第 869 页。

③ ［法］托克维尔：《论美国的民主》，董果良译，商务印书馆 1988 年版，第 870 页。

④ Quoted in James T. Schleifer, The Making of Tocqueville's Democracy in America, p. 180.

发现，一个根据过去规则运作的有效运转的官僚机构既能够窒息革命性变革又能压制创新性改革，可以抵制所有变化。的确，一台官僚机器"几乎不依赖于开动它的人的价值"，即使当"中央发动机被关闭了"，它还将会运作。① 因此，这种新专制主义免受于大部分的政治变革，甚至是基本的变革。在面对政治动乱时，公共官僚机关会静静地继续积累权力和征服一个民族。这种行政专制可以包裹在自由的外在形式中，也可以以人民的名义进行统治。它是一种可以在许多不同政治结构下繁荣的适应性极强的暴政。

使托克维尔最恐惧的是，新专制主义是一种自我暴政，人们自愿甚至急切地委身于这种专制。因此，真正的危险与其说是自由的丧失，不如说是自由愿望的丧失——即人类灵魂的削弱。对托克维尔而言，在他的新专制主义分析中，他关注的不是统治者，而是服从者；他关注的不是统治，而是唤醒公民的灵魂。托克维尔的深层含义是：我们如何在一个命定平等的时代阻止灵魂的堕落？

有人把托克维尔的新专制主义视作对极权主义的一种预言，有人把它视作是对社会主义的一种批评，更多的人把它视作是对现代福利国家的一种宣告。这些观点都忽视了托克维尔的新专制主义概念的深层含义。它不是对暴力与屠杀的谴责，不是对全权国家的反对，更不是对现代道德的忧思，它最终关注的是"公民的精神之火"、"心灵之光"的熄灭，关注的是人类的灵魂在现代社会中的维护与提升。②

托克维尔的现代专制主义版本犹如一座琳琅满目、丰富多彩的画廊一样，令人目不暇接、美不胜收。在他阐释的专制主义中，专制者或表现为个人，或表现为集体（社会），或表现为非人格的存在；专制手段或是硬的——赤裸裸的暴力，或是软的——精神的意识形态的霸权；压迫对象或是人的肉体或是人的灵魂，或是个人或是一个民族。他既吸收了古典的尤其是传统自由主义的专制主义理论，又提炼出了原创性的、完全属于自己的专制主义理论。他的专制主义理论既寓于对旧时代生活条件的反思之中，又体现了对现代社会的深刻的洞察，更是对未来的一种深邃的预见，是一种过去、现代与未来相衔接的思维结晶。

① Alexis de Tocqueville, The European Revolution and Correspondence with Gobineau , Trans. and ed. John Lukacs. Gloucester, Mass. : Peter Smith, 1968, p. 152.

② ［法］托克维尔：《论美国的民主》，董果良译，商务印书馆 1988 年版，第 871 页。

个人权利与集体意志：洛克与卢梭社会契约理论之比较

彭庆军*

摘　要：从公共选择理论的角度来看，我们可以将人们通过签订社会契约进入政治社会并按约行事这一过程看成是一种集体行动。虽然洛克与卢梭的社会契约理论都符合公共选择理论中"集体行动的逻辑"中的逻辑形式，但由于二者所设定的主要参数与变量不同，因而导致了不同的逻辑结果。而主要参数与变量后所隐含的则是政治理念的差异：洛克更重视个人权利，卢梭更重视集体意志。

关键词：社会契约；集体行动；个人权利

作为近代政治思想的主要内容及近代政治制度与政治活动的重要思想基础，社会契约理论完成了从"君权神授"到"政权民授"的重大转变。其理论实质在于论证政治社会和政府的起源，即政府及其政治权力是基于人们的自愿同意通过订立契约的形式产生的。但如果从社会契约理论的内在逻辑来看，我们可以将人们通过签订社会契约进入政治社会并按约行事这一过程看成是一种集体行动。在社会契约理论发展史上，洛克与卢梭是两位最具有代表性的思想家，本文试图从社会契约理论本身的内在逻辑，运用奥尔森的"集体行动的逻辑"理论，对二者的社会契约理论作简单的比较。

一

奥尔森认为，每个人都是理性的"经济人"，个人不仅在个体活动中，而且在集体活动中，其目的都只有一个，那就是追求个人利益最大化。正是由于这种个人的自利倾向，使得集体行动在大的集团中成为不可能。因为，集团越大，就越难克服集体行动中的"搭便车"行为：人人都想享受集体行动的成果，而不愿分担集体行动的成本。"除非一个集团中人数很少，或者除非存在强制或其他某些特殊手段以使个人按照他们的共同利益行事，有理性的、寻求自我利益的个人不会采取行动以实现他们共同的或集团的利益。"①而从洛克与卢梭的社会契约理论来看，人们脱离自然状态，相互订立契约进入政治社会并作为人类共同体而得以使契约贯彻执行这一过程也大体符合这一集体行动的逻辑。

首先，从逻辑前提来看，个人自利倾向是人们订立契约从自然状态进入政治社会的前提。虽然洛克与卢梭并没有直接提出"经济人"的假设，但二者都认为，在自然状态下，

＊　武汉大学政治与公共管理学政治学博士生。

①　［美］奥尔森：《集体行动的逻辑》，陈郁等译，上海三联书店、上海人民出版社1995年版，第2页。

维护自身的生存是人性首要的准则，人们订立契约组成政治社会也是每个个人理性选择的结果。洛克认为，"我们是生而自由的，也是生而具有理性的"①。而人的理性告诉我们，虽然自然状态是"一种完备无缺的自由状态"、"一种平等的状态"，② 但自然状态还是存在着种种不便：缺少一种确定的、规定了的、众所周知的法律，为共同的同意接受和承认为是非的标准和裁判他们之间一切纠纷的共同尺度；缺少一个有权依照既定的法律来裁判一切争执的知名的和公正的裁判者；缺少权力来支持正确的判决，使它得到应有的执行。③ 因此仍有可能进入战争状态。正是为了弥补这些缺陷，避免进入战争状态，人们必须进行理性地选择，相互订立契约以进入政治社会。而且正是因为人是理性的，任何人都不会加入一个将自身置于专制统治下的政治社会。卢梭也认为："人的最原始的感情就是对自己生存的感情；最原始的关怀就是对自我保存的关怀。"④ "人性的首要法则，是要维护自身的生存，人性的首要关怀，是对于其自身所应有的关怀；而且，一个人一旦达到有理智的年龄，可以自行判断维护自己生存的适当方法时，他就从这时候起成为自己的主人。"⑤ 所以，"当自然状态中不利于人类生存的种种障碍，在阻力上已超过了每个个人在那种状态中为了自存所能运用的力量。于是，那种原始状态便不能继续维持，并且人类如果不改变其生存方式，就会消灭"。因此，人们通过社会契约结成政治社会成为个人以及整个人类的首要选择。

其次，从行动过程来看，有选择的激励或一定程度的强制是社会契约得以贯彻执行的保证。要使社会契约能够得到有效的执行，就必须有一定的有选择性的激励手段或是一定程度的强制。就订立社会契约这一行为来看，洛克与卢梭都认为这是订约人一致同意的结果，因为契约本身是以同意为前提的。关键是人们订立社会契约以后，作为类的共同体，人们如何保持其共同体并使社会契约得以贯彻执行。洛克认为："当某些人基于每个人的同意组成一个共同体时，他们就因此把这个共同体形成一个整体，具有作为一个整体而行动的权力，而这是只有经大多数人的同意和决定才能办到的。""如果不是这样，它就不可能作为一个整体、一个共同体而有所行动或继续存在，而根据组成它的各个个人的同意，它正是应该成为这样的整体的；所以人人都应根据这一同意而受大多数人的约束。"⑥卢梭则认为，多数表决规则本身就是人们订立契约时经全体一致同意了的原则，他提出："多数表决规则，其本身就是一种约定的确立，并且假定至少是有过一次全体一致的同意。"⑦ 因此，洛克与卢梭为了保证公约不至于成为一纸空文，为了防止某些人只享受权利而不履行义务，都求助于"多数表决规则"，对于少数而言，显然都内涵有一定程度的强制。

最后，从行动结果来看，人们订立契约从自然状态进入政治社会的收益大于成本。如果从博弈论的观点来看，洛克与卢梭的社会契约的订立过程可以说都是一个正和博弈的过

---

① ［英］洛克：《政府论》（下篇），叶启芳等译，商务印书馆1964年版，第38页。
② ［英］洛克：《政府论》（下篇），叶启芳等译，商务印书馆1964年版，第5页。
③ ［英］洛克：《政府论》（下篇），叶启芳等译，商务印书馆1964年版，第77~78页。
④ ［法］卢梭：《论人类不平等的起源和基础》，李常山译，商务印书馆1962年版，第112页。
⑤ ［法］卢梭：《社会契约论》，何兆武译，商务印书馆1980年版，第9页。
⑥ ［英］洛克：《政府论》（下篇），叶启芳等译，商务印书馆1964年版，第60页。
⑦ ［法］卢梭：《社会契约论》，何兆武译，商务印书馆1980年版，第22页。

程，每个人的收益都大于每个人所付出的成本与代价。洛克认为，任何人放弃其自然自由并受制于公民社会的种种限制，其目的是"以谋他们彼此间的舒适、安全和和平的生活，以便安稳地享受他们的财产并且有更大的保障来防止共同体以外任何人的侵犯"。① 人们放弃的只是在自然状态下"为了保护自己和其余人类而做他认为合适的任何事情的权力"及"处罚违反自然法的罪行的权力"，但"可以从同一社会的其他人的劳动、帮助和交往中享受到许多便利，又可以享受社会的整个力量的保护"。② 卢梭则形象地将其比喻成收支平衡表，他认为，"人类由于社会契约而丧失的，乃是他的天然的自由以及对于他所企图的和所能得到的一切东西的那种无限权利；而他所获得的乃是社会的自由以及对于他所享有的一切东西的所有权。"而除此之外，卢梭认为"还应该在社会状态的收益栏内加上道德的自由"。③"由于契约的结果，他们的处境确实比起他们以前的情况更加可取得多；他们所做的并不是一项割让而是一件有利的交易，也就是以一种更美好的、更稳定的生活方式代替了不可靠的、不安定的生活方式，以自由代替了天然的独立，以自身的安全代替了自己侵害别人的权力，以一种社会的结合保障其不可战胜的权利代替了自己有可能被别人所制胜的强力。"④ 可见，无论是洛克还是卢梭，其社会契约的订立过程都是一个正和博弈的过程，也正是因为预期收益大于成本，这一集体行动才成为可能。

总之，虽然功利主义强烈批判社会契约理论的虚假性，对政府的产生及其权力基础代之以功利的计算，但从今天所发展的公共选择理论来看，洛克与卢梭的社会契约理论就其内在逻辑而言，社会契约行为仍然大体上可以看成是一种集体行动的结果。

二

尽管洛克与卢梭的社会契约理论是各自政治主张的理论前提，也大体上遵循着同样的集体行动的理论逻辑，但二者依然有着巨大的差异。众所周知，洛克主张君主立宪，而卢梭赞成人民主权；洛克强调自由优先，而卢梭则更注重平等。从理论本身的逻辑来看，究其原因，主要是洛克与卢梭二者所主张的社会契约理论的内在的逻辑假设有着重大的差别。

（一）集体行动前自然状态中的"个人"所拥有的自然条件的内涵不同。洛克的自然状态是一种自由、平等与独立的状态，每个人都拥有与生俱来的、不可剥夺的生命、自由与财产权利，自然法即理性占据着主导地位。卢梭的自然状态虽然也是一种自由、平等与独立的状态，但卢梭并不认为在自然状态下的个人天然地具有理性，而是具有其他两个特征：其一是意志自由，其二是个人具有"自我完善化能力"。在卢梭的自然状态里，"自然的人是懒散的动物，他享受着他自己生存的情感，既关心着自己的保存也对同类创造物的苦难报以同情，他是自由的，可以完善的"⑤。因此，相比较而言，在洛克的自然状态

---

① ［英］洛克：《政府论》（下篇），叶启芳等译，商务印书馆1964年版，第59页。
② ［英］洛克：《政府论》（下篇），叶启芳等译，商务印书馆1964年版，第79页。
③ ［法］卢梭：《社会契约论》，何兆武译，商务印书馆1980年版，第30页。
④ ［法］卢梭：《社会契约论》，何兆武译，商务印书馆1980年版，第45页。
⑤ ［美］列奥·施特劳斯：《政治哲学史》（下册），李天然等译，河北人民出版社1993年版，第652页。

中，人的自由与财产、生命是紧密相联的。当个人财产、生命受到威胁时，个人的自由也就有丧失的危险。而在卢梭看来，人的自由是与个人的自我完善化能力紧密相关的。人的自由不是基于自然的权利，而是自我完善化能力的表现，基于个人意志，基于个人在何等程度上意识到他自己的力量。因此，虽然洛克与卢梭都声称自然状态下，人们是自由、平等与独立的，但各自所设定的内涵即人们订立契约进入政治社会这种集体行动前人们在自然状态下所设定的个人条件的内涵大不相同。

（二）集体行动的性质不同。社会契约理论的实质在于确认政府的权力来源于人们的契约，源于人民的授予。然而，人们签订社会契约结成政治社会这一集体行动对于不同的思想家而言具有不同的性质。洛克认为，政府的权力源于人民的"委托"，仅仅只是一种受委托的权力。他指出，立法权虽然是一国之内的最高权力，"但是立法权既然只是为了某种目的而行使的一种受委托的权力，当人民发现立法行为与他们的委托相抵触时，人民仍然享有最高权力来罢免或更换立法机关；这是因为，受委托来达到一种目的的权力既然为那个目的所限制，当这一目的显然被忽略或遭受打击时，委托必然被取消，权力又回到当初授权的人们手中，他们可以重新把它授予他们认为最有利于他们的安全和保障的人"①。卢梭则认为，政府的权力来源于人们的"转让"。他指出，社会契约的那些条款无疑地可以全部归结为一句话，那就是："每个结合者及其自身的一切权利全部都转让给整个集体。"② 由于这种转让是毫无保留的，对于所有人来说就是同等的，因此，人们仍然像以往一样地自由。但与洛克所设定的订约方式而言，其性质就完全不同：委托关系中仅仅是权力的使用权转移，而所有权并没有转移，权力的行使要受到委托者的严格限制。而转让关系中，权力的所有权发生了转移，它的行使将不再受到转让者的限制。

（三）集体行动的内容不同。尽管社会契约理论的中心环节是订立契约，但是不同的思想家对其所订立的契约内容的设定则不尽相同。洛克认为，生命、自由与财产权利不仅是订约时不能让渡的，反而是人们订立契约，结成政治社会的主要其目的。洛克认为，就自由而言，"这种不受绝对的、任意的权力约束的自由，对于一个人的自我保卫是如此必要和有密切联系，以致他不能丧失它，除非连他的自卫手段和生命都一起丧失。"对于生命，"谁都不能以协定的方式把自己所没有的东西，即支配自己的生命的权力，交给另一个人"。而财产权利，也"不必经过全体世人的明确协议"。③ 然而，在卢梭的社会契约里，每个人都是把自己全部地奉献出来，"每个人都以其自身及其全部力量共同置于公意的最高指导之下，并且我们在共同体中接纳每一个成员作为全体之不可分割的一部分"④。

（四）集体行动的结果不同。正是因为"订约"这一集体行动的个人条件、性质及内容大为不同，因此进入政治社会以后，洛克和卢梭所主张的政府的权限也就迥然相异。洛克认为，立法权作为一个国家中的最高权力，它受制于其目的：保护人们的生命、自由与财产。就治理方式而言，"无论国家采取什么形式，统治者应该以正式公布的和被接受的

① ［英］洛克：《政府论》（下篇），叶启芳等译，商务印书馆1964年版，第91~92页。
② ［法］卢梭：《社会契约论》，何兆武译，商务印书馆1980年版，第23页。
③ ［英］洛克：《政府论》（下篇），叶启芳等译，商务印书馆1964年版，第16~18页。
④ ［法］卢梭：《社会契约论》，何兆武译，商务印书馆1980年版，第24~25页。

法律，而不是以临时的命令和未定的决议来进行统治"①。因为"法律的目的不是废除或限制自由，而是保护和扩大自由"。② 在卢梭看来，"政府就是在臣民与主权者之间所建立的一个中间体，以便两者得以互相适合，它负责执行法律并维持社会的以及政治的自由"。"政府只不过是主权者的执行人。"③ 而主权权力却是完全绝对的、神圣的、不可侵犯的。尽管卢梭声称主权权力不会超出、也不可能超出公共约定的界限，主权者的意志只可能是法律，但由于在卢梭的社会契约里，订约人是将其自身的权利全部地毫无保留地转让给了主权者，这样主权者的权力就是无限的；受法律约束实际上是受主权者自身意志的约束，这就无异于不受约束。

三

通过以上比较，我们不难发现，在洛克与卢梭的社会契约理论中，社会契约的订立这一集体行动虽然具有相同的逻辑形式，却具有不同的逻辑实质。在社会契约理论这一理论的逻辑推理过程中，洛克和卢梭通过设定不同的参数与变量，导致了大相径庭的理论结果。其中最为关键的因素，则在于洛克与卢梭对于这一集体行动所强调的侧重点不同。相比较而言，在这一集体行动过程中，洛克更重视个人权利，而卢梭更强调集体意志。

首先，就自由权而言，洛克更重视个人自由，而卢梭更重视社会自由与道德自由。

洛克第一次将人的自由分为人的自然自由与社会中的人的自由，但二者都与法律紧密相联，人的自然自由在自然状态下以自然法为准绳，社会中的人的自由以立法机关根据对它的委托所制定的法律为边界。④ 洛克认为，人们在政治社会中的自由并不因为具有社会性而与原来在自然状态下所具有的自然自由相冲突，自由与法律紧密相联，"法律的目的不是废除或限制自由，而是保护和扩大自由"。正是基于这种对个人自由的保护，洛克主张，人们订立契约结成政治社会后，"自然法所规定的义务并不在社会中消失，而是在许多场合下表达得更加清楚，并由人类法附以明白的刑罚来迫使人们加以遵守"⑤。而且，自然法依然是所有的人、立法者以及其他人的永恒的规范。因此，洛克式的自由始终得到了自然法及社会中明文的法律保障。在自然法以及社会中明文确定的法律以外，人的自由的实现依赖于其自身的个人意志及理性所能及的程度。

卢梭除了将人的自由区分为天然的自由与社会的自由以外，还加上了道德的自由，并且将"天然的自由"与"社会的自由"、"道德的自由"对立起来，人类在自然状态下只享受"天然的自由"，而这种"天然的自由"并不以自然法为限。而且，"惟有道德的自由才使人类真正成为自己的主人"⑥。因此，人类进入政治社会以后，就失去了"天然的自由"，而获得了"社会的自由"与"道德的自由"。然而，如何保证社会的自由与道德的自由得以实现，卢梭只能借助于"公意"。卢梭认为，人们订立契约后，集体地被称为

---

① ［英］洛克：《政府论》（下篇），叶启芳等译，商务印书馆1964年版，第86页。
② ［英］洛克：《政府论》（下篇），叶启芳等译，商务印书馆1964年版，第36页。
③ ［法］卢梭：《社会契约论》，何兆武译，商务印书馆1980年版，第76页。
④ ［英］洛克：《政府论》（下篇），叶启芳等译，商务印书馆1964年版，第16页。
⑤ ［英］洛克：《政府论》（下篇），叶启芳等译，商务印书馆1964年版，第84页。
⑥ ［法］卢梭：《社会契约论》，何兆武译，商务印书馆1980年版，第30页。

人民。"个别地，作为主权权威的参与者，就叫做公民；作为国家法律服从者，就叫做臣民。"① 这样，人们结成政治社会后，个人就具有了两面性，是公民与臣民的统一，是公意与个人意志的统一。而"公意是永远公正的"，公意可以责成全体臣民服从主权者，主权者本身则毫无限制。"任何人拒不服从公意的，全体就要迫使他服从公意。这恰好就是说，人们要迫使他自由……"② 所以，卢梭对社会自由与道德自由的强调导致其契约的结果与最初的目的——像以往一样地自由——相违背，对社会自由与道德自由的追求可能将个人自由淹没。

其次，就财产权而言，洛克更强调其私有属性，卢梭更重视其公共属性。

在洛克的自然状态下，尽管最初上帝将世界给人类所共有，但这种原初的普遍的共同据有状态实际上就是普遍的无财产状态。"这些既是要给人类使用的，那就必然要通过某种拨归私用的方式，然后才能对于某一个人有用处或者有好处。"③ 这种拨归私有的方式正是每个人对自身的劳动的所有权及其使用。洛克强调："只要他使任何东西脱离自然所提供的和那个东西所处的状态，他就已经掺进他的劳动，在这上面就由他的劳动加上了一些东西，因而使它成为他的财产。"④ 因此，在自然状态下，人们就已经拥有财产权利，只是这种财产权利还得不到足够好的保护而已。"人们联合成为国家和置身于政府之下的重大的和主要的目的，是保护他们的财产。"⑤ 所以，洛克的社会契约基于对个人私有财产权的保护。与自然状态相比，政治社会中的个人的财产权得到了更好的保护，但财产权的属性并没有因此发生变化。

在卢梭的自然状态中，个人并不享有财产权利。反而正是私有制的产生，使人类脱离自然状态。一旦人们订立社会契约并结成政治社会以后，个人的财产就具有了双重属性：私人属性和公共属性。卢梭强调："集体的每个成员，在集体形成的那一瞬间，便把当时实际情况下所存在的自己——他本身和他的全部力量，而他所享有的财富也构成其中的一部分——献给了集体。"⑥ 虽然卢梭也明确指出，财产的性质即所有权并没有发生转变，"集体在接受个人财富时远不是剥夺个人的财富，而只是保证他们自己对财富的合法享有，使据有变成为一种真正的权利，使享用变成为所有权"⑦。但是，卢梭同时也指出："各个人对于他自己那块地产所具有的权利，都永远要从属于集体对于所有的人所具有的权利；没有这一点，社会的联系就不能巩固，而主权的行使也就没有实际的力量。"⑧ 因此，我们可以发现，通过卢梭的社会契约之后，个人的财产具有了私人属性与公共属性，而且前者从属于后者。对于同一财产，主权者与所有者享有的是不同的权利：主权者享有的是财产的公共享有权即对所有一切财产的主权，而所有者享有的是财产的私人所有权。因为主权是无限的，主权者所依赖的公意是也不可能错误。因此，在卢梭的政治社会中，

---

① ［法］卢梭：《社会契约论》，何兆武译，商务印书馆 1980 年版，第 26 页。
② ［法］卢梭：《社会契约论》，何兆武译，商务印书馆 1980 年版，第 29 页。
③ ［英］洛克：《政府论》（下篇），叶启芳等译，商务印书馆 1964 年版，第 18～19 页。
④ ［英］洛克：《政府论》（下篇），叶启芳等译，商务印书馆 1964 年版，第 19 页。
⑤ ［英］洛克：《政府论》（下篇），叶启芳等译，商务印书馆 1964 年版，第 77 页。
⑥ ［法］卢梭：《社会契约论》，何兆武译，商务印书馆 1980 年版，第 31 页。
⑦ ［法］卢梭：《社会契约论》，何兆武译，商务印书馆 1980 年版，第 33 页。
⑧ ［法］卢梭：《社会契约论》，何兆武译，商务印书馆 1980 年版，第 34 页。

主权者所享有的财产的公共享有权就随时都有可能对个人所享有的财产的私人所有权产生侵害，并且没有任何措施足以防止这种侵犯。

最后，就生命权而言，洛克更强调其天赋属性，卢梭则强调其社会属性。

与自由权与财产权相比，洛克没有对生命权提出特别的单独的论述。其关键原因在于，他将其看成是一种天赋的、不证自明的权利，因为每一个人都必须保存自己，所以人们通过社会契约结成政治社会的目的之一就是想获取更大的人身安全。每个人对他的身体都拥有无可辩驳的所有权，而且还正是基于这一点，个人的私有财产才具有正当的基础。

卢梭与洛克一样，也强调生命权的自然属性。但是，人们订立契约以后，他的生命就不再单纯地只是一种自然的恩赐，而是国家的一种有条件的赠礼。"谁依靠别人来保全自己的生命，在必要时就应当也为别人献出自己的生命。而且公民也不应当自己判断法律所要求他去冒的是哪种危险……"① 所以，政治社会中的人们应随时为了社会而自我牺牲。卢梭还认为，我们对战争中放下武器投降的人不再有生杀之权，因为他不再是敌人或敌人的工具，只是重新成为单纯的个人。② 而在政治社会内部，一个为非作恶的人，是在攻击社会权利。与其把他当作公民，不如把他当作敌人，而且只是一个个人罢了，并不具有道德性。③ 因此，对于一个政治社会内部被视为敌人的人则应当万恶不赦，因为他是在向国家开战，保全国家和保全他自身不能相容。

总之，尽管洛克和卢梭的社会契约理论都内涵以下两个过程：一是人们通过订立契约组成政治社会；二是人们根据契约建立政府。但在这些进程中，洛克更强调对个人权利的保护及个人的自由选择，而卢梭则更重视社会契约所带来的人类社会作为一个整体所发生的根本性质的转变，更加重视在这一过程中的集体意志与社会公共利益。因为在洛克看来，政治社会起源于人们的"自愿的结合和人们自由地选择他们的统治者和政府形式的相互协议"。④ 订立契约是自愿的，对政府形式及统治者的选择是自由的。而在卢梭看来，集体意志（公意）是维系契约社会的纽带，没有对公共利益的维护，没有集体意志（公意）的运用，契约等于一纸空文，人类社会也难以存续。对公意的强调导致了一个无限权力的主权者，而政府只是主权者的意志的执行者。正是因为洛克与卢梭这种政治理念上的巨大差异，导致了其社会契约理论虽然具有相同的逻辑形式，却导致了不同的逻辑结果。

---

① ［法］卢梭：《社会契约论》，何兆武译，商务印书馆1980年版，第46页。
② ［法］卢梭：《社会契约论》，何兆武译，商务印书馆1980年版，第19页。
③ ［法］卢梭：《社会契约论》，何兆武译，商务印书馆1980年版，第46～47页。
④ ［英］洛克：《政府论》（下篇），叶启芳等译，商务印书馆1964年版，第63页。

协商民主与程序正义

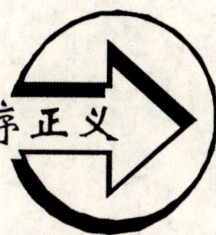

协商民主的价值优势与实践困境

虞崇胜* 王洪树**

摘　要：协商民主理论的渐次运用，在显示它的政治优势的时候，也渐渐地暴露了它本身的理论缺陷和面临的实践困境。协商民主的价值优势主要表现为：诱发广泛的政治参与和培育积极的政治心态；消除政治异化，推动政治自治的逐渐实现；实现有效的力量整合与增强政治合法性；消融冲突与推动和谐政治社会的建立；增加政治体的复杂性、适应性和自主性；拓宽了民主的广度，加深了民主的深度等十个方面。协商民主的理论缺陷和实践困境主要表现为：主体的理性不足和政治能力贫乏；多元冲突中协商的共同价值原则匮乏和共同利益基础薄弱；强势力量对协商的掌控和派系力量对社会共识的漠视；可能导致政治运作的低效率和协商民主向精英民主的蜕变等六个方面。因此，在积极推进协商民主的同时，要着力推进选举民主的发展，实现选举民主与协商民主的双赢。

关键词：协商民主；价值优势；公民参与；实践困境；协商伦理缺失

协商民主作为顺应时代的政治要求而复兴的古老而又年轻的民主形式，有着自己的核心范畴、丰富内涵和显著的特征，因而在当代的政治实践中，协商民主已经被逐渐运用于政治生活和社会生活。在微观、宏观和中观层次上，协商民主正被广泛地运用于共识性决策领域。政治实践是检验政治认知的最好标准。协商民主理论的渐次运用，在显示它的政治优势的时候，也渐渐地暴露了它本身的理论缺陷和面临的实践困境。

一、协商民主的价值优势

协商民主作为与选举民主对应并存的民主形式，能够在选举民主比较成熟和普遍推广的背景下复兴，是因为协商民主有着一系列的固有民主价值优势。协商民主的价值优势根源于它内涵的价值理念，展现于现实的协商民主政治实践之中。

1. 诱发广泛的政治参与和培育积极的政治心态

协商民主作为人民行使主权的方式之一，它从内外两个角度诱发了广泛的协商政治参与。从外在于平等的公民（协商的参与者）的角度来看，宪法和其他法律赋予公民以不可剥夺的平等参与公共事务管理的权力和权利，反对对任何少数群体或弱势力量参与的排

---

* 武汉大学政治与公共管理学院教授。
** 武汉大学政治与公共管理学院政治学博士生。

斥。因为"这种排斥开始时仅形成民主的缺点，但最终可能摧毁民主"①。所以任何公民都可以行使法定权利平等参与公共事务的管理。而从内在于平等公民本身的角度分析，协商事务的公共性往往又会内在地刺激与协商事务具有利益牵连性的公民出于维护或增进自我利益的目的而积极的参与公共协商。这种基于内在利益动力的自觉协商参与，密切了人们之间的政治交往。协商中以理性为基础的利益辩护，消除了地位、财富、暴力对个人政治参与机会的剥夺和利益辩护中的强力压制或威胁。而协商带来的理性政治交往，还能够克服政治上的个人原子主义弊端，消除个人在政治上的孤立感和渺小感。

协商民主引发的广泛参与不仅具有工具性价值，而且具有内在价值。它培育着公民的积极政治心态。一方面，协商民主以利益的相关性、协商的平等性和协商结果的广泛包容性逐渐消除侵蚀着人们政治参与的主观基础——政治冷漠心理，以外在的法律保障和内在利益动力激励公民积极起来参与公共协商，关心公共事务，模范地体现民主的德性。另一方面，广泛的政治参与本身就意味着在协商民主下人们对政治共同体成员资格的认同。成员个体认为他们共享的成员资格较之他们之间可能发生的争端具有更深更大的重要性。而对成员资格的认同和广泛的公共协商参与，使共同体成员既增强了对政治共同体的情感，又加深了他们之间的团结。

2. 实现平等有效地协商参与和强化公民的政治责任感

协商民主的主体是平等的公民及其社团组织。凡是与政治协商的公共事务有利益牵连的公民或社团，他们在民主协商中的地位、权利和义务都是平等的，都可以获得公平的机会自由充分地表述自己的利益主张和价值观点，同时对参与协商的其他观点予以理性的辩驳。在以公共理性为辩驳依据的利益申辩和批判中，每一方的意见都受到他人的倾听和关注。所有的意见在理性交融后，都能在依据理性共识形成的公共政策和新的道德框架中有所反映或得到解释。

参与在一定程度上就意味着责任。协商民主中平等有效的政治参与，则进一步强化了公民的政治责任感。首先是集体责任感。平等协商参与增强了成员之间的交往和了解，产生阿伦特所谓的"交往力量"；政治共同体与公民之间通过政治协商实现的有效沟通则进而强化了公民对共同体的认同和感情。二者的有机结合就容易形成"唇亡齿寒"和"天下兴亡、匹夫有责"的感性体会或理性认识。其次是对决策结果身体力行的责任感。协商民主中的决策是各方理性交融的结果，各方意见或在公共政策中得到了体现，或由于缺乏公共理性的支撑而自愿放弃转而认同公共政策。理性的参与带来了理性的服从。协商的参与者对体现公共理性或理性共识的公共政策不仅自我理性认同，而且必然身体力行。最后是对政治共同体的维系和创新责任。协商参与诱发的公民对政治共同体的强烈集体责任感，必然导致公民不仅内在的愿意维系推行协商民主的政治共同体的存在，而且以创新的精神不断推动协商民主制度和程序的革新，使之更能体现人民主权和消融冲突。因为协商中的平等参与，使所有的参与者对现存的协商民主制度、程序和组织的弊端感同身受，定然产生内在的或维系或改造的愿望。并且，协商民主的特征之一"普及的公正性"，赋予协商民主制度以正义的内涵。而"自由主义的公民应该承认自己有义务在正义制度尚不存在的地方去进行创造，在正义制度受到威胁的时候去进行捍卫。……每个人都应该公平

---

① ［美］科恩：《论民主》，聂崇信等译，商务印书馆 1988 年版，第 52 页。

地承担创造和维系正义制度的义务"①。总之，平等有效的协商参与，激发了参与者对协商政治共同体和协商民主制度的维系责任和创新责任。

3. 有效的政治社会化和对公民政治能力的培养

协商民主的政治社会化较之选举民主可能更为有效。第一，协商主体的广泛性带来政治社会化的广泛性。多元社会带来多元连续的冲突。与冲突标的利益相关的公民或社团在外在条件保障和内在动力促使下广泛参与公共协商。这就将广泛的公民及其社团组织吸引到协商民主程序中消融冲突性的政治要求。广泛的公民参与协商政治，必然带来协商理念、协商程序、协商技能等的广泛政治社会化。第二，面对面的协商使政治社会化更加有效。协商政治参与既会加深参与者对政治制度、政治程序、政治权威的了解，又会增进对政治制度和程序中内含的政治理念的认同。第三，过程性和多层次的协商政治参与强化着协商民主的政治社会化功能。协商民主作为过程性的民主形式，在多个层次上随着带有公共性质的冲突的不断产生和消融而连续地开展进行，又强化了协商民主的政治社会化功能。广泛的政治实践孕育着具有丰富政治知识的普通公民。

平等的公民就众多公共性的冲突事务连续的多层次的协商参与，也对消除公民政治能力贫困，培养多方面的公共政治能力起到了积极地作用。首先，培育了公民的公共参与能力。协商民主要求公民在公共论坛上为自我利益或价值主张进行辩驳。这种参与会有效的培养公民的分析、想象、推理、修辞、雄辩等公共参与能力和礼貌、宽容等交往美德。其次，培养了公民联合他人的能力。协商民主反对政治上的个人原子主义，主张公民之间的交往、交流、智力拓展和利益共赢。这种主张的渗透和践履必然促进公民的交往和合作共事的能力。联合他人、合作共事的能力"在一定程度上有助于发展正义和公共合理性的品德"②。最后，政治自治能力的培育。协商民主认为人们在处理公共事务时是平等的。他们可以通过各自理性的交融来弥补单个理性的不足，从而实现对公共事务的共同治理，而不是始终把希望寄托在社会精英的身上。正是在这种理性交融、共同治理过程中，公民对自我参与形成的理性共识充满着信心，培育了自我对公共事务的理性认知和共同治理能力。

4. 消除政治异化，推动政治自治的逐渐实现

政治本是社会共同体的所有成员从事公共管理的活动。但随着阶级的分化、阶级社会的出现，从事政治活动要么成了特定的少数人的专利，要么国家机器为少数人掌握且为少数人服务。起源于社会共同体所有成员管理共同体公共事务的政治，成了超越普通社会成员、凌驾于大多数成员之上的外在的强制性力量，发生了政治异化。近代以来在人民主权观念的驱使下，选举民主逐渐复兴、扩展，20世纪70年代选举权在西方获得普及。这在形式上消除了政治的异化。但绝大多数普通公民除了定期的选举之外仍被间接地排除在政治之外。协商民主的主体内涵着自治理性，主张通过过程性的、连续性的协商，消除政治异化，协作建构政治自治。第一，协商民主消融了人格化公共权威——政治领袖的异化，还原了政治领袖的人格本色和活动宗旨。协商民主不仅以理性面前的人人平等消除了政治

---

① ［加］威尔·金里卡：《当代政治哲学》（下），刘莘译，上海三联书店2003年版，第541～542页。

② ［加］威尔·金里卡：《当代政治哲学》（下），刘莘译，上海三联书店2003年版，第549页。

领袖的"精英"假设，还政治领袖以普通公民的角色；而且它以政治活动的过程性、连续性参与，监督着政治领袖的政治行为或与政治领袖共同开展某些政治活动，使政治领袖不管是自愿还是被迫都要始终以公众利益为依归。这样就逐渐消除政治异化中存在的政治领袖活动的私人化或私利化的特征，还原政治活动大众参与式的公共性、增进社会利益的服务性。第二，协商民主消融着条文化的公共权威——公共政策、法律条文等的异化，还原了它们的"公意"性和大众性。协商民主主张与公共事务有关的公民都可平等地参与（直接参与或代表参与）公共事务的决策，公共事务的决策是利益相关者的意见在公共论坛上理性交融形成公意的结果，而不是少数人的神圣裁决或幕后交易。第三，协商民主消融着程序化的公共权威——公共决策体制和程序的异化，还原了它们的公开性和正义性。专制社会的公共决策不仅程序神秘，而且体制上局限于少数个人，是"肉食者谋之"。选举民主的公共决策程序和体制虽有一定的公开性，但仍然把普通公民排除在决策体制之外，漠视少数群体或弱势力量的利益维护。协商民主所要求的程序化的公共权威无论从产生过程还是内容上都剥离了以前的神秘性和某种程度的非正义性。它的体制是开放的，反对任何体制性的政治排斥，主张将所有公民吸纳整合到协商性的公共决策中；它的程序是正义的，反对对利益表达和分配的任何过程性歧视，主张普通公民平等的参与公共协商，所有利益或价值都要接受理性的批判和基于协商共识的正义再分配。协商民主的体制和程序回归到普通公民就公共事务的平等协商活动中。公民通过协商民主参与制定自我的约束规则，决定着公共事务的"公意"处理。

5. 实现有效的力量整合与增强政治合法性

社会闲散或多元力量整合的最权威渠道就是政治整合。政治整合以最权威的方式在社会上决定着公共资源的分配。而分配的公平和正义程度直接影响到全社会对主导资源权威配给的政治人格权威、组织权威和程序权威的认同程度。可见，政治整合与政治合法性的建构和增强是紧密联系在一起的。协商民主通过三个主要方面的有效力量整合，建构着政治合法性。首先，社会群体政治整合，扩大政治合法性的基础。协商民主视所有的公民或群体都为平等的主体，赋予他们同等的社会权利和成员资格。它主张凡是与协商的公共事务具有利益相关性的所有公民及其社团都有平等的协商参与权，反对任何歧视或排斥。同等的社会权利和成员资格与平等的协商参与，使社会上所有愿意参与政治的社会力量都拥有政治意愿表达、交融的渠道和场所，都可以通过各种类型各种层次的协商参与公共事务的决策，分享公共权力。所有群体平等有效的政治参与就不仅带来有效的社会力量的政治整合，而且也扩大了政治共同体的主体基础。其次，社会中多元利益的政治整合，为政治合法性增强提供了绩效基础。多元社会中的多元利益在协商民主理念看来，它们在公共论坛中都是平等的，都应该在协商中受到同等的重视和理性的考量，反对先在的各种歧视和排斥。这为多元利益的社会表达、社会辩护和政治整合提供了平等的、广阔的政治空间。只是在公共论坛中多元利益考量的标准是公共利益。凡是有利于增进公共利益的各种利益都能获得公共政策的体现和维护、社会其他利益的认可。即使与其他某些社会利益存在尖锐对立，但只要在公共利益面前能找到各自存在的公共理由，对立各方都可获得有尊严的社会共存。因此，协商民主中多元利益的共融共存，就不仅整合了分散的社会利益，而且以公共利益为取向的多元利益发展必然以经济绩效充满活力的持续增长而为政治合法性提供坚实的物质基础。最后，多元文化价值整合，为政治合法性建构提供了多元公共理性基础。多元文化是形成多元社会最深刻的社会根源之一。文化的特质决定了多元文化的整合既不能暴力胁迫，也无法短期完成。它是多元整合中最为困难、最为艰巨、而又最为必要的一环。协商民主反对文化价值整合中的先在歧视、多数裁决、强力胁迫。因为这些方式不仅不能达成有效的文化整合，反而会激发文化群体的冲突。协商民主主张各种文化都拥有平等的社会地位和价值，都应是开放的体系。它们必须在公共论坛上以公共理性为价值标准为自我的存在和发展做出理性辩护。在理性的交锋中，多元文化或实现共融形成共同体的文化价值共识，进而构成公共政策的价值理念或公共人格权威的执政理念；或获得基于公共理性的辩护和社会的认可，从而得到有尊严的社会共存。对于后者，协商民主的结果（公共政策或公共人格权威）基于多元公共理性也会给予包容和维护。这样，多元文化在协商民主中将获得以多元公共理性为指导的有效整合，内涵着多元公共理性理念的政治权威也将得到多元文化的高度认同。

6. 推动科学决策和节约政治成本

对于决策的分析，林尚立认为："决策是一个过程，决定决策的主要因素有三个：一是决策的依据；二是决策的价值取向；三是决策的方式。"[①] 协商民主的价值理念与决策的三个因素有机结合，推动着公共事务的科学决策。首先，协商民主以客观事实为公共决策依据。协商民主对参与公共事务协商的各种利益与价值一视同仁，赋予它们平等的地位和充分的表达与辩护权利。各种利益和价值都可以在公共论坛上真实地展示自我的存在，陈述自我存在和发展的理由，表达自我的政治要求。即使存在偏见或有意的信息遮蔽，但公开的理性辩驳也能去伪存真。这样，公共决策所依赖的信息不仅来源广泛，而且真实合理。这就为科学决策提高了全面真实的决策依据。其次，协商民主以公共利益和公共理性作为公共决策的利益导向和价值取向。公共论坛上地位平等的多元利益或价值主体，在以公共利益为利益导向和公共理性为价值评判标准的基础上进行意见的理性交融，最后形成具有正义性和包容性的理性共识。而这些理性共识就构成了协商民主中公共决策的价值取向、认知依据和内在理念。最后，协商民主以公共协商作为公共决策的方式。在协商民主中，公共事务的决策不是取决于少数人的、密谋式的裁决，而是公共协商。与协商事务利益相关的参与者，在公共论坛上既可陈述、辩护体现自我利益或价值的提案，也接受他人的批判和理性地审视他者提出的议案。所以"与其他民主形式相比，协商民主赋予公众深思熟虑的判断——有机会思考竞争性观点和反对性观点之后的人民意见——以主要作用"[②]。公共事务的决策往往是各方批判、反思、交汇的结果，具有科学性。

协商民主推动的科学决策与协商民主政治成本的节约紧密相关。第一，公共机构公共决策成本的节约。协商民主不主张将公共事务的决策权全部由公共权威机构独自掌握，由其收集评估信息、拟定多种方案、决策最终方案等，进行封闭式的独自决策，由公共机构承担所有的决策成本。相反，协商民主主张开放式的、分散式的公共决策。开放式的公共决策吸引与决策事务具有相关性的公民参与信息的表达、交汇，依据多元公共理性形成多个备选方案以供公共权威机构抉择。就单次决策来看，开放式的公共决策不仅可以节约公共机构收集、评估、拟定多种备选方案的成本，而且可以由参与者来分担公共决策的过程

---

① 林尚立：《党内民主：中国共产党的理论与实践》，上海社会科学出版社 2001 年版，第 190 页。

② 陈家刚选编：《协商民主》，上海三联书店 2004 年版，第 41 页。

性成本。这也符合公共决策的共同参与、共同负担、公共服务的本质。分散式的公共决策根据决策事务的范围和层次，将决策分散到相应范围和层次的公共协商中。这不仅可以增进公共决策的科学性，因为只要处于该公共事务影响范围内的公民对公共事务的性质和利弊才有更深刻的体会和认识，而且可以将决策成本由不同层级的协商主体共同承担。第二，公共决策执行成本的节约。也许，由于公共协商参与者众多、耗时长、管理和协调费用高，从而以公共协商来做公共决策所花费的社会总成本可能较高，尽管社会承担了其中的大部分。但以协商民主方式制定的公共政策，其执行成本由于以下两个原因将会得到极大的节约。第一，协商民主赋予公共决策的科学性和可行性，是对公共决策执行成本的最大节约。协商民主以决策信息的真实性、决策取向的公共性和决策方式的公共协商性保证了公共决策贴近现实，能够科学可行地解决标的问题，顺利地达成决策的目标。而这就可能节约其他决策由于各种决策本身的原因——如决策信息部分失真、决策引发的价值或利益的非公正配给等——导致的原有决策难以执行需要替代方案所花费的重复成本或消融原有决策执行后留下的社会后遗症的多余成本。第二，协商民主赋予公共决策的高度认可性，也节约着决策的执行成本。协商民主中，公共决策是公众参与的结果。参与不仅带来了对公共决策的深刻理解，而且带来了高度的理性或感性认同。故在公共决策的执行过程中，深刻理解产生高效率执行，高度认同则减少执行摩擦，可以较大的节省执行的人力、物力、财力和时间成本。

7. 消融冲突与推动和谐政治社会的建立

多元社会存在多元利益和价值的冲突。冲突的实质是多元主体对社会资源尤其是公共资源的争夺。过去多是采取暴力对决或多数裁决的方式来解决矛盾。但暴力对决只能带来短暂的冲突平息并酝酿着更大的冲突，因为没有任何一种暴力可以永远占据压倒性的强势地位。多数裁决以和平的方式代替暴力的方式让强势力量虽能在一定时间内占据压倒性的优势，但并没有达到消融冲突的目的，只是隔几年以选举来进行一次利益或价值的重新和平强势占用。而协商民主既能遏制乃至消除冲突的暴力对决方式，又能尽量减少冲突的非共识决策即多数裁决方式，以多种途径消融冲突与推动和谐政治社会的建立。首先，协商民主主张各种利益或价值都具有平等的价值和地位，反对对少数群体和弱势力量的利益的强力剥夺或社会歧视。这就构成了各种力量和平共存，平等伸张政治要求的基础。其次，协商民主以程序正义消融冲突，使各种力量在政治社会中都能拥有政治要求的伸张渠道和公平的伸张机会。公共协商不先定的歧视任何力量与价值，也不先定的预设协商的结果，把冲突置于公共论坛接受平等的理性辩驳。正义的程序把所有的冲突力量都纳入到公共论坛进行规则化的理性博弈，从而使冲突各方基于对正义程序的信任而寻求体制化的冲突消融渠道与和平的理性的冲突消融，避免政治社会因政治要求的体制外博弈而陷入混乱之中。再其次，协商民主以共识性决策消融冲突，体现或满足了各种力量的政治要求。协商民主以经常性的协商不断扩充着共识性决策的领域。共识性决策是以公共协商达成的理性共识作为决策价值依据。理性共识的广泛代表性和包容性使公共政策能够体现众多力量的政治要求或维护政治要求的多元共存。而这就为政治和谐奠定了以共识决策消融冲突的基础。最后，协商民主以多元理性共存消融着尖锐对立的冲突，维护着和谐政治社会的丰富多样性。对立的社会冲突力量可能由于利益的对立或价值视角的相去甚远，而产生社会秩序范围内的尖锐冲突。冲突各方基于公共利益的增益或公共的社会理由都为自我的存在提供了有根有据的社会说明，为公共事务的解决贡献了具有理性说服力的解决方案。但由于人的理性的有限性和历史实践的局限，人们无法判断冲突各方谁对谁错。此时，人们将秉持宽容的精神，允许冲突暂时无法调和的力量在社会秩序范围内的多元理性共存。以未来的理性发展或历史实践来调和或解决这些目前仍各有其存在社会理由和社会空间的对立力量。多元并存的理性也为未来的发展提供了纠错的理性储备和多样的发展选择，使政治社会在理性和谐中获得丰富多彩的发展。

8. 扩大知情和参与的范围与建构开放服务型政府

公开性，作为协商民主的重要特征之一，内在地包含着扩大协商参与者的知情范围。它要求参与协商的主体（包括政府、社团、公民等）为了有效的协商，一方面不得为了私利或偏见有意进行信息的遮蔽，应该将自己掌握的与公共事务相关的信息予以公共；另一方面在协商中应该真实地传递信息，公开地进行理性的辩驳和交融，而不得进行秘密的幕后交易。知情带来参与。公共事务本身信息的公开，清晰地揭示了其隐含的利益牵连关系，有利于内在地激发利益相关者广泛的协商参与动机；而决策过程的公开性和平等性，又以程序正义使参与者对参与协商表达和维护自我的利益充满信心。公开性带来的知情权和公共参与范围的扩大又作用于政府，重塑着政府。协商民主的公开性赋予公民对公共事务的知情权，二者结合建构着开放型的政府。公开性和知情权要求作为公共事务治理机关的政府既公开决策的事项及其相关的信息，以便公民在了解决策事项及其影响范围的基础上积极参与公共决策，又公开和开放公共决策的程序，使利益相关者以体制化的渠道表达政治要求，谋求利益的体现和维护。同时，公开性和知情权带来广泛的协商参与，行使着主权对治权的过程性参与和监督。政府作为治权的受托者和执行者，在主权过程性的参与和监督下，以过程性的服务公众体现自己的行为宗旨，日趋成为服务型的政府。

9. 增加政治体的复杂性、适应性和自主性

多元社会内含的多元冲突如果处置不当，可能导致政治体内冲突频发、秩序混乱、权威丧失，政治体趋于崩溃。协商民主作为适应消融多元冲突而复兴的民主形式，它的推行不仅可以避免上述多元社会的政治衰败，而且还可以增强政治体的复杂性、适应性和自主性。首先，协商民主以自身的包容性增强政治体的复杂性。协商民主反对对任何社会利益或价值的歧视，认为它们都拥有平等的地位。在公共协商中，协商民主包容着多元主体，为它们的理性交锋提供平等的论坛和正义的程序，将所有的社会冲突都纳入协商民主的体制框架内力求达成共识性的决策。即使无法达成理性共识，协商民主还主张以多元公共理性包容具有公共社会存在理由但又相互对立的利益或价值。其次，协商民主以内含着"普及的公正性"和妥协精神的理性共识增强政治体的适应性。协商民主反对以暴力对决、强力胁迫的方式解决冲突，也主张尽量少采用多数裁决式的非共识决策方式来解决冲突。因为，这两种方式或激化冲突或使冲突累积潜藏，最终都可能导致政治体的衰败。反之，协商民主力主采用以理性共识为内在价值的共识性决策消融冲突。理性共识是多元主体之间理性共融、利益妥协的结果。以理性共识为内在价值的共识性决策能够满足多元主体的政治要求，公正地体现资源在多元主体之间的分配，从而增强政治体的适应性。最后，协商民主以权力共享、过程参与增强政治体的自主性。协商民主主张权力的分散共享性，使公民、社团和政府都能有效地参与公共决策，为政治体的运行提供了强大的动力。而过程性和程序性的协商民主能有效地将公民、社团和政府的参与动力纳入体制化的协商

渠道，使政治体中主权的行使和治权的履行都能动力十足而又有序运作。协商民主的实践所带来的政治体的复杂性、适应性和自主性必然将增强政治体应对内外挑战的能力，促进政治体的健康、持续、和谐发展。

10. 拓宽了民主的广度，加深了民主的深度

按照科恩的界定，"民主广度的实质是社会成员中参与决策的比例"，① 它取决于参与民主决策的公民的范围。"民主的深度则是由参与者参与时是否充分，是由参与的性质来确定的"，② 它取决于在民主决策中公民参与的程度和参与是否有效。而在针对当代政治发展的现状，科恩认为："今日政治社会所迫切需要的是扩展参与的深度……提高已经实现的参与的质量，使之更加充实。"③ 协商民主由于其本身的特征和内涵决定了它的实行能够满足科恩提出的这一政治发展要求。首先，协商民主以协商的平等权和内在利益的刺激扩大了民主的广度。协商民主主张公民和社团对公共事务拥有平等的协商参与权，反对任何歧视和排斥；公共事务广泛的利益牵连性则内在地激发了利益相关者的协商参与愿望；协商程序的公正性也消除了体制性的障碍，使公民对协商程序充满信心。这就消除了科恩所列举的四类妨碍社会成员政治参与理由中的三类④，即"因官方某些规定如社会中的某种条例与法令禁止参加的；虽有权参与，但引以为烦，不愿参与的；官方虽无明令禁止，但为社会中某种情况所阻，不能参与的"。至于第四类"蓄意不参与的"社会成员，协商民主也给予了包容。其次，协商民主通过扩大民主决策的事务范围来扩大公民的参与。在协商民主中，公民不仅就人格化的公共权威选择进行协商，使候选人具有更广泛的民意，而且还广泛地参与其他公共事务的民主决策。而在公共事务的协商民主决策中，平等的公民通过理性共融尽量扩大共识性决策范围，缩小非共识性决策的领域。协商民主决策事务范围的扩充必然拓宽民主的广度，吸纳所有与公共事务具有利益牵连关系的公民参与协商决策。再其次，就单个协商过程来看，充分的政治参与加深了民主的深度。在就某个公共事务进行公共协商时，协商主体在公共论坛上拥有平等的地位，可以就公共事务的处理充分表达各自的意见，并相互尊重、理性辩驳，深入地交流意见实现理性的共融，就公共事务的处理达成具有"普及公正性"的理性共识。这极大地提升了公民在公共事务中的政治参与程度，而不仅仅是在非共识决策中让公民们在几个候选人或备选方案中选择其一，流于形式上的民主参与。最后，过程性的、连续性的协商参与既扩大了民主的广度，又加深了民主的深度。公共事务管理机关开放透明的运作吸引着公民对公共事务管理的过程性参与；公共事务或带有公共性的冲突的继起不绝，又连续地为公民提供了公共协商的机会；二者结合，既因公共事务的连续继起性扩大了协商民主参与主体的范围，又因过程性的协商参与而加深了公民民主参与的深度。对照科恩的界定：理想的民主应该让它的公民"在力所能及的范围内识别问题，提出建议，权衡各方面的证据与论点，表明信念并阐明立场，推定党的候选人——一般而论，即促进并深化思考。如果一个社会不仅准许普遍参与而且鼓励持续、有力、有效并了解情况的参与，而且事实上实现了这种参与并

① ［美］科恩：《论民主》，聂崇信等译，商务印书馆 1988 年版，第 13 页。

② ［美］科恩：《论民主》，聂崇信等译，商务印书馆 1988 年版，第 21 页。

③ ［美］科恩：《论民主》，聂崇信等译，商务印书馆 1988 年版，第 22 页。

④ 参见 ［美］科恩：《论民主》，聂崇信等译，商务印书馆 1988 年版，第 13～14 页。

把决定权留给参与者，这种社会的民主就是既有广度又有深度的民主"，① 协商民主当属理想的民主；广泛实施协商民主的社会，其民主是既有广度又有深度。

二、协商民主的实践困境

以发展的眼光审视政治理论和政治实践，世界上没有一种政治理论是至善至美的，也没有一种政治形式是普世全能的。协商民主虽具有上述优点，受到社会关注，得到现代复兴。但是，它也是建构于特定的理论前提和假设基础之上的；其实际推行也需要一系列现实条件的保障。二者的缺失或不足就构成了协商民主的理论缺陷和实践困境。

1. 主体的理性不足和政治能力贫乏

协商民主的顺利开展是以普通的公民具有充足的理性和较强的政治能力为前提的。但现实的政治生活中，这样的前提在很多国家都还是有待努力去达到的。普通公民的理性不足主要由两个方面造成。一是教育不够普及或教育内容设置不当，重视科学技术教育，但忽视人文教育。二是现实的政治生活日趋复杂，普通公民日益陷入"政治知识危机"之中。美国学者乔·萨托利就认为："随着政治日趋复杂，知识——认知能力和控制力——也会越来越成问题。……我们正在陷入'知识危机'。"② 普通公民理性的不足，使得公民既缺乏认知自我政治权利、自我政治要求、他者的政治主张和外在政治系统的理性知识，又没有对可供选择的对象作出判断的理性知识。因此，科恩认为："公民必须在智能上有所准备，以便担负管理时所必须完成的任务。"③ 这在当今的教育中，"需要研究人文学科并普遍推广，这种需要是怎样强调也不过分的，而这却正是民主国家教育体系的最薄弱的"④。

人文教育的薄弱和政治社会的日趋复杂二者结合，势必导致公民的理性不足。理性的不足必然引发普通公民政治能力的匮乏。而政治实践中，精英对普通民众政治参与的排斥和选举引发的政治参与冷漠心理又加剧了公民政治能力的贫乏。而政治能力的贫乏，使得普通公民既不能把握住政治权利赋予的政治机会有效表达自我的政治要求，又无力在公共论坛中去辩驳其他的政治主张，更不用说达成理性的共识，维护自我的社会利益和价值。总之，现实生活中普通公民的理性不足和政治能力贫乏不仅使协商民主的主体假设受到质疑，而且使协商民主的实际政治效果也大打折扣。

2. 公民及公民组织的协商意识和协商伦理的缺失

在面临社会冲突时，公民或公民组织的协商意识决定着对冲突解决方式——公共协商——的选择。但历史上长期以来，人们对冲突的解决特别是对立性的冲突的解决，不是以理性寻求共存，而是以暴力威胁强迫他方服从或武力征服根除对立力量。即使在近代实行选举民主以来，虽然人们以选举民主的形式代替暴力或战争来解决对立性冲突，实现对有限社会资源的和平分配。但选举民主本质上仍然是多数裁决，强势力量占据着社会资源，绝大多数普通公民和弱势社会族群实质上被排除在政治之外。这些传统的暴力独占或

---

① ［美］科恩：《论民主》，聂崇信等译，商务印书馆 1988 年版，第 22 页。

② ［美］乔·萨托利：《民主新论》，冯克利等译，东方出版社 1998 年版，第 135 页。

③ ［美］科恩：《论民主》，聂崇信等译，商务印书馆 1988 年版，第 166 页。

④ ［美］科恩：《论民主》，聂崇信等译，商务印书馆 1988 年版，第 168 页。

多数裁决的冲突解决方式在人们的心理上打下了很深的烙印，产生了极强的惯性行为作用。再加上对冲突解决效率的偏重，即使在当代，人们在解决社会冲突时，潜意识里仍然是利益对决方式占据着主要地位。而协商意识的缺失，不仅影响着对冲突解决方式的行为选择；而且即使选择了以协商方式解决冲突，协商意识的薄弱或缺失也影响着协商过程的展开和妥协共融结果的达成。协商意识作为心理深层次的思想，它也作用于人们对协商行为的道德判断。

协商意识的匮乏在一定程度上导致了协商伦理的缺失或沦丧。协商民主的展开不仅要依靠外在的制度和规则，而且更依赖于参与协商者的协商伦理。协商伦理的缺失或沦丧将使协商民主参与不足、信息扭曲、结果无效等。第一，平等价值观念的缺失将导致参与的不足。平等是协商伦理的基础。它的缺失将在两个方面损害协商民主。其一是使参与广度受限。体制歧视或社会歧视将使少数群体或弱势力量被排除在公共事务的决策参与之外。其二是使参与深度不足。社会地位的不平等或参与权利的不平等，既可能导致各方意见表达和理性辩驳的不充分，又可能导致强势力量的独断。参与的不足必然引发决策信息基础薄弱和公共决策非公正地权威分配资源。第二，自利或偏见导致协商信息的扭曲传递。真诚互信是协商伦理的中心要素。但自利或偏见却侵蚀着真诚互信。自利动机既可能导致协商信息的有意遮蔽或故意夸大，使协商信息不真实，也可能导致参与者基于参与成本的考虑而产生"搭便车"的心理效应，使协商信息不充分。由于偏见强调自我利益的至善性与价值的至高性或坚守对其他利益和价值的固有评价，它损害着参与者对协商程序与协商的利益和价值取向的互信，进而导致参与者怀疑协商结果的公正性。可见，偏见使协商既难以有效开展，又难以获得广泛的认同。第三，责任感的欠缺可能导致协商失效。协商民主要求公民基于对共同体成员资格的认同和理性的参与而承担起协商的责任。责任感是协商的伦理保障。但是现实中，公民的参与责任却由于自利的考量和选举民主潜在诱发的政治冷漠心理的蔓延受到了较大的损害。不参与既意味着对成员资格赋予的义务的回避，又使公共协商由于参与主体的缺失而失效。同时，自利或偏见在协商中的扩展导致人们理性协商的不足，也侵蚀着人们对协商结果的认同感。认同的缺乏必然弱化对协商共识的责任感，使依据协商共识而形成的公共决策难以得到有效的贯彻。

3. 多元冲突中协商的共同价值原则匮乏和共同利益基础薄弱

共同的核心价值原则和利益是协商民主达成妥协性结果的价值与利益基础。它的薄弱将导致协商民主缺乏有效沟通的利益和价值平台。首先，多元利益与社会不平等相结合，使协商民主的利益导向混乱多元。现代社会利益多元，并且多元利益在很多国家由于历史或现实政治的原因往往又与社会不平等联系在一起。多元利益在政治上或社会观念中被固定在不同等级的社会地位上。当利益冲突时，以协商进行冲突协调将难以获得共同的利益基础。居于优势地位的利益主体强调自我利益的至善性（即代表全部国民甚至未来人类的利益），居于弱势地位的群体则强调自我利益的不可缺失性，都不愿意妥协。协商由于缺乏共通共融的利益基础而难以开展。其次，多元文化与族群相结合，使协商民主的共同价值基础薄弱。现实政治共同体中，多元文化的起源、传承和拓展几乎与共同体内不同社会族群的发展是分不开的，这就形成了共同体内的文化异质性。而文化的异质性一般而言构成了协商的最大障碍。因为"某一文化的支持者，往往把他们的政治要求看做是关系到原则、关系到深刻的宗教或准宗教信仰，关系到文化的保持和团体的生存的大事，认为这些要求至关重要,不容妥协。他们没有丝毫商量的余地"。① 特别是当不同的文化与不同的族群有机融合在一起的时候,更是如此。各个文化中的核心原则成为其族群成员的核心价值,要求获得政治性的承认、保护。文化与族群的结合可能导致"种族属性政治化"。政治体内的各个族群都强调自我文化的优越性和不可侵犯性,一方面加剧了文化冲突协调中的认知和道德的不可通约性,使协商难以进行;另一方面又都企图通过政治途径在公共生活中凸现自我的文化与价值。但是,"任何在公共生活凸现种族属性的措施都会引起分裂。随着时间的流逝,它会在不同的种族之间产生持续升温的竞争、不信任和敌对"②。最后,多元利益与多元文化相结合,使统一的政治共同体缺位。现代社会,由于生产的发展和阶层的分化,利益呈现出经济性、阶层性等多方面的分化。而当利益分化和文化分化相结合(即处于不同利益等级的群体也处于相应等级的文化价值上)时,利益、文化和社会地位三者融合在一起,将严重地损害统一的政治共同体在不同族群、不同文化主体和不同利益主体理性认识或感性评价中的地位。那些文化价值受歧视、利益被漠视、地位低下的文化利益族群将难以认同政治共同体的公共利益和核心价值。这将使协商既没有正确的利益导向引导利益的融合共生,又缺乏共同的基本的价值准则来规范协商行为形成理性共识。即使形成所谓的"理性共识",也难以获得整个社会的认同或包容,不仅执行效率低下成本高昂,而且还可能使冲突潜在累积或显在爆发。

4. 公正的协商制度和程序的匮乏与协商场所的不足

协商民主虽然早在古希腊就已经萌芽并有政治实践。但协商民主的制度化建设较之选举民主时至今日也比较滞后,尤其匮乏的是公正的协商制度和协商程序。这一方面是因为协商民主虽成为时代共识,但实践尝试有限,理论建设还比较薄弱;另一方面是因为协商制度建设内涵着平等和正义的要求,而二者时而耦合,时而冲突,规则化的兼容难度较大,需要大量的理论探索和实践检验。但公正的协商制度和协商程序的匮乏,不仅将影响协商民主参与的广度和深度,无法把与公共事务具有利益关系的公民广泛的吸纳到体制化的协商渠道中来,更无法形成具有广泛代表性和高度认可性的理性共识,而且还可能影响公民对协商民主效能和内含的正义的信任,加剧政治冷漠心理。总之,公正的协商制度与程序的匮乏严重制约着协商民主政治实践的发展和协商民主政治功能的发挥。

而协商场所的不足更是加剧了协商民主面临的此种困境。协商民主虽分为微观、宏观和中观三个层次,但三个层次都面临着协商场所不足的问题。在微观协商民主中,自治性的协商民主囊括的事务尤其多样,但协商论坛大都偏重于基层行政自治,而对于基层自治包括的其他内容则鲜有协商论坛,即使有也大多疏于开展、流于形式。中观层次的协商民主则主要是由政府主导的协商论坛,如非专业公民协商或派性协商等,而由公民自己主导、政府作为平等参与者的协商论坛则较为匮乏。随着现代化的实现,许多国家的私人领域和公共领域互相渗透,国家和社会、政府与公民二元分立的关系开始向一体化的方向发展。也就是说,"成熟的公民社会已不是国家的对立面、平衡体,它已开始逐步丧失独立于国家和政府的自治体性质"③。这就导致宏观层面的协商民主除全国性的代议协商机构

---

① [美]罗伯特·达尔:《论民主》,李柏光等译,商务印书馆1999年版,第159页。

② [加]威尔·金里卡:《当代政治哲学》(下),刘莘译,上海三联书店2003年版,第654页。

③ 施雪华:《政治现代化比较研究》,武汉大学出版社2006年版,第128页。

外，其他公共领域中的协商论坛由于公民社会自治性的衰落而走向凋敝。

5. 强势力量对协商的掌控和派系力量对社会共识的漠视

协商民主的多元参与主体，力量不一并且派系林立。强势力量和派系力量都可能对协商民主的有效开展构成威胁。强势力量作为社会中占主导地位的利益或价值群体，一方面可能凭借超强的社会力量或人口占多数的优势，以协商议题控制协商议程，以巨大的政治压力强势影响公共权威对协商信息的采用，以信息的不对称掌控协商的话语权力，从而排斥少数群体或弱势力量的协商参与及其利益表达，漠视它们利益或价值的公共政策体现和维护；另一方面强势力量可能基于自己人数的优势倾向于多数裁决方式来制定非共识性决策，或基于自己对公共权威的强势影响主张冲突的权威裁决，从而达到利益的独占或非正义分配，最终抛弃乃至破坏协商民主。而派性力量对协商民主的威胁则来源于两个主要方面。其一是派性力量在派性激情或利益的鼓动下，在协商过程中可能掩盖事实真相或破坏协商程序，从而使由此达成的共识难以获得参与者的认同。其二是派系力量如果与特有的文化相结合，可能固守自我的利益或价值，缺乏妥协宽容性，无法促使公共协商达成协商共识。即使达成某种程度的理性共识，也难以获得其认同。所以，协商民主的"危险在于，如果社会背景涉及过多的人，或者参与者的动机被某种推动派系的热情和利益转移开了，那么，协商民主将是不可能的"①。

6. 可能导致政治运作的低效率和协商民主向精英民主的蜕变

协商民主要求更广泛更深入的民主参与，它要求政治共同体内的所有公民对公共事务具有平等的协商参与、共同管理的权力。这就导致了两个问题：一是对绝大多数公共事务都进行协商管理，可能导致整个政治运作的低效率。政府基于公开性、服务性的要求，就管理的公共事务必须与利益相关者进行过程性的连续协商以达成理性共识。这虽能更好地体现治权对主权的从属性和服务性，但在客观上也导致整个政治运作较为迟缓；二是单个公共事务的协商管理可能导致决策费时过长，出现低效率的现象。与公共事务具有利益相关性的公民对公共事务具有平等的协商管理权。协商的成功，有赖于众多的参与者拥有平等的机会充分地表达意见、参与辩驳，以形成理性共识。同时，协商中参与者的相互否决权和社会对理性共识的需要，还可能导致协商的僵持不决。这样，单个公共事务的协商管理就可能需要很长时间方能达成共识，从而降低公共决策的时间效率，虽然它可以以决策的科学性或对全民利益的保护性做补偿。所以，科恩说："评价民主决议规则时，必须权衡其保护作用与效率。不幸的是，这两大目的之间存在着颇为紧张的关系。"② 而这一点在协商民主中表现比较明显。协商民主决策运作中的低效率可能会因为决策的时效需求进一步激发协商民主的精英倾向。并且，实际的政治生活中，政治日趋复杂，公共事务的领域也逐渐扩展。这就导致公共事务广泛性和专业化。协商参与公共事务需要参与者具有较高的智识和能力。协商参与的智识和能力门槛将普通的公民排除在协商参与之外，即使参与也难以达到必须的深度要求。同时，协商民主以理性作为协商的工具，要求参与者理性的表达意见和批判他者，以理性说服他人或被他人说服，实现理性的交融与并存。这就可能使那些知识渊博、能力突出、表达充分的社会精英，掌控协商的话语权——控制协商的

---

① 陈家刚：《协商民主》，上海三联书店 2004 年版，第 26 页。
② ［美］科恩：《论民主》，聂崇信等译，商务印书馆 1988 年版，第 65 页。

议题和议程。普通公民智识和能力的相对低下，协商对智识和能力的高要求，以及决策的时效要求，都可能导致协商民主蜕变为精英民主。

以上对于协商民主实践困境的揭示，并不是说协商民主在实践中不可行，而只是说在当下政治发展阶段，不可高估协商民主的功效。理智的做法是，在积极推进协商民主的同时，着力推进选举民主的发展，并将选举民主与协商民主结合起来，通过选举民主与协商民主的互动，实现选举民主与协商民主的双赢。

程序视角下的审议民主

朱海英*

摘　要：程序正义是现代民主的最高规范，作为其实践形式的审议民主成为新的民主模式。审议民主具有程序性的特点，它通过认知程序的建构使参与者具有平等的地位，进行理性地沟通与协商，使政治意志真正产生于个人意志的沟通。审议民主也补充了代议制民主的不完善性，赋予形式平等以实质性的意义。它从合法性重建、理性导控的决策、政治共同体伦理的培养三个方面完善了代议制民主。审议民主的基础是参与，程序民主是政治参与的保障，民主的制度建设首先应该从公平程序入手。审议民主扩大了政治参与的可能性和真实性，对我国的民主实践具有借鉴意义。

关键词：审议民主；程序正义；代议制；民主

审议民主①是晚近西方民主理论转向的产物，它的基本含义是"根据直接民主的精神，强调民主的参与主体除了代议士或民选首长之外，应该就是社会的公民，并且应该积极促进公民对于社会公共事务的参与，公民的政治参与不应该仅局限于投票，或者陈情、请愿与社会运动"②。现代社会日益复杂化和多元化，代议制民主以工具理性和个人利益的最大化来进行集体决策无法适应现代社会的要求，需要公民直接参与集体决策，对社会公共事务进行审议。"审议"的规范理解是指公民在公共领域中进行讨论，生成公共理性（共识）的过程。根据对这个审议规范在实践中的现实可能性的判断，这里"讨论（discussion）"采取何种形式——对话（dialogue）、话语（discourse）、辩论（debate/argument）、沟通（communication），公共理性的强度是高还是低，这在不同的审议民主研究者那里是不同的。但无论差异有多大，他们都承认审议是通过对话来公开检视理性，在取得一定共识的基础上进行治理或者集体决策。审议民主就是通过对话和讨论来进行集体决策的民主。它与代议制民主的根本区别也就在于其出发点是话语而非利益，以在对话中形

＊　武汉大学政治与公共管理学院讲师，法学（政治学）博士。

①　该词的英译是"deliberative democracy"，deliberative 在中文世界里有多种译法，在我国台湾地区译成"审议的"、"审慎的"，强调这种民主的在集体决策上的深思熟虑性。在大陆一般翻译成"协商的"或者"商议的"，强调这种民主具有认知、道德上的沟通性。从该理论的内容来看，它其实包括了这两方面的特性，但是在中文里找不到更好的词语来翻译。我在此采用"审议民主"的译法。

②　陈东升、林国民：《审议民主、科技与公民教育》，台湾大学社会学系网站，http：//tsd. social. ntu. edu. tw/tsdlrcture. htm.

成公共理性而非单纯选票聚合的多数人的利益作为民主决策的标准。正因为如此，审议民主在诸多方面弥补了代议制民主的缺陷。

审议民主兼有自由主义、共和主义民主理论的特点，它包含多个面向，可以从不同的角度来解释，许多重要的政治命题，如平等、正义、公民社会、政治参与、共同体等都可以在审议民主模式中获得新的解释。比如，库克认为，审议民主可以从公民教育、共同体意识、程序的公正性、公共协商结果的认知平等、民主的理想五种观念来理解，而科恩则从程序与实质两个层面来解释。[①] 根据本文的侧重点，我主要选取审议民主的程序性特点和它对代议制下程序民主的补充来分析。之所以这么做，是因为其程序内涵为民主制度的完善提供了直接的思想来源。

一、审议民主兴起的思想背景：程序正义

程序正义和审议民主在当代形成的思想背景是多元主义。在政治哲学的研究中，程序正义与价值多元主义是直接相关的，而审议民主是程序正义的实现形式。在自由民主的框架内人们鼓励多元的价值观并予以包容，认为差异是民主的社会基础，当它发展到当今时代，新的价值差异形成了罗尔斯所说的多种合理而完备的价值论说，即合理的多元主义事实（the fact reasonable pluralism）。每种论说都是相互独立的，不以其他价值为其依据，各有其假设和理论推导方式，具有普遍性和系统性。比如社群主义与自由主义、女权主义与男权主义、少数族群与多数族权、不同宗教文明之间的冲突就是文化多元主义的表现。这就造成了社会整合和政治整合的新问题。这些冲突的多元价值之间相似性很少，但它们最大的共同点是不分享同一的假设和理论推导方式；除去它们形成的客观环境方面的差异外，他者可以理解的也就是其沉淀下来的理性认知方式，即有同一逻辑规则的语言和使用语言的规则。"用休谟的话说，许多当前的分歧不仅仅是利益冲突，而是原则冲突。"[②]不同价值论说之间的分歧是深刻的，用传统的普遍性价值来整合已经失效，而且要找到一个比所有论说中的抽象价值更抽象的一个实质价值来包含它们也是不可能的，即使有，也可能会因其高度抽象而对实践没有太大意义。不同的价值系统各有其合理性，在一个分化的社会里殊难整合，社会共识只有通过说理和论证使各种价值或者道德在相互认同的基础上达成。在多元社会中，规范的权威性要依赖讨论、说理的过程，使参与者接受支持这一规范的理由，才能够成立。价值冲突的普遍性和深度决定了只能到它们的形成过程中去寻找根本原因。价值冲突的背后隐藏的冲突的真正原因是各自理性的认知方式。这一问题的揭示为价值整合和政治整合找到了解决的路径。价值、道德、规范和认知因素纠缠在一起，所以哈贝马斯说道德和真理是同一个问题，在当代的世界观里，作为规范性的东西需要经过实践理性的论证。

当代政治哲学有明显的知识论的色彩就是源于上述背景。在合理的多元主义的情景下，价值整合的新方式把我们引到认知程序上来。通过一个公平的交往程序，让不同的价

---

① 梅维·库克：《协商民主的五个观点》；乔舒亚·科恩：《协商民主的程序和实质》，载陈家刚编：《协商民主》，上海三联书店 2004 年版，第 43～67 页，第 167～176 页。

② ［美］詹姆斯·博曼：《公共协商和文化多元主义》，载陈家刚编《协商民主》，上海三联书店 2004 年版，第 71 页。

值观点得以充分表达，人们对自己的观点进行论证并接受他人的质疑；在他人的表达中领会其观点并反思自身的观点，最后通过认知上的沟通达成某种理性上的认同、共识。这种共识可能不是一个实质性的结论，而是一个程序性的结论，即关于争论的问题应该按照什么方式、步骤去处理。在这里，不存在任何价值预设，结果完全是由交往程序决定的，程序的公平性也就影响着结果的合理性。这就是我们所说的纯粹的或者严格的程序正义。程序正义成为当代政治哲学的元规范，其他的政治价值的规范性都需要满足程序正义。程序正义作为政治的最高规范，也对处理实际的政治事务有规范的指导意义。程序正义在政治实践层面也可以被制度化，用来产生民主的意见和民主意志。在政治决策中，需要用公平的认知程序来保障理性立法，通过意见的公开讨论达成真正的理性共识。它不同于利益的讨价还价，而是在认知过程中实现的道德认同。它不仅使人们的有限理性得到克服，而且使决策更具有合法性，把决策建立在一定的道德共识的基础上。这样的民主治理的方式就是审议民主，它的有效性依赖一个公平合理的认知程序。因此，审议民主也叫程序性民主(Procedural Democracy)。

二、审议民主的程序性特点

下面要具体分析的是审议民主的程序性特点。

审议民主与其他民主模式相比，最鲜明的一个特点是它有一个以讨论为核心的程序。在我们所认识的民主的外在特征中，有选举、投票、公决、公共讨论等形式，其中讨论除了在古代的直接民主中有所描述外，我们能看到的是立法、制宪活动中代表们的讨论，各种听证会，媒体公共舆论等。一种政治之所以说它是民主的，是看它的决策是否是由一个公平的程序来产生的。这个程序在代议民主制下是投票，在审议民主下则是一个公开的讨论过程。公共讨论在其他民主模式下也存在，是促进民主的有利条件，但为什么它在审议民主中如此重要，而成了民主的必要条件？从前文哲学宏观层面的讨论中可以看出，它是产生民主的合法性的源泉，即程序正义，民主政治的规范是由公民亲自参与而制定的。从微观来说，民主承诺在决策中平等考虑每个人的利益，但问题是如何知道个人的利益是什么。公共讨论就是为了揭示个人信息以直接显示个人利益和偏好的过程，个人不仅表达出自己的利益和主张的理由，而且还需要使他人获知并理解。只有在这个基础上，才能衡量集体决策是否平等考虑了每个人的利益。选民只有在投票前经过充分的讨论，才能对个人在现实情境中应该选择什么有一个理性的认识，从而实现从个人偏好到集体偏好的真实转换。审议民主的意义也就在于看到了现代社会多元化的趋势，打破了传统社会所信赖的普遍价值和抽象的公共利益，民主的价值主张和政策只能诉诸人们之间的理性推理来证明其正当性，公共讨论就是这样的证明过程。所以说，公共讨论是民主决策的基础，公共讨论构成程序的核心。

该讨论程序首先是一个认知程序，其次才是制度性程序。它是建构性的，其设计是为了人们能够合理地表达自己的意见并对他人的意见作出回应，反思并自愿修正自己的意见，主体之间在理解彼此的价值和理由的基础上达成共识。在这样一个对话的基础上，人们在获得了对各种意见的理解后再做出决策。为达到理想交往的目的，该程序有一些形式要求。哈贝马斯所说的交往资质、理想的言谈情境、交往有效性的四个条件，罗尔斯所说的无知之幕和反思平衡等都是形式要求，是从知识规则上规定民主的规范。还有设置合理的议程、提供充分的信息、提出支持或反对的理由等程序保障条件。这些形式要求构成了对话中的论辩逻辑和论证程序，按照这些程序就可以达成理性的共识。若把它们建制化，就是民主的程序，是民主的意见和意志形成的过程。从认知角度来说明民主的程序，其目的在于显现民主决策的规范基础，用一个理性的证明过程来说明决策的合法性。从这个认知程序对于达成民主共识的重要性来看，可以说审议民主首先是解决合法性的民主，其决策过程和合法性的证明过程是同一个过程。

审议民主的程序性特征并不排除它也包含了实质性的内容，只不过在二者的关系上，程序是构成审议民主的必要条件，而实质性内容是构成审议民主的充分条件。相比之下，程序设置是先于实质内容的。因为审议民主关注的是民主的下限——基本条件问题，而不是民主的上限——实质平等问题。这从审议民主如何处理机会（形式）平等与能力平等的关系上就可以看出来。审议民主承诺要平等地对待每个参与者的意见，为此参与主体必须是自由和平等的，才能保证他们的意见有同等的分量。自由还好解决，宪政民主已经对人民的基本自由作出了保障，难题是如何达到平等？在讨论过程中，形式上的平等可以做到，但是实质上的平等很难做到。比如每个人在天赋、能力、教育程度、所拥有的资源等方面的社会不平等，会对人们在对话过程中的实际影响力产生负面作用，导致一些弱者和不利者没有能力或者动机去运用它们所享有的平等机会。正是这些实质平等的要素从根本上决定着决策能被接受的程度。程序上的机会平等虽然是必要的但不能充分说明人们接受一项决策的真正原因，其说服力还不够。决策越是具体，人们对实质性平等的意义看得越重，比如在微观审议民主中因涉及的规模有限，人们对什么是实质平等更易发现明确的标准。因此，审议民主不仅在程序上要保证机会平等，而且还需要实质性的平等。惟此，才能达到理想的状况，即把合理性、合法性真正建立在平等考虑每个人的意见的基础上。但两种平等在实践中往往无法统一。

这样一番论述，好像把主题引到实质民主上来了，其实不然。审议民主认为完全意义上的实质平等是由结果来体现的，而什么样的结果才算是正义的、合法的，在多元社会是很难达成一致的。在政治过程中人们能体验和评价的是程序上的平等，程序上的平等也能产生民主，并且可以用程序上的平等来保证结果获得正义性，即程序平等在一定程度上可以促进实质（结果）正义。在审议民主过程中程序平等可以包容实质不平等，通过程序设计来克服实质不平等所产生的不利影响，体现审议民主所具有的正义——平等对待。概括而言，审议程序上的平等设计有三个方面的优势。一是交往中对话的平等地位体现为沟通能力上的平等，即语言表达和理解能力，这比实质上的平等容易达到。对话沟通能力主要是从知识和信息方面来满足，而它们作为公共资源可以平等地为每个人所享有，运用这些信息和资源的能力如读写、表达、理解能力也相对容易达到。二是交往程序可以吸收实质内容上的不平等，将其不利影响降低。对话程序有一些作为前提的形式和结构，它们具有普遍的理性推理结构，各种不同的实质要素可以被吸收到这些形式和结构中。这样就消除了实质要素单独作用时可能会对决策产生的不平等的影响力。比如政府和单个公民在对话商谈中，各自的实力地位是严重不对称的，但是审议程序要求每方不仅要提出意见的理由，还要找出说服他人的证据，否则其意见就不会被接受。三是在程序上给处于不利地位者以优先权来克服实质的不平等，具有可操作性。它固然违背了纯粹的程序平等，但在道义上仍符合人们的普遍道德直觉，即对不利者的同情。罗尔斯所说的正义的两个原则要从最不利者的利益出发来实现分配正义，他对不利者在分配中的地位的重视也是为了协调机会平等与实质不平等的矛盾。给少数群体在涉及其利益的问题上以部分否定权，以增强他们的影响力；或者设置基本代表权，保证所有团体的利益都有有效的代表。① 此外，政府需要在这之前就给弱者提供接受教育的条件发展他们的认知能力或在物质分配上给予帮助。这样的程序设计在于防止在资源和能力方面拥有优势的人利用他们优势威胁、强迫其他的参与者，使民主突破实质条件的限制而能最大范围地实现。要把审议民主的规范的程序性特征变成可实行的制度机制的确还存在很多的难题，但是它的规范在实践中仍不失为代议制民主的有力补充。

上面介绍了审议民主的程序性特点，它们把程序正义由形式正义推进到过程正义，把程序民主本身的程序由制度性程序推进到理性认知程序，体现了程序理性在民主政治中的深入发展。这种发展说明了程序建构对于民主政治的意义，也就是在说明程序在民主政治中的地位和作用。民主的核心是平等，用何种方式来处理政治中的平等问题正是推进程序理性发展的动力。形式正义和形式民主解决了民主政治的第一个要求——外在（形式）平等，即每一个人在基本条件方面是平等的，并有法律来保证这种平等权利。这种平等是政治平等，是每个人的天赋权利，它们也是民主制度建构的基础，民主制度就是在这种人人享有平等的选举权和法律面前人人平等的意义上被建立起来的，民主就是选举、法治。外在平等是非实存的东西，它的有效性会因每个人具体条件的差异而大大有别。民主政治的第二个要求是内在（实质）平等，人们之间不会因天然因素的不平等而影响他们在使用社会资源时的效能。内在平等的极致是绝对平等或者结果平等，它若完全实现则会因为违反自然差异的客观事实而被视为非正义，但它作为一种理想是值得追求的。特别是在政治方面，内在平等被看成是外在平等有效的前提。内在平等性是个社会问题，它只是民主政治的部分目标，解决内在不平等问题也绝非全靠政治手段。政治领域里的内在平等有其特殊的表现形式，是指在参与过程中每个人对结果有分量相同的影响力，着眼于影响力而言，而不是真的要在个人条件方面做到一模一样。因此，内在平等可以通过程序建构来完成，而不一定要等待社会条件满足时方能实现。程序对结果的影响是明显的，不同的程序能产生不同的结果。我们可以通过对程序的控制来实现人们在对塑造结果的能力方面发挥平等的影响力。这样做既不违背自然，也不依赖社会缓慢的进步来克服实质的不平等，就能达到政治上实质平等的要求。从这里可以发现，程序在民主政治中对实质平等起着"拟制"的作用。这一点也正是程序正义和程序民主在当代得到深入发展的原因。自20世纪70年代以来，多元社会的平等问题成为政治哲学的中心问题，用新的理性——程序理性来解决实质平等问题是探索的路径之一。

三、审议民主对代议制民主的修正

在审议民主看来，代议制民主主要有以下缺陷。

首先，代议制民主对民主的理性基础的认知是不完善的。在代议制民主下，民主的理

---

① ［美］杰克·奈特、詹姆斯·约翰逊：《民主需要什么样的政治平等》，载陈家刚编《协商民主》，上海三联书店2004年版，第264页。

性是精英、专家所体现的理性，民主只是选举精英领袖的工具和方法。① 他们认为民主的治理也是一项专业性的事业，是只有少数人才能掌握的技能。在一个日益复杂和高度分工的社会，大众的知识和理性对于公共政策的制定来说是不够全面的，而且大众容易被利益和激情所蒙蔽，不能判断什么是最好的公共利益。而专门性的政治精英可以克服大众在这方面的不足。所以，民主并不需要全民参与，大众只要把他们的治理权委托给他们选举产生的代表，并通过定期选举来罢免不称职的代表即可达到社会资源的最优配置和满足主权在民的民主要求。而在审议民主理论家看来，民主政治的理性不仅仅是利益计算，还包括道德、价值判断，而这是代表不能代替的事情，参与本身就是一项重要的价值，是一项表现个人尊严的人权。就专业知识所体现的理性和能力来说，专家也仍然只是体现了有限理性，在某些领域专家的知识是必要的、比民众知识更可靠，但是这并不意味着在民主所涉及的所有领域都只能依赖专家的知识。专家有其专业局限性，每个人都有其固定的假设和推理，就是专家之间也需要沟通交流、群策群力。特别是在现代高风险的时代，在生态、科技、能源、战争等领域就是专家的知识也解决不了规避风险的问题，而且其风险的直接承受者是社会大众，只有他们能深切体会这将对他们的利益产生什么样的影响。这种"体会"等实践性知识②是许多专家无法具有甚至无法理解的，专家的考虑就不能说是反映了全面的理性和所有人的利益。大众的理性表面上看起来微不足道，但具有特殊的实践性和经验性，是从具体的利益、价值和道德、经验和传统等综合角度来考虑判断问题，做到价值与事实的统一，而这可以克服专业理性的片面性。

其次，代议制民主的程序设计忽略了一些重要的实质性问题。如多数规则与共同意志之间的分离。代议民主是投票民主，它假设已经存在不同的个人利益，多数规则就是对不同的个人利益进行排序统计，获得多数票的政策就成为公共利益的化身。这种推理逻辑是大有商榷的。既然个人利益是民主的出发点，多数票能否反映全体个人意志就是一个疑问，而且随着利益的多元分化，多数票与全体意志之间的差别越来越大，公共政策最后变成少数人之中的多数的意志。萨托利认为民主的强度正好说明了决策是控制在少数精英手中，多数规则并不等于多数人的真正统治。通过投票程序实现个人偏好，公共政策被看成是个人偏好的聚集，代议民主因此被称为聚合民主。但是，在从个人偏好到公共政策之间，它并没有说明个人的偏好使如何转化集体偏好的，又是如何认同最后的决策结果的，其程序上的接受不能真正说明一项政策对于民众来说的实质合理性。现有的公共选择理论的说明也还不够充分，因为它没有改变个人主义的基本假设，就无法对这个从个人偏好到集体偏好转换过程做出有说服力的证明。可以说，代议民主理论不承认个人理性经过公共讨论可以发生改变，通过审慎的公共理性可以达到更大的善的可能性。

又如，代议民主只重视投票程序及其权利保障，忽视了公民之间的交往互动对维护政

---

① 韦伯和熊彼特对此有详尽的论述，见［德］马克斯·韦伯：《经济与社会》，商务印书馆1998年版；［美］熊彼特：《资本主义、社会主义与民主》，商务印书馆2002年版。

② 奥克肖特曾犀利地指出，政治的理性并不是工具理性，而是实践理性，它由是在实践中累积的知识和经验形成的。也就说，工具理性只是任何管理工作所要具备的，在政治管理中也需要它，但是它不能取代政治的理性本身，政治理性的特殊之处在于它的实践性、经验性。见［英］奥克肖特：《政治中的理性主义》，张汝伦译，上海译文出版社2003年版，第1章。

治共同体的重要意义。代议民主的投票程序实现的仅仅是政治自由，一些非政治的自由如宗教自由、思想自由、表达和结社集会自由等就没有被考虑进来，而它们也是现代民主政治的重要内容。政治不是一个与其他社会领域相独立的系统，如施米特所说，它是一个蕴含在各领域之中又高于各领域的总体性的领域①，因此政治价值与其他价值是难以分割的，政治活动也要实现多种价值。因此，审议民主试图强化一般民众对公共政策的认同，提高他们参与公共政策的意愿和能力；在审议的公共辩论过程中，公民倾听与思考不同的意见和理由论证，可以促进公民对公共福祉的理解，培养公民德行，增强共同体意识。同时，民众的参与也将从社会层面完善监督与制衡体制，更好地预防政治精英滥用权力和腐败。

审议民主和代议制民主都具有鲜明的程序色彩，但是二者的程序内涵是不一样的，一个是内在的理性沟通规则，一个是外在的形式规则，在实践中二者其实可以互补。审议民主对代议制民主的补充主要体现在重建合法性、理性决策、政治共同体伦理的培养三个方面。

1. 重建合法性②

前文提到了西方民主社会出现的合法性危机，其危机不仅与特定的西方社会背景有关，也是代议制民主自身发展的逻辑面临的困境，因此这个问题带有一定的普遍性。我着重从后一个层面来分析。合法性危机或者说民主发展的困境是如何处理多元与统一的关系。在合法性危机出现以前，西方民主的合法性建立在实体理性的基础上，启蒙思想家所论述的"天赋人权"、"自由"和"平等"、韦伯所讲的"法理"，都是指向某种实体性的道德价值与权利，具有明确的规定性，比如说"天赋人权"是指每个人所享有的安全、财产、自由等，它们在现实社会中有具体的表现形式和衡量标准。由于这些最基本的价值对于每一个人来说都是同等需要的，所以价值整合诉诸的是某个更具普遍性的实体价值，在制度设计上采取的是一致性的形式化规则。代议制下的程序就是这种形式性的规则，它像一个过滤器，通过该程序就能产生满足上述实体价值的结果，人们对结果的接受在于确信它在形式上对每一个人是同等考虑的，但它同时也是以人们的利益和价值的同一性为前提的。随着现代社会的发展，在这些最基本的价值满足之后，人们的需求越来越多样化，更多的实体价值出现了，多元的价值观念得到了社会的认可③。多元价值之间的差异和分歧日趋加深，给价值整合带来了难度，政治主张在不同的价值和利益面前被批判，无法为公共问题提供导向。这种社会状况被罗尔斯概括为"合理的多元主义"事实，他指出要以程序理性——公共理性来解决政治整合问题。在这里我不再重复描述公共理性的具体的整合过程，只是要指出罗尔斯对民主困境的思考方式开启了一片新天地，即用程序理性来克服多元价值观带来的政治整合问题。以此为转折点，程序整合代替实体整合成为合法性重建的方法。

---

① ［德］卡尔·施密特：《政治的概念》，刘宗坤译，上海人民出版社 2003 年版，第 154 页。

② 合法性的重建在这里有特殊的含义，重建是指按照重建式科学范式进行的，是从知识的规则本身进行重建。合法性的重建意味着要探索合法性根据的真理性和经得起理性检验的证明过程。

③ 这并不意味着在民主早期阶段完全不存在有差别的价值和多元的价值，只是相对于普遍性价值在人们生活中的重要性而言，它们还没有成为主要的价值取向。

合法性危机以其方法上的重建得以解决，与实体理性的合法性建构相比它有如下特征。首先，它是"通过程序的合法化"，政治系统通过各种程序为其决定取得合法性。这里的程序是一个从认知上建构的审议程序（deliberative procedure），它的重点不在于产生好的结果，而在于深化人们对结果的正确性、正当性的信赖。为什么能达到这种效果，在于其程序的特性。程序使人们与外在环境隔离开来，在一个独立的空间里使各方平等地参与讨论、理性地对话，正当性就是通过公共辩论和平等公民之间的推理产生的；在程序展开的过程中，人们获得了这种正当性的直觉，从而形成了对结果的认可。① 与实体理性不同的是，程序合法性的基础不是作为实体的结果具有某种先在的正当性，而是程序本身的公平设置所体现出来的正当性；实体的正当性依赖道德价值，而程序的正当性则独立于实体道德，依赖于理性的反思，它要对道德价值本身的正当性进行反思和提出质疑，追问价值的真实性依据是什么。价值真实性的依据是主体间性，是主体之间在特定情境中达成的相互认可，是一种主观的真实；实体理性所认为的客观的真实并不存在。

其次，程序合法性是多元的、动态的。实体理性的合法性表现为某些固化的一元的道德价值观，它为社会提供了统一的衡量标准，但是也抹杀了社会的个性和差异，不能容纳多元的价值。程序合法性对于什么价值是正当的价值没有预先确定，而是看其产生过程是否符合程序正义。这样，它就能随着具体场景的变化产生相应的价值标准。因此，可以说程序合法性是多元的、动态的。程序合法性具有相当的不确定性，这容易降低它自身的可靠性。人们可以提出疑问，如果因分歧太大而无法达成共识的情况下，程序还能帮助解决问题吗？这是程序理性的一个弱点，对运用何种程序需要一个事先的共识，之后才能在程序框架内达成共识。但是，与其在实体理性下无法达成共识，程序理性至少还有一些操作的可能性；它不是完满的，却是现实的。

再次，程序的合法性是自愿的、非强制的。实体的合法性可能在两个方面存在强制。一是从认知过程来看，它没有告诉人们为什么某个价值是真的、是有意义的，它是不证自明的客观真实，人们对它的接受因传统、习俗而没有选择的余地。语言分析哲学的研究指出，人们对语言的运用其实是充满意识形态和虚假性的，没有完全客观的价值。从这个观点推论出去，可以说实体合法性主张的普遍性价值没有经过公共辩论过程的检验，对接受者来说在理性上就存在着强制。二是在实体合法性的制度设计中，程序仅仅是实现实体价值的工具，存在多数暴政的可能。我们知道多数的选择并不意味着正当，形式化的多数规则可以导致多数对少数的暴政，成为单纯数量上的强势。民主不等于单纯的多数人的意志，而是正义的多数，或者用卢梭的话来说是"公意"。为了克服多数暴政这个民主自身带来的难题，人们曾经用宪政的办法，即保护每个人的基本权利这一底线来抵制代表多数人意志的政府的权力侵犯。宪政的办法在今天也开始失去效能，多数暴政的问题没有得到彻底解决。审议程序为问题的解决提供了可能，它平等考虑每个人的意见，不同的意见在辩论中相互交流融合，最后形成的共识很难说是代表那些人的利益和意见，它是公共理性的产物，是被审议程序加工出来的"公意"。它最后的结果可能是一致性的共识，也可能以多数投票的形式出现，但由于经过了程序的内化、自我认同，结果对于少数人来说有

---

① Joshua Cohen. *Deliberation and Democratic Legitimacy*, see James Bohman and William Rehg edited: *Deliberative Democracy*, Cambridge：MIT press，1997，p.72.

可以接受的理由，他为了维护自己的独立而不投赞成票，并不意味着多数表决的结果对他是一种强制，他的服从是自愿的并不是象对待天气一样出于外在的原因无可选择。可以说，程序的合法性很好地解决了"为什么要服从多数规则"的问题，审议程序达致的理性、道德上的认同消除了多数意志的非理性、非正义的暴政因素。

通过程序的合法性在这三个方面重建了现代政治的合法性。

2. 理性导控的决策

审议民主的过程可以看作是一个理性决策的过程。在代议制民主下，民主本身被当作是选举领导人来作出政治决策的方法，民主等于选举程序。它体现的是工具理性，人们只是通过定期选举领导人和分权制度的间接监督来行使民主权利。对于具体选择谁来做出政治决策，并不是很重要，重要的是民主制度总能产生这样一些人选。它不能说明这种选择是否就是最好的选择，只能说明这对个人来说是当下最有利的选择。审议民主其程序设计不是从工具理性出发的，而是从反思理性出发的，是为了产生更好的意见和决策。其对话程序因有理性的反思，可以更好的发现全面的事实，从而为决策提供真实的事实基础，这是有效决策必不可少的前提条件。具体可以从以下两个层次来分析。

审议民主的程序设计首先是为了能更好地揭示私人信息、表达私人偏好。"既然集体决策是'我们'所要求的，'我们'只有通过尽可能了解个人的愿望、需求、偏好和经验，才能知道'我们'要求的是什么。"[1] 它要求每个人有平等发言的机会，并对自己的主张提出充分的理由，对他者的纠问作出回应。在现实中，每个人的理性都是有限的，但是通过每个人的发言提供了更全面的信息，可以最大程度地克服知识的不足所带来的决策失误。根据尼克拉斯·卢曼的研究，现代社会区别于传统社会的是社会的复杂性程度越来越高，自主性规则的形式普遍性在后现代社会出现了危机，无法适应功能高度分化的社会结构。在功能高度分化的条件下社会的整合必须得到各个独立的子系统的相互支持，因此要根除中心化的整合模式，实行一种分散化的整合模式。[2] 任何系统的功能在实施过程中会遇到作为其外在环境的其他子系统的功能的限制，社会的整合就需要子系统的内在反思或者自我规制。政治系统也需要反思自身，其反思过程是通过认知性程序——商谈结构体现出来的，即提出多元与包容的意见。

社会的分化和复杂性结构说明公共决策需要多方面的系统知识，官僚制下的精英主义决策方式已经不能为提供公共决策所需的多样性的公共理性。比如对于科技决策来说，科技专家们的知识和权威局限在自然科学的范围内，至于这项科技决策对社会利益的分配、对社会伦理道德的影响、对未来的风险的预防超出了他们的专业知识的范围，他们无法保证决策的正确性。为此，在这项决策过程中不仅需要其他人文、社会科学领域的专门知识来补充，而且更需要普通民众的日常理性来矫正专业理性容易脱离实际的自负和狂妄。这里不是要提倡把民主变成大众民主或者蒙昧的民主，而是要强调日常理性的经验性和实践性对理论理性的矫正作用，二者的互补才是健全的理性。科学技术对社会的直接控制使未

---

① ［加］马克·华伦：《协商性民主》，孙亮译，载《商议性民主理论与中国地方民主参与的实践》，《浙江社会科学》，2005 年第 1 期，第 23 页。

② ［德］图布依纳：《现代法中的实质要素和反思要素》，矫波译，强世功校，《北大法律评论》（第 2 卷·第二辑），法律出版社 2000 年版，第 614～615 页。

来充满不确定性和风险性，包括主观的风险和客观的风险，西方社会学家贝克直接把现代社会称作风险社会①。对科技风险的规避需要在决策前吸收多种意见，在科技应用和实施的过程中还会出现负面后果，一旦意想不到的后果出现，很多时候仅仅靠科学的系统理性并不能解决问题，而平常民众的风险意识可以对其起到很好的监测作用。突出的例子是核废料的处理和基因食品、生态问题。此外科技理性与工具理性是相通的，特别是当它与商业开发相联系时，对经济效益的追求使得科学家无暇顾及或者有动机去发现科技的负面影响。综合起来看，现代社会的决策环境的复杂性需要审慎的理性判断，审议民主建构的理性论证程序可以被看作是多元理性对专业理性的批判。

其次，认知程序设计了反思理性。哈贝马斯从真理与道德的双重角度论证了理性反思的必要性。首先他认为真理的有效性并不是外在于人类实践的超验存在，而是依赖主体间性，是主体之间的一种共识，单独的理性不足以宣称为真理，还需要吸纳他者的视角来审视。无论科学真理、道德真理、政治真理，都是理性、自由的个人所组成的共同体通过不断的探索而获得的知识；在探索的过程中，每个成员都参与讨论和对话，从而达成暂时性的共识，真理在人们的主观推动下向前发展。把真理与认知主体联系起来，也就为把真理与道德关联起来提供了桥梁。主体不仅从自己的认知理性作出判断，而且由于他处在社会交往关系之中，可以从别人的立场来校验自己的观点，对他者的认同就蕴含一种道德性直觉：我也可能面临那样的境遇，他的考虑是合乎情理的。在审议民主的对话过程中，理性和道德的反思是同时进行的，理性的反思本身就是一种有道德的行为，是一种克服自我褊狭的美德。

在认知论上理性反思的作用是使自己的理性更全面，对事物的认识达到更深的层次。这种努力在社会领域不是通过个体的学习，而是通过个体在社会关系网中的自我反思来实现的。在审慎的公共讨论过程中，个体在理解他人的观点和理由的同时对自己的理性认识进行反思，自我反思和包容他者的意见成为达成共识的关键环节。我们说审议民主的决策更符合理性，就在于它以一种反思结构来引导、控制整个决策过程，即对话的程序导控。该程序是认知上的程序，它有一些基本要求。哈贝马斯针对个体提出了理想的交往情境：可理解性、真实性、正确性、真诚性，这是内在的程序控制。对于程序外在控制来说它还有三个要求：自由的要求，使每一个成员能真实地表达自己的意见；平等的要求，拒绝某一种意见凌驾于其他意见之上；包容的要求，不同的意见能够相互包容，达成共识。外在要求反映的是程序性道德，它与个人利益无关，而是为了促进公共利益的道德要求。这些规范的要求也许过于理想，但是它们是产生更好的意见或者决策的保障。在审议过程中，个体能够充分表达自己的意见，其意见和立场随着程序的进行而发生改变，大家的共识逐渐趋向于公共性的利益，在辩论说理的过程中产生出脱离个人原来私见的更好的决策目标。理性的反思融合了多方面的考虑，使决策可以不断得到纠错。相比之下，代议制的决策假定个人利益是决策的最高目标，在投票的过程中虽然也有信息和意见的交流，但它们不会改变个人的立场，因此而忽视协商讨论过程对于产生更好的意见的意义。审议民主却主张论证程序、政治决策程序、行政程序是一个连续的过程，它的重心在论证程序，由该程序产生的共识有利于作出更符合公共利益的政治决策。在这里，理性导控的反思程序具

---

① Ulrich Beck, *Risk Society: Toward a New Modernity*. London: Sage, 1992.

有了真理和道德的双重含义，理性的决策目标经公共讨论而产生，个人的动机和意见贯注其中，因此决策获得了内在的道德认同；决策要塑造一种规则来调控社会的话，它又有充分的科学理性基础，可以达致有效目标。这一点是工具理性的程序设计无法达到的效果。

3. 政治共同体伦理的培养

在代议制民主程序下，以国家为中心的程序如法治和分权在宪法中被规定，人们对程序并无选择的余地；程序是用来实现个人的经济利益的，法治和分权能保证国家考虑到社会各种利益和意见；在投票程序中虽然也有意见和各种信息的交流，但它们不会改变个人的偏好。程序被看作是工具理性的，是实现个人目标的工具，而与人的意义世界无涉。由此看来，这些程序对培养公民情感和共同体的团结没有任何贡献。

政治作为人的生活的一部分，不可能与人的意义世界完全隔离开来，古典的民主理论非常重视这一点，政治被视为最高的善业。在近代，至善被功利主义的利益替代，政治把人视作纯粹追逐利益的理性人。而这并不符合人的本性，大量政治文化研究的成果也表明，人具有自利和互惠多种本性，在基本物质欲望满足后人们会更加重视精神需求，从共同体中寻找意义和从个人德性上重建人的意义世界。比如社群主义的兴起就是一个很好的例子。从人的政治本性来看，在消极自由满足后还需要积极自由，在私人自主满足后人们还需要公共自主，政治将趋向于在社会公共领域完成自己，由此可以看到公共领域的交往法则将不同于私人领域，政治之于人的意义也将发生大的改变。在公共领域，人们要获得像私人领域一样的自主性的话，对公共事务也可以进行自决，它必然面对主体之间如何公平合作的问题，对什么是公平的标准的讨论使人们反思而在道德上宽容异见，在共识的基础上形成新的政治共同体。

对于公共审议程序对政治共同体的意义有实体的和程序的两种观点。实体的观点是共和主义的观点，科恩和库克认为这是审议程序本身要致力于的实质性目标，公民参与的意义就在于培养公民的情感和美德，增强政治共同体的凝聚力。每个人之所以愿意协商，尊重每一个人的意见，承担协商的责任，是因为这种参与协商的责任好比友谊是一种有价值的社会道德关系，给公民一种被承认、被认可的满足感。程序的观点是自由主义的观点，认为者只是审议程序的附带后果，并不是它的直接目的，审议程序的直接目的是通过程序的公正来克服信息和理性方面的不平等，使参与者改善对自己利益的理解，而作出更接近公共利益的选择。至于该程序对共同体伦理的培养则是附带的影响，即使有它也是独立于程序的。

哈贝马斯整合了以上两种观点，他在共和主义的基础上吸收了自由主义的因素。与传统的共和主义不同，他主张个人自由而平等地表达个人主张，程序的公平性就是为了保障公民的自主性。与传统的自由主义不同，他不认为民主政治的功能不在于管理公共事务，相反政治具有道德功能。"政治是整个社会进化过程的构成因素。政治是一种道德生活关系的反思形式。政治是一种媒介，自发团结的共同体的差异可以有意识地把已有的相互承认的关系发展成为一种自由和平等的法人联合体。"① 但他对共和主义的道德共同体进行了批判，道德共同体的形成不是先验的，在现代文化多元主义时代道德共同体所能诉诸的

---

① ［德］尤尔根·哈贝马斯：《民主的三种规范模式》，见《包容他者》，上海人民出版社 2002 年版，第 280 页。

普遍性价值已经失效，它只能由政治意见和政治意志的形成程序造就出来的，政治共同体的道德性是在一个具体的过程中完成的。为此，他用审议程序分析了人民主权。人民主权在共和主义看来是一种先在的集体意志，是不可被代表的；自由主义从实在论来看，这种集体意志又是无法证明的，不存在这样一个主体。他指出人民主权在经验中始终是和民众的意见联系在一起的，它所规定的民主性也就体现在意见和意志的形成过程中。一个公平的交往程序控制着意见形成过程，公民的自主性化为主体间的交往程序，该程序能够产生正当的结果，人民主权变成了无主体的程序。

目前审议民主的公民参与在培养公民能力和公民教育方面成效突出。西方国家所实验性施行的公民会议、观点工作坊或是审慎思辩的民调都是强调民众的参与不只是被动的与沉默的投票而已，民众也在各个公共领域层面主动、积极地参与公共意见的形成，这不仅有利于提高公共决策的治理，也培养了公民的政治能力和责任感。佩特曼在总结卢梭、托克维尔、密尔等人的意见后归纳出政治参与对公民能力和公民德性的四个方面的影响：公民参与公共决策可以了解他人的立场、了解公共的利益，所以说参与公共讨论的过程，扩大了公民的视野，具备掌握各种不同观点的机会；了解要促进自己的利益透过与他人的合作更有可能实现，所以共善通过这样的过程，可能成为公民认知与德行的一部分，公共参与在这个意义下，会促进公民德行的发展，因为他将会超越个人利益、情绪、偏狭的态度，成为一个负责任的公民；有了共善的了解与德行，社群整合当然就更容易进行，社会的分歧能够加以整合；公民参与是一种权力的行使，透过这样的经验，公民了解自己必须要有责任性（accountability），这也是一项公民重要的德性。① 审议性民主参与模式所主张的平等、公开、资讯透明、相互尊重、主动参与等原则，是公民社会的公共讨论重要的原则。如果一般民众通过参与这些活动，将逐渐提升参与公共事务的意愿、参与的能力、以及参与的基本价值。

总而言之，审议民主以交往理性或者说公共理性克服了代议制的形式规则与政治共同体日益相脱离的问题，以程序的内在过程价值培养民主自身所需要的公民能力和公民德行，使民主在理性与道德上获得统一，这不能不说是民主的巨大进步。

结　论

从以上的分析中我们可以看到程序在民主建构中的重要作用，程序可谓是政治参与的保障，程序民主赋予人们参与的真实性权利同时也引导大众参与致力于公共利益，没有程序政治就不能产生有效的参与效果。审议民主提出的程序平等的构想虽然还有很多理想的成分，但是相对于实质民主来说，它却能在一个天然不平等的现实社会中最大限度地实现平等对待，克服人类理性在集体决策中的不足，使道德与理性保持平衡。另外从程序民主或者程序正义所体现的思维方式——程序理性来看，它相对不依赖于现实环境，具有一定的普遍性和超越性，这就使得程序民主所提出的制度构想具有一定的普适性。因此，程序民主特别是审议民主理论中的程序理念贯穿认知与制度，具有很强的实践性，可以为我国的民主政治建设提供有益的借鉴。

---

① Carole Pateman. *Participation and Democratic Theory.* New York：Cambridge University Press，1970，pp. 22~44.

　　社会主义民主重视实质民主，但在目前的经济发展水平上，实质民主所体现的分配正义下的平等殊难即刻实现，人们实际所享有的政治、经济、文化权利的不平等一方面依赖于社会的发展，另一方面也需要用程序民主来克服，用程序来保障基本权利的平等，在此基础上，再来深化实质民主的内容。

"革命"与"改良"之争
——试论革命观念在20世纪初的演进

付小刚*

摘要：近代中国革命观念的演变受到20世纪初发生的重大历史事件以及各派思想交锋的影响。戊戌变法、自立军、拒俄运动和"苏报案"等事件为革命观念的传播与发展提供了历史条件。1902～1907年在革命派与改良派之间发生的论战则使得革命的内涵得以扩展和定型，逐步形成了"改良"与"革命"在观念上的二元对立。人们对革命的认识从"王朝更替"转变到"民族革命"、"政治革命"和"社会革命"等一系列概念上来。在革命观念的传播过程中，革命的激进暴力色彩越来越浓厚，民众对革命的态度也发生了显著的变化。

关键词：革命观念；重大事件；论战

引　言

自近代以来，"革命"成为理解中国政治的关键字眼。在古代"革命"是革去上天赋予统治者的权命的意思，到了近代，由于西方思想和理论传播到中国，"革命"开始和英语中的"revolution"的含义结合起来，古代革命观念开始向近代革命观念转变，"革命"一词的意义和人们对待"革命"的态度都出现了显著的变化。本文拟从20世纪初发生的一些重大事件及其后革命派与改良派的论战的角度切入，来考察革命观念在这段时期的演进过程。

一、重大历史事件与革命观念的流传

变法与改革往往是革命的先导。甲午战争的失败，打断了清朝统治者发起的自强运动。比起鸦片战争来，这次战败所引起的耻辱与激愤更加强烈。不论是清朝统治者，还是上层文化人士以及一般民众，都深刻地意识到中华民族到了最危险的关头。从康有为等人发动的戊戌变法起，中国开始了激烈的变革之旅。

从1897年到1898年，康有为为促光绪立志变法，接连上了《进呈日本明治变政考序》、《进呈俄罗斯大彼得变政序》、《进呈法国革命记序》等折子。康有为的变法虽然是依靠光绪皇帝自上而下进行变法改革，但其变法心态却为与革命有着类似的地方：（1）为了鼓动光绪变法，康有为在《上清帝第五书》中将变法的急迫性推到极致，"外衅日

＊　武汉大学政治与公共管理学院讲师，法学（政治学）博士。

迫，间不容发，迟之期月，事变之患，且夕可置"，"守旧不可，必当变法；缓变不可，必当速变；小变不可，必当全变"。只有"速变"才能挽救迫在眉睫的外国列强瓜分豆剖之危机。（2）康有为还主张全变、大变。在变法期间，光绪帝发布了上百道新政谕诏，除旧布新，内容涉及政治、经济、军事、文化等各个方面。（3）在变法过程中，康有为根据对变法的态度把官员划分新、旧两派，试图排斥和孤立以慈禧太后为首的"顽固派"。他认为新旧两派水火不容，为推动变法，就必须大幅罢斥反对或推延变法的官员，甚至把是否赞同变法视作是正义与邪恶区别的标准。

戊戌变法中体现的这几种心态倾向堪称中国近代激进主义思潮的先兆，对于本文研究的革命观念流传来说，戊戌变法在客观上起到以下三方面作用，一是自光绪颁发变法诏书以后，一时全国人人都谈变法，求"变"成为共识；二是掀起了一场"思想革命"，广泛宣传了不同于君主专制的政治理念，比如开国会，君民平等，立宪思想，民权思想等；三是变法失败以后，直接促使一部分人认识到改良的道路走不通，转而认同革命途径的合理性。

戊戌政变以后，光绪被囚，慈禧再度亲政。1900年，因为义和团运动和八国侵华战争，清朝统治又出现了深度危机。在战争过程中，东南各省总督张之洞、刘坤一派上海道与各国驻沪领事议定"东南互保"条约，规定租界归各国共同保护；长江及苏杭各国商民、教士、产业由督宪保护；各国兵轮水手不可登岸，各国派兵轮驶入长江等处，若引起动乱，中国不认赔偿等。在东南互保运动形势的推动下，中国国会在上海宣告成立。国会的成员几乎囊括了戊戌维新以来的各种求新势力，具有相当的代表性。中国国会在第一次会议上宣布：一、不认通匪矫诏之伪政府；二、联络外交；三、平内乱；四、保全中国自主；五、推广中国未来之文明进化。中国国会还有为一般会员所不知道的十二条秘密宗旨，并准备将此宗旨通报日美英三国。但议会成员又担心通报以后，传到清政府耳中对自己不利。不过最终还是由容闳起草英文，发电给英、美、日等国。主要内容是："废除旧政府建立新政府，保全中外利益，使人民进化"等。秘密宗旨与公开宗旨的最大差异，是明确反对现政府，要求建立新政府。

中国国会的领导成员之一唐才常，企图利用会党在长江流域起事，他得到了兴中会和保皇会的共同支持。1899年深秋时节，唐才常离开日本启程回国，孙中山、梁启超都来送别。饯别宴会上，唐才常慷慨激昂，表示回去要"冒死发难，推行大改革"。唐才常肩负着革命与改良的双重期望回到国内，广泛联络各方面有影响的知名人士，于1899年冬在上海英租界成立了正气会，准备"纠合爱国正气之仁人君子"，共图救国方略，号召人们抵御侵略，奋起救国；同时，他又表示拥戴光绪皇帝，这就陷入了革命与保皇的矛盾之中。他在《正气会序》中一方面表示忠君："日月所照，莫不尊亲；君臣之义，如何能废"，另一方面又表示反清："国有天地，必有兴亡，非我种类，其心必异。"①这种矛盾的主张折射出世纪之交革命与改良思想相互擅替交叉的时代特征。对此宗旨，章太炎认为一面排满，一面勤王，既不承认满清政府，又称拥护光绪皇帝，实属大相矛盾，决无成事之理。自立军虽以勤王为号召，但倡建国会，在清政府之外自行组成权力机关，并实际发挥对内对外职责，这确如梁启超所言，是借勤王以兴民政。自立军申明要废除"所有清

---

① 唐才常：《唐才常烈士年谱》，载《唐才常集》，中华书局1982年版，第198～199页。

朝专制法律"，"变旧中国为新中国"，已印有新时代的烙印，而且采取了武装起义的形式。因而自立军起义是历史新旧转折点上产生的事件：它既是19世纪末改良运动的继续，又是20世纪革命运动行将高涨的征兆。桑兵在《庚子勤王与晚清政局》分析了国会、正气会、自立会等勤王行动中各派错综复杂的关系，他认为："后人所用革命与改良的对立概念，不能恰当的表现或涵盖当时的政治分野。夏曾佑分为革命与革政派，孙宝瑄则分为革命、变法保皇、逐满四党。"① 此时各派的态度并不明朗，对于革命与改良的取舍，关键在于执政者的所作所为让他们如何抉择。

1903年的拒俄运动和苏报案件，推动新兴知识阶层走上武装反清的道路，并且迎来了革命观念的流行高峰。该年四月，日本报纸报道了沙俄政府独霸中国东北的消息，引起留学生的极大愤慨。各省同乡会纷纷开会研究对策。4月29日，东京留日学生500多人集会，决议组织拒俄义勇队，并且电告北洋大臣袁世凯："俄祸日迫，分割在即，请速严拒，留学生已编义勇队，准备赴敌。"但清政府驻日公使蔡钧密电端方，称学生"名为拒俄，实则革命"，要求严密饬拿。这表明当时清朝官员也接受了用"革命"来形容革命派行动的用法。清朝的压制行为使留学生对清廷彻底绝望，学生等"以报国无路，莫不义愤填膺，痛苦流涕。至是青年会同志乃向各省同乡会大倡革命排满之说"。五月上旬，拒俄义勇队改名国民教育会。拒俄运动的广泛开展，使得留日学生群体心理转变为倾向激烈的革命，通过办报刊、组团体甚至暗杀、起义等手段进行反清运动。

在1903年还有另外一件事对革命观念的传播产生了重大影响，这就是"苏报案"事件。由章士钊任主笔的《苏报》，因发表一系列鼓吹推翻帝制、实现共和的文章，遭到镇压。当时民主革命的先驱邹容出版了宣传小册子《革命军》，《苏报》除发表邹容为该书写的自序外，还刊登章太炎写的《序革命军》和章士钊写的《介绍〈革命军〉》等文章，加以推荐和宣扬。6月29日，《苏报》在头版显著位置刊出章太炎《康有为与觉罗君之关系》，鼓吹革命，其中甚至直呼光绪之名："载湉小丑，未辨菽麦。"此文一出，举世哗然，清朝统治者雷霆震怒，认为大逆不道，最终章太炎、邹容等人被租界工部局拘捕。清廷本拟藉"苏报案"以兴大狱，杀害章太炎、邹容等一干革命人士，使参与爱国学社、张园集会、拒法抵俄等活动的人们畏惧后退，并遏制《革命军》、《驳康有为书》、《苏报》等反清书刊的流行，但是孰料事与愿违，"苏报案"荏苒经年，本身就成了一次持久的反清革命宣传，《驳康有为书》、《革命军》及其他革命书刊，流传更广。新闻史家胡道静在《上海的日报》中说："苏报案在历史上的意义很大的。其正面的影响，就是革命派不过牺牲了一个报馆，毕竟予清政府以极锋利的舆论攻击，使它全盛时代焚书坑儒的威严全消失了。"②

上述重大事件的发生，使得革命派的思想主张借以广泛传播，也改变了人们对待革命的态度，事件与观念之间存在着强烈的互动关系。而且这些重大事件发生以后，又形成了一种历史记忆，反复地与现实对照，成为人们构建革命新观念的材料。

---

① 桑兵：《庚子勤王与晚清政局》，北京大学出版社2004年版，第204页。
② 胡道静：《中国近代报刊发展概况》，新华出版社1986年版，第331页。

二、革命派与改良派的论战

戊戌变法之后梁启超与康有为等人流亡日本，他们对清朝光绪帝尚抱有期望，因而致力于在海外发展势力，组织勤王、保皇等活动。而孙中山也早在日本以及东南亚等华侨聚合地宣传革命主张。双方在主旨、观念，以及筹款和发展会员上都有所冲突。从 1902 年起两派开始在报纸上公开论争，断断续续一直到 1907 年才方结束。这期间改良派的论战刊物有《清议报》、《新民丛报》、《外交报》、《东方杂志》、《扬子江中国新报》、《政论》等报刊，其主要撰稿人有康有为、梁启超、黄遵宪、严复等人，其中又以梁启超发表文章最多。革命派的刊物主要有《国民报》、《游学译编》、《大陆》、《新湖南》、《湖北学生界》、《浙江潮》、《江苏》、《二十世纪之支那》、《民报》、《复报》、《汉帜》、《云南》、《四川》等报刊，主要撰稿人有孙中山、汪精卫、朱执信、陈天华、宋教仁、胡汉民等人。双方论战范围非常广，涉及共和与君主立宪革命后果、民族含义、政治革命与社会革命等问题。本文不拟描述整个论战双方的论点及争论过程，而关注在这场论战中，"革命"一词被赋予什么新的内涵。对于这场论战首先要强调的是：第一，双方在使用"革命"时对它的词义已有基本的共识；第二，"革命"开始分解为"政治革命"、"种族革命"、"社会革命"一类的复合词。正因为这些限定词，开始丰富了革命的涵义。从这个角度讲，革命观念既是一个不断变化的过程，也是一个层层累积的过程。

虽然康、梁二人是改良派的主要代言者，但实际上梁启超与"革命"一词进入中国并流行开来有莫大的关系，他在《夏威夷游记》（1899）中首先使用了"诗界革命"和"文界革命"的口号。① 不过在政治领域，梁启超反对进行激烈的革命。针对后来愈演愈烈的革命话语，他为了澄清革命的涵义，写了两篇重要文章，即《释革》（1902）和《中国历史上革命之研究》（1904）。在《释革》一文中，他首次对"革命"加以定义："革也者，含有英语之 reform 与 revolution 之二义。reform 者，因其所固有而损益之以迁于善，如英国国会一千八百三十二年之 revolution 是也，日本人译之曰改革，曰革新。revolution 者，若转轮然。从根底处掀翻之，而别造一新世界，如法国一千七百八十九年之 revolution 是也，日本译文为革命。革命二字，非确译也。革命之名词，始见于中国者，其在易曰：汤武革命，顺乎天而应乎人。其在书曰：革受殷命，皆指王朝易姓而言，是不足当 revolution 之意也。"② 所以，他认为古代中文里"革命"一词指王朝易姓，而 revolution 宽指变革之意，由于用"革命"来翻译 revolution，使得"近今泰西文明思想上所谓以仁易暴之 revolution，与中国前古野蛮争阎界所谓以暴易暴之革命，遂变为同一名词，源入人人脑中而不可拔。"看来梁启超已经发现了用"革命"来翻译"revolution"带来可怕的后果，要在中国进行 revolution，就必须用武力推翻清王朝。因此改良派也就根本无法倡导 revolution，因为用"革命"译之，必使"朝贵忌之，俗人骇之"。而在革命派看来，这样的翻译，也可以使得他们接上"汤武革命"的传统，以古代中国革命的合法性为自己辩护，并且把世界潮流的革命首先简化为推翻清朝。因此梁启超竭力要把"革命"与

---

① 陈建华：《革命的现代性——中国革命话语考论》，上海古籍出版社 2000 年版，第 14 页。

② 梁启超：《释革》，载张枏、王忍之编《辛亥革命前十年间时论集》，三联书店 1963 年版，第 242 页。

"revolution"分开，"易姓者不足为 revolution，而 revolution 又不必易姓"。到 1904 年，革命观念已经广泛地深入人心。"革命"一词的流行已经势不可挡，这里既有革命语言的强势以及惯性，也与人们对当时清朝政府的态度逐渐转变有关。梁启超原来虽然认为用"革命"来翻译 revolution，并不恰当，此时也不得不退而求次之，对革命进行狭义和广义的区分。他在《中国历史上革命之研究》一文中认为："革命之义有广狭之分，其最广者，则社会上一切有形无形之事物所生之大变动者皆是也。其次广义，则政治上之异动与前此划一新时代者，无论以平和得之以铁血得之皆是也。其狭义则专武力向于中央政府者是也。"① 在此文中，梁启超不再坚持把 revolution 和革命区别开来，而是重点将中国革命与外国革命区别开来。他指出中国革命与泰西革命有七大相异之处，中国历代之革命的结果是一家一姓的得失，而没有造成政治上的改良和进步，原因就在于"吾中国数千年，惟有狭义的革命，今之持极端革命者，惟醉心狭义的革命"。在这里梁启超"革命"的认识，已经从革命就是"以暴易暴"，退让到革命可分为狭义上与广义上的革命。

在革命派这一边，论战初期最有影响的著述当属邹容的《革命军》以及章太炎《驳康有为论革命书》，两文在当时都传诵一时，特别是邹容的《革命军》，由上海大同书局印行后，累计翻印了二十几版，总印数超过了一百万册。如果说晚清报刊的兴起已经使各种政治理论思想开始走向一部分民众，逐渐变为现代意义上的公共舆论，那么邹容的《革命军》应是近代革命观念生成演变过程中的一个里程碑事件。在西方各国革命爆发之前，一般都有较长时间的理论准备，而在中国，首先是由于遭受列强侵略面临强烈的生存危机才开始向西方学习，一些理论根本来不及全面介绍，即使已经传到中国的也来不及消化。易被大众所接受革命宣传文字凭借其简明直截的风格和激情澎湃、排山倒海的气势迅速流行开来。试看邹容《革命军》第一段："扫除数千年种种之专制政体，脱去数千年种种之奴隶性质，诛绝五百万有奇披毛戴角之满洲种，洗尽二百六十年残怪虐酷之大耻辱，使中国大陆成干净土，黄帝子孙皆华盛顿，则有起死回生，还魂返魄，出十八层地狱，升三十三天堂，郁郁勃勃，莽莽苍苍，至尊极高，独一无二，伟大绝伦之一目的，曰'革命'。巍巍哉，革命也！皇皇哉，革命也！"这已经是一段非常典型的革命语言了。通过分析这段话，我们可以看出"革命"在当时人们头脑中是一个什么样的印象。首先就革命的对象而言，是"五百万有奇披毛戴角之满洲种"，在身份上就将其定位为天生邪恶的革命对象；其次就革命的功效而言，革命有"起死回生，还魂返魄，出十八层地狱，升三十三天堂"之功效，革命可"扫除数千年……脱去数千年……洗尽二百六十年……"，可见革命的效果一天等于二十年；最后，革命的性质是"至尊极高，独一无二，伟大绝伦"，革命有着不容辩驳、不容置疑的合法性，"革命者，天演之公例也，革命者，世界之公理也"。邹容《革命军》奠定了日后各种革命的精神基础，在革命的具体内容上，他所提出的两项基本主张，即反满与共和，虽然前人也曾表述过，但像邹容这样淋漓尽致揭露满清的丑恶腐朽，继而提出革命"必剖清人种"之极端民族革命观念，鲜明提出建立中华共和国还是第一次。在此之后，政治革命与种族革命之分合也成为革命改良两派争论的焦点。

———————————

① 梁启超：《中国历史上革命之研究》，载张枬、王忍之编《辛亥革命前十年间时论集》，三联书店 1963 年版，第 803 页。

从邹容将"革命"视之为"天演之公例"，"世界之公理"始，"革命"已经被视作为普世的价值标准，在革命观念史上具有相当重要的意义。不过此书所费笔墨最多的还是极端的种族革命论，书中既提倡文明革命，不要野蛮革命，又声称革命必剖清人种，初露革命的暴力倾向。《革命军》在结论中写道："我皇汉民族四万万男女同胞，老年，晚年、中年、壮年、幼年其革命，其以此革命为人人应有之义务，其以此革命为日日不缺之饮食。"① 这里要求将革命的义务普遍化，要求人人讲革命，日日讲革命。

革命观念所含有的一种普遍的价值意义自然是受到西方思想理论的影响，不过在它结合中国面对的具体问题，进而演变成了种族革命、政治革命与社会革命三种革命观念。孙中山曾说过："我们倒满洲政府，从驱除满人那一面说，是民族革命；从颠覆君主政体那一面说，是政治革命。并不是把它来分作两次去做。讲到政治革命的结果，是建立民主立宪政体。照现在这样的政治论起来，就是汉人为君主，也不能不革命。法兰西大革命及俄罗斯革命，本没有种族问题，却纯是政治问题。"② 自从 1903 年，邹容的《革命军》和章太炎的《驳康有为论革命书》产生的巨大轰动效应，表明革命观念中已经遍及整个社会，并且已经相当接近现代意义上的革命。及至 1905 年，以孙中山在《民报》发刊词提出三民主义为标志，革命派与改良派的论战达到前所未有的深度。虽然"革命"一词在此前含有共和革命之义，但双方争论的焦点依然是关系满清政权存亡的问题，革命与排满几成同义。孙中山提出三民主义后，革命派第一次有了比较完整的革命理论，"主义"与革命从此不可再分。在这篇文章中，"社会革命"与"政治革命"之区分首次出现，特引如下："近时志士，舌敝唇枯，惟企强中国以比欧美，然而欧美强矣，其民实困。观大同盟罢工与无政府党三日炽，社会革命将不远。吾国纵能媲迹于欧美，犹不能免于第二次革命，而况追逐于人已然之末轨者之终无成耶！夫欧美社会之祸，伏之数十年，及今而后发见之，又不能使之去。吾国治民生主义者，发达最先，睹其祸害于未萌，诚可举政治革命，社会革命毕其功于一役。还视欧美，彼且瞠乎后。"③

在孙中山提出三民主义，且使用社会革命，与政治革命二词后，革命与改良基本上是围绕着种族革命、社会革命、政治革命的内容及其相互关系来进行论战的。《新民丛报》接连发表《再驳"新民丛报"之政治革命论》、《申论种簇革命与政治革命之得失》和《社会革命果为今日中国所必要乎》等文章；《民报》上则有《驳"新民丛报"最近非革命论》、《诠社会革命当与政治革命并行》、《民生主义与中国政治革命之前途》等文章，其他报纸如《复报》上亦有《"新民丛报"非种族革命论之驳议》等文章。在论战之前，虽然也曾出现过"诗界革命"，"文界革命"，"小说界革命"等词语，但在这些用法中，"革命"都是以隐喻的意义的出现，在政治上的本义则并无细分。至此出现"民族革命"、"政治革命"、"社会革命政治"，无疑便于拓展革命的能指范围，从而大大丰富了革命涵义，革命派也形成了比较完整的革命理论体系。辛亥革命后还出现了"二次革命"、"国民革命"等词汇，发展到二、三十年代，就进一步细分为"无产阶级革命"、"资产阶级

---

① 邹容：《邹容文集》，重庆出版社 1983 年版，第 73，74 页。

② 孙中山：《孙中山全集》第 1 卷，中华书局 1981 年版，第 325 页

③ 孙中山：《孙中山全集》第 1 卷，中华书局 1981 年版，第 76 页。另外在孙中山后来的一些著述中，也有要"防止社会革命"的提法，从上下文看当指资本主义社会中的工人运动。

革命"、"农民革命"、"奴隶革命"、"土地革命"、"苏维埃革命"等。另外，将种族革命、政治革命、社会革命三者分而论之，并且探讨其伴生相随之关系，表明革命派已经比较充分地认识到了中国革命特有的复杂性。革命派认为三种革命应该毕其功于一役，而改良派则认为种族革命根本不必要，政治革命可以采用君主立宪制，社会革命还为时过早。

具体讲来，种族革命就是满汉矛盾的问题。由于清朝统治危机的出现，满汉矛盾成为了革命观念兴起后的第一个焦点问题。较早公开提出解决满汉矛盾办法是康有为。1898年8月，康有为上书，请君民合治，满汉不分。1902年他在《辨革命书》中讲到："谈革命者开口必攻满洲，此为大怪不可解之事。"① 他认为满人同化中国，言语服食，无一不同，实与汉族为一族，所可恨者仅太后、荣禄等人，与满洲全籍人无关。梁启超也反对种族革命，他认为中国人应摆脱传统的"天下"观念，意识到"中国"是一个政治上拥有专权，地域上拥有国界，人口上包括生活在这片土地上的各民族人民在内的真正民族国家。为此他在理论上作出两点努力：一是破除传统"天下观念"，树立"国家思想"，二是提出由向文化尽忠变为向国家尽忠。所以他认为种族革命并非政治革命的必经之道，而且种族革命也不可能达到政治革命的目的。而在革命派那里，民族革命所主张的是一种感性十分浓厚的驱满主义，从种族起源、华夷之辨、满政的腐朽等方面，指斥清廷施政的缺失，宣传以汉族为中心的种族主义。当然，孙中山、章太炎二人也在某些场合，表示同盟会的民族革命，并不是要与所有的满人为敌。孙中山指出，他之所以排满，目的决不在驱除满人，而是不喜欢满人来主中国的政治，以少数人的利益而来压迫大多数人的福祉。章太炎也说，排满的真意不在无条件的反对与全数满人，只要满人反击，支持革命事业，都能化敌为友。

革命派的理论站在汉族立场上，高屋建瓴，感情充沛，辩论起来一点也不费力。比如1902年春，康有为用天然民族来替满汉同种论辩护，章太炎则借助"历史民族"提出驳斥，满族既已进入中国，理应为中国"历史民族"的大熔炉所化，但是满族非但拒绝同化，甚至歧视汉人。后来较具说服力的排满论都从"历史民族"观点出发，因此满人的问题不出在异种，而是拒绝同化于"神明之胄"的汉族，身为"犬羊贱种"反冀图吸收被征服的多数民族。至于康有为，他继续用生理学意义的种族构思之结果，终无法过渡到民族国家思维，而是越走越远，走入和民族建国离题万丈的黄白混同、淘汰黑种的新大同主义空想中去。这种思想自然无法引起当时大众的共鸣。

因此，革命派虽然提倡种族革命，表现出某种情绪化的成分，但他们的目的显然不是反满，他们是以反满作为手段，来达成政治上的革命。事实也可以证明，民国一旦建立，反满、排满、仇满的情绪立即烟消云散，代之而起的，则为以五色旗为象征的五族共和理论，并且很快又形成"中华民族"的观念。不难看出，种族革命在当时主要是革命派拿来推翻满清政权的口号，用以激起绝大多数汉人反现状的情绪，以投身或响应革命事业。"种族革命"这一概念在这里的意思应该是汉族革满族的命，这一叙事结构实则与古代革命意义完全吻合，只是革命的主体已由民族取代个人。

关于政治革命，双方争论也较多，不过他们对于政治革命的定义倒无太多的分歧，都

---

① 康有为：《辨革命书》，载张枬、王忍之编《辛亥革命前十年间时论集》，三联书店1963年版，第212页。

试图把政治革命与立宪联系起来。梁启超在《申论种族革命与政治革命之得失》一文中给政治革命下的定义是："政治革命者，革专制而成立宪之谓也，无论为君主立宪，为其和之宪；皆谓之政治革命。苟不能得立宪，无论其朝廷及政府之基础生若何变动，而或因仍君主专制，或变为其和专制，皆不得谓之政治革命。"① 而汪精卫在《再驳"新民丛报之政治革命论"》中也有这样的表述："所谓政治革命者，颠覆专制，而为立宪之谓也。"② 双方分歧的在于由谁来立宪的问题，即是采用君主立宪制还是采用共和立宪制。梁启超认为国家政体的选用，不能如选用新式机器那样，选用最新最美的形式。中国正处在过渡时期，只能先行开明专制，再逐步建立君主立宪，以至民主共和。他的理由是中国受千百年之专制传统，人民缺乏共和国之资格及能力，如强行以革命求共和，所得亦只是共和专制。针对梁启超的国情论，革命派也提出了反驳。首先在他们看来，满人及满清政府既无行君主立宪的能力；而劝告或要求其行开明专制或君主立宪又异于与虎谋皮，基于这一点，革命派设计了一套"约法"与"训政"方案。如汪精卫在《再驳"新民丛报之政治革命论"》中指出中国人民有能力实行政治革命，其一在于革命之主义，具体为民族主义、国民主义，其二在于革命之纪律，具体为革命团体与人民相约之法，有此约法，故无倾轧之患。

从上面可以看出，在对政治革命问题的争论上，双方主要纠缠在两方面，一是与种族革命之关系，二是与当时中国的国情之关系。如前所述，改良派并未放弃对满清政府的希望，所可恨者不过太后、荣禄一二人。而革命派则认为政治革命的对象——专制王朝，与民族革命对象——满清朝廷正是二而为一的。一种革命不成，另一种革命也绝无希望。在国情问题上，一方主张在君主政体下逐渐培养国民能力，最后达成政治革命；另一方则主张"公理未明即以革命明之，旧俗俱在即以革命去之"。

革命派虽主其和政体，但对于采用哪一种具体的权力运行模式也没有深入探讨。孙中山的五权宪法虽然在1906年提出，但并未产生太大影响。辛亥革命胜利后，按当时颁布的《修正中华民国临时政府组织大纲》的规定，基本上属于总统制。但当决定由袁世凯取代孙中山成为临时大总统时，临时参议院匆匆制定出的《中华民国临时约法》却大大削弱了总统的权力，采用了责任内阁制。可以说，《临时约法》在某种意义上是为袁世凯一个而制定。这种因人而宜修订政体的做法开了一个极不好的先例，使得各种政治力量于政体方面愈难达成一种基本的共识。这之后各种宪法体制轮番出台也就不足为怪了。因此，"政治革命"中的"政体"思想仅止于采用共和制，并没有深入下去。

至于"社会革命"，则是孙中山鉴于国家富强、民权发达的西方国家犹有社会革命之运动，因此未雨绸缪，认为中国实行革命不能不注意到社会革命问题。他在《民报》发刊词（1905）中提出，要举政治革命与社会革命于一役。这一问题提出后，社会革命之争遂在改良派与革命派中兴起。比如冯自由和朱执信在《民报》上分别发表了《民生主义与中国政治革命之前途》与《论社会革命当与政治革命并行》等文章，梁启超则在

---

① 梁启超：《申论种族革命与政治革命之得失》，载张枬、王忍之编《辛亥革命前十年间时论集》，三联书店1963年版，第199页。

② 汪精卫：《再驳"新民丛报之政治革命论"》，载张枬、王忍之编《辛亥革命前十年间时论集》，三联书店1963年版，第482页。

《新民丛报》上发表了《社会革命果为今日中国所必要乎》、《再驳某报土地之国有论》等文章。对于社会革命一义,朱执信在文中写道:"社会革命者,于广义则凡社会上组织为急激生大变动皆可言之。故政治革命亦可谓社会革命之一种。今所言者,社会经济组织上之革命而已,故可谓之狭义的社会革命"。① 革命派为了防止中国出现贫富不均、资本肆虐,提出"土地国有"、"平均地权"、"企业国有"、"节制资本"等各种主张。梁启超虽并不从根本上反对社会革命,② 但认为中国与欧洲的情况不同,西方贫富悬殊严重,而中国中产之家多,而特别富豪之家少,尚无极贫极富两阶级存。而且中国目前生产尚不发达,资本亦少,实行社会革命不利于中国之发展。关于两派具体主张因太过烦琐,而且最终都没有具体实施,限于篇幅的关系,本文不拟做过多的探讨,值得注意的是,革命派将社会革命与政治革命联系在一起,认为最好的办法是在革命初起时即实行民生主义,"过此则无可实行",欲借政治革命之势行社会革命。当时中国社会也确实很少存在通常在资本主义国家出现的尖锐的社会矛盾,为何革命派却盛言社会革命呢? 究其原因,不能不归之于社会主义思潮的影响。在西方,最初英法美三大革命基本上都主要是一场政治革命,这其中法国大革命由于其规模大时间长而对社会产生了立即而显著的影响,同时也关注平等问题,使得法国革命出现社会革命的特点。当社会主义思潮特别是科学社会主义理论出现时,其指导下革命的范围扩大到整个社会领域。早期空想社会主义和科学社会主义都提出了人类新社会的蓝图,而科学社会主义理论更提倡用革命的手段达到共产主义社会的实现。要实现这一理想单进行政治革命肯定是不够的,而借政治革命的方式来进行社会革命就立竿见影。不过尽管受到社会主义思潮影响,孙中山等人的社会革命思想,还是立足于防止社会革命,试图用比较温和的办法,抑制贫富差距。辛亥革命在短时间内推翻了清王朝政权的统治,革命党人所言的三大革命毕其功一役的理想并未实现。一直到十月革命以后,马克思主义系统传播到中国,社会革命的思想才真正影响到革命的实际进程。

结　论

经过 20 世纪初发生的重大事件和革命派与改良派之间的论战的推动,革命派的主张在全国范围内赢得了广泛的支持,革命观念也深入人心,就本文讨论的范围而言,革命观念的演进主要体现在以下几方面:

(一)"革命"与"改良"的二元对立最终形成。"革命"一词在西方虽然由于法国大革命以及俄国革命的发生,较侧重于激进的暴力变革的意义,但表示事物周而复始或渐进发展的运动的含义,也始终保持着活力。另外,通过诸如"光荣革命"、"工业革命"一类的提法,我们也不难看出,和平、局部的政治变革和渐进的重大社会发展等涵义,也是西式"革命"观念的重要内容。在日文语境中,由于有天皇万世一系的观念,"革命"成了天皇领导下的变革,成为了与"改良"意义相近的词汇。而"革命"在中国语境下翻译 revolution 的时候,却由于革命原先因有的含义包含着暴力推翻政权,而排斥 revolu-

---

① 朱执信:《论社会革命当与政治革命并行》,载张枬、王忍之编《辛亥革命前十年间时论集》,三联书店 1963 年版,第 433 页。

② 这从他后来极力宣传鼓吹"基尔特社会主义"主张的举动中不难看出,不过他仍然提倡一种温情主义的改革以达到社会革命的目的。

tion 中渐进变革的意义。自此革命的诠释权已经转到革命派手中了。梁启超试图纠正这一译法，用变革代替革命翻译 revolution 的努力并没有成功。后来随着革命与改良论战深入，进一步将双方的涵义推向极端，最后简约为以对满清政权的取舍态度为判定革命与改良的标准，1904 年，孙中山在《警告同乡书》中指出："革命与保皇，理不相容，势不两立。……决分两途，如黑白之不能混淆，如东西之不能易位。"① 由于这种鲜明的二元对立，"改良"一词竟然带有了贬义的色彩。

（二）革命观念自此广为流行，民众由恐惧革命转向拥护革命，其中，革命排满之意成为人们接受和形成革命观念的基础。革命党最初即用《扬州十日记》、《嘉定屠城记》、《明夷待访录》等小册子，作为最初的宣传品，目的就是为了激发起种族的情感，唤起革命的意识。两党论战后，海内外革命报刊更是蜂起云涌，类似《革命军》等具有爆炸性文字也充斥国内外。这些文字揭示种族大义，指陈亡国之痛，于是满汉不能两立的激烈的民族思想便深入人心，由种族的情感，激荡起革命行动，形成不可阻挡的狂潮。综观革命派的三大革命理论，以感性浓厚的民族革命论，理论最简单，与清末人民心理需要的距离最近，产生的力量最大，民主立宪式政治革命论，理论比较复杂，共和观念虽流行但并不深入，而未雨绸缪的社会革命论影响最小。所以在辛亥革命前十年，革命与排满在一般民众眼里几为同义。

（三）在 1902～1907 年革命观念演变的过程中，革命的激烈倾向越来越明显，这体现在革命的破坏主义、暗杀活动和烈士精神上。革命首先就是破坏。1902 年 5 月，陈范在《苏报》发表《敬告守旧诸君》，公开倡言革命："居今日而欲救吾同胞，舍革命外无他术，非革命不足以破坏，非破坏不足以建设，故革命实救中国之不二法门也。"② 破坏被视为创造新世界的有效手段，所谓"文明需购之以血"。这种"流血"不只是流志士之血，而是"必有民贼之血、贵族之血、百姓之血与志士之血相揉相剂相倾相搏而文明于以生"。清末的革命者认为靠的就是革命者的坚强意志、牺牲精神以及砸烂一切、不计代价的铁腕。所谓"药不行用铁，铁不行用火"。革命党人除多次进行武装起义外，还进行了几十次的暗杀活动。尽管后来的革命者认为暗杀并不是有效的革命行动，甚至算不上革命行动，但是，在当时的情境下，暗杀确能起到一定的社会效果。著名的如汪精卫谋刺摄政王一案，就是在革命派陷入低潮以后，为振奋人心，或者证明革命派敢于牺牲而策动的。

（四）在论战后期革命派鲜明地提出了民族革命、政治革命和社会革命三种革命观念，一些革命相关词汇如家庭革命、三纲革命、宗教革命、文字革命等也逐渐出现。在这些词汇中，很多都是受到政治涵义上的"革命"的影响，在中国古代社会中，家庭，宗教，甚至文字都与国家具有一体性。对国家政权和政体的革命，自然就涉及这些方面的变革。这说明"革命"能指的范围不断扩大，内涵开始变得更为复杂，既掺杂着古代革命的意义，又迅速地溶入现代性的意义，特别是"社会革命"的提出，表明中国革命观念与世界革命潮流已经紧密地联系起来。

---

① 孙中山：《孙中山选集》上卷，人民出版社 1956 年版，第 63 页。

② 徐进：《陈范与〈苏报〉案》，载《近代史资料》1983 年第 3 期，中国社会科学出版社 1983 年版，第 68 页。

试论新公共管理对民主的积极贡献与消极影响

陈　刚*

摘要：作为以管理主义为理论指导的改革运动，新公共管理对民主价值同样具有积极意义，它强调行政人员应更具有回应性，肯定公民参与政策制定与执行的重要性，要求行政过程朝更透明的方向努力，这与传统官僚制范式相比无疑进了一大步。尽管如此，新公共管理对民主所具有的消极影响亦是不容忽视的：首先，商业价值至上会侵蚀公共行政的多元价值；其次，顾客导向与消费者主权削弱了公民权利；再次，过度分权与参与行政会损害公共行政的专业精神；最后，管理责任替代政治责任造成了新的责任问题。

关键词：公共行政；官僚制；新公共管理；民主

"新公共管理"一词最早是由英国学者胡德于 1990 年提出来的，用来指代发达国家自 20 世纪 80 年代以来所发起的行政改革。"它发端于英国，并迅速扩展到美国、澳大利亚，尤其是新西兰，随后又扩展到斯堪的纳维亚半岛和欧洲大陆。"① 这些改革先后实行具有特定的背景，即西方国家在凯恩斯主义影响下，政府干预范围和力度增大，干预的有效性却日益下降。特别是在第二次世界大战之后，这些国家行政权与政府职能都呈现扩张趋势，并导致政府各类人员增多，社会福利开支居高不下，财政赤字不断增大，再不推动改革将使政府合法性受损。英国、澳大利亚、新西兰作为实践新公共管理的先行者，取得了积极成果并促成新公共管理演化为一种运动，使这个术语很快赢得了政治家、政府官员及学者的赞誉。当然，在新公共管理因为能够增进政府管理效率而获得好评的同时，其所带有的浓厚的非政治化特性也引起了很多学者的关注。这种关注应该予以肯定，因为新公共管理是好是坏不能简单地视其是否有利于效率来作出最终评判，评判必须是多方面的，其中包括探讨新公共管理运动对于民主而言意味着什么，本文即围绕此项工作展开。为了更好地切入主题，让我们先来看看新公共管理具有哪些共同特征。

一、新公共管理的共同特征

被称为新公共管理的改革在不同国家具有不同特点，而且成效如何也有差异，但是"不管采用哪一种改革模式，它们在与市场选择相对应的公共领域的选择中几无例外地都贯穿着韦伯式的传统公共行政与标志行政现代化的'新公共管理'这两种基本取向的比

＊　武汉大学政治与公共管理学院讲师，中央编译局博士后。

①　［英］莱恩：《新公共管理》，赵成根等译，中国青年出版社 2004 年版，第 3 页。

较和争论"①。因此，新公共管理运动在推动改革的精神方面仍有相通之处，其中最重要的特征包括如下四个方面。

（一）企业化政府和引入竞争。企业化政府的举措既包括借用私营管理的理念，如注重产出与结果，而不是像以往那样只注重投入与成本；也包括广泛采用私营管理的成功技术与方法，如成本收益分析、目标管理、用户付费、绩效工资、合同聘用制、全面质量管理等。在《改革政府》一书中，奥斯本和盖布勒提出了企业化政府的十条原则，包括起催化作用的政府、社区拥有的政府、竞争性政府、讲究效果的政府等等。作为新公共管理改革的核心内容，企业化政府的精髓是如何使政府部门更具有企业家精神，如何把私营管理经验全面应用于行政管理；其实质是将公共服务推向市场，让市场发挥更大作用；其方式是私有化、公司化、放松规制、建立内部准市场和创建外部市场以加强公共服务供应的竞争性。

为了在公共机构中引入市场竞争机制，西方发达国家的作法"主要是通过分权、分群等形式，实现公共服务的基层化、小规模化。在此基础上取消划片服务办法，给服务对象以选择服务机构的自由"②。另外业务合同出租和竞争性招标也被广泛使用，常被出租给私营企业承包的项目包括垃圾处理、环境保护、医疗服务和学校教育等。政府还鼓励私人企业投资和经营公共服务项目，放松政府对企业的管制，倡导公共部门各机构之间、公共部门与私营企业之间、私营企业与私营企业之间展开竞争，实行优胜劣汰以提高服务质量。公共服务竞争性加强有助于打破政府垄断，并在一些项目上带来高效而经济的服务。相比之下，原先政府垄断作法常常使其摆脱了压力，缺乏对改进绩效的持续关注。此外，为实现"小而能"的政府，一些服务项目开始交由社区、自治组织来承担，因此公共服务不再被看作是政府所独有的职能。不过需要注意的是，公共服务能够社会化的原因在于这些国家第三部门与非政府组织非常发达。

（二）顾客导向和消费者主权。以顾客为导向是由新公共行政学派最先提出来的，不过使其成为一个非常流行的口号则是新公共管理运动的功绩。为了明确顾客是谁，新公共管理运动改变了公共服务的方式，即从原先划片提供服务的作法转为小规模的服务提供方式，其典型代表为英国的"宪章运动"。顾客导向要求公共服务提供者尊重顾客，学习私营管理中顾客是上帝的精神，为此可以采取如下一些措施：开展顾客调查活动，了解顾客的要求；加强与顾客的联系，多进行回访和追踪；注意提供多样化服务，满足顾客不同需要；倾听民众的意见和要求，持续改进服务质量，等等。顾客导向被认为具有极大的优越性，因为"确定对顾客负责增加了公共组织改进绩效的压力，而不只是对资源进行管理的压力，这样可以为民选官员、公共管理者和雇员提供难以忽视的信息，而且还为公共组织设定了一个必须达到的正确目标：提高顾客满意度"③。当然，顾客导向的最终目的是为了扩大民众对公共服务的发言权，提高公共服务供应者对民众的回应性，使责任更明确

---

① 国家行政学院国际合作交流部编译：《西方国家行政改革述评》，国家行政学院出版社 1998 年版，序言第 8 页。

② 周志忍：《公共选择与西方行政改革》，《新视野》，1994 年第 6 期，第 45 页。

③ ［美］奥斯本和普拉斯特里克：《摒弃官僚制：政府再造的五项战略》，谭功荣、刘霞译，中国人民大学出版社 2002 年版，第 44 页。

同时也更为直接。

消费者主权与生产者主权是经济学中所使用的一对范畴，前者用来指称企业被动适应消费者需求并根据需求来进行生产，亦即消费者引导生产者的情形；后者用来指称企业主动创造消费者需求，消费者根据企业的生产进行消费，亦即生产者引导消费者的情形。如今生产者主权被用来形容官僚制范式下的公共服务提供方式，消费者主权被用来形容新公共管理范式下的公共服务提供方式。在官僚制范式下，政府所提供的公共产品和服务是简单的、千篇一律的，而且政府提供什么，民众就只能消费什么。公共服务供应缺乏竞争性，民众也没有选择产品和服务种类、样式的权利，要么被迫接受公共部门所提供的服务，要么不能享有服务。反观新公共管理范式下，民众作为消费者有权自由地作出自己的消费决定，有权自主决定自己的欲望和需求。民众不再只是接受政府所供应产品和服务的被动消费者，相反民众是可以"用脚投票"的消费者，他们可以迁往在公共服务供应方面质量更高的社区，而且消费者的决定将约束和影响公共服务的供应者，因为公共服务如上所述已推向市场，市场价格和竞争压力将迫使其回应消费者的愿望。就此而言，消费者主权是与前面服务市场化主张相联的，而民众作为消费者也只有在公共服务的市场化过程中才能真正拥有主权。消费者主权被认为能有效扩大民众的自由选择权，并敦促政府改进其服务质量，而这种持续影响在官僚制范式下是不充分的。

（三）纵向分权和参与行政。传统官僚制范式是以集权的等级制结构为基础的，这种结构被人批评是僵化的、容易滋长官僚习气，新公共管理的倡导者认为，在现代社会环境复杂多变的情况下，实行纵向分权才是更为恰当的选择，即把中央政府职能转移到地方政府或准公共组织中去，削平层级并解除不必要的中间管理层。分权是对之前中央过度集权的一种回应，是以地方政府具有较强的自治能力作为基础的，它与前面的服务市场化观点密不可分，体现了目前公共行政领域所发生的一种变迁。与等级制结构相比，分权结构的优越性是明显的：能够对周围事物变化作出快速反应；更有效率也更具创新精神；政府对公众的回应性加强；政府官员的责任意识得到强化；官员与公众的关系更为密切，公众对政府的信任度更大；政府解决复杂问题的能力得到提高。

分权与公众的参与有密切联系，不过这里的参与指的是新公共管理意义上的参与，是顾客与消费者的参与，而不是公民的参与。由于公共行政已在一定程度上被替换为公共管理，所以公众参与的是管理活动，强调的是他们提供相关信息，决定自己所需的服务种类和样式。在新公共管理理论家看来，官僚制范式下公众的参与没有太大的实际意义，公众的作用限于选择代表他们来决定大政方针的政治家，除此之外他们只是等候安排的消极的、被动的接受者。有鉴于此，新公共管理鼓励私营企业、非政府组织和广大公众直接参与行政活动，决定公共服务的供给。新公共管理也倡导社区自治，鼓励社区兴办公益事业，如养老院、助残中心等，发动社区家庭及其他志愿组织加入服务自己的行列，以节省政府开支、减轻政府负担。在新公共管理影响下，西方国家有关公共服务的许多决定都开始由消费者、社区和非政府组织作出，这种参与行政的趋势值得肯定，尽管存在问题。

（四）让/使管理者去管理。让管理者去管理和使管理者去管理是新公共管理运动中非常响亮的两句口号，前者是澳大利亚行政改革的主要特点，后者是新西兰行政改革的主要特点。让管理者去管理的含义是通过分权赋予管理者更多自主权，放手让其进行管理；

使管理者去管理的含义是改变政府管理人员的激励措施，并使之接受市场力量和合约的约束。① 让管理者去管理更侧重提高管理者的自主权，使管理者去管理更侧重其所负有的适当责任，但在大多数国家管理者被授予更大职权的同时也伴随着承担更多责任，而且在一些国家让管理者去管理本身包含了使管理者去管理的内容。

不管怎样，高级行政人员如今已被看成是具有企业家特点的管理者和能干的首席执行官，不再是传统的执行政治家命令的行政官僚，他们所承担的工作是管理，不再是行政，而"在从行政到管理的理论变化中，一个关键的区别是：行政是执行指令，而管理是获取结果并承担相应的责任"②。根据让管理者去管理的精神，政治家不再像原来一样进行过多的日常干预，不再要求管理者事事听命于自己，管理者则在执行方面更有发言权，他们的行动能力和自由度提高，可以不受官僚程序与繁文缛节包围而继续工作，能够更充分地发挥自己的才能。一言以蔽之，管理更加具有专业性。值得注意的是，让管理者去管理意味着传统部长责任淡化，意味着高级行政人员所负责任不再像原来一样是间接的政治责任，而是直接的管理责任。在传统官僚制范式下，高级行政人员通过向民选政治家负责而间接对人民负责。反观新公共管理范式下，政治家制定政策之后就将执行权充分授予高级行政人员，同其订立合同并列出应达到的结果，政治家只对政策目标负责，高级行政人员则只对其管理结果负责，其所应负的责任通过合同及绩效指标的方式来确定，并通过绩效测量方式来进行评估。为了激励管理者，他们的薪金实现了与业绩挂钩，为了确保管理者达到预期结果，他们在资源配置、人事任免方面的自由更大。也就是说，他们和私营企业中的经理人员一样，可以自主决定如何对投入和生产过程进行组合，并通过任免权有效控制下属，后者构成了对传统人事行政制度的挑战。因此，"让管理者去管理"这一原则在各国的实践带动了公务员制度的改革，合同管理和绩效工资替代了官僚制范式下的永业制和职级工资，而组织发展、人力资源开发等私营企业所运用的一些方法也得到采纳。

二、新公共管理对民主的积极贡献

新公共管理以"三E"——经济（economy）、效率（efficiency）、效果（effectiveness）——作为其所追求的价值取向，是以民主价值作为既定前提来考虑国家治理的。尽管这样，新公共管理范式在增进公共行政民主性质方面确有积极作用。它批评官僚制范式在民主含义上的局限性，质疑传统民主政治过程的有效性，要求将民主精神纳入公共行政领域，并提出了一些建设性的意见。

首先，新公共管理强调公共行政人员应更具有回应性，加强与公民的直接联系，这与传统官僚制范式相比是一个进步。在传统官僚制范式下，行政人员与公民之间基本上只是公共权力行使者与受动者之间的关系。作为政策执行者的行政人员只接受政治家的指令，普通民众作为政策对象并没有直接影响行政人员的手段。尽管政治家是由民众选举产生的，需要向民众负责，但是行政人员只对政治家负责，他们与民众的联系被小心翼翼地切断，以防止行政效率受损。在这样一种关系模式下，政治家充当了行政人员与选民之间的

① ［挪］克里斯滕森和勒格莱德：《新公共管理——观念与实践的转变》，刘启君等译，河南人民出版社 2003 年版，第 21～22 页。

② ［澳］休斯：《新公共管理的现状》，《中国人民大学学报》，2002 年第 6 期，第 12 页。

中介，是促使行政人员最终向人民负责的惟一手段，选民的作用则只体现为淘汰不称职和不受欢迎的政治家。根据官僚制理论家韦伯的看法，现代代议制民主是"公民投票的领袖民主"，而他之所以倡导民主，是因为在现代官僚社会的社会和政治条件下，民主最大限度地提供了动力和领袖。① 这样一来，行政管理活动完全与民主政治过程相脱节，行政人员从这个意义上看不需要关心民主价值，因为民主只体现为预先启动的选举过程及民众根据结果所作的再次评估。行政人员所需要做的只是秉承其专业精神，根据其所受的知识训练，以非人格化方式，按照固定的抽象规则来执行政策。新公共管理理论家认为这样理解行政与民主的关系是错误的，公共行政之所以具有民主性质，并非因为公共行政是代议民主过程的结果，而是因为公共行政人员能够倾听民众的声音，吸取民众反馈的意见，善于为民众排忧解难，满足民众提出的要求。因此，行政人员不应该是官僚制范式下冷酷无情的形象，相反他们应该是热心助人的，并且通过各种方式与公民直接联系在一起。总的来看，新公共管理运动为传统代议民主机制增加了直接民主的因子，这反映了二十世纪末一些激进民主理论家对代议民主局限性的批评，即"民主并不意味着是：人民被仁爱的、公正的统治者赐福。它的意思是人民自己统治自己"②。同时，新公共管理运动也为传统公共行政人员所应负的间接政治责任中添加了直接管理责任的内容，他们"必须努力评价顾客的偏好，然后再根据这种评价来寻求他或她自己对那些基本上不受外部责任机制约束的公众期望的解释"③。不管这种认识及其实践是否正确，但是行政人员与公民之间的密切联系不应完全切断。从行政人员这方面来看，他们必须能够回应公众，并且愿意与公众交流；从公众这方面来看，他们必须能够控制行政人员，并且愿意给予行政人员以信任，否则民主精神与公共行政的融合就会困难重重。

其次，新公共管理强调公共行政中参与的重要性，鼓励民众对政策制定和执行提供自己的意见，这是真正民主的行政所要求的。反观官僚制范式下，公民被剥夺了直接参与政策制定与执行的权利，政治家受公民委托承担政策制定任务，行政人员受政治家委托承担政策执行任务，普通公民始终处于缺位状态，这使他们的民主自治能力逐渐下降。尽管公民可以通过投票发挥影响，但是投票机制只具有事后评价作用，很难改变与他们日常生活息息相关的政策。尽管公民可以组织利益集团参与政策过程，但是这种参与因其行动的隐秘性而常被看作是非法的，并因为偏向势力大的利益集团而使问题更复杂化。尽管公民可以通过输入要求来帮助政治家们确立政策问题，但是政策的回应性需要依靠政治家及官僚的移情，公民只能依赖于所谓专家行政。有鉴于此，新公共管理运动要求赋予民众更多的自主权，承认公民参与在改进行政工作方面的积极作用。这种参与是直接参与而不再是原先的间接参与，从而在根本上改变了原先行政人员唱独角戏的状况，改变了其与公民之间的关系。由于拥有了直接参与的权利，公民就不再是行政管理过程中被动的接受结果者，相反他们的参与将对结果有实质性影响，这将使他们在参与过程中强化自治的能力，增进政治效能感，并有助于培育健康的民主政治文化。为了方便公民积极参与，新公共管理引

① ［英］赫尔德：《民主的模式》，燕继荣等译，中央编译出版社 2004 年版，第 217 页。

② ［美］拉米斯：《激进民主》，刘元琪译，中国人民大学出版社 2002 年版，第 9 页。

③ ［美］珍妮特·V. 登哈特和罗伯特·B. 登哈特：《新公共服务：服务，而不是掌舵》，丁煌译，中国人民大学出版社 2004 年版，第 90 页。

入了私营管理的一些经验，将政府与公民之间的关系改造成店主与顾客之间的关系，并实行服务提供的小规模化，这样一来公民参与所需要的专业知识障碍及距离障碍得到了部分克服。尽管"民主参与政治决策和民主执行政治决策的新官僚思想实践起来有许多的问题，但这一思想严肃地提出了监督等级官僚机制的必要性"①。传统官僚制范式在这方面做得并不好，因为官僚完全脱离了民众，而新公共管理所倡导的削平等级、鼓励公民参与的作法给我们提供一些借鉴和启示。

最后，新公共管理强调行政过程更大的透明性，要求赋予民众更多的知情权，这与传统官僚制范式构成了鲜明的对比。在官僚制范式下，官僚凭借专业优势垄断了行政过程，正如韦伯所指出的"官僚体制的行政管理按其倾向总是一种排斥公众的行政管理。官僚体制只要有可能，就向批评界隐藏它的知识和行为"②。因此，官僚制范式中的行政活动是封闭的、保密的，这种秘密性被认为有助于官僚充分发挥其专业技能，排除各种干扰，真正实现管理的非人格化和高效率。然而，这样做的结果是危险的，并有可能使官僚从服务于民的公仆变成民众的主人。从实践来看，官僚的确经常按自己意愿行事，政治家则因为信息不对称而处于被架空位置。对于普通民众来说，更是无法了解其中所发生的一切，因为在政策制定与执行中他们都不在场。反观新公共管理范式下，合同聘用制、竞争性招标、用者付费、公共服务小规模化等各项改革使公共行政活动更为清晰和明了，因为行政被改造成服务有助于提高其可理解性。同时，以顾客为导向及消费者主权的提出和落实需要告知公民有关其所能享有的服务的各种讯息，扩大公民选择的自由度，并积极回应公民的各种要求。自 20 世纪 80 年代以来，西方国家先后采取了一系列措施，以实现行政向公民公开，并通过各种方式让公民表达意见，包括在咨询机构中接纳公民代表；在面向公众的行政程序中让公民表达意见；通过行政公决让公民做出决定。③ 这样一来，公民所拥有的政务信息要远多于从前，这对于推动他们积极参与公共事务来说是非常有益的，而公民直接参与行政管理活动会增进他们对行政活动的认知，在这个过程中一个良性循环得以形成。因此，"管理主义的变革能够保证较大的透明度"，并"使人们可以看到特定项目的执行结果"。④ 尽管新公共管理运动的推进并未完全改变官僚行政秘密的性质，但是所做出的努力仍收到了一定的成效，主要体现在行政活动的公开上，而这对于民主价值来说具有积极意义。毕竟只有当民众知道政府在做什么时，他们才能监督和控制政府，只有民众能够监督和控制政府，民主才不是空洞的说辞。

三、新公共管理对民主的消极影响

正如许多学者所指出的那样，新公共管理运动的推进构成了对政治民主的挑战，因为"过于狭隘地侧重于追求管理效率和责任使改革在关注管理主义者的努力时易于忽视其与

---

① ［美］蓝志勇：《行政官僚与现代社会》，中山大学出版社 2003 年版，第 173 页。

② ［德］韦伯：《经济与社会》（下卷），林荣远译，商务印书馆 1997 年版，第 314 页。

③ 李图强：《现代公共行政中的公民参与》，经济管理出版社 2004 年版，第 62 页。

④ ［澳］休斯：《公共管理导论》，彭和平等译，中国人民大学出版社 2001 年版，第 90 页。

民主制度背景的联系"①。要正确地应对这一挑战，我们就需要认清新公共管理在理论和实践方面所导致的各种问题及其根源。笔者以为，这些问题的根源在于新公共管理把经济学理论与假定滥用于政治生活，在于其用公共行政的管理特性排挤了政治特性，造成非政治化的恶果。那么，新公共管理的局限性何在呢？

（一）商业价值至上侵蚀了公共行政的多元价值。正如凯特尔所批评的那样，对类似企业的做法和市场驱动的改革之追求构成了一种"对民主责任传统的放肆攻击"。② 因此，新公共管理太过强调效率取向及经济准则了，这将会使民主、法治、公平等价值变得模糊起来。前面我们谈到，新公共管理试图在公共行政中引入市场竞争机制，然而市场与公共行政有着本质区别，市场与公共行政在自己的领域内都不可能真的采用另一领域的逻辑。市场以效率作为其核心价值，公共行政则必须强调宪政民主，它与主权在民原则密不可分。传统官僚制范式在激励公务员的责任意识、忠诚态度、公共道德方面起了很大的作用，如今随着经济方面的考虑侵入公共服务领域并占据主导地位，这些优良品质正受到侵蚀，而且公务员在民众心目中乐于奉献的形象也被破坏。新公共管理理论家小心翼翼地避免使用政府相当于企业、政府管理等同于私营管理这样的字眼，这是因为他们知道私营管理与政府管理在许多方面都有着本质区别。然而，在具体阐述改革应如何进行时，理论家们往往将这些区别忽略掉，极力宣扬私营企业管理的有效性和可供借鉴性，这点典型地体现在《改革政府》作者身上。总的来看，企业化政府的主张不仅在理论上存在矛盾，实践中也产生了有害的影响。很明显，政府是非盈利的机构，公共行政的宗旨是公共利益，这与私营企业追求利润和注重成本收益截然不同。一旦公共服务全部市场化，原先弱势公民所享有的一些公共服务就不再得以享受，这实际上是不负责任的。此外，纵然要求政府部门更具有企业家精神的提法可以站得住脚，也只能针对公共部门中具有商业性质的公共服务项目而言，而这些项目采用商业化运作并不构成所有公共服务都应市场化的理由。根据新公共管理的设想，政府职能市场化能够使企业获得利润、政府节约成本，民众拥有更多样和更优质的服务，因此其结果将是"三赢"。然而这种设想尽管非常美好，但在实践中公共行政市场化的适用范围非常有限。况且市场本身亦是不完善的，对于现代社会所面临的诸多问题，私营企业和各类社会自治组织无法解决，因为他们不像政府那样同时拥有技术优势、高级人才、雄厚资金、丰富信息，也没有命令和动员广大民众的权力。有鉴于此，一些学者批评"新公共管理"的市场化和管理主义，认为前者是对市场价值和市场机制的崇拜，是一种新的"市场神话"；后者则忽视了公共部门与私营部门的本质差别，照搬私营部门管理模式实质上是一种"新泰勒主义"。③ 这种批评是很有道理的。

（二）顾客导向与消费者主权削弱了公民权利。作为新公共管理的指导思想，顾客导向与消费者主权的理论来源是公共选择学派对政治现象所作的经济分析。根据公共选择理

---

① Tom Christensen & Per Lægreid（eds.）. *New Public Management：The Transformation of Ideas and Practice*, Ashgate, 2001, p. 255.

② ［美］珍妮特·V. 登哈特和罗伯特·B. 登哈特：《新公共服务：服务，而不是掌舵》，丁煌译，中国人民大学出版社 2004 年版，第 127 页。

③ 陈振明：《走向一种"新公共管理"的实践模式——当代西方政府改革趋势透视》，《厦门大学学报》，2000 年第 2 期，第 83 页。

论，"政治系统被视为是由主权消费者来驱动的超级市场。政府成了顾客偏好及顾客对服务要求的副产品，政治领导人成了店主"①。如此定义政府和公民的作法受到众多批评，正如前面所分析的那样，政府不可能也不应该是私营企业，公民更非顾客和消费者。以顾客为导向在实践中会遇到难题，一来"公共组织在试图区分谁是其顾客，常常混淆不清"，二来"顾客和民选官员要求之间的冲突难以避免"，② 三来公共部门服务小规模化、分解政府机构的作法带来了协调问题。因此，将公共行政按照业务类别划分成不同项目，并在每项服务中强调顾客的要求，这样会牺牲公共利益这一最终宗旨。在官僚制范式下，公共利益是由民选政治家来界定的，这样做也许存在弊端，但是新公共管理范式将公共利益基本等同于个人利益汇总的作法问题更大，而且个人利益不可能汇总，在利益之争时政治过程并不可少，管理途径对此毫无帮助。为了避免这种责难，新公共管理的一些理论家被迫承认政治过程的优先性，即"如果公共组织让顾客满意，但是并没有达到民选官员所要达到的目的，对民选官员的负责将取得优先权，因为他们代表着组织的所有者，代表着公众"③。这样一来，问题就很清楚了：要求政府注重倾听民众呼声，尊重顾客的自由选择权是合理的，但是公民不可能成为私营管理中的顾客。在顾客导向战略中，隐含着顾客角色与公民角色的危险对立，并在此基础上将顾客需要与官僚政治需要对立起来，然而公民角色本身就应包括其对公共行政的更大发言权，官僚政治的需要则应是公民需要在政治过程中的产物。官僚制范式在回应性上的欠缺不能够为商业服务模式引入公共行政领域提供借口，公民不可能是顾客，不应该被贬低为顾客，也不可能既是公民又是顾客，尽管在各国行政改革之后公务员谈得更多的是顾客而不再是公民。

消费者主权也存在问题。首先，民众拥有多重身份，他们既是纳税人、是公民，又是国家的主人，滥用消费者主权的经济学用语并不能完全解释他们与政府的关系。故此波利特认为，"公共服务的消费者不仅仅是'消费者'，他们更重要的是公民，这对于交易有一系列特定的内涵"④。其次，消费者主权可能导致政府只迎合公众眼前的经济利益，而放弃对长远利益的考虑。消费者主权以个人主义为基础，尊重每位消费者对自己欲望和需求的决定权，这种决定对政府如何提供公共产品和服务有约束力。原先官僚制范式下政府可以运用公共权力，在有利公共利益的原则下牺牲民众即时的、直接的经济利益，如今消费者说了算，政府必须时时关注消费者需求的变化情况，这将阻碍社会经济的持续发展。最后，消费者主权并不能解决不同消费者之间的利益冲突。"消费者观点是与政府行为的服务方面紧密相联的。然而，当消费者需要和利益是多元的时候，它就不能为如何确定优先权而提供任何指导。"⑤ 此时政治过程是不可或缺的，它将解决消费者利益多元问题并

---

① Tom Christensen & Per Lægreid（eds.）. *New Public Management*: *The Transformation of Ideas and Practice*, Ashgate, 2001, p. 292.

② ［美］奥斯本和普拉斯特里克：《摒弃官僚制：政府再造的五项战略》，谭功荣、刘霞译，中国人民大学出版社2002年版，第180页。

③ ［美］奥斯本和普拉斯特里克：《摒弃官僚制：政府再造的五项战略》，谭功荣、刘霞译，中国人民大学出版社2002年版，第179页。

④ 陈振明：《评西方的"新公共管理"范式》，《中国社会科学》，2000年第6期，第79页。

⑤ Tom Christensen & Per Lægreid（eds.）. *New Public Management*: *The Transformation of Ideas and Practice*, Ashgate, 2001, p. 298.

确定不同偏好的优先顺序。当然，公共服务不能采用消费者主权观的根本原因还是在于公共服务与私营服务的不同性质。在私营服务范围内，只要有完善的市场条件，消费就能够刺激生产，有钱的消费者就能够购买到自己所需的各种产品和各项服务。政府所拥有的公共资源则是有限的，它不可能使所有民众都满意，这决定了有些民众能够消费某些产品和服务，有些民众不能够消费这些产品和服务，有些民众能够消费得更多，有些民众消费得更少。此外，公民是国家的主人，他们有权享受一些基本服务，这些服务的供应并不以钱多钱少来区别对待，假若完全采用消费者主权观，弱势群体将处于非常不利的地位。

（三）过度分权与参与行政损害了公共行政的专业精神。新公共管理所看重的分权在实践中常常带来地方保护主义和本位主义，从而影响到作为整体的公共利益的实现。分权和公共服务的小规模化、基层化造成各类机构林立，这也使协调更加困难，正如彼得斯所言，"将决策权完全分散给更多的拥有自主权的组织，就会使高级官僚或政治家们有效协调政策的机会相对减少"①。况且分权并不是新公共管理独有的，也很难说是什么新思想。这里的问题显然不在于政府究竟应该集权还是分权，而在于集权和分权之间的度应该如何把握。现代社会需要政府解决的大多数问题同时要求集权，就此意义而言"集权是国家的本质，国家的生命基础"，②尽管这也伴随着对政府民主性质与合法性的要求。另一方面，新公共管理所强调的直接参与表面上看似乎更能体现实质民主，却隐含着很大的危险：一来公民未必具有直接参与各种公共决策所需的专业知识；二来公民直接参与对公共服务供给有约束力的决策与评价官僚作为的效果导向结合起来，将使官僚产生讨好公众的短期行为，背离公共利益而注重派别利益；三来公民直接参与所产生的影响将会和公民通过代议民主过程所产生的影响发生冲突。因此，有些学者认为"公共管理中显而易见的市场模式阻碍了所有回归到实质民主的努力，限制了公民有效影响政策和行政的可能。新公共管理声称可以使政府做到以顾客为中心，因而能在服务供给过程中具有更多的回应性，但我们认为，新近的改革并没有成功地理解民主实践中公共行政的根本基础"③。另一些学者也批评道，视公众为主权消费者或委托人的"超级市场的国家模式"，"不能正确认识选民或公民通过选举渠道对政治家的影响和通过消费者角色对政治家的影响这两者之间的关系。它也没有特别关注资源在提供公共服务和公共产品中的重要性"④。纵然顾客与消费者的身份能够成立，他们对服务供应的影响究竟有多大仍需要认真思索，而服务市场化与消费者主权的结合是否必然带来更有效和更负责的服务也尚待检验。在这方面，强调公民直接参与行政管理活动和公民在民主治理过程中实质性参与缺乏之间是一对矛盾，而新公共管理范式的纯经济学和管理视角无法解决它。此外，鼓励公民成为顾客还意味着认可每个人只带着自利动机进入公共生活，从而构成了对公民美德、公共利益这样一些概念的冲击。

---

① ［美］彼得斯：《政府未来的治理模式》，张成福译，中国人民大学出版社 2001 年版，第 30 页。

② 《马克思恩格斯全集》，第 41 卷，人民出版社 1982 年版，第 396 页。

③ ［美］勃克斯等：《新公共管理与实质性民主》，《上海行政学院学报》，2002 年第 3 期，第 102 页。

④ Tom Christensen & Per Lægreid（eds.）. *New Public Management: The Transformation of Ideas and Practice*, Ashgate, 2001, p. 306.

（四）管理责任替代政治责任造成了新的责任问题。责任问题对于现代的代议民主来说非常重要，这是因为现代民主都是代议民主，人民只有通过自己的代表来进行统治而无法自己统治自己，此时只有代表向人民负责才能说存在着民主。正因如此，很多学者都谈到责任与民主之间的密切联系，认为"责任机制将政府的行政部分与政治部分结合在一起，并最终关系到公众本身。责任机制从根本上说是民主制度"①。这样说来，一个行政范式是否有效贯彻了民主，在很大程度上取决于其是否落实了代表的责任，而"核心的责任通常包括这类问题：选民怎样促使民选代表对其政策负责，并接受选举的报复；立法者怎样审查公务员的行为，并使他们对自己的错误负责，以及公众怎样从政府机构和官员那儿寻求救济"②。这些问题在官僚制范式和新公共管理范式之下有着不同的解决方法，并导源于不同的理论基础。在新公共管理理论家看来，传统官僚制范式没有很好地解决行政官僚的责任问题，因为官僚责任具有间接性，而且政治家缺乏用以评估官僚责任的标准。为此，新的范式强调要用直接的管理责任来替代原先间接的政治责任，这一举措是否取得了良好的收效，是否比官僚制范式更为可取，既需要实践上的经验调查，又离不开理论上的深入探讨，不过现在已经有越来越多的人同意这种看法，即"在任何制度中责任矩阵总是复杂的，包括内部和外部两个方面，包括政治的、法律的和宪法的三个维度。这种复杂性在许多方面被新公共管理改革加重了"③。因此，新公共管理在解决责任问题方面似乎并不像预先所设想的那么令人乐观。

按照新公共管理所确立的政治与管理二分法——有别于以往官僚制范式下的政治与行政二分法，政治家只负责制定政策和设计政策目标，他们不介入高级行政人员的管理活动，高级行政人员则被看做与政策制定无关，他们只在既定目标之下专注于管理。与旧二分法一样，新二分法也认为政治领域与管理领域可以而且应该分离。不同的是，新二分法反对政治家对高级行政人员的过多控制，因为高级行政人员如今只对自己的业绩负责，他们的工作是根据结果而非过程来评估的。换言之，政策制定方式依旧，政策执行方式则发生了很大改变，管理术语取代了行政术语。正如罗森布鲁姆和克拉夫丘克所言："这种认为公共行政是非政治化的和企业化的观点，是新公共管理的根本。"④ 在新公共管理理论家看来，政治家及各种政治力量的干扰是行政管理效率不高的原因之一，让管理者去管理就必须将这些干扰降至最低。政治家与管理者之间应遵循"勿太靠近"原则并保持一定距离，他们只能通过合同联系在一起，除此之外管理者应有足够的自主权。然而，新二分法在理论上存在很大问题，因为行政管理活动是具有政治性的管理活动，它既是管理，也涉及政治。"当公共行政官员冒险时，他们不是他们自己企业的企业家，因为企业家能够

---

①　［澳］休斯：《公共管理导论》，彭和平等译，中国人民大学出版社 2001 年版，第 264 页。

②　Richard Mulgan. "'Accountability': An Ever-Expanding Concept?". *Public Administration*, vol. 78, No. 3, 2000, p. 556.

③　Yvonne Fortin and Hugo Van Hassel（eds.）. *Contracting in the New Public Management: From Economics to Law and Citizenship*, IOS Press, 2000, p. 261.

④　［美］罗森布鲁姆和克拉夫丘克：《公共行政学：管理、政治和法律的途径》，张成福等译，中国人民大学出版社 2002 年版，第 24 页。

在知道失败的后果将主要由他们自己来承担的情况下做出这样的决策。"① 这就表明，赋予管理者更多职权的同时仍必须加强政治家对其的政治控制，传统政治过程不能被完全摒弃，它体现着选举中表现出来的公众意志，况且民众未必认同管理责任取代政治责任。或许，实践中应该做的是如何将管理责任的一些积极作用纳入到政治责任的视野中去。毕竟管理责任不同于行政责任，管理活动中的负责不同于行政活动中的负责。行政责任是多维度的，其中包括政治责任这一维，而没有政治责任就不会有民主，更何况事实上"新公共管理所建基于上的观念、概念相对较少地关注责任问题，而更强调'金钱价值'的取得，服务'质量'的改进，源于私营部门初中的微观管理技术与过程的采纳，等等"②。

有意思的是很多学者都曾指出，新公共管理的各种主张之间本身就存在着矛盾，③ 例如"顾客和被管理人员的自由选择就意味着管理人员必须要满足顾客要求；而管理人员的自由管理就意味着顾客和被管理人员可能没有或只有受到局限的选择权"④。因此，授权顾客与让管理者去管理不可能同时做到。此外，政治家加强控制的需要也会与上述两个口号发生冲突，特别是当政治家的指令与来自消费者的指令之间不相一致时，管理者将处于左右为难的境地，甚至可能造成管理者对谁都不负责的局面。由于存在这些内在的矛盾，有人评价新公共管理是一个大杂烩，有人指责新公共管理理想化色彩过浓，但不管怎样，新公共管理对于民主的贡献需要我们借鉴，其局限性需要我们再作认真思考。

① ［美］珍妮特·V. 登哈特和罗伯特·B. 登哈特：《新公共服务：服务，而不是掌舵》，丁煌译，中国人民大学出版社 2004 年版，第 148 页。
② John R. Greenwood, Robert Pyper and David Wilson. *New Public Administration in Britain*, Routledge, 2002, p. 245.
③ ［英］波利特和［比］鲍克尔特：《公共管理改革——比较分析》，夏镇平译，上海译文出版社 2003 年版，第七章。
④ ［美］蓝志勇：《行政官僚与现代社会》，中山大学出版社 2003 年版，第 157 页。

103

试论新公共管理对民主的积极贡献与消极影响

选举民主及其功能分析

李　奎*

摘要：民主是人类共同的价值观，选举民主是一种民主实现形式；选举民主是指人民通过自由、公正、广泛、定期、平等、竞争性的选举来选择政府及其治理方式；选举民主的功能有：合法性功能、选择和监督功能、稳定和抚慰功能、纠错和矫正功能、培育公民意识功能、扩大公民参与功能。

关键词：民主；选举民主；功能分析

民主是当代人类认同的普遍价值之一。然而，民主究竟是什么，人们对此又争论不休。作为政治概念，民主来自西方。在传统意义上，西方人将民主定义为：人民的统治。其经典表述是卢梭的人民主权论。① 一般说 20 世纪以前，在西方政治学说中将民主视为人民当家作主是普遍的。民主的现代理解已非浪漫的人民主权论。进入 20 世纪后，随着人类民主实践的发展，西方思想家对民主的认识有所深化，对民主的界定也有了实质性的变化。

柏拉图和亚里士多德眼中的民主来自于对古希腊城邦直接民主制的概括，显然已经不能适用现代国家。启蒙思想家们的人民主权论也遭到现代西方学者的强烈批评。熊彼特就是其中最重要的代表。他把主张人民主权的民主理论看作是一个近似宗教观念的神话，其作用仅仅是统治者宣扬政权合法性的工具。在熊彼特看来，"民主是一种政治方法，即为了达到政治——立法的和行政的——决定而做出的某种形式的制度安排，因此它本身不足以成为目的，不论在一定条件下民主会产生怎样的决定"②。他认为关于公共职位的选举制度即是民主方法的核心内容，民主就是"为了达到政治决定的一种制度上的安排，在这种安排中，某些人通过竞取人民选票而得到做出决定的权力"③。李普塞特等人基本上接受了熊彼特的民主定义。李普塞特认为，民主，"可以定义为一种政治系统，该系统为定期更换官员提供合乎宪法的机会；也可以定义为一种社会机制，该机制允许尽可能多

﹡　武汉大学政治与公共管理学院政治学博士生。
①　州长治：《西方四大政治名著》，天津人民出版社 1998 年版，第 341～359 页。
②　［美］熊彼特：《资本主义、社会主义与民主》，吴良健译，商务印书馆 1999 年版，第 359 页。
③　［美］熊彼特：《资本主义、社会主义与民主》，吴良健译，商务印书馆 1999 年版，第 395～396 页。

的人通过在政治职位竞争者中做出选择，以影响重大决策"①。亨廷顿也指出，"评判一个二十世纪的政治体制是否民主所依据的标准是看其中最有影响的集体决策者是否通过公平、诚实和定期的选举产生，在这种选举中候选人可以自由地竞争选票，而且基本上所有的成年人都可以参加选举"②。可见，现代民主理论与古典民主理论已经有了质的变化。

一、民主的现代诠释：选举民主

现代民主理论把选举等同于民主。熊彼特说，就"人民"和"统治"两词的任何明显意义而言，民主政治并不意味也不能意味人民真正在统治。③ 民主政治的意思只能是：人民有接受或拒绝将要来统治他们的人的机会。即民主实质上就是一种方法——为作出政治决定而实现的制度安排，在这种安排中，某些人通过争取人民选票而取得做出决定的权力。实际上，选举竞争确实已经成为衡量民主程度的一个标准。政治学家罗伯特·达尔所概括的，自由主义民主的特点就在于形成了一系列的规则和制度，而这些规则和制度对于国家的成功转运是缺一不可、必不可少的；大多数公民由一系列规定和制度所准许、最广泛地参与到选举"代言人"的过程中去；而这些代言人可以独立进行政治决策，即影响整个共同体的决策。④

现代民主观首先质疑和颠覆了作为传统民主观的基石的"人民"的概念。20 世纪伊始，现代民主观的主要阐述者熊彼特以及其他西方学者便强烈质疑流行了近两个世纪的业已成为常识的人民的概念。熊彼特认为，根本就不存在一个作为统一体的"人民"概念，因而也更不可能有什么"人民意志"或"人民主权"。⑤ 伏尔泰曾把人民定义为：人数最多的，最有用的，甚至最善良的，同时又是人类中可尊敬的部分，包括研究法律和科学的人，商人、工匠，一句话，一切非暴君的人，这就是那些被称为人民的人。⑥ 在伏尔泰那里人民简直成了审美对象，然而作为政治概念人民，即"一切非暴君的人"，在不同时代不同国家的界定却大相径庭。熊彼特指出：美国人不许东方人，德国人不许犹太人取得公民权；在美国南部，黑人也往往被剥夺投票权。⑦ 人民这个作为现代神圣观念的集合名词，在现实中简直找不到对应物，如果将人民与统治联系起来就更可疑了。人民与做出决定的人们显然是不同的，"直接民主"在现代社会中从来没有存在过。其实，更为重要的是：人民并非一个统一的整体，人民中间存在着不同的阶级，不同的种族，不同的信仰。人民是一个具有无限多样性的群体。这样的群体，不用说统治，它几乎不可能独自地进行任何具有功能和效率的统一性活动。

既然人民的统治在逻辑上无法成立，那么民主能否存在呢？民主又意味着什么呢？当

---

① ［美］李普塞特：《政治人——政治的社会基础》，张绍宗译，上海人民出版社 1997 年版，第 253 页。

② 刘军宁：《民主与民主化》，商务印书馆 1999 年版，第 423 页。

③ ［美］熊彼特：《资本主义、社会主义与民主》，吴良健译，商务印书馆 1999 年版，第 359 页。

④ ［美］罗伯特·达尔：《多元主义民主的困境——自治与控制》，周军华译，吉林人民出版社 2006 年版，第 50 页。

⑤ ［美］熊彼特：《资本主义、社会主义与民主》，吴良健译，商务印书馆 1999 年版，第 357~358 页。

⑥ ［法］伏尔泰：《哲学辞典》，王燕生译，商务印书馆 1979 年版，第 89 页。

⑦ ［美］熊彼特：《资本主义、社会主义与民主》，吴良健译，商务印书馆 1999 年版，第 397 页。

今在西方居于主流地位的民主观念是政治精英与平民群众分治共享的"精英民主观"。熊彼特将社会的民主实践表述为：精英竞取权力，群众选择政治领导人的社会政治过程，而选举则是这个社会过程的统一。① 从这个意义上，社会的政治民主集中体现于公民的选举，甚至可以说，选举就意味着民主，就是民主本身。精英民主观承认了当代社会的实际的统治与管理并非掌握于普通群众的事实，而将民主的含义确定为不掌握权力的群众对掌握权力的社会精英的制约与选择。

选举＝民主，是现代西方政治理念中的金科玉律。选举被确认为现代政治合法性的惟一源泉，是民主宪政体制内在的基石和外在的标志。在政治实践中，西方国家不仅建立了完备成熟的选举制度，而且以此作为处理国际关系与世界性事物的原则与标准。在 20 世纪 80 年代末，东欧国家出现社会动荡之际，以美国为首的西方国家以是否举行竞争性的全民直接选举作为衡量该地区各个政权是否具有政治合法性的标准，并直接运用经济、政治手段促进该地区的民主化进程。

选举即民主，选举是什么？于是，对选举的认识便成为理解现代民主理念的关键。选举对包括我们在内的当今世界上绝大多数国家的公民并不陌生，即使是在被称为集权主义政体典型的前苏联，其国家领导人也是由全体公民投票产生的。当年苏联最高领导人勃列日涅夫常常是以获得 99% 的选票高票当选。投票是公民政治参与的最常见的直接体验，也许还是他们在稳定的社会条件下进行政治参与的惟一方式。久而久之，在许多人的经验中，投票便成为选举的同义词。于是，一个误解就这样形成了：选举＝投票。

选举（election）是由竞选（campaign）和投票（vote）两个相互联系的过程构成的。选举的本义是社会中平民对政治精英的选择。选择即意味着主体对多个客体的认知，比较与接受。因此，选举的首要含义是多个候选者的竞争。候选者之间的竞选，在形式上主要表现为候选者对自己的道德形象和政治形象的树立，而实质上是对选民进行政治与道义的承诺。在精英民主制下，即实行间接民主的条件下，平民并不拥有政治权力，而是将宪法规定的理论上属于人民的权力让渡给政治精英，民主的实际含义体现于平民对政治精英的选择、监督与制约。监督与制约政治精英的前提是政治精英对平民的政治与道德的承诺，做出选择的平民根据事先的承诺对政治精英进行监督与制约。当然，选民的监督与制约在很大程度上表现为下一次选举对政治精英做出的再选择，表现为政治精英在做出承诺后所承担的政治与道德压力。由此可见，竞选实际上是候选人与选举人之间订立社会契约的过程。没有竞选就没有契约，没有契约就无从监督与制约，也就无从选择。

综上所述，笔者给选举民主下定义：选举民主是一种民主实现形式，是指人民通过自由、公正、广泛、定期、平等，竞争性的选举来选择政府及其治理方式，或者说政府通过竞取人民手中的选票而获得作出决定的权力。

二、选举民主的功能分析

（一）合法性功能

在民主宪政的体制下，任何政治权力（权威）都可能面临合法性的问题。什么是合

---

① ［美］熊彼特：《资本主义、社会主义与民主》，吴良健译，商务印书馆 1999 年版，第 401 页。

法性？法国学者让-马克·夸克对合法性的界定是：合法性是对被统治者与统治者关系的评价。它是政治权力和其遵从者证明自身合法性的过程。它是对统治权力的认可。① 被统治者的首肯，是合法性的第一个要求；得到社会价值观念和社会的认同，是合法性的第二个要求；法律对统治权力和价值观的认可，是合法性的第三个要求。哈贝马斯在谈到合法性对于政治统治的重要性问题时，深刻地告诫人们："如果我们把合法的政权与政治统治等量齐观，那么我们就必须说：任何一种政治系统，如果它不抓合法性，那么，它就不可能永久地保持住群众（对它所持有的）忠诚心，这也就是说，就无法永久地保持住它的成员们紧紧地跟随它前进。"②

在政治学上，合法性指的是一种政治统治或政治权力能够让被统治者认为是正当的、合乎道义的，从而自愿服从或认可的能力与属性。③

选举制度为代议机关和政府公职人员的权力的合法性创造了基础。选举产生的代议机关的权力具有权威性。在少数服从多数的民主原则下，一个获得多数支持而形成的政权，其所得的多数比例票数越多，其权力的权威越大。而且民众对选举的参与，其本身就具有对现行国家制度认同与支持的意思，表明其愿意接受这一制度。而民众对选举参与的广泛程度，代表了民众对国家制度的认同，所以是权力合法的基础，现代国家所遵循的普遍选择原则即是为了国家制度的合法性和权力的权威性之目的。

人民主权理论论证了权力来源的观念基础，它以近代启蒙运动以来的天赋人权思想、自然权利观和社会契约论为理论前提，提出人民是最高的主权者，人民是一切权力的来源，一切权力属于人民的主张。由此，国家的权力应该属于人民，并为人民的公意所指导。但是，人民作为一个整体和一种抽象，不可能直接产生和行使权力，人民主权理论在现实中找到了一种变通的方式——间接民主制，即代议民主制。在代议民主制下，人民权力的具体代就是立法机关，它是由人民以选举的方式将权利让渡给自己的代表而形成的，立法机关基于人民的授权进行立法。就如洛克所说"只有人民才能通过组成立法机关和指定由谁来行使立法权，选定国家的形式。……他们除了只受他们所选出的并授予权力来为他们制定法律的人们所制定的法律的约束之外，不受任何其他法律的约束"④。因而，在现实中选举民主具有合法性功能。

（二）选择和监督功能

1. 选举民主有利于产生符合民意的最佳政权。通过民主选举制度，政府权力才会真正来源于全体人民的授予。政府一旦通过民主选举的法定程序当选，那么它将置于全体人民支持的坚实基础上。一个国家只有选举制度获得普遍支持，并按照选举程序选举政府，那么政府权力才可得到可靠的权威。选举民主可以选出一个高素质的符合民意的政府，理由如下：

① 参见［法］马克·夸克：《合法性与政治》，佟心平、王远飞译，中央编译出版社 2002 年版。

② ［德］哈贝马斯：《作为"意识形态"的技术与科学》，李黎、郭官义译，学林出版社 1999 年版，第 179 页。

③ 胡伟：《在经验与规范之间：合法性理论的二元取向及意义》，《学术月刊》，1999 年第 12 期。

④ ［英］洛克：《政府论》（下篇），叶启芳、瞿菊农译，商务印书馆 1964 年版，第 88 页。

在选举民主制度下，选举权与被选举权被公民普遍享有，因此任何人只要具备了必要的国籍和年龄就可以去竞争和追逐政治权力。这种开放性的制度大大扩展了选择的范围，有利于选出最佳的政府。虽然对于一个百万富翁的儿子和平民的儿子来说，他们在选举中获胜当选的可能性不同。但选举制度毕竟意味着普通人民也有了竞选当政的机会。选举制度的开放性使其具有很大包容性，从而更有利于政见不同的政治精英融合到体制之内，从而组成强有力的政府。

在选举民主制度下，掌权者必须在民众的严格控制下，而不敢滥用职权，并注意公共形象。惟有如此，才能够不被罢免并得到选民肯定。参选者在选举前必须具备良好的政治素质，且经过长期的竞选战胜众多对手的人也不会是一个平庸之辈。

从选举制度的实际运作来看，选举是选出有效民主政府的可靠方法。人类政治实践表明，选举制度相对于其他政府产生方式是一种较少失败的制度。当然作为例外的也有，希特勒是在选举制度下当上国家元首的。但个别失败的例子并不能否定选举的功能。何况选举制度所具有的纠错机制不会将这种偶然现象继续。

2. 选举民主有监督功能，为选民监督权力行使者，并在一定条件下更换权力行使者提供了重要途径。选民与掌权者的这种委托关系，决定了其必须向选民负责。选民将根据受权者的具体表现，对其是否符合自己的意愿进行评判，并对其违反选民意愿的行为追究责任，决定是否继续委托、变更委托、或收回权力。如果选民撤回对权力行使者的授权，那么权力行使者的存在、延续、权力行使也将失去合法依据。选民将通过民主程序，根据自己的意愿，重新选择受托者（掌权者）。①

（三）稳定和抚慰功能

1. 选举民主具有稳定功能，为政权的和平更替与交接提供制度保障。自从国家产生以来，政治权力的斗争一直是政治生活的重心。其中为了追求权力而殚精竭虑为之奋斗是许多掌权者和将要掌权的人的主要任务。权力意味着利益，获得权力并在权力结构中占居有利位置，是实现利益分配中的主动和优先的重要条件，因此，争夺和维持权力，围绕着权力的斗争和争夺也就异常尖锐起来。

政治斗争的白热化给和平稳定的宪政造成了极大威胁。有学者指出：政治是以其他手段实行的战争，政治像战争一样，是不用武器的战争，只要它的中心感受是敌视，那么邻居就是敌人，即总是受威胁的感觉。人类历史表明：政治权力斗争是极为残酷的。在权力竞争中，竞争者为了独占权力总是千方百计的动用一切手段，为了巩固自己的优势趋向于彻底消灭对手，而一旦取得了优势，则肆意妄为滥用权力。不同的政治制度下，政治斗争的规则和方式存在着基本的区别。这种区别是至关重要的，它在很大程度上决定着政治过程的特质并对社会发展产生重大影响，并决定着政治程序的稳定乃至国家的兴衰。

现代国家所普遍采用的选举制度很好地解决了政治斗争无序的状态。"只要是群体行为，必然就会有一定的程序和规范。程序和规范即有序是政治行为文明之魂。"② 选举制度把政治权力的斗争有效地纳入法律程序。按照一整套明示的、客观的政治程序进行选

---

① 周叶中：《宪法》，高等教育出版社 2000 年版，第 288 页。
② 虞崇胜：《政治文明论》，武汉大学出版社 2003 年版，第 198 页。

举。选举制度重在程序，有一套选举的竞赛规则，参选者要与他人平等地遵守竞赛规则。一旦进入选举制度的运作程序化轨道，选举制度将使政变、暴动、暗杀等非常手段失去效用。而掌权者在被选举出以后，只要未违反法律，未失去民众的信任就不用担心其他方面的非法手段造成的政治变动，掌权者从而就不必把大量的时间、精力投入到权力的非法斗争中，不必以进行镇压、暴政等手段来防止权力被争夺。另一方面，由于任期限制，掌权者亦不可能利用非法手段而制造混乱局面。

选举传递了一种社会力量对比的信息，有利于社会稳定。社会要稳定，先要政府稳定，如果政府拥有的暴力潜力和多数人的同意结合到了一起，便可增强政府的合法性，使政府的暴力潜力更加稳固和强大，而形成这个格局必须通过少数服从多数的原则进行选举。通过选举或投票，向少数派传递了社会力量对比的信息，无疑有利于防范少数派的轻举妄动。通常，对民主选举持批评态度的人常常指责选举过程产生的巨大"浪费"，殊不知这种浪费是换取社会稳定的必不可少的代价。固然我们不能排除不经过选举产生的政治领导集团代表多数派的可能性，但有关这种代表性的信息是无法传递给少数派的，少数派的代表人物可以误认为自己代表着多数派，进而去寻找机会争夺政权，结果会酿成无休止的社会冲突和动乱。有了选举过程就不同了，普遍的、大规模的选举过程同时是信息整合、传递的过程，其结果既选出了一个多数派，又选出了一个少数派，少数派不得不与社会多数派进行合作。概言之，以多数原则为核心的宪法秩序有利于降低社会合作的交易成本，有利于社会稳定。

2. 选举民主有抚慰功能。选举是促进民意的形成、表达，并使选民民主意识得以提高的重要手段。国家的统治、社会的管理都必须以民意为依归。选举就是形成、表达民意的理想方式。选举不仅仅只是单纯地对候选人进行简单的挑选，实际上这种选择一方面表达了选民对权力行使者必须具备的基本要求，另一方面则表达了国家和社会管理应贯彻何种政策的基本意见。而且选举过程中不同意见的交流、妥协，还会形成人们都能接受的意见。因此，选举民主有利于形成、表达民意，抚慰人心。

选民通过参与选举，不仅会对自己的地位和作用产生明确的认识，而且还会增强其作为公民的道德、良心和责任心。经济萧条、通货膨胀、政局不稳、派别利益冲突等社会矛盾、社会危机容易导致暴力冲突。虽然解决矛盾和危机的方法很多，但在现代民主政治中，选举是最根本的途径。通过民主选举，可以使选民与选民、选民与民意代表、选民与公职人员更为紧密的联系在一起，可以抚慰人心、消除敌对、缓和冲突、化解矛盾，最终达成共识。

（四）纠错和矫正功能

选举民主的优越性在于，它通过定期选举的制度安排，使社会具有一种定期纠错和矫正功能，错误不易积累到极致，遭大多数人反对的领导人也不可能长期占据高位，除非民主程序被扭曲。换言之，民主制具有一种防止"暴君"的功能。它虽然不能保证比在其他体制下治理更有效，但成熟的民主制能够避免最坏治理的持续，这就是民主制所谓"最不坏"① 的特性。由于设计了和平更替政府的制度安排，民主制具有维护长期性政治

---

① 刘永佶：《民主的权威》，中国经济出版社 2005 年版，第 67 页。

稳定的作用。

选举制度下，每隔一定时期就进行一次选举，候选人在一次选举中失败还可以在下次选举中获胜，而获胜的候选人也可能在下一次选举中失败。民主选举中，选民平等参选、候选人自由竞争、普遍认可的选举规则等共同作用，构成了一个开放的权力结构，有效地防止了少数集团长期垄断权力。而且在选举制度下，掌权者只能在自己任期内组织政府而不能长期占有权力形成集权。

长期的权力集中，必然导致腐败，在一个集团长期控制政权的过程中，就会逐渐形成一个盘根错节的官僚特权集团。他们有着共同利益，利用垄断权力和地位进行权力分配。垄断集团把持国家政权必将导致国家的腐败。国家腐败不同于官员的腐败，其显著特征是它的政策总是优先代表少数特权集团利益。

而选举制度的主要功能之一就是通过自由竞争的选举，构建一个开放的政权，不使任何集团长期垄断权力。在民主选举下，任何个人或集团对政权的掌握只是暂时的。权力在不同时期被不同的人掌握，从而从根本上杜绝了权力垄断和腐败，使权力真正地为公共利益服务。它让民众拥有选择领导人的权利，事后不满意还可以依法更换。"对于那些不称职、渎职、失职乃至以职务之便谋取私利者，人民有权力纠错。"① 当民众在不断更换领导人而社会治理仍不能令他们满意后，他们就能明白，问题不在执政者而在客观条件不具备，这样的社会才能具有较大弹性，拥有较大的试错演进空间。

（五）培育公民意识功能

公民社会的形成首先依赖于现代公民意识的培育。公民意识包括权利责任意识、法治意识、科学理性精神、道德意识、生态意识等，其中公民的权利责任意识和义务意识是核心。它的建构最为重要和艰巨。但在现实生活中，大众的公民意识淡薄，关于公民意识的宣传、教育也与时代的要求远远不相适应。由此出现了许多问题：

其一，法律意识不足。人们不知道自己的权利和义务，因此在现实中既不维护自己的权利，也不履行自己的义务。具体而言，例如公民作为纳税人有纳税的义务，同时也享有相关的权利。但很多人对于自己作为纳税人的权利和义务一无所知。

其二，道德意识滑坡。目前社会的道德现象一个显著的特征就是"无道德"，人们不讲道德、漠视道德、反对道德。在民间、世风日下、人心不古；在官场、贪污腐败、欺上瞒下。人们没有良心、也就是没有道德规范来约束自己。

其三，信仰意识缺失。它主要表现为两点：一是无信，也就是没有真正的信仰。一个人如果对于世界和人生没有真正的信仰，那么他对于他人也就不可能有诚信和信用。目前社会上人与人之间诚信的危机在根本上源于人们信仰的危机。二是迷信。现在很多人虽然没有真正的信仰，但信奉迷信。如他们相信算命、风水、鬼神，乃至邪教，不断地烧香、下跪、布施等，以此消灾得福。

选举民主有培育公民意识的功能：

首先，选举有利于提高公民的参政意识。参加选举时选民必须比较各个候选人、各种不同政策，从而做出选择。通过了解政策并行使自己的选举权，从而体会到选举是表达自

---

① 刘永佶：《民主的权威》，中国经济出版社 2005 年版，第 44 页。

己政治意愿的一种机会、过程，意识到选举投票是显示自己尊严与价值的重要行为。选民通过选举，也增强了国家责任感和国家认同感。

其次，选举有助于提高选民和候选人的参政能力。一方面，选民在选举过程中，从选举动员到选民登记，从选区划分到投票站投票，从选票统计到选举诉讼，无论对选民还是对候选人都是一次"洗礼"，选民与候选人之间的交流，选民之间的沟通都对选民的参政能力有重要的提升作用。另一方面，候选人在选举中要想获胜，必须具备良好的参政意识和参政能力，学会与选民沟通，增强自己对"民意"的把握，切实关心民众的意见，从而提高自己的政策把握能力和政策制定的能力。

再次，选举对社会有着普遍教育功能，有利于社会的民主化和法制化进程。选举是在选民与政府之间架起了一座桥梁，成为政治沟通的媒介。通过选举，整个社会的民主法制意识得以提高，有利于影响社会各个方面的民主意识，使民主观念深入人心。由于选举制度本身是以法律形式所体现出来，所以选举制度运作的同时也促进了整个社会法制观念的进步。

（六）扩大公民参与功能

公民参与是现代民主政治制度下公民所具有的一种普遍性和广泛性的行为。它也是现代民主的重要表征之一，有关公民政治参与的权利、方式及其运作机制等也是构成现代民主政治制度的重要内容。在现代西方颇有影响的若干政治思潮中，无论是各种民主的理论比如参与民主理论、精英民主理论和多元民主理论还是有关政治发展的理论都不可避免地要涉及对公民参与的一般性理论分析和对公民参与现状的具体考察。亨廷顿在研究政治发展的过程及其影响政治发展的相关因素时，就把公民参与视作为影响政治发展的重要变量，并把公民参与的程度和规模作为衡量一个社会政治现代化程度的一个重要尺度。[1] 多元民主论的代表人物罗伯特·达尔在论述什么是"民主"时，提出了民主的五项标准，其中第一项标准就是"有效的参与"。[2] 可见，公民参与与现代政治和民主制度是紧密相关，不可分割的。

选举是公民参与政治的最佳方式。同直接民主相比，间接民主最大的不足在于，人民不能直接行使治理国家的权利，而要通过所选出的代表来治理国家。这在一定程度上会形成代表们是否能真实地按人民意愿行事的不确定性。公民的广泛参与将有助于保证民主的实现。当代社会公民参与政治的形式与方法越来越多，涉及的面也越来越广泛，但选举制度在各种可供选择的形式与方法中仍然是最有效和最重要的。通过定期选举，公民有可能撤换他们所不满意的代表，直至重新建立和组成新的政权机关。选举制度的完善和正常运作，通过定期选举和竞选，有可能使人民的意愿不至于长期被漠视，从而使民主得以实现。

选举过程是参政议政的过程，选民通过选举，选出那些与自己政见相同的代表。而政府在制定自己的政策时，就必须考虑到选民的意见。它必须了解民众想要什么，不满什

---

① 吴昕春：《公共选择与公民参与集体行动的动力》，《安徽大学学报》（哲学社会科学版），2002年第 5 期。

② ［美］罗伯特·达尔：《论民主》，林猛、李柏光译，商务印书馆 1999 年版，第 43 页。

么，需要政府如何做，而后提出符合民众需要和公共利益的政治主张，选民通过选举间接地影响着公共政策。

从候选人的角度看，相互竞争的各候选人，为了实现他们获胜当选这个最大目标，就必须充分关注选民偏好，关注社会公共问题。他们出于对自己利益的关心，从而也就必须以关心公共利益为前提。他们的主张必须得到尽可能多的选民认可。选举投票的过程也即是选择政策的过程。政府所制定政策是否符合大多数人的利益，是否得到选民支持，是其能否连任的决定因素。另一方面，选举是普通公民参与政治的主渠道之一。通过参加选举活动，普通公民逐步了解了政治活动的过程。只有在民主的选举制度下，普通公民对政治活动和公共政策的知情权才得以实现。选举过程使得普通公民更加熟悉政策的制定，甚至提出自己的要求和建议。

在现实中选民影响政策的事实说明，政府政策不可避免地受到民众的影响，在西方政治生活中有一种趋势，即无论哪一个政党上台，无论政府变更多么频繁，它们的政策差异却越来越小。"无论哪一个政党要赢得选举胜利都不能忽视在各个阶级、阶层中争取自己的选民。"① 如，1980 年以来共和党一直推行新保守主义，民主党上台后继续推行新保守主义政策，使美国经济保持良好增长势头。1997 年春英国工党仍全面推行撒切尔主义经济政策。这说明广大民众要求政府解决实际问题对政策的影响起着重要作用。

选举民主是人类政治文明的重要组成部分。"所谓政治文明，是人类社会政治生活的进步状态。从静态的角度看，它是人类社会政治进程中取得的全部进步成果；从动态的角度看，它是人类社会政治进化发展的具体过程。"② 选举民主既是人类社会文明发展的产物，又是人类社会文明进化的标志。我们要发展社会主义选举民主，建设社会主义政治文明。

---

① 施雪华：《政治现代化比较研究》，武汉大学出版社 2006 年版，第 172 页。
② 虞崇胜：《政治文明论》，武汉大学出版社 2003 年版，第 123 页。

政治冲突与政治制度

中国宪政变革的一次机会

——第三次国共谈判的理性选择解释

储建国[*]

摘要：从理性选择的视角来看，第三次国共谈判可以分为三个阶段：第一个阶段是博弈中的关键方在权衡了战争与和平两种选择给自己所带来的预期净收益之后，走上了谈判桌；第二个阶段是谈判中的各方为了使自己最大限度地分享和平后的收益，而努力展现自己的筹码，充分运用自己的谈判技艺，以及进行必要的妥协，在第三方调停下达成了可能导致宪政的关键协议；第三个阶段是协议后的各方在信息稀缺的条件下，在协议预期净收益受损的分子和群体的压力下，相互猜疑，并在协议考虑不周的地方挑起冲突，增大了协议实施的成本，导致合作努力的失败。上述博弈过程解释，意在提示宪政发生过程中精英的作用，尤其是精英赖以评价预期收益的背景知识的重要性。

关键词：宪政；中国宪政变革；理性选择

在第三次国共谈判中，中国共产党做出了巨大努力，但仍未成功，中国错失了一次宪政成功的机会，原因何在？本文试图运用理性选择视角，对这一问题做一尝试性分析。太凡宪政发生，均有这样一个过程：精英集团相互冲突，妥协与合作，在某个利益均衡点稳定下来，并确定一个供未来进行利益分配的竞争体制。在此过程中，很多因素会打破均衡，导致最终合作的失败。本文强调博弈中关键精英的重要性，尤其是支撑其看待利益和实现利益的观念的重要性。

一、和平与利益

抗战胜利后，人心思定，对各精英集团尤其是拥有武装的精英集团形成一种舆论压力，但不能认为这是促使国共两党和谈的决定因素。如果冲突中的任何一方认为和谈不符合自身的利益，这一方是不会走上谈判桌的。各方都要在所处的博弈环境中计算自己各种决策的得与失。当然，一般说来，只要是理性的博弈者，都不会轻易选择战争，因为战争是一项成本极高的选择，除非真正以战争为乐的"好战"分子，我们将这种分子排除在分析构架之外，事实上精英集团中的决策人物都不是这种分子。从这个意义上说，"不战而屈人之兵"是一个常理，可以解释为如果通过和平的方式所得到的预期净收益大于通过战争的方式所得到的预期净收益，那么当事人就会选择和平的方式。这里的关键在于

＊ 武汉大学政治与公共管理学院副教授。

"预期"，即如何估计战争的成本（可能的失败和伤亡）和收益（可能的权力独享及其附带收益），如何估计和平的成本（可能的让步）和收益（可能的权力分享及其附带收益）。我们以此依据来分析一下各派精英集团的态度。

首先，最希望和平的是中间派精英集团，以中国民主同盟为代表。理由很简单，如果和平成功，他们可以在联合政府中分享权力，而且，中间派大多是知识精英，只有在和平时期，他们的知识才能发挥更大的作用。1946 年 1 月 31 日政治协商会议闭幕，过了几天，美国调解人马歇尔同民盟代表罗隆基进行了一次谈话，罗隆基兴奋地说"民盟的前途好"。当然他没有直接地说他们中间派可以发挥作用、分享权力，但强调了他们这些人都是向往英美式民主的，而政协会议所达成的宪政构架类似英国内阁制，让他们很兴奋。对于中间派来说，不仅和平的结果对于他们有利，而且为了和平而进行的谈判更加需要他们发挥作用。因为他们会成为对立集团竞相争取的对象，国民党极力争取青年党的支持，共产党极力争取民盟的支持。为了争取中间派，必须要让与他们利益。在协商国民政府委员会（协议中的最高国务机关）的名额分配问题上，共产党为了争取关键议案的否决权，主张在四十名国务委员中，共产党与民盟至少占有十四席（可以否决需要三分之二票数通过的关键议案）。为了取得民盟的支持，周恩来对民盟主席张澜说："在这十四个席位中，民盟可以自己斟酌，你们要几个都可以商量。你们要六席，共产党就八席，你们要七席，我们双方就各半，你们要八席，我们就六席。"① 这段话使当时的民盟代表深受感动，民盟主席张澜更是喜笑颜开地说："我说嘛，民盟要这许多委员席位做啥子哟？我老了，最好大家让我不做委员。"② 共产党能够做出这样的让步，一方面可以看出周恩来的胸怀，另一方面更可以看出在谈判时期中间力量的重要性。所以罗隆基说："我对旧政协能够躬与其事，当时自己真不知道有多么的欢喜，多大的荣幸，心真跳得天高。"③ 相反，如果战争发生呢？首先，这些被军人认为靠耍嘴皮子吃饭的知识分子对于打仗是起不了多大作用的，战争的成败与他们没有多大关系，而且在战争中，他们因为言辞激烈可能会遭受牢狱之苦或丧命之灾。其次，在战争结束后，胜利的一方也用不着为了谈判而去争取中间派，只会是中间派对取胜方洗耳恭听，或者退出政治舞台。因此，对于中间派来说，和平能带来几乎没有成本的收益，战争则要付出几乎是没有收益的成本。

其次，冲突精英集团中的弱势方即共产党希望和平。尽管"一切反动派都是纸老虎"对弱势方有精神激励的作用，但决策人物对于在战争中能否取胜是没有多大把握的，至少不会有强势方的把握大。更为重要的是，抗战胜利后，强势方的领袖即蒋介石民望很高，其精神激励的价值不可小视。因此，如果选择战争的话，弱势方的预期成本（失败的损失乘以失败的预期概率）是很高的，至少大于强势方的预期成本。但冲突中的弱势方又不可能像中间派那样可以无条件地要求和平，因为他们拥有重要的博弈资源即武装力量，

① 罗隆基：《从参加政协到参加南京和谈的一些回忆》，《政治协商会议资料》，四川人民出版社
1981 年版，第 525 页。

② 罗隆基：《从参加政协到参加南京和谈的一些回忆》，《政治协商会议资料》，四川人民出版社
1981 年版，第 525 页。

③ 罗隆基：《从参加政协到参加南京和谈的一些回忆》，《政治协商会议资料》，四川人民出版社
1981 年版，第 493 页。

万一和平不行，还可以靠此力量奋力一搏。不过，如果选择和平的话，处于弱势地位的集团很难在谈判中得到超出这种地位所意味着的收益，甚至很难得到与这种地位相当的收益，因为强势集团对战争胜利的预期好于弱势集团。对于拥有武装力量的弱势集团来说，其意识形态所赋予的目标收益又是相当高的，这就给选择和平带来很大的压力。不过，这种观念的压力一方面被全国人民要求和平的舆论压力所消解，另一方面被决策人物实用主义的考虑所消解，如果自己的武装力量在战争中被消灭，所有的意识形态目标都是空谈。事实上，抗战一结束，在国共军队的局部冲突中，共产党一方感到更被动一些，这对其决策人物的战争预期是有很大影响的。这些因素决定了作为弱势方的共产党选择了和平道路。所以，抗战胜利后，共产党要求停止内战的呼声是相当高的，也是真诚的，他们的军队当时处于被包围和被进攻的状态中。1945 年 8 月 25 日，中共中央发表对时局的声明中要求"承认解放区的民选政府和抗日军队，撤退包围与进攻解放区的军队，以便立即实现和平，避免内战"①。毛泽东亲赴重庆进行谈判应该视为一种和平诚意，而不是一种权宜之计。1945 年 12 月 18 日，出席政治协商会议的中共代表周恩来在答记者问时说："首先待解决的是停止内战问题。目前中国内战之严重，这是大家所深知的，不管用任何方法解释，武装冲突是事实。"② 1945 年 12 月 28 日，中共代表团复反内战联合会函指责国民党"利用盟军之帮助，保留敌伪之武装，百数十万大兵，纷向解放区突进"。慨叹"在日寇投降之后，人民复遭兵燹之惨，言之痛心！"③ 在政协会议取得突破后，共产党机关报《新华日报》发表了热情洋溢的社论《中国历史新方向》："同胞们，我们欢欣，我们庆祝吧！这次政协已'为中国政治开辟了一条民主建设的康庄大道'，而这次政协解决问题的方式，也是'替民主政治树立了楷模'。"④ 还有很多的表示都能印证共产党希望走和平道路。

再次，作为冲突精英集团中的强势方，国民党在博弈中的选择余地要大一些，在某种意义上掌握着战争与和平的主动权。选择战争，预期获胜的概率比弱势方要大，因而独享权力的预期收益也随之增大，但即使是强势方，对战争的胜利也不会有绝对的把握，如果万一失败，同样会一无所有，当然这种结果的预期概率对于强势方来说很小，至少对于国民党中的强硬派来说很小。另外，即使胜利，战争可能是惨烈的，需要付出沉重的代价，这也是国民党战争策略中所必须考虑的因素。如果选择和平，结果只能是分享权力，强势方理想中的最好结果即独享权力不可能达到，但必然可以达到分享主要权力的目的。这是一个两难选择，譬如说，选择战争可以 60% 的概率得到 100 元钱，而以 40% 的概率得不到钱，而选择和平就必然可以得到 60 元钱。对于抉择者来说，如何选择呢？这时候，我们不能说强势集团必然会选择战争，或必然会选择和平。强势集团决策人物的个人预期会发挥关键作用。对于国民党的主要决策者——蒋介石来说，在决定战争与和平时，不会不

① 原载 1945 年 8 月 28 日《新华日报》，转引自《国共谈判文献资料选辑，1945 年 8 月至 1947 年 3 月》，江苏人民出版社 1980 年版，第 2 页。

② 罗隆基：《从参加政协到参加南京和谈的一些回忆》，《政治协商会议资料》，四川人民出版社 1981 年版，第 44 页。

③ 《中共代表团复反内战联合会函》，1945 年 12 月 28 日，前引（4），第 20 页。

④ 原载 1946 年 2 月 2 日《新华日报》，转引自《政治协商会议资料》，四川人民出版社 1981 年版，第 318 页。

考虑其个人的利害。战争胜利，当然他会以绝对的威望执掌最高权力，和平成功，他也会执掌最高权力，但权力会受到某种制约，这当然是收益上的一个损失，但是和平成功，他会以更高的民望稳固其地位，并且在历史上留下更好的名声，这是选择和平所多出来的一项收益。这种收益虽不是整个强势集团的收益，但对于强势集团的选择是起作用的。事实证明，蒋介石和共产党都看到了这项收益在决策中的作用。蒋介石多次表示自己要完成国父孙中山先生未竟之伟业，他在 1946 年的元旦广播演说中回顾了建立三民主义新中国的三个阶段，决心在自己手上实现国家统一和完成民主宪政。1946 年 1 月 10 日，他在致政协开幕词时说要树立"民主的楷模"，"要以这一次为民主精神的试验，也要以这一次为养成民主风度的嚆矢"①。共产党代表也极力满足蒋介石的这种伟人之心。毛泽东在重庆谈判期间多次表示以蒋主席为领导。周恩来在不同的场合赞颂蒋主席，他在政协开幕式上的致词中说："经政府代表的共同努力，尤其是经我们盟邦马歇尔将军的赞助，最后赖蒋主席的远见和决心，使全中国和全世界所关心的内战，在今天双方下令停止了。"② 他在 1946 年 1 月 31 日政协会议闭幕式上的致词中说："由于蒋主席的领导，终于使我们这些具有长期性的历史性的许多问题，得到了政治解决。"③ 接着他在 2 月 8 日庆贺政协会议成功联欢晚会的讲话中说："这次政协的成功是中华民国的成功，是中国人民的成功，是国民党的成功，也是其他各方面的成功，也是蒋先生继承中山先生领导的成功。"④ 但和平带给蒋介石的个人收益并不等于国民党整体的收益。国民党中的强硬派主张武力统一，反对和平谈判，政治协商会议通过并得到蒋介石首肯的宪法草案在提交国民党会议讨论时受到激烈攻击，后来孙科不得不请求民盟出面进行修改。马歇尔在 1947 年 1 月 7 日所发表的总结调停失败的声明中也指出："双方之极端分子曾使获致解决之诚意工作一再挫折。一年前政治协商会议所获致之协议，系自由而且远大之宪章，此项宪章遂为中国奠定一和平及复兴基础。惟国民党中不妥协集团，意欲保持其自身在中国之封建统治，显无秉承政协决议之诚意。"⑤ 国民党强硬派的力量之所以很大，是因为一旦和平成功，国民党的权力受到削弱，就意味着很多国民党员的官职需要让出来，而战争胜利，则可以有更多的政治资源可供分配。另外，只有战争，才会让那些自信的军人有发挥作用的空间。因而对于强硬派的很多个体来说，战争所带来的预期收益比和平所带来的预期收益要大，当然这建立在他们对战争获胜的信心上面。这种强硬派如果势力不大，蒋介石可以不顾其要求，但如果很强大，他就不得不迁就他们，因为国民党是蒋的权力基础，他一旦失去这个基础，其伟业之梦也就毁于一旦。因而蒋的决策需要考虑党内的力量均衡，在和平与战争

---

① 原载 1946 年 1 月 11 日重庆《中央日报》，转引自《政治协商会议资料》，四川人民出版社 1981 年版，第 132 页。

② 原载 1946 年 1 月 11 日《新华日报》，转引自《政治协商会议资料》，四川人民出版社 1981 年版，第 120 页。

③ 原载 1946 年 2 月 1 日《新华日报》，转引自《政治协商会议资料》，四川人民出版社 1981 年版，第 256 页。

④ 原载 1946 年 2 月 9 日《新华日报》，转引自《政治协商会议资料》，四川人民出版社 1981 年版，第 359 页。

⑤ 原载《美国与中国的关系》，转引自《国共谈判文献资料选辑，1945 年 8 月至 1947 年 3 月》，江苏人民出版社 1980 年版，第 517 页。

的选择上尽管有最后的决定权，实际上却没有共产党的决策人物那样果断。不过，有一点需要指出，如果能通过和平方式实现某种利益目标，蒋介石是愿意走和平道路的。无论是国共谈判，还是后来的各党派政治协商，蒋介石都表现了一定的诚意。这是任何理智的领导人都会做的事。

最后，作为这场博弈的外部集团，主要是美国的决策者，也是真心希望中国和平的，因为这符合美国的国家利益。第二次世界大战还未结束，美苏就开始相互猜疑，美国希望中国取代日本，成为亚洲的稳定力量，而且更希望在自己的调停下实现和平，这样就可以让中国更好地步入美国的轨道，以牵制苏联。所以，1945年12月15日，美国总统杜鲁门在对华政策声明中说："为了美国和全体联合国家的最重大的利益，中国人民应不放过以迅速的和平谈判的方法解决内部分歧的机会。"① "除非中国成为一个团结、民主、和平的国家，并取日本地位而代之，否则，太平洋的和平就是不被破坏，也要遭逢危机了。"② 杜鲁门在声明中批评了国民党的一党政府，要求结束一党训政，扩大政府基础，容纳其他政治力量。"所以美国坚定地主张，中国各主要政治力量的代表的全国会议，应该对于使这些政治力量在中国国民政府中，都能得到公平和有效的代表权的诸办法，成立协议。"③ 美国根据自己的多党竞争的理念出发，显然不希望国民党一党专政，希望国共两党及其他党派制定一个宪政构架，实现多党竞争的政治。如果中国真的能走上这种和平的民主政治道路，"美国将准备用各种合理的办法，来协助国民政府复兴中国，改进农业和工业经济"，"美国政府将准备对中国要求信用贷款及借款，以便进行在全国发展健全的经济及中美间健全的贸易关系的计划一事，在合理条件之下给以善意的考虑"④。从这里可以看出，无论从国家利益的角度，还是从其价值观念出发，美国政府都是真心实意地希望中国和平，希望国共谈判。尽管从意识形态上说，美国人更倾向于国民党，而且支持一个执政党也符合实用主义的外交政策，但他们深知，如果没有别的党派的制衡，国民党必然会继续其一党专政，这是他们从理念上不愿意接受的。因而，美国人在真诚希望中国和平的前提下，力图在调停中维持不偏不倚的态度。美国的这种态度也体现在1945年12月27日莫斯科三国外长会议关于中国问题的协议中："三国外长曾就中国局势交换意见。他们一致认为：必须在国民政府之下建立一个团结而民主的中国，必须由民主分子广泛参加国民政府的所有一切部门，而且必须停止内争。"⑤

于是，我们看到，无论对于博弈局内的精英集团，还是对于博弈局外的精英集团来说，和平均符合各方的利益，至少是理智的选择之一。也正是因为这种局面，各党派尤其

---

① "美国总统杜鲁门对华政策声明"，原载1945年12月17日《新华日报》，转引自《国共谈判文献资料选辑，1945年8月至1947年3月》，江苏人民出版社1980年版，第9页。

② "美国总统杜鲁门对华政策声明"，转引自《国共谈判文献资料选辑，1945年8月至1947年3月》，江苏人民出版社1980年版，第10页。

③ "美国总统杜鲁门对华政策声明"，转引自《国共谈判文献资料选辑，1945年8月至1947年3月》，江苏人民出版社1980年版，第9～10页。

④ "美国总统杜鲁门对华政策声明"，转引自《国共谈判文献资料选辑，1945年8月至1947年3月》，江苏人民出版社1980年版，第10页。

⑤ 原载1945年12月26日《新华日报》，转引自《国共谈判文献资料选辑，1945年8月至1947年3月》，江苏人民出版社1980年版，第19页。

是国共两党走上了谈判桌。

二、让步与协议

谈判就意味着妥协和让步，意味着本想独享的权力蛋糕由大家一起分割。博弈各方显然都想自己所分割的那一块尽可能地大一些。要做到这一点，要依靠两样东西，一是增加对方不妥协的成本，这要靠自身的实力，即军事实力，所以谈判期间的军事冲突可以视为增加谈判桌上的筹码而采取的举措，所以邓小平动员部下说打得越好，毛主席在重庆越安全；二是发挥谈判技艺，在以自己的某种妥协换取对方另一种妥协的过程中获利，就像在市场交易中获利一样，一般来说，双方让步出去的东西对于对方比对于己方效用更大。当然，在博弈中，也有利用信息不完全情况而获利的，但这样做在重大谈判中会有危险性，后面还要谈及。

由于谈判前双方立场的差距很大，所以要使和谈成功，双方都得做很大的让步。事实上，国共双方都有这个诚意，而且都这样做了。1946 年 2 月 1 日周恩来在政协会议结束后答记者问时说："政治协商会议的成功是由于各方面特别是国共互相让步，共产党方面有很多让步，国民党方面也有很多让步。"①

在毛泽东赴重庆谈判期间，双方达成了原则上的妥协。从《国共双方代表会谈纪要》（即《双十协定》）来看，国共两党显示了相当的诚意，意味着双方权衡利弊，决定认真走和平的道路。共产党承认"在蒋主席的领导下……彻底实现三民主义"②。国民党同意实施宪政，召开政治协商会议，承认共产党及其他各党派的合法地位，承诺保障人民在身体、信仰、言论、出版、集会、结社方面的自由，释放除汉奸以外的政治犯，积极推行地方自治等。另外，在比较困难的方面，如军队国家化问题、解放区地方政府问题、国民大会问题，双方也达成某种谅解，有争议的问题，双方主张继续协商。

实质性的谈判是在随后召开的政治协商会议期间和前后。首先是停止内战问题。共产党的要求甚为迫切，因为这时候的国民党军队处于攻方状态。国民党尽管不甚情愿，但在美国的调停之下，终于在政治协商会议召开之前停止了军事冲突。随后召开的政治协商会议共分五个组，分别是改组政府组、施政纲领组、军事组、国民大会组和宪法草案组。所讨论的问题可归结为两个方面，一是政治民主化，二是军队国家化。共产党曾坚持政治民主化在先，军队国家化在后，国民党则相反，坚持军队国家化在先，政治民主化在后，后来双方同意二者同时进行。

关于政治民主化，蒋介石在政协开幕式的致词中作了四项承诺："（一）人民之自由：人民享有身体、信仰、言论、出版、集会、结社之自由，现行法令，依此原则分别予以废止或修正；司法与警察以外机关，不得拘捕、审讯及处罚人民。（二）政党之合法地位：各政党在法律之前一律平等，并得在法律范围之内，公开活动。（三）普选：各地积极推行地方自治，依法实行由下而上之普选。（四）释放政治犯：政治犯除汉奸及确有危害民

---

① 原载 1946 年 2 月 2 日《新华日报》，转引自《政治协商会议资料》，四川人民出版社 1981 年版，第 355 页。

② 原载 1945 年 10 月 12 日《新华日报》，转引自《国共谈判文献资料选辑，1945 年 8 月至 1947 年 3 月》，江苏人民出版社 1980 年版，第 4 页。

国之行为者外，分别予以释放。"① 共产党所关心的问题有两大方面：一是如何实质性地参与国家层次的政府（姑且称之为中央政府），一是如何维持和加强地方自治，以保证共产党所领导的地方政权的合法性。

为了实质性地参与中央政府，各方的共识是要扩大（国民党认为）或改组（共产党认为）已经存在的国民政府委员会。国民党开始的意思是将这个机关作为政府的"指导机关"，让其他党派参与进来。共产党和民盟敏感地意识到首先必须将这个机关变成在国民大会召开之前实际行使政权的机关，即他们所说的"最高国务机关"，行政院委员，包括各部部长应由这个委员会来任免，立法委员和监察委员必须经过这个委员会同意，国家的预算决算必须经过这个委员会的通过，立法原则，施政方案，军政大计必须经过这个委员会的讨论和决定。经过几天的争论，国民党做出了让步，同意了"最高国务机关"的提法。然后是关于这个委员会的名额问题。原有的国府委员名额是三十六人，国民党主张增加原有数目的三分之一，合为四十八人，国民党保留总数的四分之三，其他党派及无党派人士占四分之一。共产党最初的方案只要求国民党占总名额的三分之一。几经争执，名额定为四十名，国民党占名额的一半，即二十名，其余二十名在其他党派及无党派人士之间分配。由于国民党占了半数，如果什么议案都过半数通过，那么其他党派便成了陪衬，所以共产党与民盟又争取了一个规定："国民政府所讨论之议案，其性质涉及施政纲领之变更者，须有出席委员三分之二始得通过。"② 政协会议以后，又在其余二十名如何分配的问题上扯了很多的皮，主要是共产党和民盟要争取一个对关键议案的否决权。

国民政府委员会是国民大会召开前的一个过渡性机构，随后要召开的国民大会及其要制定的宪法才关系长期的权力分配。关于国民大会的代表问题，国民党坚持要十年前选出的 1200 名国大代表来开国民大会，通过宪法，实行宪政，他们是清一色的国民党人。这受到了民盟以及比较亲国民党的青年党的反对，而且全国的舆论也较为一致地反对。随后的妥协过程更多地体现了精英集团的利益均衡，而不是舆论要求或正义原则。这涉及国大代表们的个人利益问题，国民党谈判代表坚决不让步。共产党便开始妥协，主张承认国民党原已选出的 1200 名代表，但增加党派和社会贤达代表 700 名，并增加台湾和东北几省的代表 150 名，总计 2050 名，但坚决主张宪法的通过，须经出席代表四分之三的同意，并坚持共产党和民盟的代表数之和超过四分之一。周恩来曾劝说民盟代表们想开点，这次选不上国大代表，还有下次。从国民政府委员会和国民大会的代表额分配来看，共产党所争取到的权力份额稍少于其实际军事力量占全国军事力量的份额（约为三分之一）。

关于宪法草案问题，除了各代表团推定代表参加外，并推举了会外十个宪法专家参加。这些人大多向往英美式民主，而民盟的关键人物罗隆基和张君劢更倾向英国内阁制，这有利于消除个人独裁。于是，张君劢提出将有形国大变为无形国大，而将最高立法权交给立法院，"立法院为国家最高立法机关，由选民直接选举之，其职权相当各民主国家之议会"，"行政院对立法院负责"，"行政院得提请总统解散立法院"。共产党在同民盟的协

---

① 原载 1946 年 1 月 11 日重庆《中央日报》，转引自《政治协商会议资料》，四川人民出版社 1981年版，第 133 页。

② 1946 年 1 月 31 日，《政治协商会议决议案》，转引自《政治协商会议资料》，四川人民出版社1981 年版，第 271 页。

商过程中，也对此方案很感兴趣。这个方案也竟然得到国民党代表的同意。然而，这或许触怒了国民党内的激进分子，他们认为这推翻了孙中山五权宪法的原则。蒋介石也不高兴，因为这大大制约了总统的权力。在国民党六届二中全会上，国民党参加政协的代表被骂得焦头烂额，走投无路，就分头跑到共产党代表团和民盟代表团来请求让步。于是，共产党和民盟同意将无形国大改为有形国大，并修改了有关行政院向立法院负责并得解散立法院，以及省得制定省宪的条文。

省得制定省宪是共产党支持的有关地方自治要求的一部分，它得到民盟和青年党的支持。因为中间派知识分子对中央集权都有反感，他们所向往的英美民主中有很强的地方自治精神。这一点国民党的宪法学专家王世杰是很了解的。而且孙中山先生曾经主张过均权主义。共产党对此支持的理由是可以借此维持它对某些地方政权的领导。国民党最头痛的问题之一也是因为共产党政权的存在而不能保障其所提出的"军令政令之统一"。共产党坚决主张省自治，并要求控制若干省份的主席任免。国民党的妥协是可以搞县自治，实行县长民选。

顺便提一下和平建国纲领，这个问题很重要，在政协中的讨论也很复杂。值得一提的是，共产党不主张取消私有制，反而主张"实行经济民主和企业自由，确立国营与民营种类，取消国营工业之特殊待遇，扶助民间工业，给予大量贷款"，在文化教育方面，主张"废除党化教育，保障教学自由"，"大学采取教授治校制度，不受校外不合理之干涉"，"扶助民办学校"等。[①] 对于这些主张，罗隆基在政协会议后同马歇尔交谈时，马歇尔曾问中国的共产党同苏联的共产党是不是有所不同，罗隆基做了肯定的答复。这使马歇尔对中国的共产党渐生好感，也促使他卖力地调停国共冲突，等于说是为和平多增加了一点外部因素。

最棘手的谈判是军队国家化问题。军事力量的多少是分享权力的最大筹码，两大精英集团的领袖人物实际上都迷信枪杆子里面出政权。国民党当然希望共产党交出枪杆子，以谋军令政令之统一。共产党尽管不太愿意，但不能反对军队国家化这个大原则，而且也明白一个统一的国家不能允许"自主性军队"的存在，正如杜鲁门总统在对华政策声明中所说的那样。因此共产党同意进行缩编和整编，而且决定做出让步。在《双十协定》中，共产党同意将其所领导的军队缩编为二十个师，而原先提出的目标是四十八个师。在1946 年 2 月 25 日所达成的《关于军队整编及统编中共部队为国军之基本方案》中，整编目标是全国将有二十个军，共六十个师，其中国民党五十个师，共产党十个师。每个军下辖三个师，共产党的十个师的分布是：东北一个师；华北七个师，其中六个师分配在由共产党军官充任军长的军中；华中两个师，处在由共产党军官充任军长的军中。没有一个军全部是共产党的军队。共产党接受这种方案应该来说是做了很大的让步，所以罗隆基对马歇尔说："共产党的让步多。"当然国民党也有他们的苦恼，因为他们的军队也要大大的缩编，意味着许多的军官和士兵要失去饭碗。同时，国民党许多官员的位子也得让出来，以容纳共产党和其他党派及无党派人士。从这个意义上说，国民党也做了很大的让步。当然，如果没有美国的压力与马歇尔的调解，双方的让步是不可能达成的。强大的第三方的

---

① 原载 1946 年 1 月 17 日《新华日报》，转引自《政治协商会议资料》，四川人民出版社 1981 年版，第 191 页。

存在增加了双方让步的可靠性。因此，国共两党的代表在整军方案签字仪式上均对马歇尔将军给予了极高的评价。国民党代表张治中说："此次会议，能有如此良好结果，愿郑重提出应归功于伟大之友人马歇尔将军。"共产党代表周恩来也说："应感谢中国的朋友马歇尔将军之协助与努力。我个人也很光荣，能与一个世界战略家共同工作，完成此计划。"①

三、猜疑与失败

经过艰苦的谈判而得来的协议为什么就不能带来和平，进而带来宪政呢？

政治的理性选择分析中有个"最小获胜联盟"，它认为任何政治博弈都可以转化为零和博弈，如果博弈中的一方预期能够获得足够的力量赢得胜利，就不会再有动力去扩大自己的队伍。② 因此所谓为了某种整体的利益（如人民的利益或人类的利益）而组建超大规模联盟的梦想难以得到实现。除非这个整体面临某种外部灾难，若不整体性地联合起来便不足以形成战胜这场灾难的联盟时，才可能有大规模联盟的出现，在这个意义上，这个大规模联盟照样可以称作最小获胜联盟。另外，即使是最小获胜联盟也不一定会组建起来，因为博弈中存在着信息不确定性问题。博弈中合作的失败往往是由信息不确定性带来的，也就是说，博弈双方不了解对方的底细，不知道对方"葫芦里究竟卖的什么药"，因而总担心对方不履行合约，把自己出卖了，这时候的最佳选择是不合作，双方的不合作便成为均衡解。③

国共谈判的最终失败与这两个因素都有关系。首先，抗日战争的结束，使得大规模联盟存在的理由丧失，因为博弈局面改变了，联盟的净收益减少了。日本侵略期间，在日本、国民党和共产党的三方博弈中，国共两党若不合作，都有可能遭受灭顶之灾，各方所获收益为零，如果合作，则有一定的概率分享战争胜利的收益。这时候，国共双方的博弈局面大体可以描述如下。

		共产党	
		合作	不合作
国民党	合作	6，4	2，0
	不合作	1，1	0，0

这个博弈是以国共双方都有抗日的意愿为前提的。如果双方合作，就有一定的概率取得抗日的胜利，得到一个总额为 10 的收益，国共双方根据各自的实力分别得到 6 和 4。如果双方不合作，在预期中抗战必败，总收益为 0，双方都得 0。如果一方选择合作，一

---

① 原载 1946 年 2 月 26 日《新华日报》，转引自《国共谈判文献资料选辑，1945 年 8 月至 1947 年 3 月》，江苏人民出版社 1980 年版，第 140 页。

② 参见 William H. Riker. *An Introduction to Positive Political Theory*，Prentice-Hall，Inc.，New Jersey，1973，pp. 188～193.

③ 张维迎：《博弈论和信息经济学》，三联书店上海分店 1996 年版，第 15～16 页。

方选择不合作,当然最终也许会导致双方的不合作,抗战失败按理双方都得 0,但由于合作方得民心,有可能赢得额外的收益。另外,由于国民党相对强大,即使共产党选择合作,国民党选择不合作,预期中也有一定的收益。但作为理性决策者来说,在这个博弈中,双方都会选择合作,不管对方如何选择,也不管信息是否完全。这种合作联盟要大到能够战胜日本的时候为止,一旦联盟的最高决策者确信足以战胜日本时,他就不会再去扩大联盟,当最高决策者确信不需要这么大的联盟就可以战胜日本时,他就会着手排斥联盟中的边缘集团或分子,蒋介石在抗日后期制造国共摩擦就是例证。合理的推理是,蒋介石判断美国的参加将最终导致日本的失败,因而,不需要共产党的合作也可以取胜,倒并不是因为他要投靠日本。因此,所谓"外斗内团结"是一种理性选择,是为了形成最小获胜联盟而必须进行的努力,而不是中国文化的独有特征。

日本侵略因素所带来的合作只是一种临时性联盟,而并没有奠定长期的合作及至和平竞争的体制。一旦这种因素消失,双方无法在某种体制进行和平博弈,重新陷入战争博弈状态。抗战时大规模合作联盟的总体收益已大为减少。尽管有和平建国所意味着的远景收益,但在精英集团的理性计算中,这种收益是模糊的,远没有合作抗战所带来的收益那么清晰,因而难以构成大规模联盟继续存在的理由。但是,如果将对方排斥在权力分配体系之外,所付出的成本也相当高,因为那就意味着战争,谁也没有取胜的绝对把握。因此,从这个意义上,博弈又存在合作意愿,正如前面所分析的那样。这时候的博弈局面大体如下。

		共产党	
		合作	不合作
国民党	合作	4, 2	0, 5
	不合作	5, 0	2, 1

对于国民党一方来说,无论对方选择合作,还是不合作,它选择不合作是理性的,因为其分值都高于合作选择。对于共产党一方来说,选择不合作是同样理性的。那么最终的均衡点就是双方的不合作。然而,从结果比较,双方的不合作明显劣于双方的合作。如果有某种机制让双方达成合作协议,肯定比不合作要好。双方不合作情况下的收益是用各方在战争中获胜的概率乘以获胜后的总收益减去战争成本得来的,因此它的总体净收益(2+1=3)少于合作状态下的总体净收益(4+2=6)。

因此,只有在彻底知道对方合作意愿的情况下,双方才有合作的可能。当然,在对方选择合作时,自己选择不合作当然有利,但当对方知道你这么不守信用时,他同样也会选择不合作,因此,最终双方又陷入不合作状态。

要让战争中成长起来的两个对立集团之间建立这种信任关系是非常艰难的。因为多年的战争破坏了人们赖以相互信任的文明规则,而这种规则一般是在长期的和平博弈中形成的,短时间恢复是不可能的事。"兵不厌诈"就是战争中的双方信用沦丧的写照。

要使有合作意愿的对立军事集团实现真正的合作,一般必须有第三方调解,也就是必须有可靠的劝架者。调解者的作用首先是增加信息透明度，减少信息不确定性，让双方了解对方的真实愿望和要价；其次是监督双方的行为，对不合作行为进行有效的惩罚，以增加双方不合作的成本。

这就对调解人提出了要求。首先，调解人必须代表某种强大的力量，成为双方认可并信任的权威；其次，调解人必须不偏不倚，公正行事，如果偏向某一方，会重新导致不信任感；再次，必须有切实可行的方案和高超的技巧去消解合作中的不信任因素。

美国调解人马歇尔无疑具有第一个条件，因为他所代表的国家是世界上最强大的，而且是盟国的领袖，其权威性受到国共双方的认可。国民党作为执政党与盟国的合作自不待言。共产党至少在调解初期对美国是寄予信任的，其代表多次用杜鲁门总统关于中国政策的声明来要求国民党合作和让步，周恩来亦多次称赞美国的制度、政策和美国朋友的善意。马歇尔在获得这种信任的前提下，不敢懈怠，尽心竭力地工作，达成一个又一个的协议和调解方案。而且他尽可能地维持公正。1946 年 2 月 25 日，他在整军方案签字仪式上致词说："此协定为中国之希望。吾相信其将不为少数顽固分子所污损，盖此少数顽固分子，自利自私，即摧毁中国大多数人民所渴望之和平及繁荣生存权利而不顾也。"① 这里面所说顽固分子主要指国民党中的顽固分子。

在谈判中，国共两党都采取了走钢丝的政策，即一边谈判，一边争夺有利位置，以增加谈判筹码。毛泽东所说的"以革命的两手对付反革命的两手"就是说的这种情况。尽管这样做对于各方来说是理性选择，但对和谈来说是极其危险的做法。因为它极大地增加了双方的不信任感，增强对方对自己合作诚意的怀疑。马歇尔不是没有看到这一点，所以他最大的任务就是提出具体的整编方案后迅速组建各执行小组，分赴各地监督停火。这个执行组中的美方军事人员约一百名，国共双方人员计约三百名，然而，中国那么辽阔，冲突地点那么多，美方人员只能感到心有余而力不足。

当然，这不是最主要的。和谈失败的导火索是东北问题。在政协会议前的停火协议中，没有将东北包括在内。国民党坚持东北没有共产党军队，所以要政府军畅行无阻地接收东北主权。抗战中，共产党在东北的部队当然没有华北多，而且都是较为分散的抗日联军。但是东北对于共产党来说太重要了，可以说是它的大后方。如果共产党对东北的局势没有一点牵制能力，其华北的根据地不可能安全。等到国民党军队将东北完全控制住，共产党在谈判桌上就要吃更多的亏。因此，共产党无论从军事还是从政治的角度考虑都必须争夺东北。对于国民党以及对于美国来说东北也是战略上极为重要的地区，因为它可以建成牵制苏联和抑制共产主义扩张的基地，这一点作为国际战略家的马歇尔将军是心知肚明的，他曾一再强调东北几省在中国国防上以及在将来万一发生国际战争时的重要意义。有了这一层利害关系后，美国在对待国共两党谈判上，态度就不再是不偏不倚的了。国民党指责共产党妨碍政府军去东北接收主权，共产党指责国民党不停进攻中共军队。美国出于意识形态方面的战略考虑，不希望共产党占据东北，所以对国民党的军事行动采取了纵容态度。而这种纵容首先导致军事冲突的扩大，损害了国共双方本来就很脆弱的信任感，并最终导致共产党对美国调解人的不信任。在政协会议前的停战协定中，把东北排除在外是

---

① 原载 1946 年 2 月 26 日《新华日报》，转引自《国共谈判文献资料选辑，1945 年 8 月至 1947 年 3 月》，江苏人民出版社 1980 年版，第 141 页。

马歇尔的一个失算。政协会议过后，东北局势就恶化起来。看来，当时，马歇尔真的听信了蒋介石的话，认为东北没有共产党的军队。1946 年 2 月底的一天，他约见罗隆基时问道："东北有共产党的军队吗？"① 后来，罗隆基问马歇尔："你不是说东北没有共产党的军队吗？"马歇尔摇摇头，嘘口气说："那是国民党的军人告诉我的呀！"② 在双方极其敏感的地区，停战协议竟将它抛开，成为冲突扩大的直接因素。尽管马歇尔后来极力在东北进行调停，但战火似成一发而不可收之势。战火越大，不信任感越强，调停的技术操作越难，双方就会更加靠近完全不确定信息状态下的博弈，根据上述博弈局面，双方肯定会选择不合作。

因此，从调停的角度来看，由于调停方利益的介入和意识形态的偏向，由于技术操作层面的问题，使得调停在减少不确定性方面的功能大大弱化，至共产党完全失去对美国的信任后，这种功能最终几近丧失。马歇尔在 1947 年的声明中将失败原因归结于"在政府占有优势之反动派系"和"不妥协的共产党"，同时他又指出在"在（一九四六年）二月间，共产党并无此种不妥协之表现"。然而，他没有总结出共产党由妥协转为不妥协的原因，他不知道他在调停初期所带来的脆弱但却异常宝贵的信任是如何丧失的。

如果抛开调停方面，从博弈方的角度去考虑，有如下几个因素是很重要的。第一，国共双方多年的积怨导致双方的敌对情绪很难消除，很难相信对方说的话，所以，毛泽东去重庆谈判时，周恩来提出在开始几天要培养谈话的良好情绪，尽管谈判代表之间的情绪培养起来了，但两大对立集团中没有参加谈判的成员的情绪是依然如故的，尤其激进分子更是如此。第二，国共双方意识形态上的差异也是重要的方面，尽管相对于前苏联的共产党来说，中国的共产党更富有现实主义精神，但其革命的目标总是会引起国民党的猜疑，尤其在美国舆论和政策中反共色彩变浓后，这种猜疑也就更强烈了，当时又没有适当的渠道增进美国决策人物对中国共产党的了解，国民党的霸权心态又不愿意去做这种了解，只有那几个谈判代表如张治中、邵力子等对中共有足够的同情心。第三，精英集团的领袖人物自身是关键原因，前面说过，他们都信奉"枪杆子里面出政权"的道理，但没有像孙中山那样经受现代政治思维的训练，不知道如何在现代政治精神的指导下，去驾驭本党，驾驭局势，在复杂的政治斗争中实现妥协，从而成功地开启中国的宪政大门。

小　　结

在通往宪政的博弈中，如果要提高合作的成功率，一方面要增加合作给各方带来的预期收益，增加冲突给各方带来的预期成本。另一方面要减少博弈中的信息不确定性，减少精英人物之间的猜疑。对于第一方面，增大外部压力会提高各方对合作收益和冲突成本的预期，同时要能有效控制或驾驭双方的激进分子，因为他们对冲突收益的预期通常比普通人要高。对于第二方面，调停人的角色当然很重要，但从长期来说，培养冲突集团在观念上的共识是必要的。精英的观念不同，看待自己利益的方式也会不同，而这不同的方式就

---

① 罗隆基：《从参加政协到参加南京和谈的一些回忆》，《政治协商会议资料》，四川人民出版社1981 年版，第 510 页。

② 罗隆基：《从参加政协到参加南京和谈的一些回忆》，《政治协商会议资料》，四川人民出版社1981 年版，第 515 页。

会决定人民的不同命运。譬如说袁世凯如果深受维新思想的影响，他就不会认为去做一个皇帝比做一个总统更能代表自己的利益。孙中山如果不受现代政治理念的影响，也不会认为做一个实业部长比做一个总统更能实现自己的价值。所以精英人物是重要的，尤其在冲突中的精英集团都有合作愿望的时候，精英人物的取舍就更显关键。如果他们把握不住机会，不仅会给当时的人民带来灾难，而且会增加后续发展的困难。在某种程度上说，大众的民主权利不是他们自己争来的，而是冲突的精英集团相互妥协从而确立和平竞争的体制所带来的扩散效应。而在冲突中实现妥协并完成宪政构架的精英人物需要某种知识结构和思维模式。所以本文的尝试性结论可归结为一句话：精英是重要的，因为他们的选择具有极大的外部性；知识是重要的，因为它极大地影响着精英的选择。对于后半句在这个案例中的重要性，还需要另外的研究予以支撑。

冲突与平衡：美国联邦预算政治的制度分析

周军华*

摘　要：美国公共预算的形成是各个政府机构之间互相冲突与妥协的结果，本文主要分析在联邦预算层次上围绕预算权而互相冲突与平衡的政治结构。其中最重要的是两个分权部门，即总统与国会之间的冲突与平衡，它们是预算权力冲突中最重要的两个参与者。其次是作为民选部门的总统、国会与官僚机构之间的冲突；再次，行政、立法部门内部同样存在着围绕预算的冲突。此外，法院也可以通过司法权影响国会和总统之间的预算权力冲突。

关键词：美国；联邦预算；国会；总统；法院；官僚机构

在美国政府的运行中，公共预算无疑具有重要地位，它决定着约占国民生产总值四分之一左右的财富的流向，也决定着税收、信贷、债务等对整个国家举足轻重的诸多事项，同时也极大地影响着两年一次的国会选举和四年一次的总统选举。因此，联邦预算的形成过程中必然包含着大量的冲突，有人通俗地形容：预算就是战争。

一位政治学家这样描述 1990 年的国会预算会议：

> "鲜有政治斗争如此地激怒美国公众，会议一直持续到午夜，伴着指名道姓的辱骂，党派龃龉充斥着整个会场。在为新税提案激烈辩论的同时，会场外侧的国会听证室中挤满了院外活动分子。老人们忧心于医疗费用是否会上涨，而更多公民则害怕特殊利益集团操纵了议程，从而施惠于特别的选区……布什总统正就政府支出权限同民主党的国会领导人进行紧张的讨价还价，如果双方谈不拢，整个政府就要关门。对美国政治系统而言，说得好听点，这决非是个美好的时刻。" "……更糟的是，人们担忧预算之争会导致立法过程甚或是美国政治制度的分裂。为什么预算的制定如此艰难？……美国的政治制度到底出现了什么深层的危机？"①

1990 年的预算斗争只不过是美国预算政治中的一个平常例子，而在 1995 年就出现过因预算冲突而导致政府部分机构关门的极端情形。国会预算权在实际运行中往往包含了大量的冲突与斗争，当然也会有妥协与平衡。之所以会有冲突是因为资源永远无法满足所有

---

* 苏州大学政治与公共管理学院讲师，武汉大学法学（政治学）博士。

① Donald F. Kettle. *Deficit Politics*：*Public Budgeting in Its Institutional and Historical Context*. New York：Macmillan Publishing Company, 1992. pp. 2 ~ 3.

的需求，而每年总要通过预算法案，这就要求不同的要求之间有所妥协，因而需要平衡。这种冲突与平衡在美国预算政治中涉及两个层面，其一是预算作为一种政治，必然包含着冲突与平衡；其二，美国的分权制衡体制把冲突与平衡纳入到了一个制度化、常规化的结构之中。

首先，所有的政治问题最终都会表现为预算问题，所有的预算问题又都可还原为政治问题，也就是凯特尔所说的"作为预算的政治"和"作为政治的预算"①。任何一种预算方案的选择都会使某些人、某些团体受益，同时损害其他人或团体的利益。因此，预算过程中充满了种种利益或观念的冲突，如支出和收入如何在不同的公民、团体、地方之间分配？政府究竟在多大程度上可以干预经济生活？支出应该运用在哪些项目上？每一种项目的规模应是多大？这些项目的花费和收益应当如何分配？为什么有的人要比另一些人缴纳更多的税？所有的这些问题都必须经过反复的冲突与平衡才能达成协议，而这些问题的答案最终都要被包含在预算立法中去。正如美国学者艾伦·希克所说，预算是美国政治当中一直存在的战场，每一方都会参与其中——"各个机构都想争取更多钱，预算局争取对支出的控制。总统发布了一套预算优先项目；国会实施的却是另一套。在国会内部，有众议院和参议院之间的斗争、授权开支的委员会与拨款委员会之间的斗争以及扩大开支者与节约开支者之间的斗争"②。

其次，理性地安排国家的政治生活，就意味着要把政治过程中复杂、多变而且难以控制的因素纳入制度化、程序化的解决渠道。美国预算制度中分权、制衡的设计就体现了这种理性。这一制度的前提是承认社会中存在着大量的、激烈的利益冲突，制度设计的目的不是消灭冲突，而是把冲突纳入合法的政治过程之中，让冲突各方可以采取合法的方式进行角逐，最后达成一种妥协，这种妥协不但有效地解决了冲突，并且意味着多数人的"同意"，正是这种"同意"赋予政府行为以合法性。表面看来，预算大战是政府与国会这两个政府部门之间冲突，但事实上，在实际政治运行过程中，美国的总统、议员都往往是特定选民、特定利益集团的代表，他们的政纲都体现了这些特定群体的利益，所以预算大战实质上是不同的社会集团之间的冲突。在冲突中，所有的集团都希望在政府新的预算计划中分得社会合作的最大成果，承担最低的合作成本。美国政治制度设计的高明之处就在于它事先预见到这些冲突，承认并包容这些冲突，使冲突制度化、合法化，把涉及庞大人群之间的冲突制度化为机构之间的冲突。各种社会力量在冲突中达成妥协，各种权力也在制度化的冲突中得到驯化而趋于文明，虽然预算大战发展到最激烈时甚至可能导致政府关门，但制度化冲突却避免了更激烈的社会冲突，如暴力冲突、大规模的罢工、甚至起义或革命。

围绕预算的冲突主要可分为两个层面，其一表现在国家权力形式上，即正式的分权制衡的制度结构中不同部门之间的冲突；其二表现在社会权力形式上，即各种形式的社会力量之间及其与国家权力之间的冲突。本文分析正式的分权部门之间的冲突和平衡，这一冲

---

① Donald F. Kettle. *Deficit Politics: The Search for Balance in American Politics*, 2nd ed. New York: Longman, 2003. p. 1.

② Allen Schick. The Battle of the Budget. *Proceedings of the Academy of Political Science*, Vol. 32, No. 1, Congress against the President. 1975, pp. 51~70.

突主要在三个层次上展开，首先，关于预算权最基本的冲突在总统和国会之间展开，这个冲突是预算中政治斗争的主线。其次，冲突还表现在总统、国会这两个民选机构与官僚机构之间的关系上。再次，行政部门内部的总统及其预算管理办公室与政府诸部门之间的争夺与冲突，国会内部参议院与众议院之间的冲突、各委员会之间的冲突、议员之间的冲突，两党之间的冲突，院外活动集团之间的冲突等，都大量存在。当然，这些国家权力结构和制度层面的冲突往往反映了诸如各州之间、不同经济部门之间、不同区域之间、城市与农村之间、工业与农业部门之间的冲突。

一、总统与国会

在关于预算权力的冲突当中，总统和国会是最重要的参与者，无论对于总统还是国会，对预算权的控制都是最紧迫的政治任务。对总统而言，只要能拥有更多的预算决策权，他就有更多的自主权来安排政府的各种项目日程；而对于国会议员来说，也只有牢牢地控制了预算，他们才能在代议制结构中既施惠又讨好于他们的选区。预算权也影响到其他宪法权力的实现——如果总统在一场预算战中获胜，他就可以在一系列的非财政问题上取得主动；反之，如果国会在预算问题上挫败了总统，它也可以在一系列的问题上掌握主动权，如国防事务、社会福利体系的构建等。总的看来，国会与总统之间的冲突，是美国宪政体制本身固有的安排，它体现在以下几个方面：

（一）预算冲突是美国宪政体制中分权制衡原则的最生动体现，美国分权制衡的宪政框架为预算权的运作提供了一个基本的框架。人们知道，美国三权分立体制的产生源于现代国家的一个基本难题：即权力的有效性与权力的正义性问题。制宪者原初的意图既考虑到制度的有效性，即如何才能让政府成为一个强有力的政府从而有效地展开社会管理活动，又考虑到制度的正义性，即如何才能够防止暴政的产生。就总统部门而言，正如托克维尔所指出的："美国立法者当时面临的一项难以完成的任务，就是要创设一种既依靠多数，又有足够的力量在自己职权范围内自由行事的行政权。"① 一方面，制宪者企图通过竞争性选举这一制度设计，使总统成为多数选民的代表；另一方面，也要求总统能够在必要的时候展开足够独立的行动。但是，如果没有对行政权的制约，就有可能出现暴政，因此还必须通过对全国政府的分权来实现权力的制衡，于是，国家最重要的决策都要靠不同机关之间的协作完成。在预算问题上，首先，预算必须通过立法，经过国会通过的预算即是法律。然后，从程序上看，预算由政府编制提出，由国会通过；而国会在审议、修改、通过预算法案的过程中则表达了自己的偏好，随后，总统有权否决国会所通过之预算法案，国会又可以推翻总统的否决。

在预算过程当中，国会与总统领导的行政部门的政策偏好往往不同，但各项政策的贯彻和执行都须赖于财政的支持，政策偏好之争因而必然表现为哪些项目拨多少款，结果，激烈的政治和政策冲突最终就在预算过程中演变为预算收支的数字之争。反过来，每一项预算收入或者支出都不仅仅是枯燥干瘪的数字，它的背后体现着总统或者国会对不同政策的偏好。而且，在联邦政府的预算能力　定的情况下，在预算当中给一个项目多拨款往往就意味着削减其他项目，而项目拨款的增加和削减必然会影响到负责该项目的机构和该项

---

① ［法］托克维尔：《论美国的民主》（上），董果良译，商务印书馆 1988 年版，第 134 页。

目的承包人；同时，联邦政府如果要增加财政收入又意味着要向某一部分公民或者企业征收更加高额的税收。这些反过来又会影响到不同部门的权力配置和不同公民的政治态度，进而影响国家的政治和经济发展。

如果国会与总统对财政预算的优先顺序发生分歧，即使最精明的、能言善辩的总统也很难使他的收支偏好获得国会的同意，尤其是在分治政府之下，国会和总统之间的预算冲突就更加激烈，国会通常无视总统的预算建议，甚至代之以跟总统表达的政策完全相反的政策。虽然总统可以否决国会通过的预算法案，但是在国会送给总统签署的一揽子预算法案中往往既有总统所厌恶的项目，又有总统所偏好的项目，而总统只能要么全盘接受、要么全盘否决国会的法案，不能部分否决或者修正，所以总统常常不得不为了得到自己想要的东西而被迫签署整个方案。当然，总统也可以威胁动用否决权来迫使国会让步，但是总统的否决也未必能起到预期的效果。有学者对第二次世界大战后 43 个联邦计划和机构拨款数据的回归分析证明，只有总统的所提出的开支要求少于国会拨款数额时，总统的否决权才可以制约国会，使国会让步；但是如果总统所提出的开支要求大于国会拨款数额，总统的否决权就不太奏效。① 有时候，国会故意给总统出难题，将必然遭总统否决的法案送交总统签署，因为经验分析表明，总统否决重大立法通常会导致他的支持率下降，平均下降幅度为 2%。② 但总统无论是出于事实需要还是战略需要行使否决权，都势必引起更加漫长的协商和谈判过程，也可能引起更加激烈的冲突，无论是哪种后果，都可能造成拨款法案在新的财政年度开始时不能按时通过，影响政府的正常运转，甚至导致政府机构面临关门的危险。从这一点来讲，总统在与国会的预算冲突中并不占优势。

（二）预算冲突也是两种代表制之间的冲突。在整个 20 世纪，总统被认为在美国政治改革中扮演着进步角色，而国会则通常被认为造成僵局的根源。因此，约翰·马里尼把 20 世纪美国分权部门的冲突简化为自由派的总统和保守的国会之间的冲突。③

在现代代议制政体中，美国的政治体制有其独特之处，通常被视为民意代表机关的国会，被美国人看作特殊利益的代表，而通常被认为是民意委托机关的行政部门，却被认为最能代表民意。其理由很简单：国会不是民主产生的，议员只是由特定的选区选出来的，而总统是在全国范围内依照多数原则产生的。此外，国会的许多内在工作程序，如阻挠议事和资历体系，也都是反民主的多数原则的，因此，不能指望国会成为全国普遍利益的代言人，总统就成了国家政治生活中对非民主的立法机关进行对抗的因素。

然而，如果冷静地思考整个美国宪政的设计原理，也许会对这个问题有更深的理解。那些支持总统权力的人认为总统是在全国范围内由多数选民选出，因而是整个民族共同利益的最直接体现。但是，这个观点所蕴含的前提正是制宪者所深深怀疑的，即多数统治是否真的具有道义上的优越性。因此，在"麦迪逊式民主"中，非常强调对多数暴政的恐

① D. Roderick Kiewiet, and Mathew D. McCubbins. "Presidential Influence on Congressional Appropriations Decisions". *American Journal of Political Science*, Vol. 32, pp. 713~736.

② Groseclose, Tim and Nolan McCarty. The Politics of Blame: Bargaining Before an Audience. *American Journal of Political Science.* Vol. 1. pp. 100~119.

③ John Marini, *The Politics of Budget Control: Congress, the Presidency and the Growth of the Administrative State.* New York: Hemisphere Publish Corporation, 1992, p. 17.

惧，显然，在以麦迪逊为代表的美国制宪者看来，以一种单一代表制组成的政治制度必然是有缺陷的。为了弥补这种缺陷，就必须进行制度上的平衡。所以美国的立法机关，从一开始就不是作为全体民意的代表者，尤其是参议院，最初纯粹是为了保护地方性的州权而设立的，代表着分散的、区域的利益，这种代表制的设计正体现了那些对由多数产生的总统权力不信任的观念。尤其是在20世纪后半叶，随着行政国家的产生及总统权力的空前扩张，又强化了人们的分权信念。肯道尔认为，国会代表各地区的利益，这本身并没有道义上的缺陷，因为在美国政治中，全国利益并非总是高于地方利益。他说："国会选举为总统选举的内在抽象性提供了一种补救，行政—立法二者的紧张关系是一种纠正方式。"①换言之，在美国宪政设计中，具有强烈的理性因素，它是一种并非纯粹基于道义考虑的制度选择，并没有迷信于民主的多数原则在道义上的优先性，而是考虑到了种种利益的平衡，只不过这种平衡并不是要消除冲突，而恰恰是通过冲突来实现平衡，当然，这种冲突是在一种有序的制度内进行的。

美国的代议制政体正是通过两种代表制结构来完成自身平衡的，它对多数统治怀有深深的疑虑，因而采取了分权制度，但分权本身并没有否定多数统治，它只是为保障少数权利提供了一种制度的安排，使得政治决策在遵行多数原则的时候，少数的意愿仍然能够通过一种代表制表达出来。从这个意义上说，分权正是这样一种保护少数的制度实践。

（三）分治政府成为当代美国政府的一种常态形式，加剧了预算冲突的激烈程度。所谓分治政府，通常指白宫由一个政党掌握，而国会参、众两院中至少有一院由反对党控制（即该党议员占多数）的局面。20世纪以来，特别是罗斯福新政以来，权力迅速向总统集中，但是美国分权制度的平衡机制可以避免政治体制中的任何一种倾向滑向极端。在总统权力趋向扩张的同时，也出现了许多相反的发展趋向，其中一个重要现象就是选民的倾向发生了变化。行政权迅速的扩张引起了选民对行政"利维坦"的恐惧心理，从而试图通过选票加强反对党的力量来实现权力的平衡，这就产生了跨党投票模式，即在选举总统时把选票投给一个党的候选人，同时把国会议员选票投给另一个党的候选人。正是这种选民心理和投票模式，导致了两党分治政府日益成为美国政治中的一种常态。②尽管在过去也出现过由两党分别掌握总统职位和控制国会多数的情况，但直到1946年以前这种格局都是比较偶然的，从1861年到1946年的86年中，由总统的反对党控制国会一院的有22年，同时控制参、众两院的则只有6年。但是，罗斯福新政时期美国的政治体制发生了一系列重要演变。在总统权力大大强化的同时，也造成了两大政党中一系列的分化改组，尤其是由于新政给农场主阶级和工商阶级造成利益的不均衡，最终导致了南部民主党的分裂，结果是1946年的中期选举产生的第80届国会中，民主党"在参众两院都失去控制权"，结束了民主党的一致政府（即一党同时掌管白宫和控制国会两院）的局面，而共和

---

① Willmoore Kendall. The Two Majorities. *Midwest Journal of Political Science*, Vol. 4, No. 4 (Nov., 1960), pp. 317~345.

② Melody Rose. Divided Government and the Rise of Social Regulation. *Policy Studies Journal*, Vol. 29, No. 4, 2001, pp. 611~626.

党控制了国会两院后做的大部分事情则是"刁难政府"、"从中作梗"。① 分治政府改变了传统意义上的竞争性两党政治——把一党统治的政党政府变为两个多数党统治的政府。这种情形也常常出现在州政府，即州长属于一个党，而控制州议会的是另一个党。此后，跨党投票作为一种选举模式内化在选民的政治观念中并随着时间的推移不断地得到强化（9·11恐怖事件使这一趋势暂时有所改变），因而两党分治的政府也越来越经常的出现。据统计，从1946年到2005年间的60年中，有36年（60%）是分治政府（其中包括共和党里根政府的前四年中，参议院多数是共和党而众议院多数是民主党）。在1968到2005年的37年中，有28年（76%）是分治政府。而自1981年罗纳德·里根任总统以来的24年中，竟有20年（88%）是分治政府。②

两党分治现象本身是选民选举的直接结果，它反映了美国民众对由行政权扩张而可能造成的暴政的恐惧。事实上，两党分治的确有利于国会与总统之间保持权力的平衡，并迫使两党政治家在立法提案问题上协商和妥协，以避免过于激进的政治变革或政治的独裁倾向。现代政治经济学的研究表明，理性的选民如果在大选中选举了某个政党的候选人作总统，那么他们就会在下一次的国会选举中把选票投给另一个政党的候选人，从而使公共政策不至过于偏激。③

两党分治成为美国政治常态的半个多世纪以来，美国国会越来越多地运用阻挠议事程序来阻止议案通过，同时，总统也越来越多地使用否决权或口袋否决权。在预算过程当中，当总统的党和国会的多数党是同一个党的时候，总统的要求一般会得到更多的满足；但是，当国会的多数党和总统的党不同的时候，总统的要求常常会遇到国会的阻挠，1995年的预算大战导致克林顿政府关门，就是在1994年的中期选举后共和党控制了国会两院的背景下发生的。因此，总统为使自己的政策主张得到有效的贯彻，在编制预算时就不得不充分考虑国会的可能反应而主动让步，比如当共和党控制了国会而总统是民主党人的时候，总统就会减少所要求的拨款。④ 这就是说，在两党分治中，一党控制的国会往往给另一党控制的政府设立苛刻的开支限额，从而迫使政府内部互相竞争的机构之间在经费方面进行零和博弈，从而使政府内部摩擦不断，预算大战频繁发生。

二、民选部门与官僚机构

在考察美国的预算冲突时，作为民选部门的总统、国会与技术型官僚之间的关系也是不应忽视的。20世纪以来，官僚机构与民选政治家之间的关系已成为学者们关注的焦点。依照美国宪法，由国会和总统共同掌控官僚机构，如在人事任命上，高级职务由总统提名，由国会通过；此外在1921年之前，总统领导的各行政部门都直接向国会提交预算。

---

① 小阿瑟·施莱辛格：《美国民主党史》，上海人民出版社1977年版，第339～340页；《美国共和党史》，上海人民出版社1977年版，第346页。

② M. J. C. Vile. *Politics in the USA*, 5th ed, London, New York: Routledge, 1999. p. 229.

③ Alesina, A., and Rosenthal, H.. *Partisan Politics*, *Divided Government and the Economy*, New York: Cambridge University Press, 1995.

④ James Cox, Gregory Hager, David Lowery. Regime Change in Presidential and Congressional Budgeting: Role Discontinuity or Role Evolution? *American Journal of Political Science*, Feb. 1993.

但宪法只是划分权力的归属，而对于权力的具体运行却没有明确的规定。正如赫尔伯特·斯托林所指出的，在美国的分权结构中，"没有什么比总统与各部部长之间，以及国会同各部部长之间的关系更加至关重要的了"。他同时指出："宪法并没有回答一个基本的问题，即总统或国会如何成为行政组织的掌控人。"①

行政官僚机构不是选举产生的，并不一定能代表公众的普遍利益，何况它们也具有自身的利益，因而在权力运用中也具有自主性。"每一个大的政府部门都是各自利益集团的支持者、代理人和辩护士；权势者的保护人；以及他们本部门利益的卫士和守护神。"②如农业部通常是农业组织的代言人，劳工部通常要为工会说话。当这些部门在为特殊的利益集团争取更多的拨款、补贴、许可和借贷的时候，很难设想预算过程会反映整个国家的客观需要和普遍利益。虽然预算报告总会公开，但在编制的时候却势必有许许多多的幕后协商和交易。因此，作为民选部门的总统、国会与官僚机构之间就呈现出一种控制的辩证法，即法定结构中的控制主体往往会反过来成为控制的对象。另外，在总统与国会之间，也存在着争夺对官僚机构控制权的激烈而持久的竞争。

首先，在民选部门与官僚机构之间，存在控制与反控制的辩证关系。从程序上看，预算是由总统提出，然后由国会审议通过。但事实上，对行政管理技术的了解以及对行政部门的控制，对预算权的行使具有重大影响。如1921年起国会之所以将预算编制的权力委托给行政部门，其直接契机是在1921年之前的几个财年，连续出现了大幅度的财政赤字，这表明在19世纪末的行政国家兴起之后，国会事实上已经不能胜任从总体上规划国家收入及支出的任务。同样，作为民选机构的总统也存在着对官僚机构进行控制的问题，因为在大政府时代，行政管理的复杂性与专业性决定了行政国家的统治只能是技术统治，而作为民选的总统，对于具体行政管理事务的隔膜也造成他难以控制具体行政机构的支出。最突出的是国防体系，虽然军费开支在财政支出中占了很大比重，但国会或总统对诸如武器的研制和采购这样一些支出的细目等却很难弄明白。虽然总统和国会可以运用在人事任免方面的权力来影响具体部门，但行政机关具有自身的利益，更何况总统和国会与官僚机构之间存在着明显的信息不对称。为了解决这个矛盾，国会和总统建立了形形色色的专家委员会，通过它们来监督、指导官僚机构的工作，并为民选官员控制官僚机构提供知识和技术支持。例如，舒曼委员会就对第二次世界大战期间的大量军事合同中的严重浪费行为进行了揭露。③

总统控制行政机构预算最有力的工具是管理和预算局，它不但为总统编制预算，而且还监督预算的执行，直接向政府各部、局颁布规章。自罗斯福新政以来，预算局成为"总统对巨大行政机器进行集中财政管理的左右手"④，一直是协助总统控制官僚的得力助手。国会也根据1974年的预算与截留法成立了总审计局和国会预算局（CBO），前者对

① Herbert Storing. *Creation of the Presidency*, Baltimore: Johns Hopkins University Press, 1969, p.140.

② Howard E. Shuman. *Politics and Budget: The Struggle Between the President and the Congress*, Englewood Cliffs: Prentice-Hall, Inc. 1992, p.56.

③ Howard E. Shuman. *Politics and Budget: The Struggle Between the President and the Congress*, Englewood Cliffs: Prentice-Hall, Inc. 1992, p.56.

④ President's Committee on Administrative Management, *Administrative Management in the Government of the United States*. Washington, D.C.: Government Printing Office, 1937, p.20.

政府各部门的管理体制、政策执行情况进行调查，并审核它们的账目；后者则为国会各委员会和小组委员会提供准确的经济信息和经济预测。

总统管理和预算局这类机构的建立，其直接目的就是要形成一个"控制具有自主倾向的各类行政部门和机构的反官僚体系"①，但随着时间的发展，新的问题又出现了，因为这些协助民选部门控制官僚系统的机构自身也会逐步官僚化。例如，20世纪90年代以后，总统管理和预算局自身的预算要求也在大幅度攀升，其行政开支竟然达到了近六亿美元。② 总统不仅在编制预算方面严重依赖于管理和预算局，而且为了履行与控制官僚体系有直接或间接关系的其他制度职能也同样需要该局。管理和预算局包括预算和管理机关两大部分，拥有大量的次级机关，分别负责诸如法律事务、与立法机关的联络和经济政策等等事务；就管理和预算局的财政事务而言，预算审查人员具体负责某些特定机关或机关内部某些特定的政策。所以，到了后来，如何控制管理和预算局竟成了总统要解决的新问题，总统的办法是在人员录用中重视其政治素质，将党派意见、政治倾向和忠诚度置于其技术素质之上。这种办法在有效地加强总统控制的同时，却又产生了另外两个问题，其一是由于过分强调人员的政治上的忠诚而忽视其技能，因而降低了作为一个"官僚控制体系"所需要的技术能力，其二是由于加强了管理和预算局的政策取向（即在制定预算政策时优先考虑总统的政治诉求），政策本身的技术性因素被置于次要位置，这反过来加剧了该局与行政部门官僚机构之间本来就存在的冲突。③

其次，总统和国会两个民选部门之间，在控制行政官僚机构的问题上，也存在着激烈的竞争，而预算就是这种竞争的重要方面。美国宪法确立的是一种非常独特的政府形式，使它的官僚机构处于"一仆二主"的地位。詹姆斯·威尔逊写道：

> "我们的宪法规定，'总统保障法律得以忠实的执行'，总统认为这句话的含义在于，政府部门应对他本人负责。然而宪法同时还赋予了国会'所有的立法权'，国会认为这便意味着，它授权建立的政府机构理应遵循并响应其缔造者的旨意。"④

对于制宪者来说，宪法上的这种设计实出自于当时政治思想中一种广为流传的信念，即非专制的行政机构在其本性上必定具有内在的虚弱性。⑤ 然而，这种互相牵制的制度安排造成了美国政府决策上的困难，造成了民选的总统和国会为了控制行政机构而不断进行斗争。一方面，预算是影响行政部门行为模式的最有力的工具，预算资金作为一种稀缺的经济资源，在各行政部门之间存在着激烈的争夺。于是，总统把预算的编制和分配作为控

① ［美］威廉·F.韦斯特：《控制官僚：制度制约的理论与实践》，张定淮，白锐译，重庆出版社2001年版，第92页。

② ［美］威廉·F.韦斯特：《控制官僚：制度制约的理论与实践》，张定淮，白锐译，重庆出版社2001年版，第35页。

③ ［美］威廉·F.韦斯特：《控制官僚：制度制约的理论与实践》，张定淮，白锐译，重庆出版社2001年版，第122页。

④ ［美］詹姆斯·Q.威尔逊：《美国官僚政治》，张海涛译，中国社会科学出版社1995年版，第312页。

⑤ John Marini. *The Politics of Budget Control*. New York：Hemisphere Publish Corporation, 1992, p. 24.

制官僚机构、实现行政集权的重要手段。第二次世界大战后，总统越来越频繁地截留预算开支，包括延缓资金使用权和中止资金使用权（完全将拨款冻结起来），藉此干预各部门的行政开支。

另一方面，国会利用预算控制行政机构本来就是宪法的应有之意。在 1921 年之前，国会通过对各政府部门直接拨款而控制国家的行政活动。之后，预算由总统统一提交国会审批，"但实际上，国会对各行政机构的领导人与总统之间就这些（预算）问题存在的分歧了如指掌"。因此，"形式上所有行政机构从属于总统，然而事实上由于国会有授权、拨款和调查的权力，所以至少可以毫不费力地对这些机构的那些较为明显的活动及操作性较强的工作施加影响"①。另外，国会对于总统利用预算来控制行政机构的行为也十分敏感，如尼克松总统曾频繁地截留国会通过的预算拨款，国会将此视为对自己权力的一种侵犯，于是在 1974 年通过了预算和截留控制法。根据该法案，国会参众两院中的任一院都有权否决总统的截留决定，并要求总统必须在 45 天内就其截留资金的行动征得两院的一致同意。② 再如对行政机构进行预算控制的机构设置上，国会的预算局、总审计局和总统的管理和预算局都是应时成立的，当国会注意到管理和预算局不仅制定预算而且还变更政府机构管理办法时，它便责成总审计局对政府各部门的管理体制、政策执行情况进行调查，并审核它们的账目。③

三、法院、总统和国会

在关于预算冲突当中，作为司法机关的法院既不参与预算的编制，也不关心预算总额的高低，可以说跟具体的预算事务没有什么关系。但是，若涉及有关预算权力的法律诉讼，法院就不能置身事外了。这里提到的是两个典型的判例：

1973 年和 1974 年，尼克松及其行政管理部门任意截留国会拨款的做法引起了国会的不满，也引发了许多法律诉讼，其中大多数都以行政机关的败诉为结束。但法院的裁决一般依赖特定的法律规定，而没有触及总统的宪法权力。1975 年，最高法院审理了其历史上首例关于截留国会拨款的诉讼。在 Train v. City of New York 一案中，最高法院法官一致认为美国环保署没有足额分配国会在 1972 年联邦水控法案修正案中所授权的资金数量。④尽管最高法院的判决完全基于对 1972 年法案文本的解读，而没有涉及宪法权力问题，但由于美国是实行判例法的国家，该判决就成为以后同一类型的案件的模板，也就是说只要行政机关在不符合法律规定的情况下截留国会已经授权和拨款的支出款项，它就要承担相应的法律责任。这虽然不是一项违宪审查的判决，但联邦最高法院已经影响了行政和立法机关之间关于预算权的冲突。

---

① ［美］詹姆斯·Q. 威尔逊：《美国官僚政治》，张海涛译，中国社会科学出版社 1995 年版，第 313 页。

② ［美］威廉·F. 韦斯特：《控制官僚：制度制约的理论与实践》，张海涛译，中国社会科学出版社 1995 年版，第 91 页。

③ ［美］詹姆斯·Q. 威尔逊：《美国官僚政治》，张海涛译，中国社会科学出版社 1995 年版，第 313 页。

④ Allen Schick. The Battle of the Budget. *Proceedings of the Academy of Political Science*, Vol. 32, No. 1, Congress against the President. 1975, pp. 51~70.

1985 年，国会所制定的平衡预算和赤字紧急控制法（即格拉姆法）规定了国会对预算的强制削减程序，即每年 8 月 15 日，国会预算局局长与管理和预算局局长联合发布一项"快报"，根据国会到当时为止的财政行动，预报新财政年度的预算赤字额，如果双方折衷的预算赤字和格拉姆法所规定的赤字目标的差额超过 100 亿美元，即执行格拉姆法特别规定的"冻结"程序：由国会总审计局局长向总统提交新财政年度必须执行的削减开支数目，再由总统据此签发"冻结令"。但是 1986 年，这一程序被联邦最高法院宣布违宪，理由是它赋予国会总审计局——一个立法机关的辅助机构——以行政执行权。①

过去，美国总统对国会通过的法案，只能要么接受、要么否决整个法案，而不能接受其中的某些条款，同时又否决另外一些条款。1996 年 3 月，国会通过法案授予总统单项否决权，允许总统否决拨款法案的部分内容，总统可以在把一项预算法案签署为法律的后的五天内致信国会，说明他将取消任意数量的自主性开支授权和任何项目的直接支出等等。该法律经克林顿总统签署后于 1997 年 1 月生效。这一法律使总统可以否决国会所通过之法案中的部分条款，扩张了总统在预算中的特权。有学者认为，通过单项否决权是国会把自己的在预算上的优先权割让给了总统②；更有学者认为这一措施是"政府体制真正的根本上的变化"，它将"把国会的预算权移交给宾夕法尼亚大街 1600 号"；③ 参议员比尔德认为，这项法律会使总统的权力得到加强，"将会颠覆我们的分权制衡的宪政体制，这是一种制宪者们从 208 年前传给我们的体制，这是一种在过去的两个多世纪里维持我们的国家良性运转的体制，正如我们从先辈们那里继承这种体制一样，这也是一种我们的儿孙们有权利从我们的手中继承的体制"④。1998 年 6 月，最高法院在一起诉讼中判定该法违宪，因为它违反了总统和国会之间的权力分立原则。⑤ 法官托马斯·潘费尔德·杰克逊认为，单项否决权损害了议员们的基本立法权，因为经他们投票表决的文字并不必然决定最终的拨款。总统若要坚持拥有该权力，便是超出了执行的范围，变成了法律的制订者，超出了宪法第一章所规定的立法应由两院负责的程序要求；杰克逊同时还认为，国会做出的将单项否决权授予总统的决议是不合法的。他说，国会的所作所为放弃了"构成美国法律内涵的权力"。⑥ 可见，法院在关于预算权力的冲突中也扮演了不可或缺的角色，只要行政或立法机关任何一方侵入另一方的权力领地，法院就可以通过自己的司法活动来维护权力的平衡。这个判例也说明，在美国的分权制衡体制中，任何一个机关不仅不能超过

① Lawrence C. DODD, Bruce I. Oppenheimer, *Congress Reconsidered*, sixth edition, Congressional Quarterly Inc., 1997, p. 328.

② Neal E. Devins, In Search of the Lost Chord. *Case Western Reserve Law Review*, Summer 97, Vol. 47 Issue 4.

③ Neal E. Devins, in Search of the Lost Chord. Case Western Reserve Law Review, Summer 97, Vol. 47 Issue 4.

④ Andrew Taylor, Congress Hands President a Budgetary Scalpel. *Congressional Quarterly Weekly Report*, March 30, 1996.

⑤ Aaron Wildavsky, Naomi Caiden. *The New Politics of the Budgetary Process*, New York：Addison-Wesley Educational Publishers Inc., 2001, p. 292.

⑥ ［美］罗伊·T. 梅耶斯等：《公共预算经典（第一卷）——面向绩效的新发展》，苟燕楠，董静译，上海财经大学出版社 2005 年版，第 425 页。

宪法的规定任意扩大自己的权力，也不可以放弃宪法赋予自己的权力。

在美国的多元社会中，联邦预算的形成是一个非常复杂的过程，除了以上所述正式的分权部门之间的冲突和平衡之外，各种形式的非制度性因素，如利益集团、党派意识形态、选民态度、宏观经济形势、主流的预算理论等，也对预算的冲突与斗争有着重大的影响。

俄欧关系与欧洲安全

俄欧关系与独联体一体化

罗志刚[*]

摘　要：冷战后，俄罗斯出于国家利益的长远考虑，坚定地制定和推行了独联体一体化政策，并取得明显的成效。而欧盟在西方"弱俄遏俄"战略的作用下，受多方面利益动机的支配，对俄的独联体一体化政策采取了消极立场，并施加了不利的影响。但是，俄不会因此根本放弃其独联体一体化政策，还将利用各种条件推进独联体一体化进程。今后，俄欧在独联体地区的摩擦和竞争将进一步加剧。俄欧在独联体一体化上的不同立场和表现，对双方战略合作伙伴关系的发展已经并将继续产生很大的影响，同时也将深刻影响到俄罗斯独联体一体化政策的前景。

关键词：俄欧关系；独联体；一体化政策

近年来，国际政治的特点之一在于，区域化和全球化两大进程相伴而行，使国际关系体系发生了巨大的变化。在此种国际背景下，俄罗斯出于维护和扩大国家利益的需要，在其新成立不久，便在独联体地区大力推行一体化政策。这一政策在实施过程中受到多方面因素的影响，其中，外部因素尤其是欧盟因素的影响是不可忽视的。欧盟国家的一体化进程及它们在独联体地区的活动，直接间接地影响到俄罗斯对独联体一体化政策的运作和效果，从而使俄欧关系更加复杂化。

一

从20世纪90年代中期起，俄罗斯就把发展独联体范围内的关系作为一项最为紧迫的对外政策。1995年9月，根据俄罗斯联邦总统命令批准的《俄罗斯对独立国家联合体成员国的战略方针》，确认了对独联体政策在俄外交政策中的优先性质，提出了扩大和深化独联体范围内的一体化进程这一基本任务。而且，"建立一个有能力在国际社会中占有适当位置的一体化的经济和政治的国家联合体，被宣布为俄罗斯对独联体政策的主要目标"[①]。其中，俄的主要外交任务之一就是加快推进经济一体化进程：从建立自由贸易制

＊　武汉大学政治与公共管理学院教授。

①　［俄］伊·伊万诺夫：《俄罗斯新外交：对外政策十年》，陈凤翔等译，当代世界出版社2002年版，第69~70页。

度到关税同盟、建立统一的商品、服务、资本和劳动力市场，直到统一的经济空间。在此后的几年间，俄通过一系列外交努力，使其对独联体一体化政策取得了明显的成就。1996年3月29日，俄罗斯和白俄罗斯、哈萨克斯坦、吉尔吉斯坦签署了关于深化经济和人文领域一体化的协定。1999年，塔吉克斯坦加入该协定（2000年10月，该联盟改造为完全意义上的国际经济组织——欧亚经济共同体）。1996年4月2日，俄罗斯和白俄罗斯又签署了两国共同体的协定，1997年4月2日，又签署了成立白俄罗斯——俄罗斯联盟的协定。2001年4月，普京总统在《国情咨文》中强调，俄罗斯仍然是独联体一体化进程的核心，必须在独联体内积极行动。在俄罗斯的努力推动下，独联体召开了多次首脑会议，并通过了关于建立独联体自由贸易区等一系列文件。

俄罗斯积极奉行独联体一体化政策的动因主要在于以下几个方面：

1. 20世纪90年代初期，俄罗斯为获得西方对其国家重建的大力支持，实行了向西方"一边倒"的政策，但这一政策很快遭到失败。在这种情况下，"俄罗斯领导人已不指望得到西方的援助"，不得不放弃对西方的不切实际的幻想，而将视线转向原苏联共和国。俄认识到："独联体的发展符合俄罗斯联邦的利益，而与独联体国家的关系是俄罗斯加入世界政治和经济结构的重要因素。"[1] 俄希望通过独联体一体化的实现来改善自己的政治、经济处境，促进一个以俄罗斯为中心的世界主要新中心的建立，加强其在国际政治中的地位。而这也是俄对独联体政策的一个主要目标。[2]

2. 欧洲一体化在各个领域中都取得举世瞩目的成就，这对俄走上独联体一体化道路是一个巨大的鼓舞。第二次世界大战结束以来，西欧国家正是通过一体化实现了经济恢复和繁荣，保持了地区的长期稳定。这种现实使俄充分看到了一体化的好处，尤其是经济上的好处。俄联邦社会经济发展的一个重要任务就是建立高效和有竞争力的经济。欧洲一体化的成功，使俄认为独联体一体化正是保证俄经济复兴和增强国际经济竞争力的必由之路。

3. 俄希望借助自己的实力及地缘政治条件，通过独联体一体化来树立并加强它在这一组织中的领导地位，以便以独联体为强大依托，推进它与欧盟及整个西方关系的改善。冷战时期，前苏联是利用联盟体系来加强与西方的对抗。冷战结束后，俄既不可能也不能重走前苏联的老路，而必须以促进独联体一体化、实现地区经济发展和政治稳定来展现自己的积极作用，增强其国际影响力，以便能在良好的外交基础上与西方发展合作关系。

总之，俄罗斯的最重要外部利益首先是在独联体地区，独联体一体化对于俄的大国复兴战略的成功有着关键性的意义。2003年5月16日，普京总统在对议会发表的咨文中再次强调："独联体空间"是"我们的战略利益范围"。[3] 俄学者也指出："独联体在新的基

---

① Отв. Ред. А. В. Торкунов, *Современные международные отношения и мировая политика*, Москва, 2004, с. 828.

② Отв. Ред. А. В. Торкунов, *Современные международные отношения и мировая политика*, Москва, 2004, с. 839.

③ В. Иноземцев, *В поисках международной стабильности*, Международная Жизнь, 2003, 6, с. 28.

础上保持和发展前苏联共和国之间的历史联系有着不可争议的作用。"① 而且，俄有理由认为，只有它才能够在独联体地区有效地发挥凝聚作用。

二

俄罗斯在推行独联体一体化政策的同时，也推行了发展同欧盟合作伙伴关系的优先方针。从《俄罗斯联邦发展与欧洲联盟关系中期战略（2000～2010 年）》可以明显看出，俄希望与欧盟的合作伙伴关系能促进俄作为主导力量的独联体空间的国家间政治与经济关系新体系的形成。② 也就是说，俄希望俄欧合作伙伴关系的发展，有助于俄顺利实施其独联体一体化政策。但是，事与愿违，欧盟并不热心支持俄的这一政策取得成功。

从 1991 年起，西欧国家对苏东巨变引起的欧洲政治地图的变化感到称心如意。③ 同时，它们配合美国在中东欧及独联体地区展开史无前例的地缘政治攻势，极力要在这片广大地区加紧推广西方的经济和政治发展模式。④ 这也正是欧盟东扩的最主要原因之一。

独联体成立后，欧盟迅速予以承认，并从 1992 年开始，对前苏联 12 个加盟共和国提供了经济技术援助。在大多数情况下，"对独联体国家的技术援助项目由来自欧盟国家的专家执行"。⑤ 欧盟在独联体地区有其经济利益，现在以及中长期内，它也越来越关注同独联体国家的政治关系的发展。2003 年初，欧盟和除塔吉克斯坦以外的所有独联体国家都签订了合作伙伴关系协定。⑥ 但是，总的来说，在欧盟的对外政策中，独联体不占很重要的地位。而且，深令俄失望的是，欧盟不愿看到俄与独联体其他成员国结成紧密的关系，更不倾向于支持俄推进独联体地区一体化。1999 年的欧盟对俄集体战略文件甚至只字不提独联体，极力避免在俄与独联体国家关系发展问题上积极表态。

客观上看，欧盟东扩和欧盟支持北约扩大的方针，无疑削弱了俄对独联体国家的吸引力，使其独联体一体化政策面临更大的困难，与此相反，却增强了欧盟、北约对这些国家的吸引力。例如，由于欧盟东扩和支持乌克兰的亲欧方针的影响，乌克兰的欧洲政策目标是加入欧盟。⑦ 欧盟国家支持下的北约东扩，带来了独联体国家加入北约的可能，这对独联体国家加强凝聚力是很不利的。更可能的是，北约越靠近俄罗斯，独联体国家加入北约的意愿就越强烈，对走独联体一体化道路就越失去兴趣。西方学者指出："北约的扩大诱

① Отв. Ред. А. В. Торкунов, *Современные международные отношения и мировая политика*, Москва, 2004, с. 828.

② Под ред. С. Ю. Кашкина, *Россия и Европейский Союз: документы и материалы*, Москва, 2003, с. 513.

③ Е. П. Бажанов, *Актульные проблемы международных относиний. в 3 томах. Том 1*, Москва, 2001, с. 75.

④ Т. А. Шаклеина (Составитель), *Внешняя политика и безопасность современной России. 1991-2002. в 4 томах. Том 1*, Москва, 2002, с. 345.

⑤ John Pinder, Yuri Shishkov, *The EU and Russia, The Promise of Partnership*, London, 2002, p. 92.

⑥ Под ред. О. В. Буториной, *Европейский Союз: Справочник-путеводитель*, Москва, 2003, сс. 204-205.

⑦ Под ред. О. В. Буториной, *Европейский Союз: Справочник-путеводитель*, Москва, 2003, с. 207.

导着俄罗斯的分离主义，并打乱了俄罗斯对其周边地区的政策。"①欧盟国家支持甚至参与美国在独联体地区推动的"颜色革命"，更直接地对俄的独联体一体化政策形成了威胁。对于决定加强与欧盟及北约合作的，由乌克兰、格鲁吉亚、阿塞拜疆和摩尔达瓦组成的四国"古阿姆"组织，欧盟则给予积极支持。例如，欧盟所制定的向"古阿姆"提供财政援助的条件，要比其他情形下的财政援助条件要宽松得多。② 在国际关系中，政治关系是具有决定性的因素。西方国家在独联体地区的政治表现，加剧了独联体国家中"脱俄入欧"的西化倾向，使俄和其他独联体成员国的政治关系日益复杂化，因而破坏了独联体一体化的政治基础。

此外，值得注意的是欧盟和美国一起在车臣问题、人权及俄罗斯领导人加强国内中央集权等问题上，不断严厉批评和指责俄罗斯当局。对于2004年"别斯兰人质事件"后普京总统进一步加强中央集权的政改措施，西方国家对俄掀起了"民主攻势"。美、欧政要指责普京要把俄"带回苏联时代"，是"民主倒退"，100多位西方政要甚至发表公开信，批评普京是独裁者。③ 在很多情况下，欧盟与俄罗斯分别支持乌克兰、格鲁吉亚等独联体国家中的对立的政治势力。欧盟和美国的类似做法损害了俄罗斯的国家形象，进一步削弱了独联体各国对俄的政治信任和整个独联体的凝聚力，从而对俄的独联体一体化政策的实行也起了负面的影响。

上述分析表明，欧盟对独联体的一体化进程不感兴趣，并且，其做法直接间接地对俄的独联体一体化政策产生了不利影响，使之更难以推行。不过，也要注意到，欧盟不支持俄的这一政策，并不意味着它想把所有的独联体国家都吸纳为其成员国或都纳入"大欧洲"的范围。根据2003年3月欧盟委员会提出的"大欧洲"构想，能够加入欧盟自由贸易区的独联体国家只有俄罗斯、乌克兰等少数国家。④

欧盟不支持甚至妨碍俄推行独联体一体化政策有多方面的原因。

1. 冷战结束后，西方国家一直就在担心俄有朝一日回到过去的"帝国"时代。欧盟担心俄对独联体一体化政策的成功，将促进俄在独联体内部主导地位的提高，刺激俄恢复"帝国"的雄心，以致重建"帝国"成为俄的不可避免的选择，从而对西方国家构成新的安全威胁。在西方，有一种意见认为，俄已将周边地区视为自己的势力范围，正着手实行一种新的帝国政策。如果西方消极以待，这种新帝国外交政策会慢慢移向西方，也许再次吸引乌克兰，并有可能将其影响扩大到波兰。⑤

2. 欧盟担心俄会利用独联体一体化对这一组织成员国进一步施加政治影响，加强它同西方打交道的地位，从而不利于独联体国家实现西方所希望的政治民主化即西化。

3. 独联体拥有丰富的资源，这使它有了巨大的竞争优势。欧盟担心，俄对独联体一

---

① Tom Casier&Katlijn Malfliet（eds.），Is Russia a European Power? The Position of Russia in a New Europe，Leuven University Press，1998，p. 86.

② Российская Академия Наук，Институт Европы，Европа: вчера，сегодня，завтра，Москва，2002，c. 361.

③ 韩显阳：《俄罗斯与西方的"民主攻防战"》，《光明日报》，2005年6月16日。

④ 《欧盟提出"大欧洲"构想》，《参考消息》，2003年3月13日。

⑤ NATO and The Changing World Order：An Appraisal by Scholars and Policymakers，Edited by Kenneth W. Thompson，Lanham，New York，London，1996，p. 89.

体化政策取得成功后，独联体的经济竞争能力将大为加强，从而使它在世界的经济利益和地位受到不利影响。

总之，在独联体一体化问题上，欧俄的方针大相径庭。从根本上说，欧盟实行的是一种分化独联体的方针，对俄的独联体一体化政策采取的是一种消极的立场，而这是西方在冷战后推行的"弱俄遏俄"的基本战略所决定的，反映出欧盟和俄罗斯在独联体地区的地缘政治经济利益存在很大的差异。事实上，欧俄双方在独联体地区或明或暗地进行着越来越激烈的竞争。欧盟对独联体一体化的消极立场，与俄支持欧洲一体化的实际表现，恰成鲜明的对照。在过去的许多年里，俄政治家们不只一次地表达了支持欧洲一体化的立场，承认包括欧盟扩大进程在内的欧洲一体化是加强欧洲稳定的因素。① 俄学者还指出：欧盟在俄罗斯独联体一体化问题上所起的作用，与欧盟在欧洲、波罗的海和巴尔干打算积极推动地区一体化进程的做法显然有别。②

必须承认，欧盟虽然在经济上不支持独联体一体化，政治上要分化独联体国家，但在地区安全上愿让俄发挥主导作用。至少是在目前，欧盟没有威胁到俄在后苏联安全地带发挥主导作用。而且还要承认，虽然独联体和欧盟在历史和地缘政治上的区别非常之大，但欧洲一体化的经验对独联体是有益的。俄领导人也曾表示要吸取欧洲一体化的经验来推进独联体一体化进程。独联体执行书记维·科罗琴尼亚坦言："我们独联体在出现时所采取的首批措施可说是正确的，它在很多方面都是根据欧洲共同体的丰富经验来行事的。"③

三

如前所述，独联体一体化关系到俄罗斯的多方面利益，欧盟不愿支持俄罗斯在独联体中的领导地位和一体化政策，不可避免地要对俄欧关系产生影响，使之难以顺利发展。俄领导人多次要求西方承认"俄罗斯在前苏联地区的作用和责任"，④ 公开表示不能容忍"某些第三国以损害俄罗斯利益的方式在独联体地区开展活动，并试图将我国从该地区排挤出去，或者人为地弱化我国的阵地"⑤。俄还不断批评西方干涉俄的内政，在"反恐"方面实行双重标准。受欧盟对独联体一体化消极立场的影响，俄对它与欧盟战略合作伙伴关系的发展现状一直很不满意。但是，欧盟对独联体一体化的消极立场不会对俄欧关系造成根本的破坏，俄出于国家利益的长远全面考虑，还是会继续推动与欧盟合作伙伴关系的发展。

一般而言，大国的国内外政策是不会轻易地为他国所左右的。冷战后，俄罗斯在国际舞台上继续坚持自己的独立性，欧盟国家对俄罗斯的政策的影响是很有限的，在独联体一体化问题上，这种影响也是同样有限的。也就是说，欧盟对俄独联体一体化政策的消极立

---

① Россия между Западом и Востоком：мосты в будущее，Москва，2003，с. 337.

② Российская Академия Наук ，Институт Европы，Европа：вчера，сегодня，завтра，Москва，2002，с. 561.

③ Tom Casier&Katlijn Malfliet（eds.），Is Russia a European Power? The Position of Russia in a New Europe，Leuven University Press ，1998，p. 121.

④ Andrey Kozyrev，The Lagging Partnership，Foreign Affairs，Vol. 73，1994，No. 3，p. 69.

⑤ ［俄］伊·伊万诺夫：《俄罗斯新外交：对外政策十年》，陈凤翔等译，当代世界出版社 2002 年版，第 73 页。

场，并不能导致俄根本放弃其独联体一体化政策。毋庸讳言，由于独联体成员国之间存在许多有争议的问题，一些成员国还担心因一体化丧失其主权，陷入同西方和前苏联地区南部和东部邻国的对抗，独联体一体化道路布满了荆棘，一体化的水平在持续下降。① 即使这样，俄从国家利益需要和提高其竞争能力上考虑，仍然还将坚持推进独联体一体化，以此为它的必然外交选择。目前，欧盟已表示有可能将俄、乌等国吸入"大欧洲"经济空间。这一打算隐含引诱放弃独联体一体化政策之意图。俄方面也早有加入"大欧洲"经济空间的愿望，且和欧盟已达成建立共同欧洲经济空间的一些协议。但是，俄并不会因此将独联体一体化计划束之高阁。今后，摆在俄面前的难题是如何处理好加入"大"经济空间和推进独联体一体化进程的关系，即俄的主要精力是放在加入"大欧洲"经济空间上，还是放在极力推进独联体一体化②方面。按照俄国内的一种看法，对俄来说，整合到"大欧洲"经济空间比独联体一体化更为重要，更有前途。③现在，俄已大幅度调整了独联体政策，将经济关系的重点由追求"一体化"转为双边合作。但不管怎样，俄不可能根本放弃独联体一体化政策。另一方面，欧盟也仍将坚持认为俄推行独联体一体化政策就是为了实现控制独联体其他国家，以在前苏联地区坐大，并还会利用当前俄的国内外困难，包括独联体成员国之间的分歧和矛盾，继续分化独联体组织。照欧盟国家看来，这是"弱俄遏俄"的对俄挤压战略的应有之意。由此一来，独联体一体化道路上来自西方的阻力将继续存在，俄欧盟国家之间在独联体一体化上的矛盾则不仅难以消除，还可能进一步加剧。

但是，现在就说俄的独联体一体化计划已成画饼还为时过早。俄仍有可能充分利用历史联系、地缘政治和地缘经济等条件，以及独联体国家对俄的经济、安全依赖性来促进独联体一体化进程。另外，对俄实现独联体一体化政策还比较有利的是：独联体各国的政治制度和经济体系大体上与俄罗斯相类似，它们基本上不可能与西方一体化。④ 况且，欧盟在经济上不可能完全满足独联体成员国的援助要求，也未必愿意为此付出巨大的代价，这种情况显然便于俄保持对独联体成员国的吸引力。考虑到独联体内外的复杂情况，现在，俄正在吸收欧洲一体化的经验，在独联体范围内采取"不同速度"的发展模式，即由一些准备将合作提高到更高水平的国家形成"一体化核心"，独联体其他国家可以随后加入。⑤ 这种一体化发展模式，加上俄经济的逐渐恢复，使俄的独联体一体化政策在今后仍不乏可行性。

综上所述，俄罗斯和欧盟在独联体地区的摩擦和竞争还将持续下去，这是不可避免

---

① 俄罗斯外交与国防政策委员会：《俄罗斯战略：总统的议事日程》，冯玉军等译，新华出版社2003年版，第68页。

② 盛世良：《俄罗斯走出"后苏联时代"》，《参考消息》，2006年3月2日。

③ В. Шейнис, Национальные интересы и внешняя политика России, Мировая Экономика и Международрые Отношения, 2003, 4, c. 40.

④ 德米特里·特列宁：《莫斯科的务实政策：莫斯科将在后苏联空间奔忙》，［俄］《独立报》，2004年2月9日。

⑤ ［俄］伊·伊万诺夫：《俄罗斯新外交：对外政策十年》，陈凤翔等译，当代世界出版社2002年版，第70页。

的。至于双方能否在该地区进行有效的合作，特别是在独联体一体化上进行合作，则殊难意料。无论怎样，俄欧在独联体地区的合作与竞争都将对它们的战略合作伙伴关系的发展产生很大的影响，同时也将深刻影响到俄罗斯独联体一体化政策的前景，这一点是确定无疑的。

欧洲共同外交的功效分析

冯存万*

摘　要：欧洲共同外交是欧洲各国以及一体化组织调整对外关系的总体制度安排与相关政策的结合体，共同外交既有利于欧洲一体化进程的扩大与深化，也能有效地利用欧洲所拥有的实力与国际资源，重新确立欧洲在世界上的强大地位。欧洲共同外交的实施，吸引了更多的国家加入欧洲一体化进程，从而壮大了欧洲作为整体性国际行为体的影响力，此外，它对世界区域集团化在全世界范围内的兴起也起到了积极的示范效应。由于奉行和平、谈判的行为准则并能重点关注环境危机、全球贸易等"低级政治问题"，欧洲共同外交有助于推动国际行为模式与国际政治主题的转变。在某种程度上，共同外交的出现，对国际格局的转变也有一定的促进作用。

关键词：共同外交；欧洲一体化；区域集团化；政治主题

欧洲推行共同外交的终极目标是促进欧洲一体化并提升欧洲在国际社会中的地位。作为一体化进程的外向手段与一体化事业的组成部分之一，共同外交的影响面与欧洲一体化进程的涵盖内容密切吻合。可以说，欧洲利用共同外交来促进一体化事业各项工作的进展，反过来，一体化进程的所有工作领域也借用基础设定、功能设置、能力支持等方式促进并完善了共同外交的创立与发展①。从总体上来看，共同外交对一体化进程的反向作用最为明显，它不仅使得欧洲一体化进程的起步、发展与成就为世人所知，更带动了世界经济区域集团化的浪潮；同时，共同外交在某种程度上也改变着世界格局的转变方向。②

一、欧洲共同外交对欧洲一体化的推动作用

共同外交的发展过程对欧洲一体化有重大的促进作用，比如共同经济外交所面对的国际经济竞争压力，迫使欧洲国家把更多的经济事务主权让渡给一体化的组织机构；冷战时

＊　武汉大学政治与公共管理学院讲师，法学（政治学）博士。

①　笔者认为，欧洲共同外交是欧洲各国在履行国家外交功能的同时，为维护并提升欧洲整体地位与利益，依照平等合作的原则与相关的欧洲一体化组织彼此协调，相互合作，联合处理欧洲对外关系的行为。从总体来看，欧洲共同外交是一项极具系统性的对外战略行为，包括一体化的对外经济关系，逐步统一的对外政策安排机制，以及各成员国的持续而稳定的支持。需要说明的是，本文论述的欧洲共同外交不同于 CFSP，相反，CFSP 从属于欧洲共同外交，是欧洲共同外交的总体制度安排。

②　Roy H. Ginsberg. *The European Union in International Politics*, Rowman & Littlefield Publishers, INC. New York, 2001, p.46.

期，两极格局给整个欧洲带来的安全压力推动欧洲开始尝试共同防务。共同外交从各个层面对欧洲国家形成了强大的吸引力，并与其他因素一起促使这些国家加入到欧洲一体化进程中来。

（一）欧洲共同外交对大国加入欧洲一体化的影响——以英国为例

欧洲一体化的重要步骤之一，是吸引更多的欧洲国家加入一体化进程，简言之，成员国的数量越多，凝聚力越强，欧洲一体化的成效就越明显，欧洲也就拥有越强大的国际地位和国际影响力。欧洲所采取的共同外交与不断增强的经济一体化成就，吸引了更多的欧洲国家，为欧洲一体化的持续发展起到了积极的推动作用。在这方面，英国与欧洲一体化之间的关系具有相当的代表性，反映了欧盟成员国从游离到靠近、从反对到参与的复杂心态与行为过程。第二次世界大战后，英国对待欧洲一体化的态度是"支持但并不参与"，试图通过充当欧美关系的协调人来保证自己的特殊国际地位。在当时的英国人看来，英国仍然是一个利益遍布全球、拥有世界地位的国家，加入欧洲联合体这样的地区性组织，是与它在世界上所处的地位极不相称的。① 但欧洲一体化的进展以及经济领域内共同外交的逐步实现，在提高法德等欧共体国家地位的同时，也压缩了英国的国际空间；一体化进程所带来的欧洲经济实力的增长以及共同外交所推动的欧洲国际地位的提高，使得英国在美国对欧战略中的地位以及获益不断下降。"英国在特意强调国家主权、描绘大国辉煌梦想的同时，却又惊讶地发现，它对美国依赖所产生的收益，远远小于其他欧洲国家从经济共同体中所获得的收益。"② 英国意识到，依赖美国而远离欧洲是一种战略失误；同时，美欧关系及其利益分配对比格局出现了不可逆转的变化趋势，这种宏观转变迫使英国拉近了与欧洲的距离，并最终成为欧洲一体化的参与者。

1. 欧洲共同经济外交对英国加入欧共体的影响

英国最初不愿加入欧洲经济一体化的原因是多方面的。首先，法德等国的经济联合优势使得英国的对抗措施相形见绌，并对其形成了强大的吸引力。英国拒绝参加欧洲煤钢共同体和欧洲经济共同体筹建。但在欧洲经济共同体成立前夕，英国预感到自己利益将受到损害，提出了西欧大自由贸易区的计划，企图与之对抗。这一计划失败后，它又联合了瑞典等国组建了欧洲自由贸易联盟，希望通过扩大出口与投资来弥补英国在六国市场的损失。但欧洲自由贸易联盟内部的经济联系状态远不如经济共同体。1960 年英国对小自由贸易区的出口仅占其出口总额的 11.9%，而对共同市场的出口则占到 15.4%。共同市场条例部分实施后，英国每年蒙受 5 亿美元的损失。这种巨大落差迫使英国迅速转变了对待欧洲经济一体化的观念。1961 年 8 月，英国开始申请加入欧洲经济共同体。

其次，经济共同体在吸引英国的同时，还间接地迫使英国放弃了原有的特殊国际联系。一方面，英国为适应经济共同体的要求而淡化了英美特殊关系。与共同体六国的经济联系更加紧密后，英国不能再如同以前那样保持欧洲一体化进程的局外观察者地位，必要时英国将与欧洲国家一道同美国讨价还价，甚至针锋相对。1971 年 12 月，英国政府在同美国总统尼克松的会谈中，明确表示美英两国之间的特殊关系已经消亡，会后在联合声明

---

① 计秋枫：《英国文化与外交》，世界知识出版社 2002 年版，第 453 页。

② Brian White. *Understanding European Foreign Policy*, PALGRAVE, 2001, p. 121.

中也只提到了美英"自然关系"。这说明英国政府下决心放弃坚持 20 多年的英美特殊关系，向经济共同体靠拢。另一方面，经济共同体的门槛还迫使英国放弃了英联邦的特殊联系。欧洲经济共同体方面认为英国要加入欧洲经济共同体，就必须完全接受《罗马条约》，不能再与其保持"帝国特惠制"。1970 年后，英国基本上放弃了英联邦的"帝国特惠制"。

2. 欧洲共同外交对英国介入欧洲一体化进程的影响

自 20 世纪 70 年代以后，欧洲事务介入英国国内决策领域的程度越来越强，英国已经与欧洲的命运紧密地联系在一起。法德两国在欧洲一体化的起步阶段已经奠定了主导优势，由此而发展起来的共同外交，也形成了相对稳定的以法德为核心的结构状态。英国是一个迟到的欧共体成员，它加入欧共体时只能接受既成事实，对于共同体基本结构的创立，已经不能施加多少影响了。① 但从另一方面来看，这时的欧洲还面临着一系列的发展问题，如果英国适时加入，则可以参与此后的对欧洲主导权的竞争。为避免遭受更大损失，因此英国必然选择合作。此外，70 年代后，欧洲一体化的巨大经济成就推动其共同外交立场进一步迈向独立，而英国在诸多领域已经与欧洲紧密联系在一起，势必采取与欧洲一致的相同立场来应对一系列国际危机。比如在 1973 年的石油危机以及美苏关于核安全的谈判中，英国与欧洲的共同立场保持一致。总体看来，英国对欧洲的一体化态度虽不如法德两国积极，但欧洲规模浩大的一体化进程以及共同外交不断取得的新成就，已不可避免地影响到了英国的外交环境，甚至对英国自身的外交体系产生了深刻的塑造作用，英国加入并追随欧洲共同外交是必然的选择。

欧洲共同外交提升了欧洲的整体影响力，也在一定程度上挤占了英国在美国国际战略中的地位。冷战后，东西方对峙的地缘分界线已不复存在，西方世界的影响力迅速扩展，英国面对的是日趋一体化的欧洲和合作与竞争并存的美俄关系，英国施展外交才能的余地意外地缩小了。虽然美国在一些行动中需要英国的支持，但为了维持美国在欧洲的实力，也为了解决诸多全球性的问题，美国更需要与欧洲核心国家进行协调，在许多问题上越来越多地与法德等国展开协商。② 布热津斯基曾指出："由于英国在欧洲统一问题上立场比较模糊，并同美国保持着一种日益淡化的关系，英国在欧洲前途有关重要选择方面越来越成为一个局外人"。③

需要指出的是，由于固有的历史优越心态和求强好胜的民族国家本性，英国外交并不会一味地顺应"欧洲化"的趋势，尤其在事关冷战后国际格局转变的国际事务中，英国会强调其独特的大国地位，甚至游离于欧洲共同外交之外，伊拉克战争中的英国外交可以充分体现这一事实。

（二）欧洲共同外交对中小国家加入欧洲一体化的影响

共同外交吸引了诸多中小国家加入到欧洲一体化进程中。由于资源有限，小国原来一

---

① 陈乐民：《战后英国外交史》，世界知识出版社 1994 年版，第 172 页。

② 唐永胜：《回归欧洲与充当"国际角色"——21 世纪初英国外交基本取向分析》，载《欧洲研究》2003 年第 5 期，第 129～130 页。

③ Zbigniew Brzezinski. *The Grand Chessboard*: *American Primacy and Its Geostrategic Imperatives*, Basic-books, 1997, p. 42.

般是关注与自身有直接利害关系的外交事务，入盟后，它们的外交触角得以大大延伸。比如，葡萄牙和希腊开始关注欧盟北部的边界问题，而爱尔兰和芬兰也得以参与欧盟地中海政策的制定。小国较大国而言，既需要借助共同外交在欧洲乃至世界上发挥更广泛的作用，同时又非常谨慎地防范这一机制受制于英法德等大国，力求使共同外交向着有利于自身的方向发展，这是欧盟小国的普遍心态。① 共同外交对中小国家普遍存在吸引力，但该吸引力在不同国家面前还各有特殊意义。比如，希腊、爱尔兰等与法德等国同属西方阵营，对它们而言，共同外交只是吸引速度与吸引时间问题，而对于捷克、波兰等原本属于东方阵营的国家，则是吸引力能否跨越思想意识形态与社会体制等政治屏障的问题。因此，用中东欧国家加入欧洲一体化进程的案例来说明共同外交的巨大吸引力，具有更强的说服力。

对中东欧国家而言，共同外交的作用既有静态的示范吸引成分，也有动态的推动吸引成分。在冷战时期，尤其是 20 世纪 70～80 年代时期，中东欧国家意识到与西欧隔绝所带来的消极影响。当时，美苏两个超级大国都企图通过扩大各自经济集团的贸易力量获得最大的经济利益，并在经济利益最大化的基础上保持国家利益的增长，最终实现独霸世界的国际政治目标。由于美苏两个超级大国的博弈最终是一种"零和"博弈，胜利者只有一个，因此，通过东西方贸易关系达到协调和控制东西方国家利益关系的最有效方法就是通过贸易搞垮对方的经济，然后从军事和政治上消灭对方。②因此，中东欧国家与苏联的经济联系实际上大多只是在为扩大苏联的经济力量而服务，与之结盟所带来的收益不一定能够抵消它们付出的代价。与中东欧国家和苏联结盟的不平等实质相比，西欧国家之间的经济一体化所带给各成员国的巨大收益则显得意义非凡，它所开展的经济合作代表着经济力量的生长繁衍，对所有成员国均有益处。

在欧洲经济一体化对中东欧国家产生示范吸引效应之后，共同外交又以缔结经济协定、开展经济支援等实际行动，加快了吸引中东欧国家加入欧洲一体化进程的速度。③ 在经济合作领域，欧共体出台了一系列的具体措施，促使中东欧国家从计划经济向市场经济转轨。比如，促进中东欧国家企业重组，缓解相关经济发展项目的资金不足问题，并提供相应的可行性研究、技术咨询、人员培训，以推动企业私有化进程；提供紧急援助，当受援国因为食品匮乏、工业生产设备或原料匮乏导致经济运行困难之时，欧共体在该计划的框架内制定短期转向援助计划，以帮助转轨过程中的中东欧国家应对此类临时困难。此外，包括哥本哈根会议在内的一系列组织出台文件，规定了中东欧国家参与欧洲一体化进程的政治标准和经济标准。其中，政治标准内容包括，有稳定的机构可保障民主、法制社会、尊重人权和保障少数民族的权益；经济标准内容包括有可运作的市场经济并具有在联盟内承受竞争压力和市场强度的能力，有能力履行成员义务，包括坚持政治、经济和货币

① 龚子方、刘文秀：《欧盟东扩对共同外交与安全政策的负面影响》，载《领导科学》2005 年第 14 期，第 54～55 页。

② 柳剑平：《当代国际经济关系政治化问题研究》，人民出版社 2002 年版，第 181～182 页。

③ Alan Mayhew. *Recreating Europe，The European Union's Policy towards Central and Eastern Europe*，Cambridge University Press，1998，p. 163.

联盟的目标。①冷战后众多中东欧国家加入了欧盟，反映了欧洲经济外交手段的适应性和明显效果。同时，这更意味着欧洲共同外交在推动中小国家加入欧洲一体化方面起到了积极的推动作用。

二、欧洲共同外交对国际关系的影响

欧洲是世界上民族国家间国际关系体系的诞生地，基于历史上传承的强势地位与其在世界上所占的重要位置，欧洲共同外交不仅吸引着世界的注意力，同时也对国际关系产生很大的影响。

（一）欧洲共同外交对世界区域集团化的影响

20世纪50年代中期，欧洲经济一体化开始迈出实践步伐，显示出欧洲的整体国际影响。尤其是欧共体在由欧洲煤钢共同体发展为欧洲经济共同体的过程中取得的经济外交成就，迅速地在拉丁美洲产生了模仿效应。1958年，中美洲各国签署了《中美洲自由贸易和经济一体化多边条约》和《中美洲工业一体化协定》。1959年，拉丁美洲经济委员会正式提出"拉丁美洲需要一个共同市场"的主张，强调指出，大多数拉美国家市场狭小，通过本地区内部订立自由贸易和共同市场协定来扩大内部贸易就可以增强拉丁美洲工业化的动力，有利于拉美国家民族经济的增长与发展，因此必须建立区域性经济一体化组织。1956年，成立了发展中国家最早的两个区域性经济合作组织，中美洲共同市场和拉丁美洲自由贸易协会。此后，发展中国家的形形色色的区域和次区域经济一体化组织纷纷建立，这可以算作是地区经济一体化的浪潮从发达国家开始向发展中国家扩散的范例。

欧洲经济联合以及共同经济外交成就对世界其他地区发达国家组建一体化发展模式也有积极的推动作用，一个非常具有说服力的具体例子是欧共体对北美自由贸易区的间接推动作用。欧洲经济一体化进程的不断加深，欧洲共同外交成就的不断扩大，对美国经济形成了巨大的挑战。为了稳定国外市场份额，巩固其世界霸主地位，以美国为主体的北美自由贸易区应势而生。1994年初生效的《北美自由贸易协定》谈判时间比原计划最少提前两个月达成协议，如此高的效率不难使人看出美国联合加墨两国对抗欧共体的迫切心情。

（二）欧洲共同外交对国际行为模式的影响

欧盟成员国家是欧洲共同外交的战略力量与资源的基本构成要素。参与欧洲一体化的国家从国土面积和人口角度来看都属于中小国家。面积最大的法国有陆地面积54.4万平方公里，相当于美国的5.8%，人口最多的德国在2003年共有8250万人，相当于美国的28.5%。然而，通过走一体化的道路，欧洲国家在联合中增大了自己的战略空间和人口规模。欧共体6国时，国土总面积为127万平方公里，当欧共体变为15国后，总面积为315.6万平方公里；2004年欧盟扩大为25国后，国土总面积达到了389万平方公里，人口突破了4.5亿。如此庞大的人口规模和领土面积，在世界范围内也名列前茅。再加上2007年入盟的罗马尼亚和保加利亚，欧洲已形成一个拥有500多万平方公里陆地国土和5亿多人口的大联合体。这种巨大的战略力量与资源，构成了欧洲共同外交的强大实力

---

① 周建平：《欧洲一体化政治经济学》，复旦大学出版社2002年版，第474～479页。

基础。

更重要的是，欧洲国家认识到，欧洲的未来取决于自身以怎样的方式向前发展，欧洲的良好国际环境的创造必须要通过营造有利于欧洲和平与发展的外交模式来实现，而继续信赖以武力为基础的国际体系并仰仗主权和单一民族国家的国家利益，那将会是"用19世纪的工具和政策来应对21世纪的挑战"①。欧洲共同外交强调对话和谈判，强调国际组织、国际法和多边主义，体现了外交理念的重大转变，与美国所推行的外交理念形成了强烈的对比。在确定国家的偏好、威胁、界定挑战，制定和贯彻外交和防务政策时，美国和欧洲已经分道扬镳。当面对现实或者潜在敌手的时候，美国人通常青睐强制性政策而不是说服，强调惩罚性制裁而不是更好行为的诱导。与之相反，欧洲人则试图通过微妙的和间接的方式来影响别国。他们通常喜欢对问题做出和平的反应，喜欢谈判、外交和说服而不是强制。他们往往较快地诉诸国际法、国际惯例和国际舆论以便对争端进行裁定。他们试图以商业和经济的纽带把国家约束在一起，他们通常强调过程而非结果，相信最终过程能够变成实质性的东西。②

欧洲共同外交的和平性质与和平模式，对国际关系产生了相当的影响。欧洲把经济合作作为发展共同外交的突破口，充分而成熟地发展成为欧洲共同体，具备了共同关税、统一货币等重大经济交往功能。诸多欧洲国家利用逐步一体化的经济外交政策与手段，与世界上其他国家与地区构建了高密度的外交网络，而各国之间经济利益相互依存程度的加深，使得彼此间发生冲突的危险程度降至最低。可以说，欧洲所推行的经济外交模式既稳定了欧洲的对外关系网络，也对世界局势产生了重大而深远的影响。与欧洲有经济关系的国际行为体由此深刻感受到，与欧洲开展经济交往，无论涉足何种领域，都会牵涉到本国的经济利益，进而影响本国全局发展，如同棋类博弈，牵一发而动全身。这种经济政策的关联性，对于同欧洲有紧密经济关系的国家和地区形成了全方位的政治震撼力，也增强了欧洲的国际影响力。

和平与发展成为世界的主要发展趋势之后，各国鉴于国际形势的变化，逐渐放弃了旧有的武力征服模式，逐渐采用经济合作与文化交流等方式来加强自身的国际影响力。欧洲所推行的共同经济外交与共同政治外交相结合的和平外交模式，与国际社会的和平发展趋势紧密地结合在一起，逐步创立了和平的综合外交模式，有利于战后国际关系的和平发展，更有利于欧洲共同外交的发展壮大。

（三）欧洲共同外交对国际政治主题的影响

现代国际政治中的主要变化趋势是国际政治主题正加快由高级政治向低级政治的转换。"欧盟在低级政治领域表现出了很强的行为能力"③，在促进国际政治主题由高级政治向低级政治转换方面，欧洲共同外交有相当的特殊意义。欧洲一体化的各个发展阶段为欧盟本身的存在提供了一种特质：它的地理位置、资源禀赋、人口结构、经济实力和一体化

① 欧盟委员会主席普罗迪：《欧洲联盟在变化世界中的作用》，《欧洲研究》，2004年第3期，第151页。
② 曹卫东：《欧洲为什么需要一部宪法》，中国人民大学出版社2004年版，第123～319页。
③ 张茂明：《欧盟共同外交和安全政策与中国—欧盟关系》，法律出版社2002年版，第25页。

模式等都使得欧洲独特于世界民族之林；而其经过数十年时间构建起来的价值和原则，更成为推动国际关系转换的力量源泉。对此，有学者指出："欧盟的成就是规范的而不是经验的。……这个曾经通过帝国主义的武力强行统治世界的大陆正在从规范层面上确定世界标准"。① 欧盟条约、欧共体发展合作政策以及共同外交与安全政策中所包含的五项核心规范与四项次要规范也表明了欧洲在这方面的独特理念与价值取向。五项核心规范包括和平、自由、民主、法制和人权，四项次要规范包括社会团结、反歧视、可持续发展与善治。在此类规范性原则的指导下，欧洲共同外交把促进全球治理、全球问题解决、促进可持续发展、南北合作、环境保护等作为其重要目标。在 WTO 以及环境保护问题上，欧盟已经在以一个声音说话。在重要的全球化问题上，如良好治理、民主、可持续发展，反对恐怖主义、以及社会责任方面，各成员国也有一致的观点。② 借助欧洲目前在全球金融、环境、科技等方面具有的优势，欧洲共同外交在低级政治领域的努力，增加了同类议题在国际政治主题当中的比重，进而推动着国际政治主题由高级政治向低级政治的转变。

三、欧洲共同外交对国际格局的影响

冷战后的多极化趋势中，美国成为惟一的超级大国，而欧洲则被认为是将来可以与美国相抗衡的世界一极。欧洲共同外交通过对欧美关系、欧俄关系和欧中关系的改造与发展，对世界多极化进程起着积极的推动作用。

（一）欧洲共同外交有利于欧盟成为世界一极

前面已经提到，欧盟扩大后，人口、地理面积、经济总量等重要指标大幅增加。借助这种器质层面力量的发展，欧洲共同外交为欧盟借助其器质潜能改变世界格局增加了可能。经过数十年的发展与联合，在促进共同体区域内贸易增长的同时，欧洲统一的对外关系机制也给欧洲以外的国家和企业带来了吸引与压制并存的双重效应。吸引效应主要体现为欧洲经济一体化和共同对外行为所带来的便利化措施。统一大市场的建立，为其降低生产和流通成本提供了便利，因为任何一种商品只要进入欧洲共同体的边界，就可以在所有成员国内自由流通，并可省去该商品在成员国中转运的过境、检疫和有关手续费用。此外，欧共体金融市场分割局面的终结，也使得欧洲以外的国家和地区能够享受到较好的银行保险等金融服务。因此，一体化的欧洲市场与统一的对外经济行为，对欧洲以外的国家产生了巨大的吸引力。与吸引效应相比，压制效应主要体现为欧洲膨胀的经济生产规模以及庞大的经济实力对发展中国家所造成的资源与市场竞争。欧洲统一大市场形成为欧洲固有的贸易保护主义拓展了空间，使得第三国企业对欧洲的出口面临新的压力。此外，单一欧洲市场的建成和良性运转有利于吸引国际投资，这意味着大多数发展中国家在吸引外资方面会遭遇更大的困难。由于资本追求的是高回报低风险，资本流向大多集中在政治体系稳定，经济回报率高的国家或者地区。与欧洲国家相比，大多数发展中国家由于市场法规

---

① R. Rosecrance. *The European Union: A New Type of International Actor*, In J. Zielonka ed. *Paradoxes of European Foreign Policy*, The Hague: Kluwer Law Internal, 1998, p. 22.

② 欧盟委员会主席普罗迪：《欧洲联盟在变化世界中的作用》，《欧洲研究》，2004 年第 3 期，第 151 页。

不健全，民主机制不完善，政治稳定性基础不牢，加之发展中国家在吸引外资方面也存在竞争，因此难以与单一欧洲市场这样的投资环境竞争。比较而言，欧洲的市场建设和民主机制远远走在发展中国家前面。单一欧洲市场的巨大发展潜力也导致欧共体成员国投资的增加，使得商品、资本、技术在单一市场内部大范围流动，世界资源逐步地向欧洲聚集，更加增强了欧洲的经济力量。① 由此，诸多发展中国家与欧洲的经济联系将会进一步升级与密切，相应地，欧洲共同外交的影响范围与幅度也会相应地有所扩展。

（二）欧洲共同外交有利于欧美关系平等化

在美国称雄国际社会的前提下，欧美合作关系呈现出美强欧弱的态势，但欧洲共同外交正在逐渐地改变着这种不平衡的结构关系，使欧美合作向平等化的目标迈进。

经过 50 余年的一体化发展，欧盟已经基本上实现了成员国之间在商品、人员、资本和服务四个方面的自由流通。深度的经济一体化对欧洲的总体经济实力增长产生了至为关键的作用，欧美之间的经济实力对比已经出现基本对等态势。对于美国而言，欧洲联盟是世界上最大的统一市场与货币联盟，是美国最大的贸易与投资伙伴，欧美之间的经济贸易往来为美国创造了上百万个就业机会，一体化的欧洲对于众多欧洲国家来说是一个具有非凡影响力和凝聚力的政治核心，而欧洲国家又在很大程度上与美国的国际利益密切相关。② 欧洲所具有的经济以及金融力量，可以有效帮助解决世界上绝大多数的危机与问题，这意味着欧洲是美国不得不重视并谨慎处理与之双边关系的国际行为体，更是美国单极世界构想中最具挑战性的国际力量之一。

由于推行共同外交的历史已有数十年，欧洲固有的历史观念与价值观念的影响范围变得更加广泛，必将使得欧洲各国采取共同外交立场的可能性日渐增强，这对整合欧洲力量、提高对美国博弈力度起到了积极的促进作用。比如，欧洲各国一致认为冷战后美国所执行的单边主义对欧洲造成了严重的损害，因此在面对赫尔姆斯·伯顿法案制裁的时候，欧洲各国齐心协力共同应对，最终使得美国放弃制裁意图。又如，欧洲各国在转基因食品贸易方面，坚持以消费者安全为首要目标，保持对美国立场的协调一致，以欧盟为代表应对其指控，最终使得美国加强了对此类商品的贸易管制，同时也影响了相当数量的跨国公司和国家，形成了针对美国的群体压力，并创造了良好的全球消费环境。在当今高级政治逐渐向低级政治转变，一系列事关人类生命与健康的国际关系议题占据国际事务重要地位的环境下，欧洲共同外交已经在相当程度上引导了国际事务的走向，对美国的领导地位提出了挑战。

如今，无论是处理外交事务，还是解决贸易争端，抑或协同一道对付所谓的"邪恶"国家，以及在提供人道主义援助以及发展支持方面，欧洲都是美国必须与之密切配合的伙伴。③ 而美国在处理推动相关地区的和平进程和解决政治争端时，也必须对欧洲的倡议以

---

① 刘秀文等：《欧洲联盟及政策过程研究》，法律出版社 2003 年版，第 200 页。

② Roy H. Ginsberg. *The European Union in International Politics*, Rowman & Littlefield Publishers, INC. 2001, p. 224.

③ Roy H. Ginsberg. *The European Union in International Politics*, Rowman & Littlefield Publishers, INC. 2001, p. 187.

及行为给予关注，这说明欧美关系正逐步向平等化迈进，并对美国独霸世界的战略企图形成了事实上的挑战。总之，在欧洲经济实力不断强大、共同外交的意志与行动能力也逐渐增强的前提下，欧美关系正经历着从美强欧弱的"特殊关系"向平等合作的"正常关系"的调整过程。这场历史性的调整目前仍在继续，它不仅对美欧关系本身而且对未来的世界格局的塑造都将产生重大影响。①

（三）欧洲共同外交对中国、俄罗斯国际地位的影响

冷战后，欧盟对中俄两国的关系有了许多新的变化，而在调整欧美关系结构的同时，欧洲共同外交也成为欧洲调整欧中、欧俄关系，进而推动国际格局转变的重要途径。

1. 欧洲共同外交有利于中国国际地位的提升

在欧洲共同外交中，对话政策是一个重要的组成部分。亚洲是当今世界经济增长速度最快的地区，而国际地位和国际影响日益提高的中国则是这一地区发展的主要推动力之一。因此，中国成为欧洲共同外交的战略关注点。从20世纪90年代开始，欧盟与中国的关系出现了新的格局，双方致力于建设一种独立的、基于平等关系的战略伙伴关系，并用政治报告与长远战略规划的方式逐步将中欧关系推向深入。在欧洲共同外交的框架中，欧盟对华政策将中国定位为"欧盟的主要战略伙伴之一"，认为欧中关系是"成熟的伙伴关系"。这种伙伴关系对欧盟和中国来说，都具有重要的国际影响，因为它能促进双边并带动多边的政治经济合作，促进全球稳定、和平与持续发展。由此可见，欧洲共同外交有利于当前一超多强局面向力量对比更为平衡的多极化方面发展，有助于促进国际格局的转换。当然，欧洲共同外交对中国的和平发展也有限制的一方面，例如至今在解除对华军售禁令方面坚持强硬的否定态度，频繁地使用反倾销等手段对中国的纺织业、家电制造业进行打击等等，都在一定程度上对中国的贸易发展形成了损害。不过，比较而言，欧洲共同外交对中国国际地位的提高，对多极化进程的发展主要起着积极的推动作用。

2. 欧洲共同外交对俄罗斯国际地位的双重影响

俄罗斯与欧盟之间在经济上的相互依赖，是影响两者双边关系的关键所在。仅仅从资源方面看，欧洲各国对俄罗斯都有极大的需求。一体化的欧洲所辖人口众多，意味着对自然资源的需求量也十分庞大，欧洲的稳定根源之一在于生产与生活资源的充分供给。按照欧盟提供的数据，欧盟所需能源有50%以上依靠进口，今后一段时间内，这个数字可能上升到70%～90%。欧洲发展与稳定的根源在于资源的充分供给，而俄罗斯是主要供应者之一。此外，欧盟的市场、资本与技术是推动俄罗斯经济改革的有利杠杆，而俄罗斯丰富的能源与巨大的市场潜力对于欧盟日益显示其重要性。② 欧洲与俄罗斯之间的经济相互依赖，使得两者之间的合作可能大大增加。特别要注意的是，欧洲将俄罗斯作为重要的国际力量，通过经济外交不断增强与俄罗斯的双边关系，这对俄罗斯国际经济地位的提高无疑是具有积极意义的。

在国际政治层面，欧洲也需要借助俄罗斯的重要国际地位，以增强欧洲共同外交的影

---

① 赵怀普：《"特殊关系"走向"正常关系"——战后美欧关系纵论》，《国际论坛》，2006年第4期，第45～47页。

② 范军、刘军：《90年代以来的俄欧关系》，《俄罗斯研究》，2003年第4期，第13～15页。

响力。一方面，欧盟当前的政治影响与经济影响之间存在较大差距，近期内欧盟的政治影响力难以迅速扩大，而经济实力对政治影响力的支持与扩充过程又较为缓慢，因此，加强与俄罗斯等重要国际政治力量之间的合作，对欧盟来说是快速构建多极世界的一条捷径。特别是在维护正在被美国破坏的联合国的威信和国际法准则方面，欧俄之间的合作将能迅速地填补国际政治权力的真空，同时又能对美国形成抵制态势。因此，欧俄合作对于欧盟实现成为世界一极的目标是不可缺少的必要条件①。冷战期间，苏联虽然对欧共体建设表示冷淡，但也没有采取强烈的反对措施。冷战结束后，俄罗斯则用宽容、正面的态度对待欧洲一体化的发展，甚至把欧盟东扩看成是稳定欧洲安全的举措。虽然科索沃战争反映出了欧俄双方一定的矛盾，但同时也使得双方认识到彼此合作在维护欧洲安全中的重要性。为发展欧盟与俄罗斯之间长期和稳定的伙伴关系，欧盟于1999年6月在德国科隆举行欧盟首脑会议，正式采纳了欧盟"对俄罗斯的共同战略"。该战略指出，俄罗斯将成为未来欧洲大陆的重要组成部分，欧盟希望加强与俄罗斯在各个领域的合作并为俄罗斯的民主和市场经济建设提供帮助。共同战略还表示，欧盟各国将在对俄政策上紧密合作，致力于与俄罗斯保持长期的政治和安全政策对话，加强双方公民之间的联系和往来。这是经《阿姆斯特丹条约》确定的欧洲共同外交新机制第一次应用于欧盟以外的国家，得到了俄罗斯的积极响应。伊拉克战争之后，欧洲共同外交给欧俄关系注入了新的内容，它通过几次高级别的政治会议确定了欧俄关系的发展方向，其中在2003年召开的两次欧俄峰会上，多个欧盟国家的领导人表达了希望欧俄双方在政治、安全、反恐、经济等领域合作的愿望，所发表的《联合声明》则标志着双方在外交机制化、法律化的道路上迈出了新的步伐。

欧亚大陆是国际政治的重心，西欧国家和俄罗斯在其中扮演着重要的角色。欧洲共同外交所构建的欧俄关系，从战略层面上消除了欧亚大陆的不利因素，为该地区力量的和平共处设定了基础，有利于世界局势的稳定，也有利于欧洲和俄罗斯在国际社会中的地位提升。

（四）欧洲共同外交在推动国际格局演进中的局限性

欧洲共同外交集中了众多欧盟成员国家的国际理念，力图通过与俄罗斯、亚洲尤其是中国的战略合作，改变当前国际格局中美国倚仗霸权实行单边主义的局面，这种对世界多极化的推动作用已在上文作了说明。但是，欧洲共同外交只是初步构建了改变这一国际格局的战略伙伴关系，但这个战略伙伴关系的网络还不足以迅速地扭转美国为惟一超级大国的国际格局。其主要原因在于：

1. 欧洲共同外交只是在有限范围内偏离欧美的大西洋伙伴关系

欧洲共同外交的目标之一是增强欧洲的国际地位，增强欧洲共同的文明特性。从其发展趋势来看，统一的欧洲应该成为世界一极，但是从欧盟条约、领导人讲话以及其他官方文件中来看，只是强调了希望"用一个声音说话"的意图。因此，从理论上来讲，整合欧洲各国的立场与谋求世界格局中的一极地位，都可以被视为欧洲共同外交的目标，但两者的定位差距是十分悬殊的。此外，欧盟各国内部的外交立场体现出的趋同倾向并不代表

---

① 罗志刚：《欧美竞争与欧俄合作》，《武汉大学学报》，2005年第2期，第177～182页。

各国之间在外交政策上的裂痕已经完全消失，共同外交只是构建了一个各国合作的平台，奠定了面向未来的外交政策进一步紧密合作的基础。欧盟是西方国家组成的联盟，大多与美国有着传统的伙伴关系，此外，西方世界的一系列合作机制，如北约、八国首脑会议等，也会在相当程度上遏制欧洲国家向一个彻底独立于美国之外世界一极的方向发展。至少在可预见的时间内，共同外交只能是在突出欧洲特性的同时，把欧盟塑造成为美国在跨大西洋伙伴关系下的平等竞争者和国际事务的主要参与者。

2. 欧洲共同外交对中国和俄罗斯成为世界一极的消极作用不会很快消失

尽管欧盟对俄罗斯与中国的战略依赖性非常明显，欧洲也意识到增强与改善欧俄、欧中关系对提高自身以及俄罗斯、中国的国际地位都有相当重要的积极意义，但是短期内欧洲与俄罗斯和中国的关系还难以有较大的进展。造成这种现象的原因是多方面的。从内部来看，欧洲一体化的内部事务占据了欧盟的绝大部分议程，多次规模扩大而带来的"深化"问题成为欧洲当前急需解决的重大事项，导致欧洲各国付诸共同外交方面的精力相对减少，不能有效地解决彼此之间存在的外交争议。从外部来看，欧洲各国在共同外交上所表达的战略与中、俄方面的战略考虑还存在一定程度的分歧，尤其是在欧盟军事防务能力及其在欧亚大陆的影响方面，三方的观点更是差异颇多，难以形成一致意见。此外，欧洲在诸多国际事务中难以摆脱美国的约束和控制，更无法脱离对美国的依赖性，而且，因受西方国家传统战略思维的影响，欧洲和美国一样，在与中俄合作的同时，还带有压制中俄国际地位与国际空间的成分，所有这些因素都不可避免地使欧俄、欧中关系的双边关系变得复杂化，并妨碍欧洲真正成为中、俄的实质性战略合作伙伴。① 比如，受到欧盟方面的压制性政治影响，俄罗斯方面把欧盟仅仅看成一个经济组织，并不具备足够的国际政治影响力，相应地忽视把欧盟作为一个整体来发展双边关系，尚未意识到欧盟正在新的欧洲政治和安全领域中发挥的重要性。与此相比，俄罗斯更加重视与单个欧盟成员的双边关系，把发展与传统的欧洲重要力量——德国、法国、英国的双边关系作为对欧洲外交的重点。② 同样，中国也因为来自欧盟方面的诸多政治措施而降低了欧盟在中国国际战略中的地位。虽然中国强调世界多极化趋势，并且把欧盟作为世界重要一极的地位给予了高度重视，但是在实际的政策中，中国依然没有把整体的欧盟放到比较重要的地位来对待，甚至对欧盟的重视还比不上对单个成员国的重视。由于欧洲方面的消极影响因素根深蒂固，难以在短时期内消除，因此欧中-欧俄关系要实现实质上的战略合作，还需要很长的一段时间。

综上所述，欧洲共同外交作为欧洲应对国际社会挑战的一种选择，对国际关系的发

---

① 欧洲对中俄的国际战略中大多有压制成分，即使在有关面向未来合作的官方文件中也不能避免。欧盟委员会在 1998 年通过的战略文件《与中国建立全面伙伴关系》中指出，"中国还远没有达到国际公认的人权标准，其人权记录仍有严重的缺陷，存在诸如压制某些少数民族和持不同政见者的自由、强制使用监狱劳工、法治体系仍欠发达、滥用死刑等问题。这些都是欧洲联盟、欧盟机构和欧盟公众舆论感到严重关切的问题"。该文件号为 COM（1998）181final，引自林甦、张茂明、罗天虹主编：《欧盟共同外交和安全政策与中国-欧盟关系》，法律出版社 2002 年版，第 293 页。对俄罗斯方面，在两次车臣危机中，欧盟都对俄罗斯表示了强烈谴责。参见 Cliver Archer. The European Union: Structure and Process，(3rd edition)，London，Continuum，2000，p. 208.

② 范军：《欧俄关系：一个共同的家园》，《华东师范大学学报》，2004 年第 1 期，第 53~54 页。

展、国际力量的对比变化和国际格局的走势，有不可忽视的影响。毋庸置疑，欧洲共同外交有其一定的消极影响，但总体上看，其主要作用表现为提升欧洲的国际地位，推动国际格局向多极化的方向迈进。

论苏联和东欧国家欧安会倡议的历程

申红果*

摘　要：20 世纪 50 年代中期，以德国问题为出发点和目标，苏联开始倡议签订欧洲集体安全条约，并为此召开一次全欧会议。是为欧安会倡议的源起。欧安会倡议在 20 世纪 50 年代中后期出现了第一次高潮。此时倡议主要来自苏联。西方国家长时间未予赞成。20 世纪 60 年代中期开始，华约集团成为欧安会倡议的主要发出者。随着东方逐步调整其内容，西方也逐渐接受召开欧安会。东西方之间的"公报对话"成为欧安会倡议的第二次高潮。其间，苏联也曾和西方国家单独协商欧安会事宜。此外，欧洲中立国的积极参与使欧安会倡议在某种程度上具有"非集团"性质。

关键词：欧安会；苏联；东欧国家；东方；西方

欧安会是冷战时期第一次、也是惟一一次全欧会议，被视为缓和的高潮。欧安会倡议历经近二十年的时间，最初由苏联提出并由其主导。苏联建议召开"全欧安全会议"的初衷是签订"欧洲集体安全体系条约"。1968 年捷克事件发生后，欧安会倡议被迫暂时中止。但是半年以后，该倡议就再次兴起。随着缓和逐渐走向高潮，苏联开始以华约集团为依托继续发出倡议。西方起初严重怀疑苏联的动机，因此不予理会。不过，随着时间的推移，东方不断调整建议，逐渐（有时是被迫）接近西方国家的要求，西方也由怀疑到慢慢接受。但是，西方为欧安会设置了"先决条件"，即柏林问题和对等裁军谈判问题。满足此条件后，欧安会多边预备会谈开幕，此后又举行了正式会议，并由此进入了长达近 3 年的谈判。

对于欧安会倡议历程问题，国内外学者有一定的研究①。已有研究对欧安会倡议历程的某些方面进行了比较细致的探索，但是还不足以反映出欧安会倡议的全部历史面貌及其特征。本文试图更加细致深入地考察欧安会倡议的历史过程，并从中总结出该历史进程的

---

*　武汉大学政治与公共管理学院讲师，历史学博士。

①　研究成果包括：Acimovic, Ljubivoje（1981）. *Problems of security and Cooperation in Europe*（Margot & Rosko Milosavljevic, Trans.）. Sijthoff & Noordhoff；Maresca, John J.（1985）. *To Helsinki: The Conference on Security and Cooperation in Europe 1973-1975.* Durham and London: Duke University Press；吴万宝著：《欧洲安全暨合作组织》，台北五南图书出版公司民国 89 年（公元 2001 年）版；陈须隆：《欧安会/欧安组织与欧洲安全—区域安全合作的一种经验分析》，博士论文，北京大学国际关系学院，2001 年 6 月。一些以缓和为研究主题的著作也对此有所涉及。

某些特征，从而使读者更深刻地理解欧安会。

一、早期的全欧会议倡议

20世纪50年代中期，西方国家着手恢复联邦德国主权并使其加入北大西洋公约组织。为阻止西德重新武装并加入北约，为把美国赶出欧洲，苏联提议欧洲国家签订安全条约，建立欧洲的"新集体安全体系"，并为此召开一次全欧会议。欧安会倡议即以解决德国问题为根本出发点和目标。50年代中后期是苏联欧安会倡议的第一个高潮期①。

1954年1月25日至2月18日，美、英、法、苏四国外长在柏林举行会议，以求解决德国地位问题。会议开幕后，西方国家即接受了苏联外长莫洛托夫提出的议程，亦称"莫洛托夫计划"，其重点是讨论缓和以及德国问题与欧洲安全，后者是这次会议的主要内容。2月10日，针对德国问题，莫洛托夫提出了两项计划，第一项是规定占领德国的军队在六个月内撤出，但在安全受到威胁时可再次进驻德国；第二项是签订"欧洲集体安全的全欧条约"。实际上，第一项计划是第二项计划的补充。全欧安全条约则向所有欧洲国家开放，也向德国的两个部分开放②。苏联的欧洲安全意图在莫洛托夫计划里表露无遗，那就是在欧洲建立新的集体安全体系，取代已有的北约组织和欧洲防务集团（1952），同时把美国的势力驱逐出欧洲，同时以中立方式永久解决德国问题，把欧洲中部变成东西方的缓冲区。该提议遭到西方国家的批评。英国外相艾登说苏联是在搞"欧洲的门罗主义"，英国不能接受。法国总统皮杜尔说，苏联的集体安全提议不仅想使德国中立化，而且还要让欧洲中立化③。

为了建立欧洲新集体安全体系，当西德重新武装并加入北约已成定局之时，苏联采取了一系列应对措施，包括在没有西方国家积极回应和参与的情况下与东欧国家举行所谓的"欧洲安全会议"，在东西方高层会议上继续倡议召开全欧会议等。1954年11月29日至12月2日，苏联和东欧诸国一起召开"欧洲安全会议"，宣称如果西方批准《巴黎协定》，苏联和东欧将采取措施来共同保卫自己的安全；会议要求西方放弃联邦德国重新武装和加入军事集团的计划，并尽快实现德国统一④。1955年苏联再次召集其他东欧国家举行"欧洲安全会议"，并于5月14日组建了华沙条约组织⑤。在同年7月18~23日举

---

① 阿西莫维奇认为50年代中期是苏联欧洲安全建议的第一次高潮，第二次高潮是60年代中期。(Yougoslavia) Ljubivoje Acimovic, trans. by Margot & Bosko Milosavljevic, *Problems of Security and Cooperation in Europe*, Alphen aan den Rijn (The Netherland) and Rockville (Maryland, USA), Sijthoff & Noordhoff International Publishers B. V., 1981, p.72。

② ［英］科拉尔·贝尔著，F.C.贝纳姆编：《国际事务概览1954年》，云汀、吴元坎、董湘君、陈漪译，上海译文出版社1984年版，第178、182页。

③ ［英］科拉尔·贝尔著，F.C.贝纳姆编：《国际事务概览1954年》，云汀、吴元坎、董湘君、陈漪译，上海译文出版社1984年版，第183页。

④ A.C.阿尼金著：《外交史》（第五卷下），三联书店1983年版，第512~513页。

⑤ 不过，沃伊泰赫·马斯特尼（Vojtech Mastny）认为，华沙条约的建立并不完全是苏联对联邦德国重新武装并加入北约组织的反应，新材料表明，苏联筹建华约联盟的动机是以之作为政治保证而不是军事保证。参见沃伊泰赫·马斯特尼的《苏联和1955年华沙条约的起源》，李锐译，www. coldwarchina. com/ zwxz/ mgxz/ wytk/ 001749. html. （2006.4.20）。

行的美、英、法、苏日内瓦首脑会议上，苏联总理布尔加宁坚持主张，要解决欧洲问题，必须首先缔结欧洲安全条约；接下来是裁军，然后才是德国统一。为此，布尔加宁向会议提交了两份建议，一份是"全欧集体安全条约草案"，另一份是"欧洲现存国家集团间条约的基本原则"。这两份建议提出了一个欧洲安全的两步走方案：第一步由北约和华约之间、或者其成员之间签署"不侵犯条约"（包括放弃使用武力、和平解决争端）；第二步是解散欧洲现存的两个军事—政治联盟，代之以一个"全欧安全体系"①。与之针锋相对的是英国提出的"第二个艾登计划"（Eden's Plan），即德国统一必须首先实现，其次才能谈欧洲安全条约，并且暗示缔约国有义务援助任何一个被侵略国②。10 月 27 日至 11 月 16 日，四大国再于日内瓦召开外长会议，东、西方都提出了新方案。苏联的新方案是：首先签订一份欧洲安全的基本原则文件，然后再签订欧洲安全条约草案，从而形成一份新的全欧集体安全条约；其次是欧洲两个集团的"不侵犯条约"基本原则；关于建立限制和控制军备区域的建议。在新文件里，苏联没有提出解散欧洲现存的联盟，而把这个任务留给日后的欧洲安全综合条约来解决。西方三国的新草案提出保证德国统一的基本规定，如反对侵略者的义务、建立军备控制区及其检察制度、雷达预警体系等③。

不过，随着西德正式成为北约组织成员，1956 年时苏联不再坚持欧洲集体安全体系，而是更强调两大集团签署不侵犯条约、限制和控制欧洲军备，建立无核区。事实上，德国问题的新变化使苏联的欧洲安全主张变窄了。与此同时，1958 年 7 月，在欧洲安全倡议孤立无援的情况下，苏联提出欧洲各国缔结"友好关系和合作条约"。条约强调各国领土完整和主权，包含有经济、文化和其他领域的合作的内容，还有睦邻友好关系的发展，其中仍然包含一些集体安全内容。事实上，正是这些建议为未来的欧洲安全与合作会议奠定了基础④。

在苏联提议的同时，东欧国家的领导人和学者也纷纷提出相关建议。1958 年，波兰外长亚当·拉帕基（Adam Rapacki）提出建立中欧无核区，通过"控制组织"来确保安全承诺的落实。"控制组织"由东方、西方以及中立国代表组成，由美、苏、法、英四大国负责实施中欧无核化⑤。东欧各国与苏联保持一致，其建议可视为苏联建议的补充。

50 年代中后期的全欧安全会议倡议突出了以下几个问题：首先，德国问题是苏联欧安会倡议的根本着眼点和目标，苏联倡议的最直接用意是防止西德加入北约。50 年代中期是德国问题剧烈变动的时期，也是冷战形势发生巨大变化的时期。毫不夸张地说，德国问题的解决意味着欧洲安全的建立。东西方的症结在于：是先解决德国问题、再谈欧洲安全，还是先谈欧洲安全、再解决德国问题？苏联基本主张是先确定欧洲安全的框架，然后在此框架内解决德国问题。西方则坚持主张先在德国实行民主投票，解决德国问题，再讨论欧洲安全。从本质上看，全欧安全体系也许只是为寻求解决德国问题而披的一件外

---

① Acimovic, *Problems of Security and Cooperation in Europe*, p. 73.

② Ibid, p. 74.

③ Ibid, p. 74.

④ Acimovic. *Problems of Security and Cooperation in Europe*, p. 75.

⑤ Maresca. *To Helsinki*, pp. 4-5.

衣①。随着斯大林的逝世，苏联对外政策的较大幅度调整，"实力"成为东西方对话的基础②。1955 年以后，东方放弃了统一德国政策，转而实行两个德国政策，因此更把精力放在建立一个欧洲安全体系、撤除外国军队并裁军、解散军事联盟等诸问题上③。其次，苏联欧安会倡议的中心是签订全欧集体安全条约，建立新的欧洲集体安全体系，并为此举行一次全欧会议。苏联早期倡议关注的重点是欧洲军事安全，还未见其明确的"欧洲安全与合作"观念④，尤其没有突出"合作层面"。苏联试图通过建立新安全体系，达到解散北约军事组织、驱逐美国驻欧势力的目标。对此，西方国家强烈反对。再次，20 世纪 50 年代中后期，苏联和西方之间就欧洲安全问题所存在的分歧是根本性的、无法弥合的。这一时期东西方间的交流缺乏实质性进展。一方面苏联长时间不改变其主张（只是有时稍作微调），另一方面西方国家长期不认同苏联的主张。实际上，苏联的建议几乎遭到西方国家的彻底反对。

二、东一西方的"公报对话"（第一阶段）

西德加入北约组织以后，欧洲安全形势发生新变化，苏联欧洲集体安全体系梦想受挫，但欧安会却远没有从苏联的对外政策里淡化，反而在缓和的潮流下日益凸显。与 20 世纪 50 年代中后期不同的是，60 年代中期，东欧国家开始积极参与欧安会倡议，苏联也乐意经由华约集团表达自己的主张，于是，华沙组织成为欧安会倡议的主要发出者。20 世纪 60 年代后期以前，苏联的欧安会建议效果不佳，一方面因为苏联建议的宣传意味很浓，能让西方接受的实质性内容比较少，另一方面则因为当时恰逢冷战依然严峻的阶段，"缓和"虽已出现，但尚未变成不可逆转的潮流。60 年代后期以后，随着"缓和"的持续升温，随着东方不断调整欧安会倡议，东、西方之间的交流逐渐增加，西方最终接受欧安会倡议。华约和北约在此时期出现了"公报对话"（communique talk）。"公报对话"指 20 世纪 60 年代末期（特别是 1968 年 8 月的捷克事件）之后，华约和北约两个集团之间通过本集团的定期会议发表公报、阐述各自对欧安会的主张，东一西方关于欧安会问题的交流逐步变成了以公报形式展开的对话。"公报对话"持续了数年，且次数频繁。此间，双方的观点渐渐修正、交叉。

华约集团的倡议大致可以分为两个时期：从 20 世纪 60 年代中期到 1968 年 8 月是第一个时期；捷克事件之后到 20 世纪 70 年代初是第二个时期。这两个阶段也是苏东倡议的两次高潮，第一个时期里宣传味儿更浓些，第二个时期出现了更多的实质性建议。华约集团的欧安会倡议主要包括："布加勒斯特宣言"、欧洲共产党卡罗维发利会议、"布达佩斯宣言"、"布拉格宣言"等众多会议的公报；北约的回应则包括："雷克雅未克会议最后公报"、"罗马会议公报"等。

"布加勒斯特宣言"（the Bucharest Declaration）是华约组织第一次集体地、公开地提

---

① Acimovic. ibid, p. 76.

② 萧汉森，黄正柏：《德国的分裂、统一与国际关系》，华中师范大学出版社 1998 年版，第 324 页。

③ Acimovic. ibid, p. 74.

④ Maresca 也持此观点。见 Maresca. *To Helsinki*, p. 4.

出欧安会倡议。它源自华约集团对波兰外长拉帕基（Adam Rapacki）倡议的采纳。1964年12月的联合国第十九届大会上，拉帕基提出召开欧洲安全与合作会议①。14日，拉帕基向联合国大会提交了一份计划，即建议召开解决欧洲安全问题的欧洲会议，美国也可以参加②。事实上，1958年拉帕基曾提出过类似建议。1965年1月19～20日的华沙条约政治协商委员会立即批准了拉帕基的提议，并在会议公报里列出了该建议。另一方面，1966年3月至4月的苏共第二十三次代表大会上，勃列日涅夫和葛罗米柯都表达了和拉帕基同样的观点。7月4～6日的华约政治协商委员会首脑会议上，拉帕基计划以及苏联领导人的建议获得通过，并取名为"关于加强欧洲和平与安全的宣言"，又被称为"布加勒斯特宣言"。宣言指出，欧洲当前的国际关系状况令人不满意，欧洲安全与和平受到了威胁，造成这种情况的原因首先是西德，其次是美国。其中德国问题包括其东部边界、承认民主德国、两个德国关系正常化等。苏联还强调不能用核武器武装西德，同时必须抑制美国在欧洲的军事与政治存在。为加强欧洲安全，宣言提出七点建议：（1）以和平共处、不歧视原则为基础发展睦邻关系，包括两个德国关系正常化；（2）解散欧洲军事—政治同盟，或者至少解散军事组织；（3）取消在他国领土上的军事基地，两个德国同时裁军，建立中欧无核区；（4）阻止西德拥有核武器；（5）承认边界不可侵犯；（6）签订对德和平条约；（7）召开全欧会议以解决欧洲安全与合作问题，该会议最终将通过一份为加强安全而合作的宣言，包括以下条款：和平解决争端，为发展经济、科学、技术和文化领域的关系而定期磋商③。

"布加勒斯特宣言"呈送给了欧洲所有政府和人民。它集中了东方以前就提出过的一些众所周知的建议和基本条款；它超越了此前苏联提出的东、西方互不侵犯协定，并呼吁举行"欧洲安全与合作问题的会议"④。此后，苏联的主要目标不再是签订全欧安全条约，而是召开全欧安全会议。该宣言的失败之处在于，指明会议是"欧洲的"，从而把美国排除在外。尽管宣言说所有相关国家都可参加，从而给美国留下一些可能性⑤，但宣言没有明确说美国可以参加。这似乎比拉帕基的建议退后了。宣言还把欧洲紧张关系的原因归咎于西德和美国，谴责美国把西欧——还有亚洲的"冒险国家"——当作其全球政策的工具，因此宣言仍把解散欧洲军事联盟、迫使美国撤出欧洲为目标。宣言说："每一个欧洲国家的安全与进步的真正保障不在于军事集团的存在——它没有反映当前国际生活的合理趋势——而在于在欧洲建立充分的安全，这个安全以这个大陆上所有国家的平等和相互尊重为基础，以所有欧洲民族的共同努力为基础。这个宣言的签字国主张：是时候该保证采取措施缓解欧洲的军事紧张局势了。做这件事的最根本方法是同时解散现存的军事联盟；当前形势让这变得可能。"⑥从根本上讲，"布加勒斯特宣言"和苏联的早期倡议没有本质差别，也没有超越华约早期的建议。其宣传和策略成分过多，有很多不现实的要

---

① Bennett, G., and Hamilton, K. A. (eds). (1997). *Document on British Policy Overseas* (*DBPO* infra), Great Britain: Foreign and Commonwealth Office, Series III, Vol. II, No. 5, p. 25.

② Maresca, *To Helsinki*, pp. 5, 78; Acimovic, *Problems of Security and Cooperation in Europe*, p. 78.

③ Acimovic, *Problems of Security and Cooperation in Europe*, p. 78.

④ Garthoff, *Détente and Confrontation*, p. 129.

⑤ Acimovic, *Problems of Security and Cooperation in Europe*, p. 79.

⑥ *DBPO*, Series III, Vol. II, No. 5, pp. 28-29.

求。不过，该宣言是苏联对本国以及东欧国家关于举行欧安会意见的一次整合①。从此以后，苏联和东欧各国更加一致地通过华约组织向西方发出倡议，直到欧安会多边预备会谈开幕。

在华约国家举行集团内部会议的同时，苏联也发动欧洲各国共产党一起推动召开全欧会议。1967 年 4 月 24～26 日，"欧洲共产党会议"在卡罗维发利（Karlovy Vary）举行②，主题是欧洲安全问题。如果说华沙条约政治协商委员会会议是苏联通过政府间路线实现其欧安会倡议的话，那么卡罗维发利会议就是通过政党间途径实现欧安会③。通过这次会议向西方公众宣传欧安会、争取西方公众的支持，是苏联想从这次共产党会议得到成果之一④。

卡罗维发利会议通过了"为了欧洲的和平与安全"的文件。该文件的绝大部分内容和"布加勒斯特宣言"一致，惟一不同的是，卡罗维发利会议文件是为不同的听众——即西方公众——准备的，而且它要消除东西方经济关系中的歧视。文件提到了缔结全欧协定：放弃使用武力，不干涉他国内部事务。会议声明企图在西欧煽起"终结北约"的情绪，因为北约缔约时规定的二十年期限即将于 1969 年到期。会议公报攻击美国总统约翰逊的"架桥"政策，称其要颠覆共产主义国家。会议公报表示"愿意支持任何以寻求缓和、加强欧洲大陆人民之间安全为目标的积极性或建议"⑤。卡罗维发利会议是苏联和东欧国家为召开一次欧洲安全会议而发动的第二次重大行动，会议含有浓烈的意识形态味道。就欧安会倡议而言，这次会议的成果没有突破性进步。

西方对华约国家的欧安会倡议起初是反对的，有很大保留意见，但也不是没兴趣。西方国家回应的主要途径是北约组织。北约的回应是基于对"缓和"发展趋势的承认和顺应，其起点是"哈梅尔报告"。1968 年，西方国家开始以低姿态、间接的方式回应华约，即 6 月 24～25 日北约各国部长们的雷克雅未克会议"最后公报"。公报没有提及"布加勒斯特宣言"。公报把对等裁军作为关键性问题。公报说，此次会议已经考虑了一份东—西方关系的报告，各国政府还共同研究了如何解决欧洲基本政治问题、以便促进国家间关系的稳定。公报说东—西方关系在某些方面已经改善了，但是不能高估"缓和"全面快速前进的可能性。公报还强调，必须以和平方式解决欧洲的对立问题，欧洲需要信任氛围。公报的附录补充了一份欧洲裁军文件。这个公报反映了北约国家对华约的布加勒斯特倡议的较积极回应⑥。

三、东—西方的"公报对话"（第二阶段）

捷克斯洛伐克事件之后，东、西方就欧安会问题的对话曾终止近半年。随着缓和的不

---

①　Garthoff, *Détente and Confrontation*, p. 129.

②　此次会议包括西欧国家的共产党以及苏联和东欧国家的共产党，罗马尼亚和南斯拉夫则没有参加会议。会上，保加利亚、捷克斯洛伐克和匈牙利同意不开放和联邦德国的全部外交关系，而当时罗马尼亚已经和联邦德国建立了外交关系。参见 *DBPO*, Vol. II, No. 99, p. 338, note 5.

③　Acimovic, *Problems of Security and Cooperation in Europe*, p. 80.

④　Ibid, p. 80.

⑤　Garthoff, *Détente and Confrontation*, p. 129.

⑥　Acimovic, *Problems of Security and Cooperation in Europe*, p. 81.

断前进，双方进入"公报对话"的第二阶段。

捷克斯洛伐克事件对西方国家冲击极大，它们纷纷重新评价苏联的"缓和"政策。有些认为"对西方而言，强大的防务比苏联的缓和更重要"①，也有些认为捷克斯洛伐克事件不会严重影响"缓和"，苏联"会极力避免做出任何有可能让人怀疑其缓和愿望的事情"②。可见，20世纪60年代末，"缓和"已经势不可挡，各国都对缓和抱有不同程度的期望。捷克事件远远无法阻挡"缓和"继续前进。捷克事件没能阻挡"缓和"，当然也挡不住欧安会倡议。1969年上半年，也就是捷克事件之后半年，欧安会倡议便再次兴起。此时，欧安会显然已经成为苏联"缓和"外交政策的主要目标之一，它一定程度上也被用来弥补捷克事件的不良后果。

1969年，3月17日，华约政治协商委员会在布达佩斯举行会议。此次会议是继1966年和1967年之后重新开启的欧安会倡议行动。会议通过了"华沙条约给所有欧洲国家的呼吁书"，即"布达佩斯呼吁书"（the Budapest Appeal）。呼吁书说，"牢固的欧洲安全"的前提条件是：承认欧洲所有边界不可侵犯，包括奥德—尼斯线（即波兰西部边界）、民主德国和联邦德国边界；西德放弃宣称代表全德意志人民。布达佩斯会议以"低姿态的方式"表达了德国问题对欧洲安全的意义，因为呼吁书只用了两个简短的句子③。呼吁书再次把美国排除在全欧会议之外。由于希望巩固第二次世界大战后"欧洲现状"，华约不再把解散欧洲军事集团作为全欧会议的前提。不过，罗马尼亚仍然不时要求解散欧洲的军事联盟。军备竞赛问题没有作为布达佩斯会议的主题。这和华约以往的建议不同。这次会议还提到欧洲安全会议的程序。会议谈到，在全欧会议的正式会议之前，可以先举行由各国官员参加的预备会议。"呼吁书"似乎把全部注意力都放在了举行一次欧洲安全会议上，其内容和口气都比"布加勒斯特宣言"现实得多，这是"呼吁书"的惊人之处。"呼吁书"比"布加勒斯特宣言"简短，"没有宣传辞藻和不切实际的要求"；对西德和美国的批判，被有意识减弱了，转而非常强调缓和、和平共处与和平④。英国驻莫斯科大使杜坎·威尔逊说，"从各方面来看，这个演说的措辞看起来相当温和、合理，尽管这也许是十分陈旧的提议里惟一的小装饰"⑤。正是从"布达佩斯呼吁书"开始，苏联努力保持欧安会倡议方面的华约内部团结一致，尽管苏联的主张仍是主导。1969年4月初，苏联正式把"呼吁书"递交给所有欧洲国家。

面对华约的新倡议，北约的回应是软弱的。D. 威尔逊说，西方国家无力一致回应华约早先的倡议，西方国家的态度明显有差异，这也许让苏联当局认为华约的建议是"有前途的公开路线"。威尔逊预计，未来数月内西方还会听到更多类似的建议⑥。但是和以前相比，北约比较快速地回应了"布达佩斯呼吁书"，尽管仍然是间接回应。1969年4月，北约华盛顿公报指出，加强欧洲和平与安全是欧洲持久和平的基本目标之一。北约成

---

① *DBPO*, Series III, Vol. II, No. 5, p. 25.
② *DBPO*, Series III, Vol. II, No. 5, p. 25.
③ Acimovic, *Problems of Security and Cooperation in Europe*, p. 83.
④ Garthoff, *Détente and Confrontation*, p. 131.
⑤ *DBPO*, Series III, Vol. I, No. 26, p. 124, note 2.
⑥ *DBPO*, Series III, Vol. I, No. 26, p. 124, note 2.

员国表达了愿意和苏联及东欧国家一同考虑这些问题的想法。会议要求北约理事会把欧洲安全问题列一份清单，并决定如何开始谈判进程才最好。公报指出，基础准备必须充分，这意味着北约成员国不希望尽早举行欧洲安全会议。公报还指出与会国必须是"为了解决欧洲政治问题而必须参加的所有政府"。从而表明美国的参加是不可缺少的。北约国家还希望柏林问题和欧洲裁军问题谈判能先于、或并行于欧洲安全会议①。

关于欧洲安全会议不对美国开放的缺憾，华约很快就弥补了。首先，1969 年 10 月，波兰政府向一部分欧洲国家、美国和加拿大递交了一份建议，明确提出美国和加拿大应该参加未来的欧洲安全会议。其次，在 1970 年 6 月 22 日的华约布达佩斯会议的备忘录确认，欧洲安全会议的与会资格对美国和加拿大开放。备忘录由匈牙利呈递给"所有相关国家"，包括美、加两国②。苏联同意美国参加欧安会，表明东西方关系向前迈进了，还表明东西方缓和比分裂西方联盟更重要③。苏联还为了实现东西方缓和而撤换了东德领导人乌布利希，以免强硬的乌布利希阻挠缓和的多边进程，或者妨害西德和苏联签订历史性的双边条约④。

如果说 1968 年左右的华约—北约的对话非常谨慎的话，那么从 1969 年下半年开始，两个集团就进入了密集的"公报对话"阶段，双方都采取了新行动。1971 年和 1972 年是华约和北约"公报对话"最密集的时期，也是两个集团满怀疑虑、但又真正逐渐接受对方意见的时期。这一变化的背景是西德的新"东方政策"取得了一系列成果，柏林四大国谈判也有了结果，从而推动了欧安会倡议。苏联方面首先修改了"布达佩斯呼吁书"，同时巩固了其中西方可以接受的建议。1969 年下半年开始，华约举行了一系列会议，包括：1969 年 10 月的布拉格会议，12 月的莫斯科会议，1970 年的柏林会议，1971 年 2 月的布达佩斯会议，12 月的华沙会议，1972 年 1 月的布拉格会议。欧安会是这些会议的主要议题之一，其他议题还包括缓和欧洲紧张关系等。

1969 年华约的"布拉格宣言"是东方在欧安会倡议上的第一个实质性让步。10 月 30～31 日，华约各国外长在布拉格举行会议，会议公报——即"布拉格宣言"——提出了欧安会的议程。公报提出，欧安会的第一个议项是保证欧洲安全，放弃欧洲各国间使用武力或者以武力相威胁；第二个议项是，在权利平等的基础上扩大贸易、经济、科学和技术关系，以发展欧洲国家间的政治合作为目标。华约甚至认为欧安会最好能在 1970 年上半年举行⑤。

同年 12 月 4～5 日，北约各国外长布鲁塞尔会议发表了一份"欧洲安全宣言"。宣言是北约集团内部不同观点的妥协⑥。这份宣言措辞谨慎，但却直接地、善意地回应了"布拉格宣言"。北约宣言阐明了欧洲安全与合作难题的基本观点，包括对欧安会问题的看法；宣言构想了军事、柏林问题、合作几个会议主题。关于军事主题，宣言再次确认并描

① Acimovic, *Problems of Security and Cooperation in Europe*, p. 84.

② *DBPO*, Series III, Vol. I, p. 239; Garthoff, *Détente and Confrontation*, p. 131; Acimovic, *Problems of Security and Cooperation in Europe*, p. 84; Maresca, *To Helsinki*, p. 6.

③ Garthoff, *Détente and Confrontation*, p. 131.

④ Ibid, p. 131。

⑤ Acimovic, *Problems of Security and Cooperation in Europe*, pp. 87-8; Maresca, *To Helsinki*, p. 7.

⑥ Acimovic, *Problems of Security and Cooperation in Europe*, p. 89.

述了雷克雅未克会议所提出的对等裁军建议；此外还提出中欧对等裁军，以及采取提前通报军事演习、并互相交换观察员的可能性。柏林问题仍然着眼于缓解西柏林局势，并希望经由柏林问题来解决德国局势。合作主题是关于经济、技术、文化交流，特别是人员、观念和信息的更自由流动，以及环境领域的合作①。北约"布鲁塞尔宣言"一般性地接受了全欧安全会议的想法，但是强调会议必须小心谨慎地提前准备，必须有取得成果的前景。宣言警告说"任何会议都不应该服务于批准欧洲当前的分裂"②。

实际上，至1970年，华约和北约关于欧安会的基本立场已经展现出来了，并且日益接近。这一年5月的北约理事会罗马部长会议和6月的华约布达佩斯部长会议，是两大集团间又一次重要对话。

5月26～27日的北约罗马会议表达了愿意开始讨论探索性的多边对话，但前提是"德国问题"和柏林问题的谈判应该取得成功，华约要接受欧洲安全谈判和裁军谈判在某种程度上并行展开。由于法国的反对，北约会议仅就裁军问题拟定了一份单独的宣言，而且这份宣言不是在北约全体会议上通过的，而是在参加北约共同防务计划成员国的部长秘密会议上通过的③。北约罗马会议最重要的内容之一就是在会后公报里提出了两个欧安会主题：一是国家间关系指导原则，包括放弃使用武力；二是以人员、观念和信息"更自由流动"（freer movement）和文化等领域的合作为着眼点发展国际关系④。第二项建议后成为欧安会的最重要议题之一。6月21～22日，华约布达佩斯部长会议通过了"欧洲会议备忘录"，回应了北约罗马会议公报。对于欧洲裁军建议，华约备忘录提到裁减军队问题，但不是所有军队，从而给出了间接的、不十分明确的回答。华约还建议建立欧安会永久机构或其他机构（但并没有明确使用"永久"这个字眼）。这是新增加的一项主张。华约同意关于保护环境和改善文化关系的合作建议，但是不赞成"更自由流动"。

事实上，北约罗马公报和华约布达佩斯备忘录分别阐述了双方对欧安会议程的主张，这也基本上是双方的最后立场。双方的主张在某种程度上有交叉，但也存在很大分歧（括号内为提出建议的一方）⑤：

欧安会的安全层面：

（a）保证欧洲安全（华约）；

（b）在欧洲国家关系里放弃武力，或者威胁使用武力（华约）；

（c）国家间关系的原则，包括不使用武力（北约）；

（d）建立一个欧洲安全与合作问题的机构（华约）。

欧安会的合作层面：

（a）人员、观念和信息的更自由流动（北约）；

（b）在平等基础上扩大各国贸易、经济、科学、技术和文化纽带（华约）；

（c）人类环境领域里的合作（北约）。

---

① Ibid, p. 88; Maresca, *To Helsinki*, p. 6.

② Garthoff, *Détente and Confrontation*, p. 132.

③ Ibid, p. 90.

④ Ibid, p. 90; Maresca, *To Helsinki*, p. 6.

⑤ *DBPO*, Series III, Vol. II, No. 1, p. 10, note 29; also Vol. I, pp. 238-239.

但是，1970 年年底时，东西方在欧安会问题上出现了强烈对立态势。北约对柏林谈判、两个德国的谈判以及限制战略武器谈判表示不满，因此对欧安会态度强硬。12 月 2 日，华约政治协商委员会在柏林举行会议，试图加速召开欧安会，并批评了北约的"敌视性回应"。12 月 3～4 日的北约布鲁塞尔会议在最后公报里坚持主张：柏林谈判和两个德国谈判的成功"确定无疑是欧安会的前提条件"；公报还警告说，苏联在地中海的舰队和军事基地问题也有可能被作为新条件①。北约秘书长曼里厄·布罗斯厄（Manlio Brosio）承认，"北约理事会的决定意味着后退了一小步，但希望的是日后能前进"②。

1972 年是华约和北约基本确定举行欧安会的一年，因为此时柏林问题和西德签订"东方条约"表明似乎一切问题都可以迎刃而解。欧安会确定了四大议程：（1）安全，包括国家间关系原则和一定的军事层面；（2）经济、科学技术和环境领域里的合作；（3）文化关系，包括"更自由流动"；（4）建立欧洲安全与合作永久机构的可能性③。

1972 年 1 月的华约协商委员会布拉格会议制定的"欧洲和平、安全与合作宣言"再次加强了欧安会的宣传性。宣言列出了七条"欧洲安全和欧洲国家间关系的根本原则"，以及一些合作领域里、建立一个常务机构。华约把这些问题作为欧安会的根本内容。但是，尽管华约提出的国家间关系原则明显扩大了东西方的共识部分，但西方认为"这些原则本身——以及经过挑选的合作议项——包含了大量西方无法接受的东西"④。同时，西方也认为，作为"开场观点，布拉格文件并不是非常让人气馁的"，而且，它字里行间表明华约可以谈那些它们现在拒绝谈判的问题⑤。"布拉格宣言"还提议建立欧洲新集体安全体系，以便为进一步缓解欧洲紧张关系采取实际措施，并为建立一个欧洲安全体系奠定基础。这个新的"安全义务体系""将在欧洲国家的相互关系中消除使用武力和以武力相威胁的任何行为，它会向所有国家提供保证反对侵略行为，并会对每一个民族的福利和繁荣做出贡献"。"布拉格宣言"没有再提解散现存欧洲军事组织的问题。对此，英国认为这可能是因为华约希望拟定一份慎重的温和的文件，以便促使举行欧安会⑥。英国还认为，华约的倡议有一个很明显的意图，就是很想利用欧安会进行宣传，这是西方反对并试图抵制的。5 月 30～31 日，北约部长会议确认，西方联盟正式接受在芬兰首都赫尔辛基举行欧安会多边预备会谈⑦，并建议裁军会议同时开始。

在通过华约组织倡议欧安会的同时，苏联与西欧国家（除了英国）、梵蒂冈、北欧各国进行了双边接触，并基本获得这些国家的赞成。对苏联而言，欧安会倡议是其冷战缓和战略的重要内容之一，是 20 世纪 60 年代中后期至 20 世纪 70 年代中期苏联对外政策的重要内容之一。很显然，解决德国问题是欧安会倡议的初衷，而这背后的意图则是重构第二次世界大战后欧洲力量格局，特别是希望排除美国的在欧势力。欧安会不仅被用以表明苏联是推崇与西方缓和的，而且也为勃列日涅夫本人在苏联国内和国际赢得了极大的政治资

---

① Acimovic, *Problems of Security and Cooperation in Europe*, p. 91.

② Ibid, p. 92.

③ Maresca, *To Helsinki*, p. 7.

④ *DBPO*, Series III, Vol. II, No. 1, p. 11; Vol. I, No. 87, note 12.

⑤ Ibid, No. 5, p. 27.

⑥ Ibid, pp. 28-29.

⑦ Ibid, No. 10, p. 46, also No. 9, note 2.

本，巩固了其在国内的政治地位。欧安会倡议最初基本上是苏联独自倡导的，至 20 世纪 60 年代后期转而借由华约组织扩大声势。这与华约职能从赫鲁晓夫到勃列日涅夫时期的转变相一致，即华约组织从 20 世纪 60 年代中后期开始逐渐增强了军事联盟的功能，而不仅仅是政治联盟和对西方谈判的筹码①。从单独倡议到集体倡议，一方面表明华约的职能逐渐充实丰富，另一方面也暴露出苏联与东欧国家的某些分歧。不过，欧安会反映的绝大程度上是苏联的主张。西方的回应表明它们一方面不愿意美国的力量撤出欧洲，另一方面又希望通过这次全欧会议促使欧洲的东部发生一些改变。至于美国，对欧安会是不感兴趣的。不过，包括中立国在内的欧洲国家却对召开此类全欧会议充满期待。尽管苏联和东欧国家的欧安会倡议举步维艰，但会议的最终召开不能不说是苏联外交的一次胜利。

---

① 李锐：《华约：苏联与东欧的军事组织》，载沈志华主编：《冷战时期苏联与东欧的关系》，北京大学出版社 2006 年版，第 239 ~ 258 页。

外交理念与大国外交

新加坡与中国迟缓建交原因探析

戴德铮* 左家云**

　　摘　要：新加坡与中国迟缓建交，情况复杂。其中主要原因是新加坡的特殊国情与对外政策的调整，受国际形势变化、特别是美中关系变化的影响，与中国因素、特别是中国台湾因素相关。

　　关键词：新中建交；迟缓原因；综合分析

　　新加坡 1965 年 8 月 9 日脱离马来西亚联邦独立，直到 1990 年 10 月 3 日新加坡与中国才正式建交，中间相隔 25 年之多。对于其中原因，国内外说法很多，有的说法甚至离奇。为了解惑，也为廓清是非，作者依据看到的资料，就"迟缓"角度，运用国际关系"多层分析"等方法，谈些看法，就教于专家、同行。

　　新加坡与中国迟建交，与美国（1979 年 1 月 1 日）、以色列（1992 年 1 月 24 日）、韩国（1992 年 8 月 24 日）有异。情况尤其复杂。新加坡特殊国情与新加坡周边环境、国际形势变化与美国影响、中国内外政策与中国台湾等因素，均应综合认真考虑。偏重一两个方面，似乎都不合适。

一、新加坡的特殊国情与对外政策的调整是根本原因

　　李光耀在新加坡执政长达 24 年（不包括独立前担任新加坡自治政府的总理），至今他的影响仍不可轻视。公平说，新加坡与中国的关系，能够发展到今天这样好的水平，不能抹杀他的长期精心努力。即使 1965～1990 年间也是如此。但也应该看到他思想倾向、外交趋向、利益取向的两面性。正是这种两面性运作，使他"成了社会力量的杰出人物"①。成为了新中关系的全程推动者和新中未建交前的缓进决策者。

　　李光耀（1923 年 9 月 16 日出生），从孩提时代开始，就受到西方哲学思想熏陶。后来在争取新加坡独立斗争中，他亦是以西方思想家经典理论为指导的。也有人认为，他是将亚洲观点同若干西方方法相结合的新的典型。②

　　李光耀祖籍广东省大埔县古野乡，曾祖父始移居新加坡。李光耀懂事起，他父亲、祖

---

　　* 武汉大学政治与公共管理学院教授。

　　** 武汉大学政治与公共管理学院法学硕士。

　　① 马晋强：《当代东南亚国际关系》，世界知识出版社 2000 年版，第 98 页。

　　② 中美联合编审委员会：《简明不列颠百科全书》第 5 卷，中国大百科全书出版社 1986 年版，第 204 页。

父就不断对他讲新加坡变化和莱佛士①的功劳。说他的故乡还在刀耕火种时，新加坡已进入了蒸汽时代—海上行驶的已不再是帆船而是汽轮了。为此，李光耀毕生敬重莱佛士。新加坡河上至今立有莱佛士巨型雕像。所以，有学者评述，"不论历史如何评价莱佛士的功过是非，李光耀对这位伟大的航海家的气质，从内心深处表示钦佩"②。

李光耀8岁就被送进莱佛士学院读书，他开始接触西方思想，深受英国哲学家弗兰西斯·培根的影响。他说："他（指培根）的《论真理》的著作，像火炬一样，照亮了我的心。"后又进入莱佛士高等学院（后来的新加坡大学）学习，学习期间把英国首相丘吉尔作为榜样："丘吉尔的功绩是了不起的"，"他的领导风度值得我们学习。"

第二次世界大战结束后，英军重返马来西亚。李光耀搭乘英国皇家海军军舰到伦敦剑桥大学读书。李光耀的摆脱英国殖民统治，争取包括新加坡在内的马来半岛国家独立的思想就是在剑桥学习期间确定的。

李光耀赞赏法国启蒙运动思想家卢梭的人民主权思想。他认为反对殖民主义，争取民族独立，就是要从殖民主义者手中收回国家的主权。"英国在马来西亚的殖民统治，是造成本地许多社会与经济罪恶的根源。"至于独立的道路，李光耀选择的是"不诉诸武力"、"和平移交政权"。"这是世界历史的潮流，在亚洲，我们已看到印度、缅甸、锡兰、印度尼西亚、菲律宾实现了民族独立，英国人也会做一点顺水人情，让我们马来西亚也独立。"③ 独立后要建立一个什么样的国家呢？李光耀认为"瑞士模式"——把永久的中立政策作为基本国策——可取，避免卷入大国纠纷和国际争端。新加坡建国以后一直奉行大国平衡战略，④ 或称为不结盟外交，与此有关。

李光耀就是抱着这样的思想和决心于1950年8月回到了新加坡，参加了工会斗争，并于1954年11月21日正式宣告以他为首的人民行动党成立。党的纲领主张"非共、非暴力的民主社会主义"。⑤ 在成立大会上通过的《人民行动党宣言》中重申人民行动党的宗旨，即不使用武力而获得民族独立和民族自由。1954年4月，新加坡总督罗伯特·布莱克同意举行"部分民选政府"（不是全部民选）的首次选举。人民行动党包括李光耀在内的5位候选人全部当选，从而使李光耀成了立法议会的反对党领袖。1958年，英国殖民当局被迫核准《新加坡自治方案》，同意1959年大选，从半自治变为全自治。大选结果，人民行动党大获全胜，赢得全部选票的53.4%。李光耀出任新加坡首任政府总理。

李光耀研究过马克思主义理论，甚至还说过自己是一个"社会主义者"。但他对社会主义的理解是：社会主义就是公平，较好的生活，自由与和平。当马来西亚殖民政府实行《紧急状态法》，宣布马来西亚共产党为非法组织，马共不得不转入地下时，李光耀认为出现这样特殊的政治"真空"，正是组建自己政党的最佳时机，容许共产党加入人民行动党，因为新加坡2/3是华人，共产党在华人中有群众基础。为此他尝到了甜头，取得了成

---

① 莱佛士（Stamford Raffles）：英国殖民地官员，1811～1816年任英国驻爪哇的总督，1819年6月为英国东印度公司攫取了新加坡。

② 张永和：《李光耀传》，花城出版社1993年版，第2页。

③ 张永和：《李光耀传》，花城出版社1993年版，第203页。

④ 邰清良：《小国大外交——新加坡大国平衡战略的形成与演变》，《东南亚纵横》2005（1）。

⑤ 熊复：《世界政党词典》，红旗出版社1986年版，第164页。

功。立国后，在外交上采取了与自己思想一致、符合新加坡国情、与国际大环境吻合的实用主义的"小国大外交"路线：力主美国在东南亚的军事存在，又把大国的力量均势，视为东南亚地区稳定的最有效途径；千方百计制约共产党的扩展与影响，又拒绝让新加坡加入任何国际反共运动；一切为了经济的成"龙"与国家的强盛。

李光耀的外交路线得到了贯彻。在美苏恶斗升级、周边关系复杂、宏观世界和平环境仍旧保持中，走"钢丝"（或称"均势"）外交成功。新加坡在与中国正式建交前，双方关系年年有大的进展，但总是以不惹怒周边国家、不严重损伤新美关系为"黄线"；在中国台湾问题上，来往甚密。脚踏两只船，有失有利。使得新加坡与中国正式建交延缓了25年之久。

李光耀在谈到新中建交问题时曾表示："我们不抢先，我们有必要让别人占第一和第二，等到我们的邻国马来西亚和印度尼西亚跟中国建立外交关系后，我们再跟中国建交。"①其中原因，李光耀明确说过，新加坡是国际海洋中的一条小鱼，在印尼、马来西亚夹缝中求生存，对外政策的基本目标是维护国家安全。从这个基本目标出发，新加坡首先要搞好同马来西亚、印度尼西亚等周边国家的睦邻友好关系。②

新加坡与马来西亚一衣带水，唇齿相依，休戚相关。两国具有共同独特的历史、政治、经济和文化，有着共同的领空、相同的安全战略观点，国防上两国不可分割。新加坡前外长拉贾拉南明确指出："我们的外交政策之最重要的是我们与大马（即马来西亚）之关系。"③ 马来西亚1974年5月31日与中国建交。美中关系的改善、东盟一体化水平的提高是重要原因，根本原因是看到中国国际地位的提高，东南亚地区中立化的主张是马来西亚提出的，为东盟所接受，但要想实现，必须得到中国支持。马中建交，带动了菲律宾与泰国于1975年6月9日、1975年7月1日与中国建交。新中关系为此上了新台阶。印度尼西亚与中国的关系虽有增温，但仍不正常。直接影响新中关系。

印度尼西亚是"东盟中最大的国家，在东盟中起着领导作用"④。印尼是新加坡最大的邻邦，人口为新加坡的54倍，土地面积大于新加坡数百倍，在地理上新加坡的东、西、南三面与印尼接壤。经济、政治、安全、外交，对新加坡的影响均举足轻重。新加坡著名的外交家许通美曾指出：新加坡外交政策有七个支柱，其中之一就是保持"同我们的两个邻国——印度尼西亚和马来西亚——的良好关系"。⑤ 因此，新加坡决定在印度尼西亚跟中国建立外交关系后，再跟中国建交，符合新加坡国情。

印度尼西亚与中国的关系经历了一个长期曲折发展的过程。

印度尼西亚1950年4月13日与中国建交，是世界上最早与新中国建交的国家之一

① 刘建立：《李光耀传》，时代文艺出版社2003年版，第346页。
② 张青：《出使新加坡》，中央文献出版社2002年版 第26页。
③ 郭继光：《李光耀的地区合作观》，《东南亚研究》2000年第1期，第40页。
④ 钱其琛：《外交十记》，世界知识出版社2003年版，第119页。
⑤ ［新加坡］许通美：《探究世界秩序》，中央编译出版社1999年版，第185页。

（第 11 位）。但是，1965 年 9 月，印尼发生了"9·30"事件，① 印尼军方从一开始就指责中国策划和支持了"9·30"政变，干涉了印尼内政，并发展到派军队搜查中国大使馆商务处。到 1967 年，两国关系进一步恶化，10 月 30 日，两国外交关系中断。一直到 23 年后的 1990 年 8 月 8 日，印度尼西亚与中国才恢复了外交关系。

印度尼西亚与中国外交关系的正常化，与马来西亚、菲律宾、泰国同中国正式建交原因相似，但也有所不同：一是，苏哈托的色彩浓重。印尼与中国关系从恶化到断交，他有不可推卸的责任；而双方关系从缓和到复交，又是他全力推动的结果。苏哈托是一名军人，行伍出身。他少年时代曾在清真寺附设的学堂读过书，19 岁当兵，从一名士兵一步步晋升到将军。1965 年的"9·30"事件后，苏哈托接管了苏加诺的总统权力，任陆军临时负责人、主管恢复治安和秩序的司令、内阁部长和陆军司令等职。就在此时印尼与中国两国断交。从 1968 年至 1998 年，他 7 次蝉联总统，成为印尼的政治强人。有舆论分析说，在苏哈托统治下，印尼的政治和社会秩序基本稳定，印尼共产党已经成为历史。出于各方面的考虑，他决意要与中国恢复关系。② 于是，1988 年 3 月，他主动放弃了原先提出的要中国就所谓中国卷入"9·30"事件进行"公开道歉"的要求。③ 1989 年 2 月 23 日至 25 日，在赴日本出席裕仁天皇葬礼的时候，他亲自与中国国家主席特使钱其琛外长会谈，双方达成尽快复交的"三点一致意见"，④ 奠定了复交的基础。后来关于复交的时间、方式等，都有他的亲自指示。二是，中国特别重视。钱其琛外长写道："我们考虑，印尼是东盟国家的老大，在东盟国家中具有举足轻重的地位，争取早日同印尼复交，不仅可带动另外两个东盟国家新加坡和文莱同中国建交，有利于进一步打开我们同东盟国家的关系，还可以有效遏制台湾当局竭力推行的'弹性外交'，打破西方国家对中国的制裁。为此，我们对两国复交中技术性问题的谈判，采取'坚持原则，适当灵活'的方针，对一些较为复杂的问题，大体商定原则后留待复交后继续商谈。"⑤ 取得了良好效果。

新加坡遵守了自己的诺言。就在印尼与中国复交谈判的同时，加快了与中国建交的谈判步伐，在印尼与中国复交后不到 2 个月内，就与中国建立了正式外交关系。但也应该承认，印尼因素直接影响了新中关系的尽快正常化。

---

① 所谓"9·30"事件，根据印尼方面的报道，是指 1965 年 9 月 30 日，以印尼总统警卫部队第三营营长翁东中校为首的一批军官，以陆军"将领委员会"阴谋发动军事政变为由，逮捕和打死了包括陆军司令雅尼在内的 6 名将领。印尼陆军几名将军立即采取反制措施，挫败了翁东中校等的行动。印尼随即开始镇压和清除印尼共产党和亲苏加诺总统的政治势力。中国对"9·30"事件事前一无所知，事后在相当长的一段时间内，也未对印尼政局表态。但印尼官方恶化双方关系，并要求中国公开道歉，中国当然不会答应。（参见钱其琛：《外交十记》，世界知识出版社 2003 年版，第 117 页。）

② 钱其琛：《外交十记》，世界知识出版社 2003 年版，第 123~124 页。

③ 钱其琛：《外交十记》，世界知识出版社 2003 年版，第 119 页。

④ "三点一致意见"：（一）双方同意，进一步采取措施，实现关系正常化；（二）两国关系应建立在和平共处五项原则和万隆会议十项原则的基础上；（三）双方决定，通过驻联合国代表团就两国关系正常化进行具体商谈，必要时，两国外长举行会晤。见钱其琛：《外交十记》，世界知识出版社 2003 年版，第 125 页。

⑤ 钱其琛：《外交十记》，世界知识出版社 2003 年版，第 128~129 页。

二、国际形势变化、特别是美中关系变化是重要原因

第二次世界大战结束后，世界逐步形成了以美国为首的帝国主义阵营、以苏联为首的社会主义阵营的冷战对峙局面。战略要地的东南亚地区，自然成为美苏角逐的重要对象和舞台。这种冷战对峙的国际环境，不可避免地影响着社会制度和意识形态不同的新加坡与中国国家关系的正常发展。正如新加坡总理李光耀在接受香港《明报》总编辑董桥、副总编辑张圭阳采访时所说，冷战时期是"世界历史上一段最严峻、变化最大的时期。由1945年开始的45年内，黑与白、好与坏、是与非之间所出现的激烈对抗，是史无前例的。在这45年内，我们生活的每一方面都深受其影响。每一个国家都要表态，站到一方去，大多数国家尽量不想站在任何一方，于是成立了不结盟运动。不过，其实我们谁都不偏于此、即偏于彼，只是程度不同而已"。①

20世纪80年代是美苏两极政治格局存在的最后阶段，美苏关系出现了重大变化。美苏争夺转入僵持阶段。被迫向对抗走向对话，进而影响到整个世界形势趋于缓和。新加坡顺势顺风，逐步推进新中关系上了新台阶。1990年10月3日与中国正式建交，拿准了国际局势变化走向的脉搏，也符合新加坡整体国家利益。

新加坡独立后奉行大国平衡政策，重视发展与美、英、苏、中等区域外大国关系。但总体上倾向于美国，其对华政策深受美国对华政策的影响。新中关系几乎与美中关系的发展节拍相似，新中正式建交的时间比美中建交的时间还晚了1年10个月。

新加坡独立后，总体上靠向美国，这可以从各个角度分析。新加坡认为，此时，美国综合国力强，在亚太有驻军，新加坡的安全有赖于美国；双方共同实行资本主义制度，美国是"自由世界"的领导者，亲美倾向必然；美国对新加坡的经济影响举足轻重，离开美元区域的安全和稳定，新加坡就不可能有经济增长，更不可能有投资和贸易。②

因而，新加坡1965年8月9日建国，1966年4月4日就与美国建立了外交关系，积极支持美国在印度支那的战争。出于平衡大国关系的目的，新加坡立国后，虽然支持中国恢复联合国的合法地位，并多次声明，只承认一个中国，台湾是中华人民共和国的一部分，并要求中国早日承认新加坡。但受新加坡与美国的这种亲密关系的影响，美国也不会允许、中国也不可能与新加坡此时建交。不过，实事求是地说，新中关系此时要好于美中关系。

20世纪70年代前后，美中关系从和缓到建交，与国际大气候有关，主要是美中两国共同努力的结果，新加坡在其中功不可没。1969年，李光耀正式访美，3次与尼克松讨论美中关系问题，主张美国应与中国对话。1972年尼克松访华，中美发表上海联合公报，中美之间互相承认；1978年底，中美发表建交联合公报，决定1979年1月1日正式建交；1982年，中美发表"八一七"联合公报，美国允诺逐步减少对台湾的武器供应等，包括其他大事，都可以看到新加坡在其中积极推动的作为和身影。但历史就是如此有趣，新加坡作为美中关系的推动者，每一次美中关系上新台阶，就会带动新中关系出现新气象；而又由于新加坡和美国在中国、东南亚等问题上的私利或霸权运作，又影响新中关系尽快正

---

① 《李光耀40年政论选》，现代出版社1996年版，第608页。
② 刘建立：《李光耀传》，时代文艺出版社2003年版，第322页。

式建交。

　　1972 年中美关系和缓后，尼克松遇到了政治大麻烦"水门事件"，迫使他最终辞去了总统职务，未能实现他第二任期与中国建交的许诺。继任的福特总统，整体上继承了"尼克松主义"，但在美中关系上出现了停滞和徘徊。原因在于：第一，从国际层次看，美国和苏联关系处于缓和阶段。美国在其与苏联和中国的三角关系中，所处的是一个最为有利的位置。因为 20 世纪 70 年代，中苏之间的关系最为紧张，而美苏和美中之间都有某种缓和。正是由于美苏间出现改善，美国就没有推进中美关系正常化进程的迫切愿望。同时，美国在台湾问题上必然提高要价。第二，从国内层次看，美国国内亲台势力十分大。再加上 1976 年是大选年，两党竞选人都在表示其政策的"强硬"。第三，从福特个人看，福特政治基础并不十分坚实，不得不采取谨慎的态度。正因为福特政府谨小慎微，再加上执政时间短，在对苏和对华政策上都没有出现重大的突破。① 1977 年 1 月 20 日，卡特总统上台，1978 年 12 月 15 日美中才公开宣布建交，其中又经过了将近 2 年的艰苦谈判期。

　　1972～1978 年，受美中关系缓和的推动，新加坡与中国关系有大的发展。两国领导人首次实现了互访。1976 年 5 月 10 日，李光耀总理成功首访中国，毛泽东主席亲切接见，华国锋总理同他进行了 3 次会谈，就重大国际问题和双方暂且不建交达成了共识；1978 年 11 月 12～14 日，邓小平副总理对新加坡进行正式友好访问，这是对李光耀访问的回访，也是中国领导人第一次访新。新中经济、文化、体育等方面交流也迅速发展，到 20 世纪 70 年代末，双边贸易额已超过 10 亿美元。②

　　但新加坡与美国的关系，毕竟在新加坡的外交关系中占据首要地位。安全上需要美国保护，不主张美国军事力量完全、尽快撤走。积极支持美国的军事力量在东南亚地区的存在，将美国视为该地区安全的重要保障，借以抗衡前苏联。③ 1975 年 5 月，李光耀特意访问华盛顿，建议美国在撤离亚洲大陆的军事基地时，要缓慢地进行，不要操之过急，以免造成前苏联有机会乘虚而入。经济上更是须臾离不开美国。从 1968 年起，美国就是新加坡最大的外来投资国。美国投资占新加坡外来投资总额的三分之一。1970～1975 年占 35.4%。1988 年其投资额超过 43 亿新元，在此之前的 5 年，平均每年以超过 5.6 亿新元的速度增长。自 1975 年以来美国也是新加坡最大的贸易国，双边的常年贸易额超过 250 亿新元，占新加坡全球贸易总额的 19%。外交上必然视美国的眼色行事，美国没有与中国正式建交，新加坡不会、也不敢像日本那样走在美国前面与中国正式建交。

　　况且，此时，新加坡紧跟美国，在鼓励美国与中国缓和的同时，并没有放弃支持美国对中国冷战、遏制战略的推行。鼓励美国与中国缓和的深层次意图，即缓和后对中国市场的追逐与实现和平演变。中国当时的领导人对此认识是清楚的，知道新中尽快建交有难处、又有大的私心，加上东南亚因素和台湾问题的影响，所以，也没有积极推动新中尽快建交。

　　1978～1990 年间，美国经历了三个总统的换届。卡特政府接受邓小平提出的对台湾

---

① 苏格：《美国对华政策与台湾问题》，世界知识出版社 1998 年版，第 396～397 页。

② 王泰平：《中华人民共和国外交史 1970～1978》（第三卷），世界知识出版社 1999 年版，第 103～105 页。

③ 张东东、马东升：《从"均势主义"看新美关系》，《东南亚研究》，2000 年第 4 期。

"断交、废约、撤军"三原则，美中 1979 年 1 月 1 日正式建交；1982 年里根政府接受中国关于逐步减少对台湾武器供应的呼吁，双方共同发表了"八一七"公报。中美关系上了两个新台阶。带动新中关系进一步发展，最终建交。在此期间，李光耀 3 次访华（1980年 11 月 11 日、1985 年 9 月 20 日和 1988 年 9 月 17 日）。新加坡其他重要领导人拉贾拉南、吴庆瑞、王鼎昌、吴作栋等都曾先后多次访华。1985 年 5 月，新加坡前第一副总理吴庆瑞应聘担任中国政府沿海开发经济顾问，后又兼任旅游业顾问。中新高层领导人之间的互访和会晤，促进了两国关系的发展。1979～1989 年，新加坡在中国的实际投资总额达 64 亿美元，仅次于港澳地区、美国和日本，而成为在中国的第 4 大投资国。①

此时，影响新中晚于美中正式建交的美国因素起码有四点：第一，1979 年 1 月 1 日美中正式建交后不到 3 个月，3 月 28、29 日美国国会众、参两院就通过了干涉中国内政的所谓《与台湾关系法》，4 月 10 日卡特总统签署。美国的这种脚踏两只船，直接鼓励了新加坡的脚踏两只船，对新中尽快建交不利。第二，卡特政府提出干涉别国内政的人权外交、国际新秩序论。里根、乔治·布什政府扩大推行。新加坡政府异曲同工跟随，阻碍了新中关系健康平稳发展。第三，里根、乔治·布什政府先后提出、推行新遏制、超越遏制战略，中国是重要对象，新加坡参与其中，作用虽小，负面影响大。第四，中国解决1989 年政治风波后，美国发动西方对中国制裁。新加坡短时加入过这一行列，一度淡化过新中建交谈判。

三、中国因素、特别是中国台湾因素不可忽视

新中国成立迄今，始终奉行独立自主的和平外交总战略和总政策，把对亚非拉国家的团结与合作作为中国外交的基本立足点，倡导按照和平共处五项原则确立、发展与这些国家的国家关系，重视近邻东南亚国家与中国的关系，新加坡立国以后中国希望尽早双方建交，并且在实践上尽了力，这都是不争的事实。但在"迟缓"的问题上，也有中国的因素影响，只不过有些是负面的，有些是正面的。

负面因素主要发生在 20 世纪的六七十年代，是犯错误的结果。

中国的"文化大革命"，是中国国内的人为内乱，但国际影响恶劣，大大损伤了社会主义形象，使新加坡刚独立时希望与中国尽快建交的热情减缓。

此时中国的外交政策一度极"左"，认为现在是世界资本主义和帝国主义走向灭亡、社会主义和共产主义走向胜利的时代，世界革命也是一种农村包围城市的形势，中国是"世界革命的根据地"，阶级斗争无限扩大到对外交往中，以阶级斗争作为划分敌我友的惟一标准。② 全面提升与东南亚国家共产党的关系，对东南亚各国的共产党给予援助，对这些国家共产党反对本国政府的斗争给予支持。中国的做法使得东南亚的一些国家认为中国是区域不稳定的最主要因素，因此建立东盟以依靠美国军事上的保护，以抵御中国和印度支那共产主义势力的影响。李光耀说过，东盟之所以成立就是由于共产主义的威胁。中

---

① 王岩：《中国与新加坡关系的发展：回顾与展望》，《南洋问题研究》，1995 年第 1 期，第 39 页。

② 黄英，王珊珊：《从对抗走向缓和——析越南战争时期的中美关系》，《哈尔滨工业大学学报》（社会科学版），2005 年 1 月。

国对东盟的成立也采取相当敌对的态度，认为东盟的成员均是反共与亲西方的政权，东盟是反中共、反大陆人民以及反共产主义的反革命联盟，是美国对中共所采取的"新月型"包围圈的一部分，是一个以中国为目标的军事同盟，是东南亚条约组织的修订版。① 偏离了和平共处五项原则，自然不利于新中关系的尽快正常化。

更有甚者，"文化大革命"期间，中国曾根据马来西亚共产党的观点，将新加坡视为马来西亚的一部分，在新闻报道中一度未把新加坡作为独立国家。于是新加坡也一度采取不与中国进行政治接触的政策，对中新人员交流采取限制措施。从 1966 年到 1970 年，新加坡对恢复中国在联合国合法席位由赞成改为弃权，并于 1968 年与台湾达成了互设"商务代表团"的协议。② 直接阻碍了新中关系的正常发展。

正面影响主要发生在 20 世纪七十年代中期以后，并且占主导面。

在毛泽东的晚年时期，中国作出了理解新加坡的难处，不急于求成，在"求大同，存小异"原则基础上，逐步发展双方关系的正确决策。

1976 年 5 月 10 日，李光耀总理率友好代表团对华进行正式访问，这是李光耀总理第一次访问中国。毛泽东主席亲切接见，华国锋总理同他进行了 3 次会谈，双方就国际形势、东南亚形势及双边关系充分交换了意见。关于中新关系，李光耀说，我们的基本立场是既不能、也不会反对中国，中国越强盛对新加坡越有利。中、苏、美三大国关系越平衡，新加坡越安全。华国锋表示，中新关系近几年有新的发展，两国尚未建交，我们希望早日建交，但我们也理解新方的处境，同中国建交有困难，因此我们不急于求成。两国社会制度不同，意识形态不同，但有许多共同点。我们双方应团结合作，"求大同，存小异"。关于台湾问题，李光耀表示：只有"一个中国"，即中华人民共和国。新加坡为了国家安全，需要在台湾进行军事培训，这并不会改变"一个中国"的立场。华国锋回答说：新加坡独立时就宣布了"一个中国"的政策。在第 26 届联大，新加坡支持中国恢复在联合国的合法地位。中新两国人民有亲戚关系，世界上同一个民族的国家很多，有人把新加坡称为"第三个中国"，这是挑拨中新关系。③

这表明，新中迟缓建交，在毛泽东逝世前，就得到了中国的认可，不仅是新加坡单方面的意愿和责任。说明毛泽东晚年领导中国外交，尽管出现过一些"不一惯"或"过头"的东西，有些错误还很严重；但总体看，毛泽东始终没有改变独立自主的和平外交总战略和总政策，像处理中美、中日、中欧、乃至于中国与新加坡的关系时，表现出了他英明领袖、伟大战略家、顶尖外交家的风采和水平。不仅决定发展新中关系接受李光耀提出的"缓进"方式，而且为新加坡逐步排忧解难，1974～1975 年间，中国与马来西亚、菲律宾、泰国先后建交，就是鲜明例证。历史证明，毛泽东是新中关系未来健康发展的正确决策者和奠基人。

---

① Takashi Tajima. *China and South-east Asia: Strategic Interests and Policy Prospects*, London. International Institute for Strategic Studies, 1981, p. 16.

② 王泰平：《中华人民共和国外交史（第二卷）1957～1969》，世界知识出版社 1998 年版，第 69 页。

③ 王泰平：《中华人民共和国外交史（第二卷）1957～1969》，世界知识出版社 1998 年版，第 102～103 页。

邓小平、江泽民为首的领导集体，根据形势的新变化，继承发展了毛泽东处理新中关系的"缓进"战略策略，提出了新原则，采取了新举措，使得新中关系水到渠成，最终正式建交。

中国粉碎"四人帮"后，"拨乱反正"工作在邓小平领导下快速健康的发展。1978年11月5~14日，邓小平率团先后正式访问了泰国、马来西亚、新加坡，这是中国高级领导人首次访问东盟成员国，具有回访性质。"双方就维护东南亚和平与稳定、中国同东盟各国的关系坦诚地交换了意见，增进了相互了解，减少了东南亚国家对中国的疑虑。"①在新加坡的2天访问中，邓小平在其谈话和与李光耀的会谈中，至少重申和提出了以下新认识：

第一，称赞了新加坡取得的显著经济成就，对其实行的外交政策给予了肯定。认为新加坡在国际事务中，奉行不结盟政策，坚持同各国人民友好相处，坚持东盟提出的东南亚和平、自由、中立区的主张，积极加强同发展中国家的团结与合作，注意同发达国家发展经济贸易关系，按照这一道路走下去，定会不断取得新的成就。

第二，认为中新两国人民之间有着悠久的友好接触。新加坡独立以来，我们两国的关系一直是友好的。1976年李光耀总理访华为中新两国友好关系的发展做出了积极的贡献。其他方面也有了可喜的发展。

第三，对东盟的作用，给予了高度评价。认为东盟是本地区和平与稳定的因素。东盟把和平、自由、中立区的主张贯彻到底，本身就是对霸权主义的一种平衡力量，至少可起防御作用。

第四，重申了对华侨、华人的3条政策：赞成和鼓励华侨加入居住国国籍，入籍后，他们就自动失去中国国籍；不愿加入居住国国籍，要保留中国国籍的，要求他们遵守居住国的法律；我们不承认双重国籍。

第五，强调了中国政府一贯奉行的外交政策。坚持大小国家一律平等，坚持反对大国欺负小国、强国凌辱弱国。中新两国人民都是热爱和平的人民。我们都需要一个和平的国际环境来建设我们各自的国家。我们一贯主张在和平共处五项原则的基础上同社会制度不同的国家建立和发展友好合作关系。中国现在不称霸，将来强盛起来也永远不称霸，永远不做侵略、干涉、控制、威胁、颠覆其他国家的超级大国。②

邓小平的这些讲话，明确的告诉东南亚国家、特别是新加坡政府，毛泽东确立的积极、稳妥的发展双方关系的政策没有变。但会根据国际形势的新变化，紧紧围绕着反对霸权主义、维护世界特别是东南亚和平、促进共同发展、不断加强与推进与第三世界的团结与合作等任务，发展双方关系。使得东南亚、尤其新中关系不断上新台阶。

1982年9月，中共十二大确立发展同各国共产党和其他工人阶级政党的关系的新原则：独立自主、完全平等、互相尊重、互不干涉内部事务。③ 20世纪80年代以后，中共停止对东南亚共产党的物资援助，并于1989年协助马来西亚共产党与政府和解，同时，

---

① 钱其琛：《外交十记》，世界知识出版社2003年版，第118页。

② 中共中央文献研究室编：《邓小平年谱1975~1997（上）》，中央文献出版社2004年版，第426~429页。

③ 《中国共产党第十二次全国代表大会文件汇编》，人民出版社1982年版，第50页。

在抑制越南扩张方面，与东盟国家形成战略同盟，致使东盟对中共的认知产生大幅度的改变，双方关系也因而由对抗走向和解与合作。中国与东盟各国的经贸关系快速增长，文化交流也十分频繁。①

1988 年 11 月，李鹏总理在访问泰国期间，又宣布了中国政府关于建立、恢复和发展同东盟各国关系的四项原则，即：在国家关系中，严格遵循和平共处五项原则；在任何情况下，都坚持反对霸权主义的原则；在经济关系中，坚持平等互利和共同发展的原则；在国际事务中，遵循独立自主、互相尊重、密切合作、相互支持的原则。② 为此，带动了印度尼西亚与中国关系的松动，鼓起了新加坡与中国建交谈判的热情。

1989 年 2 月 23 日，钱其琛外长与苏哈托总统在出席裕仁天皇的葬礼时，在东京进行了一场成功的"葬礼外交"，双方达成了未来复交的"三点一致意见"。在国际上，特别在东盟国家中，引起了良好的反响。新加坡外交部在 7 月 4 日发表声明，欢迎中国和印尼实现两国关系正常化，并重申，一旦中国和印尼实现关系正常化，新加坡将与中国正式建立外交关系。③

另外，中国有意让李光耀充当中国海峡两岸的"捎话者"或"调解者"的"角色"，可能也是新中迟缓建交的一个重要原因。④

新加坡独立后，虽然坚持"一个中国"的政策，同大陆和台湾均未建立正式外交关系，但它采取"等距离"政策，与台湾的政治、经济和军事关系一向密切。因此，新加坡与台湾的实质关系也是影响中新建交的因素之一。

新加坡独立时就宣布了"一个中国"的政策，并在第 26 届联大支持中国恢复在联合国的合法地位。但是新加坡又从国家利益出发，有时把台湾作为一个"政治实体"看待，积极发展同台湾的政治经济关系。

密切的经贸关系。新加坡建国之初，百业待兴，专业人才缺乏。台湾的财政、工商机构曾派专门技术人员到新加坡，协助新加坡政府建立自己的税务制度和金融制度，进一步帮助新加坡实现税务制度的电脑化。台湾电力局协助新加坡建设发电厂；台湾的退伍军人组织以最低的标价，承担新加坡的建桥、修路、建地铁等工程，为新加坡的初期基本建设作出了贡献。新加坡与台湾的贸易联系非常广泛。从 1968 年起双方就互派商务代表官员。1977 年，新台开辟了直通航线。1979 年，新加坡在台湾设立了"商务代表处"，新台贸易迅速增长。双方的贸易总额在 1987 年就达 30 亿美元，相比之下，新加坡与祖国大陆的贸易总额在 1994 年才达到 30 亿美元。新加坡 1985 年 11 月与祖国大陆签订了《关于促进和保护投资协定》后，新加坡成为台湾到祖国大陆投资的跳板。许多台湾工商界人士在新加坡先设立公司，然后再用新加坡公司的名义到祖国大陆投资和做生意。新加坡与台湾经贸官员互访活动频繁，每年举行一次部长级"经济会谈"，双方高级官员定期会晤。新

① 孙福生：《战后中国与东南亚国家关系的演变和发展》，《外交学院学报》，1994 年第 4 期。
② 钱其琛：《外交十记》，世界知识出版社 2003 年版，第 118 页。
③ 钱其琛：《外交十记》，世界知识出版社 2003 年版，第 134 页。
④ 中共中央文献研究室编《邓小平年谱 1975～1997（下）》，中央文献出版社 2004 年版，第 1081～1082 页。邓小平对李光耀说："你下次见到他（指蒋经国—笔者注）时，请代为问候。希望同学（1926 年邓小平和蒋经国同在莫斯科中山大学学习——著者注）之间合作一下。"

加坡与台湾在国际经贸组织中合作默契，例如新加坡在亚太经济合作组织里支持台湾加入；台湾则到泰国、菲律宾、澳大利亚等国游说，全力支持将亚太经济合作组织的秘书处设在新加坡。

非一般的政治关系。李光耀与蒋经国在长期的合作过程中建立了深厚的情谊。1993年4月25日出版的台湾《新新闻周刊》报道，曾担任台湾驻新加坡代表九年多的胡忻对该周刊说，台湾的大陆政策多少受到李光耀的影响。他说："在我当（台湾）驻新加坡代表的那段时间，李光耀每次到大陆去，都一定到我们这里来。每次李光耀来，蒋经国先生和台湾政要都要出面陪同。那时平均大概是一年两次到台湾，到台湾的次数比到大陆的次数多一点。"他说，特别是在1976年后，李光耀每次到祖国大陆访问后，都一定到台湾，"很热心地把他在大陆看到的情形跟我们讲一讲，解释清楚，再把我们的社会、经济关系，拿来与大陆比一比。他和经国先生什么都可以讲。现在虽然他和中共建交了，但是至少每年都维持到台湾来一次的记录。到目前为止，他已到台湾来访了二十五次"①。20世纪70年代，新加坡加强了同台湾的关系，李光耀等领导人与台湾当局的负责人几乎每年都进行互访。80年代中期以前，李光耀每次到台湾，都是私人访问性质，1985年11月，李光耀第一次正式访问台湾，1986年6月第二次到台湾进行为期3天的正式访问。台湾的领导人1989年3月还到新加坡回访，企图阻止新中建交。

军事上的多方合作。1965年8月9日新加坡脱离马来西亚联邦独立时，东南亚地区正处于最动荡不安的形势下：经济衰退，宗教和种族矛盾错综复杂，争取民族独立和反对外国侵略的斗争此起彼伏，特别是1965年印尼发生"9·30政变"事件后，反华排华浪潮一时使旅居东南亚的华人处于朝不保夕、流离颠沛的悲惨处境。② 因此，新加坡立国后的当务之急，一是发展经济，二是确保国家安全。要确保国家安全，就要尽快建立一支独立的、有战斗力的军队，担负起保家卫国的责任。而新加坡是个小岛国，最长的距离只有四十多公里，连一个可以进行远程实弹野战训练的地点也找不到。新加坡急需请军事教官和寻找训练场地。但刚刚赶走英国殖民主义的新加坡自然不愿再请英国军官来训练，如果请美国军官，又必然会激起国内和亚洲已经非常强烈的反美情绪，泰国、文莱等东南亚国家因担心得罪马来西亚和印度尼西亚而拒绝提供帮助。③ 在这种情况下，新加坡接受了以色列的援助，让以色列帮助训练和建立军队。但是以色列和新加坡密切的军事合作很快引起东南亚和周围伊斯兰国家的疑虑和抗议。特别当以色列和巴勒斯坦之间的战火越烧越烈，与阿拉伯国家的对立越来越尖锐之后，新加坡和以色列的军事合作面临来自伊斯兰国家和阿拉伯国家越来越大的压力。李光耀1975年到台湾访问时请求台湾给予帮助，蒋经国当场表示在台湾找一个地方作为新加坡军队训练的场地，④ 于是新台双方签订了新加坡军队到台湾基地进行军事训练的协定。蒋经国在答应李光耀的请求后，就将台湾南部的恒春一带划为新加坡军队在台湾进行实地野战训练的地区。1993年，李光耀在谈到他与蒋经国以及台湾的关系时，特别提到这件事。他说，蒋经国"帮了我一个大忙。他提供新

---

① 吴俊刚：《李光耀诚对中港台》，胜利出版私人有限公司2000年版，第6页。
② 吴俊刚：《李光耀诚对中港台》，胜利出版私人有限公司2000年版，第27页。
③ 吴俊刚：《李光耀诚对中港台》，胜利出版私人有限公司2000年版，第27页。
④ 吴俊刚：《李光耀诚对中港台》，胜利出版私人有限公司2000年版，第28页。

加坡武装部队一个野战训练的机会，让炮兵能作远程炮弹的实弹训练。在新加坡，那是不可能的。在当年很少亚洲国家愿意提供帮助的时候，他却帮了我和新加坡。为此，我永远感激他和台湾的其他领导人。"① 从此以后，台湾不顾来自大陆和其他国家的强烈反对，坚持向新加坡武装部队提供全面的军事合作。不仅提供野战训练的场地，而且还提供军事专家、教官，为新加坡的武装部队的成长，为新加坡的安全作出了贡献。此外，台湾还为新加坡训练空军，派了许多空军飞行教官到新加坡。② 据熟悉内情的人说，新加坡曾应台湾的要求，在台湾向国外采购武器方面担任过中间人角色。直到今天，新加坡的部队依然每年到台湾的恒春训练，台湾的军舰每年也到新加坡作亲善友好访问。③

新加坡尽管与中国台湾关系较好，但与中国大陆的关系更好，权衡利弊，与中国正式建交是利益和历史的必然。

新加坡与中国建交，带动了文莱达鲁萨兰国于 1991 年 9 月 30 日与中国建交。至此，东南亚国家全部与中国建立、恢复了外交关系。新加坡在东盟、不结盟运动、亚太经合组织中有较大的影响，新中建交，对于发展与东盟的关系、优化东南亚和平环境、促进发展中国家的团结与合作、提升新中在亚太经合组织中的地位与作用、特别是打破美国为首的西方国家对中国的制裁等，有重大意义。新中建交，对于双方未来全方位关系的升腾提供了条件、奠定了基础，对于打破台湾当局的"银弹"外交、中国按照"一国两制"推进祖国和平统一，迈出了坚实的一步。新中"迟缓"建交的运作模式，为怎样正确地处理复杂的国家关系、乃至如何构建和谐世界，都有明确的现实意义和深远的历史意义。

---

① 《联合早报》，1993-1-30。
② 吴俊刚：《李光耀诚对中港台》，胜利出版私人有限公司 2000 年版，第 28 页。
③ 吴俊刚：《李光耀诚对中港台》，胜利出版私人有限公司 2000 年版，第 29 页。

参与联合国维和行动与中国外交新理念

严双伍[*]

摘 要：冷战时期，中国对联合国维和行动基本上持否定态度。冷战后中国转变态度，从开始的谨慎介入发展到今天的有重点、有选择的积极参与维和行动。这一政策的调整，体现出中国外交理念和战略的重大变化，表明了中国决心和世界各国一起共同为维护世界和平稳定而努力的坚定立场，是承担自身责任和义务的积极表现，是彰显中国作为世界大国作用的有效途径，也是维护中国国家利益的客观需要。

关键词：联合国；维和行动；中国外交；政策调整

2005 年，中国在亚非峰会上首次提出和谐世界的理念。这次中共中央六届六中全会又做出了构建社会主义和谐社会的正式决定，使和谐社会的建立从探讨阶段进入到具体实施阶段，其实践也从中国内政延伸到外交。

"和谐"是中国传统文化的核心理念，指一种"配合得适当而匀称"的关系，包括人与自身，人与自然，人与社会的和谐和世界的和谐。在中国古代，"和谐"一词的最早出现之一见诸《左传》，"八年之中，九合诸侯，如乐之和，无所不谐"。非常有意思的是，这个词就是用于形容当时的"国家关系"的。"和谐"思想也为世界认同。《联合国宪章》提出，为"欲免后世再遭今代人类两度身历惨不堪言之战祸"，"促成大自由中之社会进步及较善之民生"，要"力行容恕，彼此以善邻之道，和睦相处"。这里的"宽容"、"和睦相处"，都是"和谐"理念在国际事务中的体现。

外交是内政的延伸，同时服务于内政。中国国家主席胡锦涛指出，中国必须"把自身发展与人类进步紧密联系在一起，既通过维护世界和平来发展自己，又通过自己的发展来促进世界和平"。中国政府明确阐述了"和谐世界"的内涵："坚持多边主义，实现共同安全；坚持互利合作，实现共同繁荣；坚持包容精神，共建和谐世界。"

众所周知，维持和平行动在联合国宪章中并没有明确予以规定，它是联合国在维护世界和平与安全的实践过程中逐渐形成和发展起来的。各国对联合国维和行动的参与基本上是基于自己对联合国维和行动的看法而做出的决定，没有必然履行的责任和义务。中国参与联合国维和行动也是中国对自身和外在世界的认识发生变化的客观结果。虽然如此，对中国参与联合国维和行动这个在实践上已经存在并将继续存在的客观事实进行研究，无论从理论上还是从实践上来说都是非常重要和有意义的。

---

[*] 武汉大学政治与公共管理学院教授。

联合国维和行动代表建构和平安定社会的理想追求

从古到今，人们历尽各种苦难而渴望和平，思索着如何永远消除战争和流血，实现永久和平。从伊曼努尔·康德的"永久和平"思想到近代思想家的"和平联合"思想都是人们对和平安定社会的追求和探索。而在刚过去的整整一个世纪中，人类社会又经历了两次前所未有的世界大战的蹂躏，饱受了战争创伤。联合国就是世界各国人民在第二次世界大战中取得了反法西斯战争的胜利后建立的一个由主权国家组成的世界性的国际组织。《联合国宪章》开宗明义地指出，这个由主权国家组成的世界组织成立之目的，就是使后世不再遭受战争之祸。因此"维护国际和平与安全"是联合国的重要宗旨。为实现这一宗旨，联合国宪章第六章、第七章分别就和平解决国际争端及在出现和平与侵略行动时，联合国采取强制行动以维持国际和平与安全问题做出了具体的规定。但由于战后国际关系的现实以及联合国本身体制上的缺陷，很快就使得宪章所规定的目标难以实现。这样，"当冷战的紧张状态阻碍了安理会采取《联合国宪章》所允许的更强有力的步骤时，一种控制冲突的非强制性措施逐渐演化出来"——即联合国维持和平行动。① 但联合国维持和平行动的原则、准则、规范以及决策程序等各方面在《联合国宪章》中并没有明确予以规定，被联合国前秘书长哈马舍尔德称为"第六章半的创见"（Chapter Six and Half Innovation）。"其权限介于宪章第六章和平解决国际争端和第七章对危害和平之处置之间，是填补《联合国宪章》第六章关于调解冲突条款和第七章关于强制行动条款之间空白的'实际办法'。"②

联合国宪章明确规定，为了维护整个世界的和平与安全，联合国所有的成员国都有义务给安理会提供必要的维和武装人员和武器装备。从 1948 年以来，有近 130 多个国家给维和行动提供军事和民事警察及维和工作人员。当动乱地区有利于和平的条件存在的时候，联合国维和行动是国际社会解决国际冲突，防止动乱地区国内战争的有效的不可替代的方式之一。③ 联合国领导的维和行动，相对于某个特定国家或国家联盟领导的维和行动来说，其明显的优势是：具有维和的人力、物力等费用由所有国家共同承担的内在机制。而且由于联合国维和待命安排机制的发展和完善反应能力将会大大提高，对于维护世界的和平与安全将会起到越来越重要的作用。

因此，维持和平行动是世界各国人民根据联合国宗旨而进行的维护国际和平与安全的共同努力和斗争，是联合国维持和平安全的一种创造性的方式，是联合国集体安全体系的重要组成部分，它代表着建构国际和平安定社会的理想追求。

维护国际和平与安全是每个国家应尽的义务和责任

维护国际和平与安全是联合国的重要宗旨，而且自联合国成立以来一直为这一目标而

---

① 布特罗斯·布特罗斯-加利："联合国应当维持和平与促进发展"，载《现代外国哲学社会文摘》1999 年第 6 期，第 41 页。

② 门洪华：《和平的纬度：联合国集体安全机制研究》，上海人民出版社 2002 年版，第 297 页。

③ *Today's Peacekeepers*: *Questions and Answers on United Nations Peacekeeping*, Prepared by the United Nations Department of Public Information for the International Day of United Nations Peacekeepers, May 29, 2003. from EBSCO.

积极的努力。从 1948 年联合国巴勒斯坦停战监督组织（UNTSO）的建立开始，联合国维持和平行动一直活跃在世界各地，对世界的和平与安全起到了至关重要的作用，为整个人类做出了重大贡献。因此维护联合国宗旨，支持联合国根据其宗旨所进行的有利于世界和平与安全的重要活动是每个国家应尽的责任和义务。对联合国的重要成员和安理会常任理事国的中国来说，参与维和行动，同样也是其不可推卸的责任和义务。

首先，从中国的国家性质看，中国是社会主义国家，维护国际和平与安全一向是中国的追求和向往。1954 年中华人民共和国宪法规定：我国根据平等互利、互相尊重主权和领土完整的原则同任何国家建立和发展外交关系的政策，已经获得成就，今后将继续贯彻。在国际事务中，我国坚定不移的方针是为世界和平和人类进步的崇高目标而努力。① 这表明中国外交的立足点和出发点是维护国家利益和维护世界和平，这与联合国维持和平行动在维护世界和平与稳定的目标方面是一致的。因此，既然维持和平行动已经成为联合国处理地区冲突机制的重要组成部分和手段之一，而且也的确在维护世界和平与安全方面取得了巨大的成效，受到国际社会的普遍欢迎，中国当然应该在这一领域与联合国通力合作，不断将这一创举推向前进。

其次，从权利和义务的关系来看，中国是联合国的重要成员，是联合国安理会的五大常任理事国之一，享有联合国和安理会所赋予的法律上不可剥夺的权利，因此理所当然的要承担其应该承担的责任和义务。自中国恢复在联合国的合法席位以来，一直支持和维护联合国根据其宗旨所采取的各种有利于维护世界和平与安全的各种行动。但是，由于宣传的不够或是中国不愿表现的原因，中国在联合国的表现经常受到其他国家一些客观或非客观的批评，认为中国只是在享受联合国和安理会所赋予的权利，而轻视联合国和安理会所给予的义务。一位拉丁美洲国家的代表抱怨说，"对中国来说，要不是人权、台湾或制裁……它从不参与起草联合国决议。例如中国从未参与安理会有关索马里的辩论，他们对此毫不关心，也没有什么看法。如有可能，他们会把制定决议的担子仍给别人，然后自己表示接受即可。他们从不在与己无关的重要问题上浪费任何时间"。② 在维和经费方面，2005 年的维和预算达到了 40 亿美元，其中安理会 5 个常任理事国维和经费比例占所有会员国的维和经费比例的近 46%。其中，美国的比例是 26.69%，英国是 7.433%，法国是 7.315%，俄罗斯为 1.33%。中国的维和经费比例是 2.52%，列常任理事国中的第 4 位、所有发展中国家之首。③

虽然我国每年都按联合国常任理事特定的比例缴付摊款，但中国所占的维和费用比例相对于英、美来说仍是算低的。近十几年中国的国民生产总值以年均 10% 左右的速度增长，这种"反差"引起了西方国家的非议，部分发展中国家也颇有微词。当然，中国承担的维和费用是实实在在按比例全部交清，不像有的国家过多的拖欠联合国的会费和维和费用，但无论怎样，这或多或少会影响中国在世界上威信的树立和维持，不利于中国树立负责任大国的良好形象。因此以更加积极的姿态参与联合国维和行动，维护国际和平与

---

① 唐永胜："中国对联合国维和机制的参与"，载《磨合中的建构——中国与国际组织关系的多视角透视》（王逸舟主编），中国发展出版社 2003 年版，第 67 页。

② 伊丽莎白·埃克诺米等主编，华宏勋译：《中国参与世界》，新华出版社 2001 年版，第 67 页。

③ http：//news.sohu.com/20051202/n240860020.shtml.

安全是中国不可推卸的责任和义务。

参与维和行动是世界主要政治力量的重要外交战略

摩根索的强权政治理论虽已为当今许多的国际关系学者所质疑和批评，但摩根索的论述却为研究国家的对外政策提供了一个很有价值的命题，即国家显示自身力量并维持增进对外影响力是近代国际关系中一个永恒不变的主题。当今世界，以经济实力为基础的综合国力的竞争成为国与国之间竞争的主要方式，霸权主义和强权政治受到了越来越多国家的谴责和批判，而核战争的毁灭性后果也使得越来越多国家的坚决反对战争，维护和平。在这种国际背景下，西方大国虽然没有放弃传统的霸权主义和强权政治，然而也不得不以更加隐蔽的方式，即运用"软权力"来保持和扩大他们在世界各地的影响力和控制力。所以，冷战后，大国主导和参与联合国维护和平的。因此，不论发达国家还是欠发达国家，都对维和事业表现出相当大的积极性。[1]

冷战结束以后，美国加大参与维和的力度和范围，将维和行动的部署纳入其全球战略，力图改造维和思想，通过主导维和来控制国际事务，因此在索马里、海地行动成为一个突出的现实因素，它们企图通过参与联合国维和行动，来扩大自身在世界和维和地区的影响力和控制力。能否参加联合国维和行动，不仅仅是成员国的责任和义务，还关系到对人类社会负责任的一个国家或政府在国际社会当中的形象和地位，实际也是提升自身政治影响力的机遇，这种机遇对所有成员国都会毫不犹豫地发挥主导作用。日本也在冷战以后加快了其参与维和的步伐。1992 年 6 月，日本通过《关于联合国维持和平活动合作法》，拥有了派兵维和的法律依据。因此，在日本合法的《维和法案》的保护下，1992 年，日本向联柬机构派出第一批以工程兵为主的维和部队。接着，日本又向莫桑比克和卢旺达派遣了维和部队。日本虽是维和部队的新兴力量，来势却很凶猛。日本防卫厅长官强调，日本要积极参加联合国的维和行动。因为这反映了日本政治、经济、外交和军事等多方面的需要。目前，印度也是联合国维和行动的积极支持者，而且把参与维和行动作为一项重要的外交战略来加以贯彻。印度积极参与和支持联合国维和行动，是其提高在联合国的大国地位和塑造良好国际形象的需要，也是其争取联合国常任理事国席位的一个重要砝码。[2]在参与联合国维和行动的第三世界国家中，印度被认为是参与维和行动的时间最长和记录保持最连贯的国家之一。[3]

中国作为世界举足轻重的大国，安理会常任理事国，要认真学习和研究美、日、印等这些大国在维和方面的方针和策略，认清这些国家是如何通过参与联合国维和行动来拓展自己国家利益的。当然，中国作为一个社会主义大国，不可能也不应当像某些大国那样，凭借自己雄厚的实力左右联合国维和行动来为己所用，肆意干涉别国内政，达到其不可告人的目的。但是，我们也应当采取更加理性和务实的态度，在努力维护世界和平与安全的

---

① 唐洪森：《论中国参与联合国维护和平行动》，载《太平洋学报》，2005 年第 3 期，第 38 页。

② Kabilan Krishnasamy. "The paradox of India's peacekeeping". *Contemporary South Asia*，June 2003，p. 263.

③ A. Bullion. "India and UN peacekeeping operations"，*International Peacekeeping*，Vol. 4，No 1，Spring 1997，p . 98.

同时，对维和采取更加务实和灵活的策略，更好地服务于中国的外交目标，最大限度地实现中国的国家利益。如同联合国秘书处维和行动部戴维·哈兰所说："中国在维和行动中改变着世界，也改变着自己。"①

参与维和行动是"韬光养晦、有所作为"外交战略的重要体现

"韬光养晦、有所作为"是邓小平在 20 世纪 80 年代末、90 年代初针对国际形势发生的急剧变化提出的。在当时的情况下，国际局势错综复杂、纷乱无序、不确定因素很多、走向难以预测，选择"韬光养晦"这一外交策略，是非常适合中国国情和现实条件的。时光飞逝，到了二十一世纪的今天，国际形势已发生很大的变化，虽然"韬光养晦"的战略仍然是我国要坚持的外交策略，但是这并不是要我国在国际社会中无所作为。邓小平也认为，要更好的维护国家利益，中国在"韬光养晦"、致力于国内经济建设的同时，应注重对国际战略的运用。中国应将"韬光养晦"的战略与"有所作为"的战略有机地结合起来。"有所作为"要求我们在国际事务中，依据自己的力量，承担自己应该承担和能够承担的责任、义务。中国坚持"韬光养晦"，并不是说在国际事务中听不到中国的声音。在涉及中国的根本利益，涉及世界的和平与稳定等重大问题上，中国一定要表明自己的立场和态度。因为中国不仅是世界上第一人口大国和最大的社会主义国家，是五个核大国之一，是潜在的世界经济和政治大国，还是联合国安理会常任理事国。中国的这种独特的国际地位，决定了中国"在国际问题上无所作为不可能，还是要有所作为"②。

因此，中国参与联合国维和行动履行自己的维和责任和义务，不但跟"韬光养晦"的战略不矛盾，相反正是这一战略的集中体现和要求。随着经济全球化，政治危机协商解决机制的国际化，中国国家利益也愈来愈具有全球化倾向，能更多的参与联合国维和事业，也是世界对中国寄予的期望。总揽近几年，中国国际环境变化，将"中国纳入世界的政策"，正在向"要求中国在世界上发挥更大作用"的方向转变，因而"有所作为"势必成为中国外交的主要方向。③ 中国参与维和行动，就要踏出亚洲走向世界，这必然会提高中国的国际地位和声望，在国际上树立和平、开放、负责任的形象。可以说，这正是邓小平"有所作为"国际战略的深刻内涵和重要体现。

据统计，1990 年开始，我国已累计向联合国 14 项维和行动派出 5 872 人次的维和军事人员，其中维和分队 4 957 人次，军事观察员和参谋军官 915 人次。截至 2005 年 8 月底，中国有 852 名维和军事人员在联合国 9 个任务区和联合国维和总部执行维和任务，包括维和部队 776 名官兵在刚果（金）和利比里亚执行联合国的维和任务，70 多名军事观察员和参谋军官在 9 个联合国任务区和联合国总部执行任务。中国国防部官员表示，首批赴苏丹维和分队近期抵达任务区后，中国目前参加联合国维和行动的维和军事人员总数将达 1 300 人。④ 16 年来，已有 8 名中国军人在维和行动中牺牲。

随着中国对外开放和参与国际事务力度的加大，我们越来越深刻地认识到，在当今世

---

① 新华网，2003 年 11 月 4 日。

② 倪健民等：《中国国际战略》，人民出版社 2003 年版，第 438 页。

③ 中国现代国际关系研究院：《国际战略与安全形势评估》，时事出版社 2004 年版，第 255 页。

④ http://news.xinhuanet.com/mil/2005-09/21/content_ 3519927. htm.

界经济全球化和区域一体化的发展过程中，任何国家都越来越难以"自扫门前雪"，国家利益的内涵越来越复杂化，国家利益实现也越来越多元化。从一个新的角度来看，我们参与联合国维和行动，不仅有利于维护世界的和平与稳定，而且也有利于中国自身的国家利益的实现，为中国的和平发展创建一个稳定的平台。今后中国在参与联合国维和行动过程中应该采取更加积极务实的态度，这是中国作为大国应当承担的责任，也是中国国际利益增多的必然要求，更是维护自身安全利益和保持外部环境稳定的需求。

乔治·布什外交战略思想研究

戴红霞[*]

摘　要：乔治·布什任美国总统时期，国际形势发生了重大变化，这给美国外交带来机遇和挑战，布什先后提出了"超越遏制"和"世界新秩序"的战略，试图为美国结束冷战，建立世界新秩序提供行动指南。其思想扎根于美国外交传统，根本上是为维护美国国家利益，但因主客观条件的限制，它未能完全实现。

关键词：乔治·布什；超越遏制；世界新秩序

乔治·布什政府时期，世界经历了一次巨大变革，东欧剧变，德国统一，海湾战争爆发，苏联解体，传统的两极冷战格局逐渐瓦解，新的世界秩序正待形成。如何应对面前所发生的一系列重大国际事件，怎样抓住历史的机遇重塑世界格局，当时在位总统乔治·布什为此提出了"超越遏制"和"世界新秩序"的战略思想，并以此指导美国的外交实践。本文试就此作一论述。

一

布什就任美国总统时，世界正在发生变化，但局势尚不明朗。一方面，传统两极冷战格局仍在继续。美国挟经济强劲增长，重新夺回了战略主动。另一方面，苏联经济则陷于困境，在内忧外患之下开始了政策反思和调整，提出了"改革与新思维"，对内大力推进改革和公开化，对外提出外交"新思维"，主张缓和国际局势，停止军备竞赛，改善美苏关系。苏联还放宽对东欧的控制，东欧开始了自由化和多党制的进程。急速变化的国际形势要求美国制定新的外交战略予以回应。

里根政府后期，美国已开始改变对苏政策，从强硬对抗转而寻求和解，希望进而结束冷战。布什政府初期继承了里根时期的大部分外交政策并加以改进，提出了美国外交新战略，即"超越遏制"战略。其主要内容包括：第一，美国将超越遏制苏联扩张的旧思维，使之重返国际社会。布什表示，"美国现在的目标远比简单地遏制苏联的扩张大得多，我们寻求的是使之融入国际社会。"[①] 第二，鼓励和支持东欧民主和自由化。"超越遏制"战略很重要的一个特征便是不再像以前把东欧作为对抗苏联的工具，而把"促进东欧变

---

[*] 武汉大学政治与公共管理学院讲师，历史学博士。

① *Public Paper of the President of the United States* (*PP*)：1989，United States Government Printing office，1990，pp. 541～542.

革本身作为美国的目标"①。布什说冷战开始于东欧，也应结束于东欧，美国应审慎、耐心、务实地推动东欧自由的演进，使之获得自由、繁荣与和平。② 第三，加强西方力量的团结，支持西欧一体化进程，维护欧洲的和平与稳定。布什认为一个强大、繁荣的西欧不仅可以遏制苏联，保证自身安全，它还是一块经济磁铁，对东欧产生巨大吸引力。③ "超越遏制"既是遏制政策的延续，又是对遏制政策的超越，它把确保美国及其西方盟友安全与和平演变苏联和东欧结合起来，更雄心勃勃，更自信，目标更广泛，手段更灵活。

"超越遏制"战略有很强现实主义色彩。布什成长于两次世界大战之中并亲身参加过第二次世界大战，在冷战激烈之时投身于政治，作为一名坚定的共和党人，深受当时共和党现实主义大家尼克松和基辛格等人思想的影响。布什把苏联是美国和世界最大最可能的威胁，多次强调苏联的变化固然令人振奋，但只是刚开始还远远不够，新思维并没有完全压倒旧传统。苏联仍有可怕的军备，仍在国内加紧武器更新，在国外支持古巴、阿富汗、尼加拉瓜等国家。他反复提醒美国与西方应加强自身力量，保持东西方的力量均衡，强调应把军备控制与美苏建立更稳定的全面关系联系起来。布什说美国希望和平，但寻求的是"一种真正的和平，一种分享快乐的和平，而不是军营里的和平"。④ 他希望苏联能把其言辞付诸行动，进一步削减军备，拆毁铁幕，开放思想和言论，尊重人权，在解决地区性冲突和毒品、环境等方面与西方合作。

"超越遏制"战略也反映了布什的意识形态观念。布什不是一个狂热的意识形态者，很少像冷战时期的前任总统那样公开发表激烈言辞指责共产主义，但他深信自由民主和市场经济体制。他出身成长于美国主流社会阶层，接受美国传统教育，认为美国立国之基的两大原则便是自由和民主，维护自由和民主，便是维护美国的价值观念，推广自由和民主，便是推广美国的价值观念。不过布什认为自由和民主并不为哪一个国家所特有，而是普遍地适用于全世界，植根于一般的人性之中，为全世界人民所向往。布什强烈希望东欧国家摆脱苏联的控制，摆脱专制统治和计划体制；也希望苏联进一步改革和公开化，直至实现民主。布什认为今天变革之风正形成一个新的欧洲，东欧对民主、独立和繁荣的渴望在觉醒，甚至在苏联，统治者也开始与民众协商，长期沉默者也发表意见。布什希望美国能支持和鼓励这种力量，让它们在苏联和东欧能开花结果。

"超越遏制"战略出台不久，东欧局势便发生了历史性剧变，布什对东欧的变化感到高兴，他一直认为东欧的现状是历史的错误，变化是时代潮流大势所趋，也部分实现了"超越遏制"战略。他认为"对东欧的民主变革，我们有义务成为一种可靠的催化剂"，⑤为此，布什访问了波兰和匈牙利，以"鼓励那里的改革家们"。他在波兰会见了各方代表，希望波兰以自由选举的方式解决面临的政治危机，并宣布美国提供一亿美元贷款基金，帮助波兰的私有制和市场化。在匈牙利的布达佩斯科索斯广场，布什冒雨向群众发表了充满激情的演讲，鼓励匈牙利继续改革。他宣布向匈牙利提供经济援助，表示将向其提

---

① George Bush and Brent Scowcroft, *A World Transformed*, , Alfred A. Knopf, 1998 , p. 48.

② *PP*: 1989, pp. 431 ~ 433.

③ *PP*: 1989, pp. 583 ~ 585.

④ *PP*: 1989, pp. 583 ~ 585.

⑤ George Bush and Brent Scowcroft, *A World Transformed*, p. 115.

供永久性最惠国待遇，还愿意向其派遣和平队。在随后西方七国首脑会议上，布什呼吁西方国家联合起来，支持东欧的民主和自由化。

但在对东欧变化表示坚决支持并加以经济诱惑的同时，布什一直谨慎行事，尽量保持克制，还劝说东欧各国不要走极端，刺激和挑衅苏联，希望让"苏联默许东欧变革而又保全颜面"，[1] 希望改革能在保持和平的情况下，渐进有序地进行，避免发生冲突和流血。因为东欧一直是苏联的势力范围，苏联在东欧驻有大量军队，还曾宣布过针对东欧的"勃列日涅夫主义"。布什担心苏联对东欧进行干涉，而"苏联一旦干涉，便会使所有的欢乐变为悲剧"。[2] 布什知道要使苏联默许失去其传统的势力范围，美国需要集中外交、政治、军事、经济、还包括心理等各种力量，他加强与苏联领导人戈尔巴乔夫的联系，争取苏联的合作。他认为"东欧的变化太大了，如果超级大国不着手安排事件的发展，其间每一个事件都可能使东欧陷入混乱，并动摇美苏关系"，导致局势的复杂化。[3] 他劝说苏联谨慎行事，在马尔他举行的美苏非正式首脑会议时，表示美国不会利用东欧事件，但又明确表明对东欧事件的关注。他还在多种场合暗示，美国认为苏联对东欧的态度是对其新思维的一大考验，决定着美苏之间是否能进行合作，关系是否能得到改善。

东欧变革风潮很快席卷至东德。由于东德政府仍坚持国内政治压制和计划经济体制，当匈牙利拆除本国与奥地利之间的边卡后，东德人民以脚投票，利用匈牙利与西欧间的开放通道大量外逃，更多的人则开始在国内举行游行和抗议，要求政府尽快改革。在内外交困的压力下，东德政府宣布放宽边境控制，11 月份柏林墙被柏林市两边的人们推倒，德国正式开始了统一进程。

布什坚决支持德国统一，虽然他认为德国的统一必须采取自觉的方式和平进行，应与相关的国家就彼此利益相关的未决问题进行谈判协商，应保持自由、民主并热爱和平，但他一再表示德国统一是不可逆转的历史潮流，他力主德国统一应采取"二加四"而非"四加二"的模式，亦即把统一作为既定前提，让两德人民具体谈判统一的模式和进程；四大国只是关注统一的外部和国际方面，结束其历史的权利和义务，制定确保欧洲未来和平的框架。坚持统一主要是德国人自己的事情，外国不应享有否决权。

布什保证美国不会离开欧洲，未来的德国也不会构成威胁，说服心存疑虑的英国和犹豫不决的法国，使西方就此问题采取同一立场。布什知道东德是苏联最重要的盟友，苏联在德国有重大利益，德国统一可能给苏联带来大量问题，苏联不愿轻易放弃。布什认为要实现两德统一，西方必须向苏联施加一定的压力，同时也应消除苏联的疑虑，保证其安全，寻求其合作。布什多次劝说戈尔巴乔夫，德国的统一是德国民心所向，挡之无益也无法阻挡；今天的德国不同于以往，已变成一个民主和平的国家，不再是战争和冲突的根源，苏联应放下历史的包袱向前看。为消除苏联（以及西方国家）对德国统一对本国国家安全和欧洲未来局势的影响，布什还设计了德国统一的九项前提，包括德国承认现存边界划分，承诺不用武力改变现状，德国放弃拥有核武器与生化武器等大规模杀伤性武器；

---

① Robert L. Hutchings, *American Diplomacy and the End of the Cold War: An Insider's Account of U. S. Policy in Europe*, 1989~1992, The Woodrow Wilson Center Press, 1997, p. 53.

② *A World Transformed*, p. 149.

③ Ibid, p. 130.

他还许诺美国及其西方盟友将为之向苏联提供大量援助，以解决它所面临的困难。

布什是德国统一最早、最坚决的支持者，他把促进德国统一作为值得骄傲的一件事情，视为其一大外交成就，原因何在？首先，布什强调德国重新统一对他个人而言有"非常特别的意义"。① 布什相信每一个国家都有权来自由地决定自己的生活方式，但德国在战后却因冷战被人为地分为两个国家，被强加以外来的政治与经济体制。布什访问西德时曾参观过两德边境的一个小镇，亲身感受到分裂给德国人民带来的痛苦，亲朋好友骨肉分离，相隔几步之遥而难以相聚。他认为德国人民要求统一的愿望是"一个民族自决的问题，是德国人民自己的事情"，顺应了历史的潮流，谁也无法阻挡。② 其次，布什认为德国统一是自由民主和市场体制的扩大。因为两德的统一实际上是东德并入西德，融入一个自由民主的市场经济国家。第三，布什认为德国的统一将结束欧洲的分裂，消除冲突的隐患。布什认为德国的分裂是冷战的产物，也是冷战的象征。只要德国仍保持分裂，欧洲就保持分裂，就会一直提醒人们冷战尚未结束。布什还认为如果苏联默许并接受了德国统一，便意味着承认它在东欧强权的结束，意味着放弃强权政治和两极对抗思维。最后，布什认为德国的统一将会减少美国对欧洲的安全负担，进一步扩大和巩固北约联盟，维护美国利益。布什不像英法等欧洲国家出于历史的记忆和现实的地缘情势而担心德国统一后的强大实力，相反认为这是美国及西方联盟的巨大资产，可以增强西方的力量，美国也可因此而减少负担。布什认为冷战后北约不仅应继续存在，其功能与作用甚至要扩大与加强，成为美国继续控制欧洲、构筑未来的基础。他说，德国统一后继续作为北约的一个成员，"将在欧洲发挥一种建设性的作用，也会支持美国在那里的稳定存在"③。相反，布什担心美国若是反对甚至阻止统一，会伤害德国人的感情，激起民族主义，与美国疏远；更严重的是可能心存怨恨，退出北约和西方阵营，与苏联单方妥协。

在"超越遏制"战略中，苏联一直占据关键地位。首先，东欧的民主和自由化进程的成功和巩固，需要苏联的合作，至少需要其置身事外，不要去干涉。其次，德国的统一也离不开苏联的参与至少是默许。再次，处理世界上存在的其他问题（如防止大规模杀伤性武器扩散、制止毒品走私和交易，打击恐怖活动，解决地区冲突等），也需要美苏的合作。最后，苏联自身继续改革和公开化，放弃政治控制与计划体制，融入国际社会，将有利于结束欧洲的对抗和分裂，最终结束冷战。"超越遏制"战略目的便在于"促成一个新苏联，使其在国际社会中扮演一个可信赖的角色，成为对美国及其盟友更少威胁的国家"④。

布什希望与苏联建立一种新型的合作关系。他与苏联领导人保持密切接触，试图增加相互间信任和理解，培养感情和友谊，借助个人外交对苏联进一步施加影响。上任不久，布什便提出与戈尔巴乔夫举行非正式首脑会晤，马尔他会晤实现了他的这一设想。在此之后布什还与戈氏多次会面，他认为苏联的改革在很大程度上归功于戈氏，但戈氏也面临着国内外一系列问题，面临保守派的强大压力，美国应明确表示对他的支持，同时避免采取

---

① A World Transformed, p. 182.
② Ibid, p. 150.
③ Ibid, p. 301.
④ Ibid, p. 62.

不当措施刺激苏联强硬派，削弱戈尔巴乔夫的权力和地位，导致改革停止或倒退。

但是布什并不对苏联变革一厢情愿，也不把美苏关系寄托在戈尔巴乔夫一个人的身上。他对苏联所拥有的军事力量一直保持高度警惕，为确保和促进苏联改革也施加了各种压力。布什把与苏联就控制军备竞赛的谈判列为美苏关系中优先考虑的重点，认为苏联大量常规武器与战略性武器的存在是对和平的威胁，也影响苏联改革与公开化的进行。因为它既可能使双方因误判而不当反应；而且军方作为苏联保守势力的代表，为维护其既得利益，可能会反对改革与公开化，甚至铤而走险。布什一再表示愿与苏联签订贸易协定给予其最惠国待遇，为其改革提供各种援助，但又为之附加了先决条件。他要求苏联进一步放开舆论，放宽移民限制，改善人权状况，转换经济体制，减少对海外的军事援助，不要干涉东欧变革，接受德国的统一。当波罗的海三国要求独立时，布什还要求苏联不要诉诸于武力，用谈判的方法和平解决。

二

正当"超越遏制"战略在欧洲取得很大成就之时，海湾地区却爆发危机，使国际形势骤然紧张。1990 年 8 月 2 日，伊拉克入侵科威特，占领其全部领土，进而宣布为其第十九个省，国际社会一片反对，美国也作出了强烈反应。布什谴责伊拉克的侵略，要求其立即无条件地从科威特撤军。他宣布对伊实行制裁，关闭其石油输出管道，冻结其海外资产，对其进行海上封锁，还决定增兵海湾，积极准备使用武力。

为什么布什迅速决定对伊采取强硬政策？首先，布什关心美国及其盟友的石油利益。由于中东地区是世界石油的主要产地和输出地，占美国及其盟友每年大量进口石油的三分之一以上。而伊拉克和科威特都是中东地区的产油大国，其石油储量分列世界第二位和第三位，伊拉克入侵科威特扰乱了石油的生产和输出，导致石油市场价格的上涨，影响美国及其盟友经济的发展。布什反复强调，美国所需的能源近一半来自中东，伊拉克的入侵威胁到美国的经济独立，对美国国家安全带来灾难性的影响。① 其次，布什担心中东地区局势遭到破坏。因为一旦国际社会容忍了伊拉克造成的现状，就会使伊拉克成为石油霸主，可以操控石油价格，并进而以其积累的财富加强自身的军事实力，成为地区霸主。这不仅破坏地区力量的平衡，威胁地区安全和稳定；还可能导致美国及其西方盟友的势力被赶出中东，彻底丧失影响。而且鉴于伊拉克曾与伊朗进行了八年战争已结下历史宿怨，鉴于伊拉克觊觎沙特的石油，鉴于伊拉克把海湾危机的解决与巴以问题的解决联系起来，鉴于伊拉克不承认以色列的生存权利，伊拉克取得地区霸权意味着中东局势的复杂化，中东和平将可能永远不会实现。最后，伊拉克入侵破坏了布什心中的"世界新秩序"。布什认为萨达姆的行为决不能容忍，是"赤裸裸的侵略"。他说："伊拉克已经侵犯并占领了一个联合国正式成员国的领土，这在今天是不能接受的。如果它被容忍，那么其他许多小国将从此不再感到安全。"② 他强调："目前处于危险之中的不仅是那个叫科威特的遥远国家，

---

① *PP.* 1990，p. 1084，1108.

② Steven Hurst，*The Foreign Policy of the Bush Administration：In search of a New World Order*，Cassell，1999，p. 95.

而是我们将生存于其中的世界。"① "伊拉克的侵略不仅是对科威特和其他海湾邻国安全的威胁,还是对冷战后我们所有人都希望建立的一个更美好世界的挑战。"②因为对一国的威胁很快变成对所有人的威胁,伊拉克的侵略破坏了国际秩序。他说:"我们几十年来致力于发展一个国际秩序,一套共同的法则和制度,以使用合作来代替冲突。我们知道这套制度并不完善,但没有它,和平和自由便不可能,法治便会让位于弱肉强食的丛林规则。"③

海湾事件是布什政府时期一个至关重要的事件,催生并明晰了美国未来的外交战略。正是在海湾战争期间,布什提出了"世界新秩序"。1990 年 9 月 11 日布什对国会两院联席会议发表讲话,"我们今天正处于特殊和不平常的时刻。海湾地区爆发的危机虽然很严峻,但也为我们提供了一个难得的机会进入一个合作的历史时期。……今天,一个新世界一个不同于以往我们所知的世界正喷薄而出,这是一个法治取代了丛林规则的世界,一个所有国家都对自由和正义承担共同的责任的世界,一个强者尊重弱者权利的世界。"④ 布什在讲话中首次明确提出了他的"世界新秩序"的战略思想,即通过合作维护世界的和平,通过法治实现安全和正义,尊重自由,共同繁荣。后来他对此作了进一步阐释与完善,在联合国大会上发表演讲时,他说:"我们期待各国有超越冷战的新伙伴关系。这种伙伴关系以协商,合作和集体行动为基础,特别是通过国际和地区组织集体行动。这个伙伴关系是依据法治原则而团结,并借由平均分担成本和责任所支持。其目标是增进民主,扩大繁荣,加强和平,并裁减军备。"⑤

布什表示,对科威特的侵略将不会得逞,也不应该让其得逞。他强调历史已经证明:"必须抵抗侵略,否则它将毁灭我们的自由。"⑥ 试图不惜代价去换取和平,结果只会适得其反。布什公开宣布了美国所要实现的目标:伊拉克必须完全和无条件地撤离科威特;恢复科威特的合法政府;确保海湾地区的安全和稳定。当然在他心中但没有明确宣布的目标是确保美国在中东地区的影响,确保美国在海湾地区的利益,包括石油控制和军事存在。布什为此积极争取国际合作,主导国际社会对伊拉克封锁和禁运,与苏联一起发表谴责伊拉克侵略的联合宣言,派遣官员到中国寻求合作,积极游说海湾阿拉伯国家与美国站在一起,与其盟友和其他利益相关的国家组成多国部队。布什要求联合国所有会员国采取一致行动,反击伊拉克的侵略行为。在国际社会的大力支持下,联合国通过一系列反对伊拉克侵略科威特的决议,其中 678 号决议授权以美国为首的各国部队对伊拉克动武,实现海湾地区的和平。

布什对海湾危机的处理取得了很大的成功。伊拉克最终被赶出了科威特,中东地区恢复了暂时的相对的和平与稳定。但布什在伊拉克问题上也受到批评,不少人批评布什过于倾向使用武力,没有给其他和平的手段如经济制裁和海上封锁更多的时间发挥效力;也有

---

① Jim McGrath ed, *Heartbeat*: *George Bush in His own Words Scribner*, p. 144.

② *PP*: 1990, p. 1673.

③ *PP*: 1990, p. 1138.

④ *PP*: 1990, p. 1219.

⑤ *PP*: 1990, p. 1332.

⑥ *PP*: 1990, p. 1108.

不少人质疑布什，为什么要坚持恢复科威特王室政权而不利用这次机会给科威特人民主？为什么要允许萨达姆政权的存在，甚至容忍其镇压库尔德人起义。对于前者，布什认为，对于劝说萨达姆作出妥协，撤出科威特，恢复其主权，美国和国际社会已经尽了最大努力，但实践证明和平的方法已经无效，只会给他更多的时间愚弄国际社会，积累军事力量。布什担心若是危机时间拖得过长，现有的联盟很难维持，由于时间的流逝造成记忆的淡漠，人们对侵略的义愤可能会渐渐平静甚至消失，甚至会承认和接受现状，导致国内外的支持有可能下降，因此必须尽快使用武力。对于后一种批评，布什担心如果把实行民主作为恢复科威特主权的组成部分，会让萨达姆把自己装扮成科威特政治改革的催化剂，宣称正是伊拉克的入侵才给科威特人带来了民主。这会不适当地增加萨达姆身上的光环。至于伊拉克，虽然布什后来对萨达姆残酷镇压库尔德人和国内的反对力量，仍能维持其统治表示遗憾，但他认为民主不是从外部强加的，而必须是内部生长出来的东西，美国可以促进自由和民主，但不可强加民主，选择什么制度最好由伊拉克人自己来选择。最后更主要的是布什关心海湾地区的权力平衡。他不愿看到伊拉克实力过于强大而破坏地区力量的均衡，但也不愿意伊拉克力量过于弱小而不能平衡地区力量。他不愿看到伊拉克控制石油成为地区霸主，也不愿看到伊拉克分裂或解体，其他的地区霸主（如伊朗）因之而出现。因此，他并不想完全摧毁伊拉克的军事力量，并不积极支持库尔德人起义建立一个独立的库尔德国家的主张。布什还担心地面战争进行下去，可能使美国付出不可估量的人员伤亡和代价，美国国会和人民可能不会同意。同时这也改变了联合国授权的目标，使美国的行动部分失去了合法性。而单方面超越联合国的授权，会不必要地损害联合国的权威，更可能使反伊联盟分裂。① 布什的辩解有一定的道理，但并没有完全说出自己内心的想法，也不能完全令人信服。虽说萨达姆冥顽不化，拒绝做出妥协，经济制裁和封锁确实难有成效。但平心而论，布什也从未对此寄予太大希望。他一开始就倾向使用武力，力主尽快解决危机，决心早下，未与国会协商就决定增兵海湾。他的谈判建议更多的是为了争取国内外的支持，为战争找一个借口，所以他在谈判建议中态度强硬，条件苛刻，毫不让步，直至发出最后通牒。布什说民主不能由外部强加，只能由人民自己选择，则更多的是一种托辞，因为在科威特尤其是在伊拉克人民很难选择也不能选择，他们被统治者剥夺了选择的权利。其实在布什心中稳定更为重要，中东地区国家能实行民主当然更好，但若是目前不可能或是因实行民主而破坏地区稳定，保持传统的政权也未尝不可，只要这些政权对美国友好，至少不敌视美国。

布什曾表示，海湾战争是正义对强权的胜利，国际社会现在可以根据国际准则用集体安全的方式反击侵略，维护世界和平。这一点并不完全是事实。确实，海湾战争期间，国际社会几乎一致反对伊拉克对科威特的入侵，谴责其赤裸裸地违反了国际法则，还在美国主导下建立了多国联盟；多国联盟对伊拉克动武也确实得到联合国的授权。但是海湾战争期间，美国是出于其自身利益的考虑主导建立了多国联盟，其他的国家也是出于自己利益的考虑参与了这一联盟。是美国强大的实力才能把多国联盟组织在一起，多国联盟也是用武力把伊拉克赶出科威特，当然伊拉克对国际法的违反为侵略行动提供了理由，联合国的授权决议为之提供了合法性。所以在国际法则和集体安全的背后是利益和实力，美国巨大

---

① *A World Transformed*, pp. 489～491.

的利益和强大的实力在其中起了关键作用。很难想像若是在一个与美国利益关系不是很大，国际社会也不大关注的地区和国家发生了类似事件，美国和国际社会会作出如此迅速和有力的反应。借用英国学者理查德·克罗卡特所言，"海湾战争是个特殊事件，并不是国际主义行动的新范例"①。

海湾危机是对"世界新秩序"的重大考验，不过安全问题只是其中的一个部分，实现自由贸易和开放市场也是其主要内容。美国建国后，自由贸易便一直是其外交追求的目标。第二次世界大战结束后，美国更吸取历史的教训，试图建立一个基于开放市场和自由贸易的世界经济体制，但随着冷战爆发，世界很快分裂。虽然美国通过马歇尔计划在西欧部分实现了这一目标，但前苏联把其计划经济模式强加给整个东欧，并积极向第三世界输出，使得美国的目标未能完全实现。如今随着冷战的结束，布什认为这一目标终于可以完全实现。

布什认为"自由和开放的市场是繁荣的关键"。② 历史已经证明，国家统制经济已经失败，自由市场能提供计划经济所不能提供的繁荣、增长和幸福。美国必须确保市场力量在国内外的自由活动和贸易的自由扩展，以促进世界经济的增长，这种增长不是以他人为代价，而是互惠于他人，美国自身能从中得到好处。布什反对国内外各种形式的保护主义。他说："在当今这个新世界，一些旧的观念已不再适用。内政与外交的传统分界已被新的现实所取代。如果想让国人获得工作，我们必须扩展贸易和开放市场。"③ 他批评："贸易保护主义只服务于少数人的利益而把负担强加给大多数人，并且会降低国家的竞争力。"④ 不仅如此，保护主义能毁灭国家的财富，毒化国家间的关系。布什认识到和平不可分，繁荣相互依存。布什提醒人们不要忘记，正是保护主义的恶性循环促进和加深了大萧条并间接地促成了第二次世界大战。⑤布什这一思想在拉美地区体现得最明显，也成为其处理拉美关系的指导原则。

美洲大陆一直被美国视为后院，有很重要的战略价值和地位。但美国在冷战期间为应付前苏联提出的安全挑战，忙于欧亚大陆事务，对拉美地区注意不够。拉美地区为贫困问题所困，经济落后，债务沉重，社会动荡，政治不稳定。美国生活的富裕让拉美国家羡慕，美国经济的繁荣让拉美国家嫉妒，美国的漠不关心更让这些国家愤恨。随着冷战的结束，布什决定改变这一状况。布什相信开放市场和自由贸易将改善各国关系，因为"繁荣能鼓励人民与邻为善，和睦相处"。⑥

布什认为拉美国家存在的问题主要是由国家计划经济和贸易保护主义造成的，它扼杀了人们的能动性，制约了经济的快速增长。自20世纪80年代以来，拉美一些国家接受了国际货币基金组织的指导，已经开始进行经济结构调整，一场市场化的改革正在展开。但与此同时，高额的债务危机威胁着拉美国家的改革进程，巨额的债务的还本付息占用了拉

---

① ［英］理查德·克罗卡特：《五十年战争》，新华出版社2003年版，第539页。

② *PP*: 1992-1993，p. 2203.

③ *PP*: 1991，p. 1671.

④ Department of State: *America Foreign Policy*：*Current Document*（*AFP*）：1991，p. 79.

⑤ 梅孜：《美国国家安全战略报告汇编》，时事出版社1996年版，第142页。

⑥ *AFP*：1991，p. 13.

美大量资源，导致资金短缺，财政赤字，金融动荡，影响经济的发展。这反过来又导致国家税收和人民收入减少，出现大量贸易逆差，使得国家需要向外大举借贷，如此恶性循环。

布什希望帮助拉美国家的改革进程保持其动力。他说美国面临的挑战是"支持现在发生在本半球的积极变化，我们必须成为真正的伙伴，以推进向自由市场转变"。① 布什政府上台之初，财政部长布拉迪便提议：美国政府给美国商业银行提供某种刺激，让它们部分勾销拉美国家既有的债务；富裕的发达国家为国际金融机构提供特别基金，使之能向拉美国家发放特别的贷款。布拉迪计划是美国试图帮助拉美国家减轻债务压力实现经济发展的第一步，部分减轻了拉美的债务负担，促进了拉美国际经济的自由化。② 1990 年，布什政府进一步提出了促进拉美经济发展的美洲创新事业。该计划内容包括：减免拉美国家债务，创造新的多边投资基金，寻求建立一个范围广泛的自由贸易区。布什为这一计划附加条件，明确规定债务减免只给予那些按照国际制度采取强有力的经济和投资改革的国家，多边投资基金的赠款也只给予私有化进程中以市场为导向的投资改革，其总的目的是提供刺激去"加强拉美国家正在增加的认识，即自由市场改革是经济持续增长和政治稳定的关键"。③ 希望借此加强广大拉美地区的经济改革，使之能够融入九十年代的全球经济增长。

布什决定加快北美自由贸易区的建设步伐。北美自由贸易区是指在美国，加拿大和墨西哥三国之间建立自由贸易区，实现人员、资金、商品、信息的自由流动。里根政府后期，美国已与加拿大达成自由贸易协定，但因为发展程度相差较大，大多数美国人认为与墨西哥达成此类协议尚不可能。美国国内很多人担心协议可能会导致墨西哥移民大增，美国资金外流，一些行业将面临墨西哥人低工资低成本的激烈竞争，失业增加。布什并不这样认为，他大力推动了这一进程，在其任内完成了谈判并签署了这一协议。其原因有四：

第一是其经济上的考虑。布什看到北美自由贸易区一旦建成，将是世界上最大的自由贸易区，包括 3 亿 6 千多万人口和 6 万亿美元生产总值，有着巨大的市场和潜力，它将消除贸易和投资障碍，提供一个历史性的机会把三大国人民的能力和智慧融合在一起，能提高北美地区对欧洲及亚太地区的竞争力，为三国人民创造工作提供就业机会，"为我们的子女和未出生的几代人创造一个更美好的未来"。第二是国内相关利益集团的压力。为与墨西哥签订自由贸易协定，一些利益密切相关的利益集团进行了积极有力的游说，如对布什政治上十分重要的得克萨斯工商利益集团。他们希望协定的达成能使他们雇用工资更低的墨西哥工人以降低生产成本，或是把高能耗高污染的工厂迁往墨西哥以规避美国相对严厉的环保法规。一些进出口商也因关税的降低甚至免除而获益。第三是外交上的考虑，布什认为签订这一协定，将为美墨关系的发展奠定新的基础，有助于进一步改善美墨关系。由于墨西哥强烈希望签订该协议，其总统萨利拉斯为之进行了长期不懈的游说，布什说签订这一协议将"加强我们睦邻间的和平和友谊"。反之，墨西哥则可能因受挫而对美国深深失望，导致两国关系停滞甚至恶化。第四，更重要的是布什认为建立北美贸易区体现了

---

① *PP*：1990，p. 876.

② Steven Hurst, *The Foreign Policy of the Bush Administration*：*In search of a New World Order*, p. 180.

③ Ibid.

布什"世界新秩序"的设想，也有助于它的实现。布什表示北美自由贸易区是一个开放的体系，是"实现使美洲成为一个通过经济合作和自由竞争结合在一起的半球这一长期激动人心的梦想上迈出的重大的第一步"，希望能够通过它进一步扩展至智利、阿根廷和美洲其他国家。北美贸易区也将导致美洲国家间关系间"更广泛更基本的改变"，睦邻、进步联盟、相互尊重共担责任的伙伴这些以前提出的雄心勃勃的目标正在变成现实。美洲最终会成为"世界上第一个完全民主的半球"，成为"一个和平区"，成为"世界其他地区的榜样"。①

三

20 世纪，美国有三次领导建立世界秩序的机会，可惜前两次机会由于国内外的各种原因而失之交臂。冷战结束给美国提供第三次领导重建世界的机会，布什因之而提出了"世界新秩序"战略。

"世界新秩序"继承了美国的国际主义，反对孤立主义。布什说，历史的教训是明白的，当第一次世界大战结束美国从国际舞台撤回后，军国主义、法西斯主义和无法无天的侵略在世界蔓延，把人类拖入另一场毁灭性的冲突之中，"所谓的结束一切战争的战争"所缔造的和平持续不到一代。他嘲笑 30 年代的孤立主义者说："当纳粹法西斯横扫欧洲大陆时，我记得当时美国的编辑谈论着'欧洲的战争'，好像美国能够关起门来，置身事外，好像我们能把他们隔离于我们海滩之外的世界。结果是，我们进行了人类历史上代价更高的一场战争，那场战争夺走了几百万人的生命。"②布什赞赏第二次世界大战之后的美国领导人做出的领导世界的选择，"我们在民主和法治等原则的基础上建立了一个新的自由国家共同体，这个共同体以其力量、坚定、耐心和团结遏制苏联极权主义，保证了和平。"布什认为，随着冷战的结束，美国面临缔造和平的第三次机会，同时也面临着巨大的危险。在世界变得更加相互依存时，"今天的孤立主义将会产生更危险的结果"，"鉴于历史的教训，我们有责任有义务为我们的子女拒绝孤立和保护的错误答案，背离世界根本就不是答案……美国的未来和世界不可避免地联系在一起"③。布什说，美国的领导，对一个和平、繁荣的国际秩序至关重要，"放弃美国的领导，不会使美国人民更安全，而只会使其更危险；孤立于世界之外不仅不能推广美国的原则，相反只会招来敌视"。④ 布什多次反驳美国应分享"和平红利"、集中力量于国内经济和社会问题的孤立主义和保护主义论调，他说，"外交和内政是同一硬币的两面。确实，如果我们国内不强大和团结，我们将不能在国外去领导，但同样，在一个充满军事和经济战争的世界里，我们在国内也不能建设我们想追求的国内社会"。⑤

"世界新秩序"在目标上继承了威尔逊主义，它是威尔逊主义在新的历史时期的继续。布什自己不止一次地宣称，他的事业是威尔逊总统事业的继续。像威尔逊主义一样，

---

① *PP*·1992-1993，pp. 2200～2203。

② *PP*：1992～1993，p. 568.

③ *PP*：1992～1993，p. 430.

④ *PP*：1992～1993，p. 2190.

⑤ *PP*：1992-1993，p. 431.

"世界新秩序"主张建立一个国际性的组织，通过国际组织和机构维护安全和稳定。它同样强调集体安全、民主和平、开放市场和自由贸易，反对用武力解决争端和弱肉强食的丛林法则。希望建立一个基于法治、集体分担责任，强者尊重弱者的自由国家的民主共同体。

"世界新秩序"在思想和方法上与富兰克林·罗斯福更为接近，他们都是有理想的现实主义者，或者说是务实的理想主义者。布什曾说："理想无需与利益相悖，原则不能代替审慎。"① 他们都认识到世界并不完美，但都相信可以得到改进，都一样试图用现实的大国合作的方法来实现其理想的世界新秩序这一目标。布什以"战略伙伴关系"为名的大国合作，便是罗斯福合作国际主义在新的国际形势下新的表现。布什像罗斯福一样也非常重视联合国这一国际性的组织，希望它能在重建世界秩序中发挥其核心作用。布什曾任美国驻联合国大使，对联合国有自己独特的认识。他说，建立于战争灰烬和巨大希望之中的联合国虽然有很多缺陷，不是解决所有世界问题的万灵药，在冷战期间还因两极对抗常陷入瘫痪，但它还是能做许多事情。它是一个和平的论坛，不同国家可以在这里寻求共识以避免冲突。即使在冷战时期，它也能超越意识形态的分歧，在人道、社会、维和和其他方面发挥作用。布什认为冷战的结束使联合国可以实现其创始者的设想，在创建世界新秩序中发挥作用。

"世界新秩序"是"超越遏制"战略的进一步完善与发展，是对遏制主义的超越，实质是合作的全球主义。遏制主义是在美苏合作破灭并相互敌对时提出的，它适用于两极对抗的冷战格局。而"世界新秩序"则希望国与国之间建立一种新型的伙伴关系，相互合作，用集体安全的方式维护世界和平。如果说遏制主义是在全球范围的美苏对抗，"世界新秩序"则希望全球范围内的广泛合作。布什认为今天的世界是一个全球关系日益密切的时代，经济相互依存，安全相互依赖。他也认识到美国力量的限度，美国不可能凭一己之力纠正世界上所有的错误，解决所有的问题。布什强调美国不应充当世界警察，美国在承担领导责任时应通过国际多边组织的有效合作，担任领导不应与单边主义或普世主义相混淆，担任领导和依靠国际组织合作两者间也并不存在"要么……要么"的选择，二者可以相容。② 他说："我们需要认真的国际合作以努力消除恐怖主义、债务危机、国际毒品交易、难民问题和对环境的威胁，保持世界的和平。"③

四

布什的外交取得了很大的成功。布什政府时期，冷战结束，东欧走上自由民主之路；苏联对美国传统的威胁不复存在，美国成为了世界上惟一的超级大国；中东地区又恢复平静；拉美经济有所发展，自由贸易和市场经济的信念得以增强。

但布什"世界新秩序"并未完全实现，"世界新秩序"一方面试图解决现存的危机，另一方面又被设想能适用于未来的世界，这样它便存在内在的缺陷：它把转折视作永恒，

---

① *PP*：1992～1993，p. 2229.
② *PP*：1992～1993，p. 2228～2230.
③ *PP*：1990，p. 1333.

想像等同于现实。① 它取得了很大的成功，但并没有完全实现。毕竟海湾事件只是特例，其处理方法并非普遍适用，也不是永远适用。东欧许多国家面临着经济转轨，前南斯拉夫地区战乱不息。中东问题未能得到根本的改善，阿拉伯国家与以色列相互敌对，阿拉伯国家内部又矛盾重重，巴以问题悬而未决。拉美经济问题远未彻底解决，债务危机和金融风暴仍不时袭击其脆弱的经济结构。非洲大陆形势更不容乐观，依然陷入贫困，艾滋病的肆虐更使问题雪上加霜。传统安全威胁有所降低，但毒品走私、大规模武器扩散特别是恐怖主义依然威胁世界。

"世界新秩序"反映的是美国人自己对世界设想的一幅美好蓝图，根本上是为了维护美国自己的全球利益和霸权地位，美国还想用自己的方法和手段实现之。但美国的设想未必代表了世界其他国家和地区人民的想法和意愿，美国的国家利益也不可能和世界利益完全一致，美国的方法和手段他们也未必接受，因此难免遭到许多国家甚至其盟国的拒绝和反对。更具讽刺的是有时破坏世界新秩序的正是美国自己，美国恃其强大的实力有时绕过联合国采取单边行动，有时又不顾国际法滥用武力，最终制造了不必要的混乱，造成了"世界无秩序"。

---

① Robert L. Hutchings, *American Diplomacy and the End of the Cold War: An Insider's Account of U. S. Policy in Europe*, 1989-1992, p. 149.

学科调查报告

"十五"期间"外国政治制度与政治"学科调查报告

谭君久*

根据国际通行的学科分类，关于外国政治与政治制度的研究一般归为政治学学科的"比较政治"方向，但在我国的学位专业目录中，则被归入政治学中的二级学科"中外政治制度"专业，而在国标《学科分类与代码》（GB/T13745-92）中则设有"外国政治制度"、"比较政治制度"、"国际比较政治"以及各国国别政治等二、三级学科。本报告在搜集和准备资料过程中，综合参照上述分类作为调查和搜索的范围。

一、十五期间学科点建设和专业领域发展、队伍建设情况

在硕士研究生培养层次，2001年以前，国内已有8所学校设有"中外政治制度"专业硕士点，即：北京大学、复旦大学、中国人民大学、华中师范大学、吉林大学、南开大学、武汉大学、浙江大学；"十五"期间，又有8个单位增设了该专业硕士点，它们是：中国政法大学、南京师范大学、四川大学、云南大学、南京大学、华东理工大学、中央党校、四川省社会科学院。此外，还有一些学校在"政治学理论"或"国际政治"专业硕士点设立了比较政治研究方向，如山西大学、东北师范大学、华南师范大学、外交学院等。

在博士研究生培养层次，2001年以前主要是拥有"政治学理论"专业博士学位授予权的北京大学、复旦大学、武汉大学在该专业设立了"比较政治（学）"研究方向，北京大学还在"国际政治"专业博士点设立了有关地区研究的方向。2001年以后，有的学校获得了政治学一级学科的博士学位授予权，其中有4所学校先后设立了"中外政治制度"专业博士点：复旦大学、中国人民大学、华中师范大学、武汉大学，他们都在该专业设立了"比较政治（学）"或"比较政治制度"研究方向。此外，还有一些大学在相关专业设立了各具特色的研究方向，如：中国人民大学在"中外政治制度"专业设立了"政党与政党制度比较研究方向"，复旦大学在"中外政治制度"专业设立了"非政府实体政治制度"研究方向（见表1）。此外，北京大学自行设立了"欧洲学"博士学位，从2005年起招收跨学科的欧洲学博士研究生，它以当代欧洲为研究对象，以政治、经济、历史、法律、文化多学科相结合的视角研究欧洲，其中包括了对欧洲各国政治和政治制度的研究，尤其是对欧盟和欧洲一体化发展的研究。

在研究外国政治和政治制度领域，研究队伍比较强势的高校和科研机构有：

北京大学政府管理学院、国际关系学院

---

* 武汉大学政治与公共管理学院教授。

上海复旦大学国际关系与公共事务学院

武汉大学政治与公共管理学院

南开大学周恩来政府学院

天津师范大学政治文化研究所

中山大学政治与公共事务管理学院

暨南大学东南亚研究所

中国社会科学院政治学所及有关国家和地区研究所

中央编译局比较政治与经济中心（当代马克思主义研究所）

除上述单位研究人员比较集中外，还有一些人员分散在一些高校，如：北京师范大学法律与政治研究所、厦门大学公共事务学院、南京大学公共管理学院政治学系、中国政法大学政治与公共管理学院、上海交通大学国际与公共事务学院、山西大学政治与公共管理学院、中央党校政法教研部政治学教研室、清华大学政治学系、云南大学国际关系学院和公共管理学院政治学系、上海师范大学法商学院、黑龙江社科院政治学研究所，等等。

表1　　　　　　　　　　　外国政治与政治制度的博士学位点分布 *

研究方向　　专业　学校	政治学理论	中外政治制度	国际政治	科学社会主义与国际共运
北京大学	比较政治学		东南亚地区研究 南亚地区研究	
中国人民大学		比较政治制度 政党与政党制度 比较研究	美国问题研究 欧洲问题研究	政体比较研究
复旦大学	比较政治	比较政治制度 非政府实体 政治制度	美国政治与外交 日本政治与外交	
武汉大学		比较政治学		
华中师范大学		比较政治学		
华东师范大学			国别政治	欧洲政治 俄罗斯问题
中国社会科学院研究生院			欧洲政治 俄罗斯政治 非洲政治 拉美政治	
山东大学			亚太地区政治经济 欧洲政治	

* 据"中国研究生招生信息网"2005 年博士生招生目录统计。

研究外国政治与政治制度的人员除分布在政治学学科教学和科研机构外，在法学、历史学等学科也有不少研究有关国家政治和政治制度的学者，如：北京大学（国别史、地区史）、南开大学（美国史、日本史研究）、南京大学（"英国及英联邦国家发展史"研究）、武汉大学（德国史研究）、河南大学（英国史研究）、东北师范大学（美国史、日本史研究）、中山大学（法国史、东南亚史研究）、山东师范大学（美国史研究）、厦门大学（美国史、东南亚史研究）等。

在此期间，原有的一些涉及外国政治和政治制度的相关研究机构得到继续发展，如中国社会科学院的美国研究所、欧洲研究所等有关研究所，复旦大学的美国研究中心、日本研究中心，北京大学世界现代化进程研究中心、武汉大学法国研究所、四川大学南亚研究所、辽宁大学日本研究所、东北师范大学日本研究所、暨南大学东南亚研究所等，但这些机构都是以某一国家或地区为对象的综合性研究机构，涉及这些国家和地区的政治、经济、社会、历史、文化等各个方面。近年来，有的高校设立了研究外国政治和政治制度的专门机构，如：武汉大学比较政治研究中心、浙江大学比较政治与公共管理研究所、上海交通大学比较政治系（隶属于国际与公共事务学院），同时，也适应世界形势的发展设立了一些新的综合性研究机构，如北京大学欧洲研究中心、北京大学希腊研究中心等。

二、十五期间基本的和重要的研究领域和主要成就

"十五"期间，关于外国政治和政治制度的研究在原有的基础上有了进一步的发展，总体估计可以表述为：这个领域里的学者坚持了以历史唯物主义作为总的指导，以面向世界、认识外国、学习外国为目的，对外国政治和政治制度研究的总体水平有了明显的提高，对比较政治研究的理论与方法有了较多的关注，在研究内容的选择、研究方法的运用上有了新的突破，研究的范围和视野从过去集中研究发达国家扩展到了发展中国家，由过去主要集中研究某种类型、某个地区发展到全方位地研究世界不同体制、不同地区，由以主要限于国别研究转向开辟比较性研究，由以往单纯的描述性介绍转向多视角、多层面的分析性研究，研究问题的选择则多以对于我国政治文明建设和政治发展的借鉴意义和对于构筑有利于我国全面建设"小康社会"的对外关系和国际环境的战略性、政策性质询意义为价值取向。2001～2004年期间，"外国政治制度与政治"领域产生了比较丰富的学术成果（见表2）。这些成果或以系列丛书、专著的形式，或以调查报告、论文的形式，为整个政治学学科的发展和繁荣作出了较大的贡献。

表2　　　　　　　　"十五"期间外国政治与政治制度重要课题一览表

序号	课题名称	负责人	项目来源	起止时间
1	国外社会民主主义研究	山东大学政治与公共管理学院，刘玉安	教育部重大课题	2000～2003
2	当代资本主义研究	山东大学政治与公共管理学院，刘玉安	山东省政府资助项目	2000～2005
3	中俄经济社会发展比较研究	山东大学政治与公共管理学院，王韶兴	山东省教委专项基金	1999～2002

序号	课题名称	负责人	项目来源	起止时间
4	欧洲当代一体化理论与实践	山东大学政治与公共管理学院，胡瑾	欧盟项目	2000～2001
5	欧洲绿党跟踪研究	山东大学政治与公共管理学院，郁庆治	欧盟项目	2000-2001
6	中国与东亚政治改革环境的比较分析	山西大学政治学系，李明	国家社科基金项目	2000-2002
7	中国与东亚行政改革环境的比较研究	山西大学政治学系，李明	中国行政学会项目	2001-2002
8	当代西方马克思主义的全球化理论	中央编译局，杨金海	国家社科基金项目	完成于2002
9	当代西方政治与社会关系理论跟踪研究	天津师范大学政治学与行政学院，高建	国家社科基金项目	1999-2002
10	西方自由主义的现状与未来	天津师范大学政治学与行政学系，吴春华	国家社科基金项目	2000-2002
11	中日社会团体比较研究	北京大学政府管理学院，李景鹏、袁瑞军	国际合作项目	2000-2003
12	中日利益集团政治发展比较研究	北京大学政府管理学院，李景鹏	中日合作项目	2002-2004
13	欧盟工会与欧洲一体化	华中师范大学政治与社会发展研究所，聂运麟	中欧高等教育合作项目	2000-2001
14	北欧东扩与欧洲地缘政治	华中师范大学政治与社会发展研究所，刘从德	教育部人事司项目	2000-2002
15	对当代西方新自由主义的马克思主义分析	武汉大学政治与公共管理学院，申建林	国家社科基金项目	2000-2003
16	欧盟国际政府效能的比较研究	武汉大学政治与公共管理学院，施雪华	中欧高等教育合作项目	2000-2002
17	欧盟管理模式的转型及其对中国的启示	南开大学政治学系，吴志成	天津市社科基金项目	2001-2003
18	当代西方政治学理论的最新发展	复旦大学政治学系，孙关宏	上海市2001年项目	2001-

序号	课题名称	负责人	项目来源	起止时间
19	西方政治文明中的政治妥协研究	华中科技大学，龙太江	国家社科基金项目	2003-2005
20	美国国会外交与台湾问题	复旦大学美国研究中心，倪世雄	国家社科基金项目	2003-2004
21	新加坡一党长期执政的领导方式研究	深圳大学管理学院行政管理系，吕元礼	国家社科基金项目	2003-2005
22	西方党政关系研究	北京大学国际关系学院，林勋建	国家社科基金项目	2003-2005
23	当代西方多元文化主义政治思潮	天津师范大学政法学院，常士誾	国家社科基金项目	2003-2006
24	欧洲联合背景下的跨国政党	北京外国语大学国际问题研究所，王明进	国家社科基金项目	2003-2005
25	西方"新干涉主义"理论的本质特征及对策研究	华中师范大学政治与社会发展研究所，夏安凌	国家社科基金项目	2000-2004
26	西方近现代政治哲学流派批判与当代中国政治文明建设	中国矿业大学文法学院，王岩	国家社科基金项目	2004-

（一）关于比较政治学理论与方法的研究有所推进

"十五"期间，一个值得注意的发展是出版了三部专门地、系统地探讨比较政治研究理论的著作：《比较政治学导论》（张小劲 景跃进著，中国人民大学出版社 2001 年版）、《当代比较政治学理论》（程同顺著，南开大学出版社 2001 年版）、《比较政治学——后发展国家视角》（赵虎吉著，中山大学出版社 2002 年版）。这些著作在回顾了比较政治学的发展的基础上，探讨了比较政治学的研究方法和分析模式，论述了经济学等学科对于比较政治学的积极影响，对国外比较政治学方法论和基本理论的研究成果进行了比较全面的总结，对发展中（后发展）国家的政治发展给予了较多的关注，并提供了比较分析的案例。自 1987 年王沪宁的《比较政治分析》出版以后，就再没有这一类的专著出版，因此，这三部著作的陆续出版对推进外国政治与政治制度的研究具有转折性意义。此外，关于比较政治理论和方法的研究，也出现在其他一些有关著作或发表的文章中，如：《外国行政监督制度与著名反腐机构》（侯志山编著，北京大学出版社 2004 年版）、《政体学说史》（徐祥民 刘惠荣等著，北京大学出版社 2002 年版）、《中俄体制转型模式比较》（关海庭著，北京大学出版社 2003 年版）、《科举制度与公务员制度》（任爽 石庆环著，商务印书馆 2001 年版）等。

（二）在研究内容方面，表现出全方位、多视角、重借鉴的特点

"十五"期间的外国政治和政治制度研究的成果在数量上有了较大增加，研究内容的选择上有如下特点：

1. 重视中观和微观层面的研究

从对外国政治和政治制度的整体的宏观研究深入到中观和微观层面，出版、发表了一批专门研究外国政体、议会制度、行政制度、司法制度和政党制度的著作和论文，在此基础上，政治参与制度、公务员制度、监督监察制度、地方制度、政治文化研究已经纳入到比较政治研究的视野。如：2000 年开始推出、2001 年后陆续出版的《中外政治制度比较丛书》（徐育苗主编，商务印书馆）就涵盖了中外选举制度、代议制度、公务员制度、监督制度、行政制度的比较。尽管这些成果仍比较集中在发达国家尤其是对美国的研究，但表明学者们对发达国家的研究已比较深入。如关于美国的研究，已不再仅仅是一般的介绍分析美国的政治制度，而是出现了一些分析某个专门制度的有分量的成果，如新闻制度、思想库、利益集团、人权政策、文官制度等，都出现了一些论著（见表3）。

表3　　　　　　　　　　　美国政治和政治制度研究的主要专著

《权力的声音 美国的媒体和战争》（张巨岩，三联书店，2004 年）

《新闻传媒：制衡美国的第四权力?》（刘国瑛，湖南教育出版社，2002 年）

《美国政党与选举政治》（张立平，中国社会科学出版社，2002 年）

《外国行政制度》（韩国明，兰州大学出版社，2004 年）

《宪政体制下的第三种分权：利益集团对美国政府决策的影响》（孙大雄，中国社会科学出版社，2004 年）

《美国利益集团政治研究》（谭融，中国社会科学出版社，2002 年）

《美国社区》（谢芳，中国社会出版社，2004 年）

《20 世纪美国文官制度与官僚政治》（石庆环，东北师范大学出版社，2003 年）

《美国思想库及其对华倾向》（中国现代国际关系研究所编，时事出版社，2003 年）

《美国人权政策的历史考察》（李世安，河北人民出版社，2001 年）

《肯尼迪总统的黑人民权政策研究》（王波，上海人民出版社，2002 年）

《应对危机 美国国家安全决策机制》（北京太平洋国际战略研究所，时事出版社，2001 年）

再如，对发达国家基层政府的研究过去一直比较薄弱，2001 年出版的《发达国家农村基层行政管理制度》（罗伟雄，刘宗贤编著，时事出版社）介绍了美、英、法、德、意大利、荷兰、日本、俄罗斯、韩国、印度、墨西哥等发达国家和发展中国家农村基层行政管理制度的沿革和现状，为我国建立和完善农村"乡镇村治"的管理制度提供了有益的参考。《政府信息公开制度》（刘恒等编著，中国社会科学出版社，2004 年）在就政府信息公开制度的基本理论、政府信息公开的一系列问题做了全面的阐述与研究的基础上，就信息公开立法、公开程序的规定等介绍了瑞典、美国、加拿大、澳大利亚、韩国、日本等的有关法律法规。此外，还有一些过去较少涉及的问题也出现了有较深入研究的论著，如

《中外行政区划比较》（刘君德等，华东师范大学出版社，2002 年）；《民族区域自治制度的比较研究》（牟本理，《民族研究》，2001 年第 5 期）、《从瑞典、英国议会行政监察看中国的行政监察专员制度的创制》（扶松茂，《云南行政学院学报》，2002 年第 6 期）、《瑞典中央政府行政体制及机关事务管理体制基本情况》（喻立新，《中国行政管理》，2002 年第 12 期）、《瑞士军事司法制度的特点》（田友方、朱雁新，《法学杂志》，2001 年第 6 期）、《俄罗斯社区》（邱莉莉）等。

2. 研究对象国的范围有所拓展

比较政治制度的研究过去主要集中在发达国家，而对发达国家的研究又集中在英、美、法、德、日等国。"十五"期间，关于发达国家的研究成果仍然在数量上占有较大比例，对上述五国的研究也仍然比较集中，但对其他各发达国家，如意大利、西班牙、加拿大、澳大利亚、瑞士、瑞典、荷兰等国，研究有了进一步的深入，有的则是填补了对某个国家的研究空白，如《新西兰：追随中的创新》（蔡佳禾，四川人民出版社，2003 年）、《瑞典议会监察专员制度》（艾政文，胡松，《人大研究》，2004 年（第 7 期））、《丹麦农村社会的政治结构初探》（张晓山、党国英，《中国农村观察》，2002 年第 6 期）、《芬兰司法制度概况及启示》（林文学，《中国司法》，2004 年第 1 期）、《芬兰的民事执行制度》（严军兴、谷青，《中国司法》，2004 年第 5 期）。而对欧盟的研究则产生了相当可观的成果，据粗略统计，仅出版的有关著作就有近 50 部、发表论文 120 余篇，如《多重管治视角下的欧洲联盟政治》（郇庆治，山东大学出版社，2002 年）、《欧洲联盟的政治与社会研究》（陈志强、关信平等，天津人民出版社，2002 年）、《欧洲联盟政治概论》（罗建国，四川大学出版社，2001 年）、《当代西欧工人阶级》（张世鹏，北京大学出版社，2001 年）等。

1998 年《当代各国政治体制丛书》的推出使过于集中在少数国家的局面开始有所改变，该丛书由兰州大学出版社出版，共 16 本，涉及 22 个国家，但中东、拉美国家仍是空白，非洲只介绍了南非。这种缺憾在"十五"期间有了改变，尤其值得注意的是对亚洲、非洲、拉美各国和独联体各国的政治和政治制度的研究有了长足的发展。由于地缘政治的关系，我国的周边国家俄罗斯、中亚五国、印度、巴基斯坦、尼泊尔、韩国更是成为我国比较政治研究的关注点；鉴于国际政治格局的变化，对中东地区、阿拉伯国家和伊斯兰政治的研究成为比较政治研究的一个热点；而由于巴西等国的经济崛起，对巴西以及阿根廷、智利、墨西哥等拉美国家政治和政治制度的研究有了迅速发展。相关成果如：论文《俄罗斯与中亚五国总统制比较》（牛文展，《俄罗斯研究》，2003 年第 2 期）对苏联解体后效仿西方实行总统制的俄罗斯及中亚五国的政体确立过程、宪法所规定的总统地位、总统的产生和任期、总统所行使的职权、总统与议会的关系等进行了宪法规范的比较，并结合历史、文化和民族的分析，比较了这些国家在政治体制转型中制度模式选择的相似点与差别。《全球化与沙特阿拉伯的政治民主化进程》（卢少志，贾淑荣，《内蒙古民族大学学报（社会科学版）》，2003 年第 3 期）分析了沙特阿拉伯在全球化的冲击下起步和发展起来的政治民主化进程，以及这一进程由于沙特阿拉伯独特的宗教、社会历史条件而表现出独特的特征。《拉丁美洲国家政治制度研究》（袁东振、徐世澄，世界知识出版社，2004 年）则是目前第一部全面分析介绍拉美各国政治制度的专著，该书对拉美国家的独特传统和历史渊源（西葡殖民统治的传统、拉美社会的独特政治文化和西方自由民主思想）

作了比较深入的分析，描述了拉美国家在独立后仿效美国和法国的政治模式建立的具有代议制民主特征的政治制度，又在发展过程中形成了自己的特色，并重点分析了80年代以来的政治改革及其对拉美政治发展和政治制度的影响。另外，以下论著也是不能不提到的：《当代俄罗斯：政治发展进程与对外战略选择》（范建中等，时事出版社，2004年）、《中亚的地缘政治文化》（潘志平主编）、《中亚五国转型研究》（徐亚清，博士论文）、《独立后的中亚五国政治体制》（高永久、徐亚清，《西北师范大学学报（社会科学版）》，2003年第5期）、《印度：在第三条道路上蹒跚》（李芳、刘沁秋，四川人民出版社，2002年）、《非洲民族主义研究》（李安山，中国国际广播出版社，2004年）、《非洲民主化与国家民族建构的悖论》（李安山，《世界民族》，2003年第5期）、《公民社会对尼日利亚民主化的影响》（李文刚，《西亚非洲》，2004年第4期），等等。

3. 政治现代化研究持续升温

自20世纪80年代后期以来，现代化问题就一直是我国学者十分重视的一个研究领域，也是必然要求对各国现代化的进程进行比较研究的领域，而政治现代化的比较研究自然成为其中的重要内容，因此，"十五"期间不少学者继续积极开展和推进对各国政治发展和政治现代化进程的研究。《革命后社会的政治与现代化》、《制度建设与国家成长》（上海辞书出版社，2002年）是作为复旦大学政治学评论的第一辑、第二辑出版的，收集了该校部分青年政治学者围绕政治现代化问题所写的论文，其中不乏关于政治现代化理论的探讨和对有关国家和地区政治现代化的个案分析，如任军锋的《现代背景下的国族建构》、陈尧的《新权威主义政权的结构危机》、郭定平的《论东亚政治文明的复兴》、《挑选候选人：当代西方党内民主的核心》等。此外，专著尹保云的《什么是现代化——概念与范式的探讨》（人民出版社，2001年）和周穗明等的《现代化：历史、理论与反思》（中国广播电视出版社，2002年）在现代化研究的理论和分析框架方面提出了不少有意义的见解。

关于发达国家政治现代化过程的研究成果，研究的问题更加细微深入，如过去20年里外国研究中比较有成就的英国研究在"十五"期间继续深入，对英国政治发展的研究不仅成就斐然，而且趋向于更具体的变革、更小的时段分析，如：《英国封建王权论稿：从诺曼征服到大宪章》（孟广林，人民出版社，2002年）、《走向民主：英国第一次宪政改革》（李季山，南京大学出版社，2001年）、《英国王室史纲：从诺曼征服到维多利亚时代》（谷延方，黑龙江人民出版社，2004年）、《社会变迁中的贵族：16~18世纪英国贵族研究》（姜德福，商务印书馆，2004年）、《分化与整合：1688~1783年英国社会结构分析》（舒小昀，南京大学出版社，2003年）等，都是选择了一个比较具体的问题开展研究的。对其他发达国家的政治发展，也有不少有价值的成果，如《权力与自由：德国现代化新论》（郭少棠，华东师范大学出版社，2001年）从历史的角度，系统地分析了德国现代化的四个浪潮：浪漫保守主义、自由主义、社会主义和纳粹主义，试图从权力与自由这两个充满着内在冲突的目标和价值，理解德国200年现代化历程的波折，解释德国如何从帝国形态转化为现代的国家形态，并就中德现代化比较提出了不少独到的观点。这里还应提到的有下面一些著作：《德国现代化进程研究》（罗莹，中国市场出版社，2004年）、《政治体制与经济现代化："日本模式"再探讨》（王新生，社会科学文献出版社，2002年）、《改革和革命——俄国现代化研究》（刘祖熙，北京大学出版社，2001年）、

《英国、法国、德国现代化的比较及思考》(王彦敏，《理论学刊》，2004 年第 1 期) 等。

关于后发展国家的政治现代化则是更为热门的课题，并在"十五"期间有了长足的发展，产生了一大批有较高水准的成果。如《印度现代化的发展道路》(林承节，北京大学出版社，2001 年)、《巴西现代化研究》(张宝宇，世界知识出版社，2002 年)、《论印度政治发展道路的特点》(卢正涛，《贵州大学学报（社会科学版）》，2002 年第 1 期)、《军人政治传统与土耳其现代社会变革》(姜明新，《战略与管理》，2002 年第 5 期)、《民主化进程中拉美国家政治制度面临的主要挑战——对拉美国家政治不稳定的一种解释》(袁东振，《拉丁美洲研究》，2003 年第 4 期)。在后发展国家政治现代化研究中，人们对"威权政治"(有的学者称之为"权威主义"、"新权威主义") 仍然充满兴趣，研究方兴未艾，成果颇丰。《威权政体及其转型：理论模型和研究途径》(孙代尧，《文史哲》，2003 年第 5 期) 评述了美国学者林兹的威权政体的"理念型"和奥唐奈的官僚——威权主义发生模式的学术价值，对所谓"政治高压、经济成长"模型与拉美和东亚大多数国家发展的经验事实进行了辨析，比较了政治转型的主要研究途径——结构分析法和策略互动论的优点与缺失，指出，将政治转型的结构因素与政治过程中政治行动者的策略互动联结起来分析，可能更有助于解释威权政治转型的原因、过程与结果。作为"新权威主义"研究的始作俑者，萧功秦在此期间发表了两篇有分量的论文：《新权威主义：痛苦的两难选择》和《东亚的权威政治与现代化》则对新权威主义的两重性作了很有说服力的分析。

威权政治的研究又比较集中在两个地区、两种政治发展模式的研究，一是东亚模式，一是拉美模式。在东亚研究领域，李路曲是一位颇有建树的青年学者，尤其是他的《东亚模式与价值重构：比较政治分析》(李路曲，人民出版社，2003 年) 占有丰富的资料，对东亚模式和近 3 年来东亚的政治发展和政治转型做了系统的分析，是这一领域有较大影响的力作。其他成果如《揭开韩国神秘的面纱：现代化与权威主义——韩国现代政治发展研究》(赵虎吉，民族出版社，2003 年)、《行政与现代化：以中韩两国为例》(金东日著，天津人民出版社，2004 年)、《新加坡"权威型"政治下的现代化》(陈祖洲，四川人民出版社，2001 年)、《东亚模式中的威权政治：泰国个案研究》(任一雄，北京大学出版社，2002 年) 等。对东亚模式的研究比较集中在对所谓威权政治的探讨，而这种探讨又往往深入到对东亚各国传统文化的分析。如任一雄在分析泰国的威权政治中指出，泰国传统文化价值观的核心如家长制、权威崇拜、等级观念等不仅仅是一种观念，更是人们日常行为所公认的准则，乃至一种"生活方式"。威权政治是这种价值观的必然产物。他认为，20 世纪 80 年代末以来，泰国和其他实行威权政治的国家发生了巨大的变化，但是，传统文化的价值观仍处于支配地位，根植于其中的威权政治的本质性特征将会延续相当长的时间。

关于拉美模式，人们的研究则集中在拉美各国的政治发展和民主化进程中，除了前述张宝宇的《巴西现代化研究》外，不少学者从不同角度探讨了拉美政治现代化的不同的问题，所关注的问题主要包括：①拉美的政治现代化的进程，如《拉美政治现代化进程新探》(曾昭耀，《拉丁美洲研究》，2003 年第 1 期) 对拉美国家自独立以来民主与专制的周期性社会震荡的进程、原因和历史经验进行了全面的分析，对三起两落的民主化浪潮、考迪略主义、平民主义等都作了分析，作者提出的值得重视的结论是：发展中国家现代化对政治发展的要求既不是军人的独裁统治，也不是脆弱的、以牺牲民众利益换来的所谓民主。拉美国家政治现代化的目标不应该是"移植"或"嫁接"西方的民主制度，而是要发扬战后拉美人民的制度创新精神，创造出符合本国国情的、真正能把全国力量团结起来、有足够政治优势来实现国家现代化的新的民主制度。其他应提到的论文如《关于20世纪末拉美政治民主化独特性的再思考》（刘文龙，《拉丁美洲研究》，2002年第2期）、《巴西现代化进程透视：历史与现实》（吴红英，时事出版社，2001年）《经济发展与社会公正：巴西实例研究报告》（吕银春，世界知识出版社，2003年）、《墨西哥政治经济改革及模式转换》（徐世澄，世界知识出版社，2004年）等。②拉美的军人政治问题，这方面多有研究的学者如董经胜，他的《拉美军人与政治：一项历史的考察》、《拉美军人与政治：理论与范式的演进》、《政治体制、政治动员与政治不稳定——20世纪60年代巴西威权主义产生的政治根源》、《自上而下的民主与现代威权主义——巴西1964年军事政变的政治根源》等系列论文对拉美的军人政治、考迪略主义及其与拉美威权政治的关系有比较深入的探讨。③民主化进程中的危机，如《民主化巩固时期拉美政治发展的特点》（曾昭耀，《拉丁美洲研究》，2001年第5期）、《社会运动与智利的民主转型》（古莉亚，《拉丁美洲研究》，2003年第4期）；④拉美的政党政治与左派的崛起，如《拉美政党政治的新变化》（江时学，《世界经济与政治》，2004年第1期）、《拉美选择左翼政党执政的四个理由》（尹德慈，《当代世界》，2003年第9期）、《对拉美左派重新崛起的初步评析》（吴洪英，《拉丁美洲研究》，2004年第5期）等。

　　对前苏联的解体和独联体及东欧各国的社会和政治转型的研究是政治发展研究中面对的一个富有挑战性的课题，在前苏联解体和东欧剧变10年后，人们对这场剧变的总结与反思、对苏东政治转型的观察与审视有了进一步的深入，所产生的成果也是引人瞩目的。其中最值得提到的是作为中国社会科学院俄罗斯东欧中亚研究所重点课题的成果《十年巨变》丛书，现已出版《俄罗斯卷》、《中东欧卷》、《中亚和外高加索卷》、《新东欧卷》（其中，中东欧指原东欧各国，新东欧六国是指乌克兰、白俄罗斯、摩尔多瓦、爱沙尼亚、拉脱维亚和立陶宛）。其他成果如：《俄罗斯十年：政治、经济、外交》（潘德礼主编，世界知识出版社，2003年）对十年来俄罗斯社会的巨变过程进行了历史回顾，没有纠缠于一般政治过程和事件的评判，而是紧紧扣住俄罗斯发展道路问题、围绕着政治斗争的主线揭示俄罗斯政治发展的内在规律性和历史必然性，并对导致这些变化的一系列因素进行了深入的剖析。《东欧国家的政治转轨》（高歌，世界知识出版社，2003年），论述了东欧各国政治转轨的过程和特点，并试图从历史因素的作用和经济、国际、民族、宗教等因素与政治转轨的互动中，探讨东欧国家政治转轨的发生原因和发展轨迹，把握其政治转轨的脉搏，对历史文化传统、原有的"民主"经历、经济因素、外部环境、民族和宗教问题与转轨的紧密联系都作了比较深入的分析。以下著作也都是很有分量的：《苏共亡党十年祭》（黄苇町，江西高校出版社，2002年）、《斯大林模式的现代省思》（沈宗武，云南人民出版社，2004年）、《超级大国的崩溃——苏联解体原因探析》（潘德礼等，社会科学文献出版社，2001年）、《苏联兴亡史论》（陆南泉等，人民出版社，2002年）、《悲剧悄悄来临：东欧政治大地震的征兆》（姜琦、张月明，华东师范大学出版社，2001年）、《剧变后的原苏联东欧国家》（王正泉，东方出版社，2001年）等。而论文《中俄体制转型模式比较研究——从价值观念看渐进转型模式的合理性》（关海庭，《北京大学学报》，2002年第1期）则从实现人们的价值观念的转变需要一个逐步渐进的过程的角度，探讨了体制转型模式的理想选择。

而与政治现代化密切相关的政治稳定问题，依然是学者们关心的问题，对不同类型的国家的政治稳定问题的研究也产生了丰富的成果，这方面的成果主要是一批有分析的论文，如：《中产阶级与政治稳定——兼评印度尼赫鲁时期中产阶级与政治稳定的关系》（牛慧娟、洪明，《武汉大学学报（社会科学版）》，2003年第1期）分析了印度作为世界上最为贫穷的国家之一却保持了高度的政治稳定的原因，强调了中产阶级具有不可忽视的作用，认为中产阶级力量的壮大为政治稳定提供社会基础，中产阶级的价值取向为政治稳定提供思想基础，中产阶级对国家政策的影响为政治稳定提供政治基础。《民主化进程中拉美国家政治制度面临的主要挑战——对拉美国家政治不稳定的一种解释》（袁东振，《拉丁美洲研究》，2003年第4期）分析了拉美国家政治稳定面临的挑战，认为在20世纪80年代以后的政治民主化进程中，一些新的政党和政治力量异军突起，传统政党体系发生了变化。无论是传统政党制度的崩溃、政党制度的重建、国家权力机构之间的冲突，还是民众对现存政治体制的不满或政府面临的可治理性危机，都加剧了拉美国家政治的动荡，拉美国家的政治制度面临着一系列严峻的挑战。

4. 对外国议会制度、宪政发展、政党执政方式等问题的特别兴趣

近年来我国学者们由于对我国人民代表大会制度的改革和完善、社会主义宪政建设、中国共产党的执政方式和执政能力等问题的关注与思考，对外国议会制度、宪政制度和宪政发展、政党组织结构和执政方式等问题的研究表现出了特别的兴趣，成果也相当丰富。关于议会和议会制度的研究成果，比较有影响的成果如：《国外议会丛书》（王晓民主编，华夏出版社，2002年版，已出版了英、法、德、日、俄、韩、新加坡等分册），虽然属于比较通俗的作品，但对于普及议会制度的知识很有影响。《美国国会研究》（第一辑、第二辑，复旦大学出版社，2002、2003年）则辑录了一批对美国国会研究比较有深度的论文，其中涉及对美国国会的制度观察和选举分析、关于美国国会对于美国外交和中美关系的影响、美国国会与利益集团和游说的关系的分析等，视角全面，分析有力。还有《与人大代表谈西方议会制度》（人民代表大会制度研究所，人民出版社，2004年）则是专为人大代表所写的读物，既指出了西方议会制度的性质，又为人们思考如何加强和改善我国的人民代表大会制度提供了广阔的思考空间。关于宪政和宪政发展的研究成果，如：《西方宪政体系（上），美国宪法》、《西方宪政体系（下），欧洲宪法》（张千帆，中国政法大学出版社，2001、2004年）、《法国大革命时期的宪政理论与实践研究》（史彤彪，中国人民大学出版社，2004年）、《欧洲宪政》（周弘，中国社会科学出版社，2004年）、《美国宪政历程：影响美国的25个司法大案》（任东来，中国法制出版社，2004年）等。关于政党和政党制度的研究成果尤多，在这方面比较突出的一位学者中共中央党校的王长江，近年来陆续编著出版了数部有分量的著作：《现代政党执政规律研究》（上海人民出版社，2002年）、《政党现代化论》（江苏人民出版社，2004年）、《世界政党比较概论》（中共中央出版社2003年）、《现代政党执政方式比较研究》（上海人民出版社，2002年）。《政党和政党制度比较研究》（周淑真著，人民出版社，2004年）则通过对各种类型、各种模式的政党和政党制度的比较分析，探讨了政党和政党制度的产生、发展和运作规律，并为构建"政党学"进行了有意义的尝试。其他较有影响的有：《政党与现代化》（石仑山，甘肃人民出版社，2002年）、《西方政党是如何执政的》（林勋健主编，中共中央党校出版社，2001 年）、《国外执政党代表机制研究》（沈远新著，首都师范大学出版社，2003 年）等，分别着重探讨了政党的现代化、政党的执政机制、政党的比较研究等问题。

在国别政党研究中，关于日本政党政治的研究似乎格外地繁荣，此期间仅著作就有五部，如《战后日本的政党政治》（王振锁，人民出版社，2004 年）以自民党为主线，比较系统、客观地叙述分析了执政党的自民党的兴衰过程及其原因以及自民党在战后日本的地位和作用，指出了连续执政长达 38 年的自民党对战后日本的经济发展和社会稳定无疑起了不可替代的作用，但其派阀抗争和"金权政治"痼疾却又把它推向衰退的深渊。其他四部著作是：《日本政党制度论纲》（高洪，中国社会科学出版社，2004 年）、《当代日本政党政治：20 世纪 90 年代以来的日本政局变动》（刘小林，中国社会出版社，2004 年）、《日本自民党"一党优位制"研究》（徐万胜，天津人民出版社，2004 年）、《变革中的日本政治与外交》（包霞琴、臧志军主编，时事出版社，2004 年）。关于其他国家的政党和政党政治的研究，人们似乎把目光更多地投向了后发展国家，如：《一党独大体制的兴衰与印度政党政治的变迁》（牛贵宏，《东南亚纵横》，2003 年第 6 期）。

在关于政党问题的研究中，对新加坡人民行动党长期有效执政的经验、墨西哥革命制度党失去长期执政地位的教训，人们倾注了特别的关注。关于新加坡人民行动党的研究，如《执政党如何保持执政地位？——新加坡人民行动党长期保持执政地位的原因》（李欣然，北京大学博士论文，2003 年）、《亚洲价值观：新加坡政治的诠释》（吕元礼，江西人民出版社，2002 年）、《新加坡"权威型"政治下的现代化》（陈祖洲，四川人民出版社，2001 年），而《河南师范大学学报（哲学社会科学版）》，2004 年第 1 期发表了一组有相当分量的论文，即李路曲的《关于新加坡政党体制的几个问题》、孙景峰的《试论新加坡人民行动党执政地位的确立与巩固》、吕元礼、邱全东的《新加坡人民行动党执政后的政党文化转型》等。关于墨西哥革命制度党的研究也有一系列有见解的论文，如《墨西哥政治经济改革及模式转换》（徐世澄，世界知识出版社，2004 年）以及论文《墨西哥革命制度党长期执政及其下台的原因剖析》（刘昌雄，《探索》，2001 年第 4 期）《连续执政 71 年的墨西哥革命制度党缘何下野》（徐世澄，《拉丁美洲研究》，2001 年第 5 期）等近十篇。而专著《政党衰败根源析》（李建中、黄福寿，学林出版社，2003 年）和论文《论民众基础与执政党的建设——六大政党失去执政地位的根本原因及启示》（朴林、王冬梅，《理论探讨》，2003 年第 5 期）等，则评述了一系列国家和地区的曾经长期执政的政党失去政权的进程和原因，包括波兰统一工人党、罗马尼亚共产党、前苏联共产党、英国自由党、日本自民党、印度国大党、南非国民党、墨西哥革命制度党、印尼专业集团和台湾地区的中国国民党，这些国家和地区的情况各异，政党的性质和历史也各不相同，失败的原因错综复杂，作者的分析视角也各有千秋，但都试图从中寻找启示，探寻加强执政党的建设、赢得民众支持的有效路径，而且有一个结论是大体相通的，即这些政党失去政权的根本原因是在长期执政的过程中日益丧失了赖以存在的民众基础。

关于社会党和社会民主主义（民主社会主义）的研究是近年来发展较快的领域，如《另一种选择：欧洲民主社会主义研究》（李宏，法律出版社，2003 年）、《西欧社会民主主义的新变革》（孙莹主编，湖北辞书出版社，2002 年）、《西欧社会党与欧洲一体化研究》（陶涛，北京大学出版社，2001 年）、《理想与现实：英国工党与公有制》（刘成著，江苏人民出版社，2003年）、以及《欧洲发达国家共产党的变革》（姜辉，学习出版社，2004年）、《澳大利亚工党研究》（韩隽，新疆大学出版社，2003年）等。另据粗略统计，关于法国政治和政治制度研究的论文共有77篇，其中关于法国社会党的论文就有10篇，其中如：《法国社会党对社会民主主义理论革新的贡献》（殷叙彝，《当代世界与社会主义》，2002年第3期）、《从法国社会党章程看其组织运作机制》（陈露，《当代世界社会主义问题》，2003年第1期）等。而关于瑞典社会民主党的研究则在社会党研究中占有相当的比重，发表了一批有分量的论文，如《瑞典模式：社会民主党的一种探索》（潘培新，《炎黄春秋》，2004年第1期）、《90年代瑞典社民党的政策变革及其效应》（高峰，《国际政治研究》，2003年第2期）、《瑞典模式的演变及当今瑞典社民党的政治定位》（杨迟，《国际论坛》，2002年第6期）、《瑞典社民党的理论、政策创新与瑞典历史变迁》（高锋，《当代世界社会主义问题》，2002年，第1期）、《瑞典社民党的理论反思与政策调整》（高锋，《当代世界与社会主义》，2002年第3期）。

社会党研究中的另一个值得注意的领域是所谓"第三条道路"问题，由于20世纪90年代，"第三条道路"理论被欧美一些中左翼执政党普遍接受并付诸实施，因而成为我国学界在"十五"期间的一个研究热点，成果斐然，专著就有上十种，如《当代社会民主主义与"第三条道路"》（裴援平、柴尚金、林德山，当代世界出版社，2004年）、《背叛的政治：第三条道路理论研究》（欧阳景根编选，上海三联书店，2002年）、《第三条道路与新英国》（阮宗泽，东方出版社，2002年）、《全球化与"第三条道路"》（郑伟，湖南人民出版社，2003年）、《挑战与选择：中外学者论"第三条道路"》（王振华、陈志瑞主编，中国社会科学出版社，2001年）、《西方国家的一种新治理方式：社会民主主义第三条道路研究》（罗云力，重庆出版社，2003年）、《英国工党第三条道路研究：兼论西欧社会民主党的革新》（谢峰，贵州人民出版社，2003年）等。

绿党的发展是发达国家政党政治中的一个新的值得注意的现象，研究成果主要有《绿党政治》（刘东国，上海社会科学院出版社，2002年）以及论文30多篇。

（三）在研究方法方面，呈现出在历史唯物主义指导下的研究方法多样化

1. 真正意义上的比较研究有了显著发展

在历史唯物主义的指导下，进行历史分析即主要是时间的纵向比较，一直是我国学者研究政治制度的主要方法。而近年来，从单纯的国别研究发展到跨国家、跨地区的比较研究即空间上的横向比较有了较大发展，而比较的视角和问题也呈现出多样化的趋向，除上述《中外政治制度比较丛书》以及《中国和加拿大的社区发展》（陈启能、姜芃主编，民族出版社，2002年）、《违宪审查制度比较研究》（林广华，社会科学文献出版社，2004年）等著作外，还有相当数量的有深度的论文，如《菲律宾和印度实行西方式民主制的必然性》（林江，《当代亚太》，2002年第4期）、《独立模式对建国初期政治发展的影响：印度尼西亚与马来西亚的比较》（李斌，《东南亚研究》，2001年第4期）、《巴基斯坦与印度政治制度比较》（唐孟生，《南亚研究》，2001年第2期）、《相似的革命不同的后果——墨西哥、玻利维亚革命影响之比较》（韩洪文，《江西社会科学》，2002年第5期）、《俄罗斯与中亚五国总统制比较》（牛文展，《俄罗斯研究》，2003年第2期）等，

这些论文大都是对同一地区或同一文化圈的不同国家的比较。同时也有一些学者尝试对不同地区、不同类型的国家的比较，如《原苏东、南欧、拉美与东亚国家转型的比较研究》（冯绍雷，《世界经济与政治》，2004 年第 8 期）、《论政党共识对民主化绩效的影响——关于巴西、委内瑞拉和尼日利亚的实证比较》（王庆兵，《云南行政学院学报》，2003 年第 6 期）、《美国、法国和中国违宪审查模式的政治理念比较》（杨平，《西北师大学报（社会科学版）》，2003 年第 1 期）、《从民族主义特征看德国法西斯主义与伊斯兰原教旨主义的区别》（郭永胜，《内蒙古师范大学学报（哲学社会科学版）》，2002 年第 5 期）。这类比较中，值得注意的是东亚与拉美之间的比较，由于东亚和拉美在 20 世纪 80 年代前后开始了政治民主化的进程，对这两个地区的政治发展引起了不少学者的兴趣，出现了较多的论文对此进行探讨，如《拉美与东亚发展模式比较研究》（江时学，世界知识出版社，2001 年）一书对这两个相距遥远的地区进行了视角广阔的对比分析，并以巴西与韩国、智利与马来西亚、委内瑞拉与印度尼西亚为个案，论证了拉美与东亚模式的差异性，指出 20 世纪 80 年代后期，拉美发展模式与东亚发展模式的趋同性越来越明显，其中最为突出的是拉美国家改变了此前政府对经济生活进行全面而有力、有时甚至是过度的干预的做法，减少政府的干预，实行国营企业私有化，开放国内市场等。其他有意义的论文还有：《试比较东亚模式和拉美模式之异同》（林震，《莆田高等专科学校学报》，2001 年第 2 期）、《东亚、拉美发展模式对发展中国家现代化进程中政府干预的启示》（娄晓黎，《当代经济研究》，2003 年第 6 期）等。

2. 规范研究和经验研究，静态研究和动态研究相结合的分析方式得到了广泛应用

将政治制度变迁、政治哲学发展的研究和政治实践、政治事实的研究相统一，比较政治学的具体研究方法还表现为，结构功能的分析方法，如《国外议会研究文丛》第一辑、第二辑，王晓民主编，中国财政经济出版社，2002、2003 年；运用案例分析的方法的研究成果有了显著增加，如《外国行政监督制度与著名反腐机构》（侯志山编著，北京大学出版社，2004 年）、《美国宪政历程：影响美国的 25 个司法大案》（任东来，中国法制出版社，2004 年版）、《选举及其相关权利研究：美国选举个案分析》（王雅琴，山东人民出版社，2004 年）、《美国国会与中美关系案例与分析》（孙哲等，时事出版社，2004 年）；以及借鉴统计学知识从事的数据图表分析方法，如《中俄体制转型模式比较》，侯志山编著，北京大学出版社，2004 年、《中外行政制度比较》、张立荣著，商务印书馆 2002 年版）。

3. 政治文化分析仍然是许多学者努力运用的研究方法

近几年来，对西方政治文化的研究成果呈逐年上升的趋势。通论性专著如《观念与体制：政治文化的比较分析》（潘一禾，学林出版社，2002 年）探讨了政治文化概念的内涵和作为研究方法的政治文化的意义，并提供了具体运用政治文化分析方法的实例。同时，不仅出现了多部直接运用政治分析的方法来探讨某个国家的某个政治现象的关系的论著，而且出现了一些对不同国家的政治文化进行比较研究的尝试，前者如《英国文化与外交》（计秋枫，冯梁等，世界知识出版社，2002 年）、《宗教与美国社会（第 1 辑—美国宗教的"路线图）》（徐以骅主编，时事出版社，2004 年）、《20 世纪美国宗教与政治》

（董小川，人民出版社，2002 年）、《克林顿总统弹劾案与美国政治文化》（赵轶峰，吉林文史出版社，2003 年）、《美国外交政策的政治文化分析》（汪波，湖北人民出版社，2001 年）、《马赛克文化中的政治发展探索》（常士訚，吉林人民出版社，2003 年）。后者如《菲律宾和印度实行西方式民主制的必然性》（林江，《当代亚太》，2002 年第 4 期）就分析了亚洲实行西方式民主制度时间较长、比较典型的两个国家，通过分析两国在政治文化、历史传统和社会宗教以及外力影响等方面的共性，揭示出菲印两国实行西方式民主的必然性。在此期间，有数部在国内产生较大影响的著作再版，即丛日云的《西方政治文化传统》被黑龙江人民出版社于 2002 年再版，钱乘旦、陈晓律的《在传统与变革之间：英国文化模式溯源》先后被四川人民出版社、上海社会科学院出版社再版，朱学勤的《道德理想国的覆灭：从卢梭到罗伯斯庇尔》由上海三联书店再版。

在政治文化的比较研究中，一个值得注意的趋势是一些学者开始注意政治学与其他人文学科的交叉，引进了新的分析方法和工具。如《族群认同与国家认同：以马来西亚为例》（陈志明，《广西民族学院学报·哲学社会科学版》，2002 年 9 月、11 月）即是政治学与人类学方法交叉的典范，而《新加坡国家认同研究》（李志东，北京大学博士论文，2003 年）、《地域本位与国族认同：美国政治发展中的区域结构分析》（任军锋，天津人民出版社，2004 年）则综合运用了历史学、文化学和政治学的理论与方法，分别探讨了新加坡和美国这两个移民国家的国家认同问题。论文《论德莱塞小说的悲剧性——透视美国政治制度下的人际关系》（胡铁生，《东北师范大学学报（哲学社会科学版）》，2003 年第 5 期）则开辟了通过对文学作品的分析来探讨美国政治制度的研究路径。

在政治文化研究中，另一个值得注意的趋向是由于国际形势的变化尤其是国际恐怖主义的发展，人们对民族主义问题、宗教与政治的关系、宗教在现代国家政治生活和社会生活中的影响给予了较过去更多的关注。这方面的成果既有专注于阿拉伯和伊斯兰教问题，也有注意其他国家和地区、其他宗教的。代表性成果如：《当代中东政治伊斯兰：观察与思考》（曲洪，中国社会科学出版社，2001 年）该书运用历史分析方法，分别就伊斯兰教与穆斯林社团的联系、历史上伊斯兰政治制度、传统的伊斯兰政治理论及近代以来有代表性的宗教社会思潮等问题做了历史回顾、理论思考和系统归纳，并分别就埃及、阿尔及利亚、沙特阿拉伯、土耳其、阿富汗、伊朗、苏丹等国的基本情况进行了个案研究，全面描述和分析了政治伊斯兰现象对当今中东国家和地区政治造成的冲击与影响，并对其在新世纪的走势做了前瞻性的展望。而论文《当代中东伊斯兰复兴运动的政治文化机理》（刘中民，《宁夏社科》，2001 年第 5 期）比较深入地分析了中东伊斯兰国家在政治转型过程中现代政治与传统政治的矛盾和冲突，这种冲突有着深刻的政治文化内涵，指出，宗教与政治共相的政治传统构成了伊斯兰复兴运动的政治合法性根基，历史完美主义的唯理想传统构成了伊斯兰复兴运动的政治文化积淀，深厚的复古主义传统构成了伊斯兰复兴运动的政治文化基因。《沙特王国君主制的伊斯兰特征》（王彤，《世界历史》，2002 年第 4 期）和《教派矛盾与印度的政治世俗化进程》（吴宏阳，《郑州大学学报（社会科学版）》，2001 年）则提供了两个宗教 - 政治关系研究的个案，前者分析了沙特王国的君主制的如下特点：沙特王权坚持政教联盟，沙特王权坚持政教合一，沙特王权坚持以教治国。后者分析了印度独立运动过程中由于教派政治的严重危害，使印度政治世俗化进程充满了曲折。

表4　　　　　　　　　　　政治与宗教关系研究的重要论文

《传统与现实——土耳其的伊斯兰教与穆斯林》（孙振玉，民族出版社，2001）

《国家民族主义与阿拉伯国家的文化整合》（田文林，《现代国际关系》，2003年第2期）

《当代中东伊斯兰复兴运动的政治文化机理》（刘中民，《宁夏社会科学》，2001年第5期）

《伊斯兰原教旨主义与伊斯兰国家的现代化》（冀开运、钟秀萍，《宁夏社会科学》，2001年第6期）

《对伊斯兰原教旨主义的多学科分析》（田文林、林海虹，《世界民族》，2001年第1期）

《对当代国际政治中伊斯兰问题的认识》，（金宜久，《世界宗教研究》，2001年第1期）

《伊斯兰教"圣战"新探》（马尔，《中国穆斯林》，2001年第2期）

《土耳其伊斯兰教职人员对凯末尔革命的贡献》（张世均，《世界历史》，2003年第4期）

《欧美政教关系研究》（张训谋，宗教文化出版社，2002年）

《犹太教、犹太复国主义与以色列现代化》（秦人文，《世界民族》，2001年第5期）

《教派主义与当代印度政治》（吕月英、刘中民，《河北师范大学学报（哲学社会科学版）》，2003年第6期）

（四）对外国政治和政治制度、比较政治的著作翻译出版数量丰硕，选题更加成熟、精当

在比较政治研究领域，翻译介绍国外的研究成果一直都构成一个重要方阵。"十五"期间，翻译出版的既有在国外学术界早已定论的著作，如《现代民治政体》（詹姆斯·布赖斯著，张慰慈等译，吉林人民出版社，2001年）、《英国国会史》（比几斯渴脱著、（日）镰田节堂译；（清）翰墨林编译印书局编译；刘守刚点校，中国政法大学出版社，2003年）、《英国宪政史》（S. 李德·布勒德著，陈世第译，曾尔恕，陈敬刚勘校，中国政法大学出版社，2003年），也有产生了重要影响的当代学者的著作，如《绝对主义国家的系谱》（佩里·安德森著，刘北成、龚晓庄译，上海人民出版社，2001年）、《比较政治学——变化世界中的国家和理论》（劳伦斯·迈耶著，罗飞等译，华夏出版社，2001年），还有具有重要史料价值的文献，如《辩论——美国制宪会议记录》（麦迪逊著，尹宣译，辽宁教育出版社，2003年）。尤其值得提到的是，北京大学出版社出版了宁骚教授主编的"比较政府与政治译丛"，共组稿16本，该书在选目时注意比较全面地反映国外比较政治学的发展，并选译了不同类型、不同地区的国别政治研究成果，现已出4本，如《加拿大政府与政治》（沃尔特·怀特等著，刘经美、张正国译，2004年），预计将在近年陆续出齐。

三、研究、建设和发展中的薄弱环节和需要解决的问题

虽然外国政治与政治制度研究在"十五"期间成果显著，但也必然存在不少问题和缺憾，主要是：

1. 与政治学其他分支领域的发展相比，外国政治与政治制度学科的建设相对滞后

（1）学科建设的配置不够合理。无论是硕士点还是博士点，外国政治与政治制度的学科专业的发展严重滞后，在布点数量上都不能与政治学的其他分支学科相匹配。政治学自在中国大陆恢复以来，研究生的培养一般都是先在政治学理论专业设立学位点（包括硕士点和博士点），然后逐步壮大，向学科结构的合理化发展的。但是，由于多方面的原因，外国政治和政治制度方面的学科建设一直发展比较缓慢，许多学校在设立政治学理论专业硕士点多年以后，甚至仍无法设立比较政治的研究方向，更不用说建立硕士点。通过对"中国研究生招生信息网"的"2005年硕士研究生入学考试科目查询"和"2005年博士生招生目录"的查询，我们了解到，全国已有政治学理论专业硕士点39家（其中硕士点23家，包含硕士点的博士点16家），而中外政治制度硕士点还只有16家，但其中有两个单位还没有设立比较（外国）政治和政治制度的研究方向，如四川大学、四川省社科院。39家政治学理论硕士点中，设立了比较政治等相关研究方向的只有18家。也就是说在硕士生培养层次全国设立了"比较政治"类研究方向的单位总共只有32家。在博士研究生培养层次，目前全国高校中已有"政治学理论"专业博士点的有16所（包括中央党校），而设有"中外政治制度"专业博士点的只有4所，它们都是已经获得一级学科博士学位授予权的高校，即人大、复旦、武大、华中师大，除了这4所大学在中外政治制度专业和相关专业设立了比较政治类的研究方向外，只有北京大学、华东师大设立了此类研究方向，而其他10所已拥有"政治学理论"专业博士点的高校都还没有设立比较政治类研究方向。表5-1显示，有关外国政治与政治制度的博士生培养布局是极为弱势的。与国外大学相比，这种状况表明我国的政治学学科发展很不平衡，国外的研究生培养一般并没有严格地一级学科、二级学科目录，而由各学校根据自己的实际和特色自行设置专业，但根据互联网检索，例如美国的著名大学，无一例外地都是在政治学专业（program）下设置了政治学理论与方法、美国政府、比较政治、国际关系等四个方向（有的还设立了公共行政的方向）（见表5-2）。

表5-1　　　　　博士生培养层次外国政治和政治制度研究方向分布*

学科专业、研究方向		设有专业的大学	在相关专业设方向的大学	合计	国外大学通行的学科专业划分
政治学理论		16	1	17	政治学理论与方法
中外政治制度	中国政府	4	16**	20	本国政府与政治
	比较政治	4	4**	8	比较政治
国际政治		5	6		
国际关系		8	10	32	国际关系
外交学		3	0		

* 据"中国研究生招生信息网"2005年博士生招生目录统计。

** 统计数包括"中国政治"、"比较政治"、"国别政治"等，但剔除了"（中国、外国、西方）政治思想"、"（中国、外国、西方）政治文化"项，保留了"中国政治（史）"、"中国政治制度（史）"、"中国政治与政府"、"中国政治发展"、"中国政治建设"、"政治现代化"等项。这类方向分别设在"政治学理论"、"中共党史"、"科学社会主义与国际共产主义运动"、"马克思主义理论与思政教育"等专业。

表5-2　　　　　　硕士生培养层次外国政治和政治制度研究方向分布*

学科专业、研究方向		设有专业的大学	在相关专业设方向的大学	合计	国外大学通行的学科专业划分
政治学理论		39	−**	39	政治学理论与方法
中外政治制度	中国政府	16	35***	51	本国政府与政治
	比较政治	14	18***	32	比较政治

* 据"中国研究生招生信息网"2005年硕士研究生入学考试科目查询统计。

* * 未统计。

* * * 统计数包括"比较政治"、"比较政治制度"、"外国政治制度"、"中外政治制度比较"以及国别政治和政治制度类研究方向，有的学校未分研究方向，也视同已经设立外国政治与政治制度。

（2）研究队伍比较薄弱。学科专业点布局的不平衡反映了研究队伍的不平衡，外国政治与政治制度的研究人员在政治学整个研究队伍中所占的比例较小。目前，除了政治学学科发展较好的少数学校外，许多学校基本上没有专门从事外国政治和政治制度研究的教师。不少学校虽然开办了政治学与行政学本科专业，却没有专门从事这方面研究的教师来承担外国政治和政治制度的课程，因而教学与科研脱节，而所开的课程也仅仅限于"西方政治制度"，迄今为止，只有个别学校开设了关于其他类型、其他地区国家政治制度课程。表6显示了部分高校教师的专业结构，尽管该表依据的《中国政治学年鉴2002》提供的数字只是2001年以前的情况，统计也只到2002年截止，但已能说明这种不平衡的严重程度，相比之下，政治学比较发达的国外大学的政治学教师中，从事比较政治教学与研究的教师要占四分之一左右。

表6　　　　　　13所高校政治学学科教师研究领域分布

学校	硕士生导师人数		博士生导师人数	
	总数	比较政治	总数	比较政治
合计	198	25	62	10
吉林大学	23	3	11	1
北京大学	36	5	14	3
中国政法大学	10	0		
天津师范大学	5	0	3	0
南开大学	15	2	7	0

学 校	硕士生导师人数		博士生导师人数	
	总数	比较政治	总数	比较政治
合 计	198	25	62	10
复旦大学	10	3	6	2
武汉大学	10	3	5	2
华中师范大学	18	3	10	2
苏州大学	14	1	6	0
浙江大学	19	2		
上海师范大学	11	1		
云南大学	14	0		
山西大学	13	2		

据《中国政治学年鉴·2002》

（3）资金投入严重不足。在政治学整个学科的投入中，外国政治和政治制度研究所占的份额较少。可以说，自政治学恢复以来，对外国政治和政治制度研究的资金支持在政治学学科的资金投入所占的比例都是很少的，在历年的国家社会科学基金的申报指南中，这个领域的选题就一直处于一个很不起眼的位置，个别年度的指南甚至就是空白。"十五"期间，这种状况没有任何改变。诚然，作为中国政治学应该面向中国实际研究中国政治现代化和社会主义政治文明建设中的现实问题，但从学科建设的角度考虑，政治学的各个分支应该得到平衡发展，任何学科各个分支之间也是互相支撑的，只有研究好了外国，才能更好地认识中国，也才能更好地丰富和发展政治学学科的基础理论研究和方法论研究。

表 7-1   2001～2004 年国家社会科学基金资助政治学学科项目统计

	资助的项目总数				总计	外国政治和政治制度研究项目
	2001	2002	2003	2004		
合计	31	53	55	61	200	8
重点项目	4	4	5	5	18	1
一般项目	21	35	38	40	134	7
青年项目	4	12	12	16	44	0
自筹项目	2	2			4	0

表 7-2　　　　　　　　 **2001～2004 年国家社会科学基金资助的**
　　　　　　　　　　外国（含境外）政治和政治制度研究的项目表（共 8 项）

项目名称	负责人	年份	备注
西方政治文明中的政治妥协研究	龙太江	2003	
发展中国家的咨询行业理论和实证研究	赵康	2003	
美国国会外交与台湾问题	倪世雄	2003	
新加坡一党长期执政的领导方式研究	吕元礼	2003	
西方党政关系研究	林勋建	2003	
欧洲联合背景下的跨国政党	王明进	2003	
台湾财团对两岸关系的影响	殷存毅	2004	重点项目
台湾地区政治文化与政治参与	刘国深	2004	

2. 研究成果较少

　　就研究成果的总数量来看，在政治学研究成果中所占的比例也是较少的，可以用"不成比例"来形容。我们仅根据《中国政治学年鉴 2002》提供的"部分政治学论文索引"，对"民主理论"、"政治制度"、"政治文化"、"政治行为" 4 个领域的成果作了分析，比例如下，民主理论：22/95，政治制度：2/17，政治文化：3/41，政治行为：7/59，其中，每项的分子为外国政治和政治制度研究的论文数，分母为该项研究的论文总数。为了进一步说明这个问题，我们通过中国期刊网进行了有关研究成果的检索（检索结果见表 8-1），对检索结果加以分析，可以看出以在"篇名/关键词/摘要"检索项以"政治"作为首次检索词，命中数为 61 133 篇，二次检索以"理论"和"方法"为检索词的命中数两项合计为 14 024 篇，以"中国"为检索词的命中数合计为 14 861 篇，以"国际"为检索词的命中数合计为 4 789 篇，以"比较"和"外国"为检索词的命中数两项合计仅为 2 128 篇，这个数字已经说明，"比较"和"外国"两个检索词的命中合计数只是"理论"和"方法"两个检索词的命中合计数的约七分之一。而对"国际"的命中数，我们又作了适当的补充，即以"国际关系"作为首次检索词，检索结果为 7 095 篇，与上述先后以"政治"和"国际"的两次检索结果加起来为 11 885 篇。考虑到外国政治和政治制度研究中有大量的地区研究和国别研究，我又进行了另一组补充二次检索（检索结果见表 8-2），以世界各地区和各地区、各种类型的主要国家作为二次检索词，检索结果相加合计为 9 723，表面看起来，这个结果与"理论"、"方法"、"中国"、"国际关系"似乎比较接近了，其实不然，因为在补充二次检索中，存在大量重复检索结果，如"欧美"与"西方"以及美国、英国、法国、德国、俄罗斯，"东亚"与"东南亚"以及韩国、新加坡、日本，拉美与巴西、墨西哥等。为了测量重复率，我们尝试进行了三次检索，即依次检索"政治"、"西方"后，以"美国"、"英国"、"法国"、"德国"、"日本"为第三次检索词，结果分别为 212、90、46、38、70，合计为 456，与"西方"的命中数 2 576 之比为 17.7%。依次检索"政治"、"东亚"后，以"日本"、"韩国"、"新加坡"为第三次检索词，结果分别为 59、12、5，合计为 76，与"东亚"的命中数 230 之比为

33.0％。而"中东"与"伊拉克"的重复比为 58：242，重复率为 24％，"拉美"与"巴西"、"墨西哥"的重复比为（12＋18）：96，重复率为 31％。据此对我们大体上可以确定地区、国别二次检索合计结果的重复率为 25％，依此计算，2001～2004 年间外国政治和政治制度研究的论文数大约为 7290 篇（见表 8-3）。与政治学学科的其他分支相比，外国政治和政治制度研究毫无疑问是弱势而滞后的。

表 8-1　　　　　中国期刊网政治学分支论文检索统计之一（2001～2004 年）
专栏栏目：文史哲辑、经济政治与法律辑、教育与社会科学辑
检索项：篇名/关键词/摘要

首次检索	检索词	政治	政治制度	政治体制	民主	政党	政治文化	政治发展
	命中（篇）	61 133	7 664	4 865	18 365	2 783	11 479	21 315
二次检索	理论	9 260	1 236	687	2 930	765	1 602	3 822
	方法	4 764	–	290	–	80	129	1368
	中国	14 861	2 537	1 552	5 686	1 253	3 939	6 649
检索词及命中（篇）	国际	4790	–	–	–	–	–	–
	比较	1 936	375	208	600	96	513	718
	外国	192	26	15	52	13	42	88

表 8-2　　　　　中国期刊网政治学分支论文检索统计之二（2001-2004）
专栏栏目：文史哲辑、经济政治与法律辑、教育与社会科学辑
检索项：篇名/关键词/摘要

首次检索	检索词	政治	政治制度	政治体制	政治文化	政治发展
	命中（篇）	61133	7664	4865	11479	21315
二次检索	比较	1 936	375	208	513	718
	西方	2 576	544	235	824	1 054
	欧美	114	17	7	27	44
	东亚	230	20	18	49	106
检索词及命中（篇）	东南亚	165	8	4	32	72
	南亚	51	1	3	3	22
	中亚	164	3	13	18	65
	中东	242	24	19	37	91
	非洲	109	9	5	22	67
	拉美	96	11	4	12	46
	美国	2 407	245	136	390	783
	英国	533	87	31	109	171
	法国	280	50	20	51	89
	德国	299	39	24	55	88
	俄罗斯	630	77	67	96	261

续表

首次检索	检索词	政治	政治制度	政治体制	政治文化	政治发展
	命中（篇）	61133	7664	4865	11479	21315
二次检索 检索词 及命中 （篇）	日本	928	88	78	192	295
	新加坡	83	4	8	16	39
	韩国	138	13	12	36	53
	印度	248	25	12	54	91
	伊拉克	329	12	7	23	72
	南非	41	4	1	17	2
	巴西	46	4	6	9	25
	墨西哥	55	13	1	6	23

注："南亚"因与"东南亚"字词重叠，检索后对结果进行了人工分离。

表 8-3　　　　政治学各分支学科论文检索统计对比 （2001～2004 年）

政治	理论与方法	中国	国际关系	外国政治
61 133	14 024	14 861	11 885	7 920

3. 研究方法仍然比较单一，研究质量相对较低

在外国政治与政治制度研究中，目前国别研究仍然占了较大的比重，比较研究依然很不发达。从表 8-2 中可以看出，以"比较"为二次检索词的命中数为 1 936，相对于各地区、各国家的检索结果，无疑是非常薄弱的。就国别研究而言，不少研究仍停留在制度介绍和现实政治局势评述的层面，尤其是对除欧美、东亚以外国家的研究，大多数属于这类情况。这里以墨西哥为例，依次检索"政治"、"墨西哥"所得命中数为 55，通过逐篇分析，其中并非以墨西哥政治研究为主题而只是在研究讨论其他国家（地区）时对墨西哥有所涉及的就有 29 篇，有一定分析的只有 9 篇（包括对墨西哥政治发展模式、革命制度党下台的原因的分析以及与其他国家的比较等，而这 9 篇的分析深度也不尽相同），其他则是一般的时事评论、普通知识、书评等（见表 9）。应该说，在拉美国家中，墨西哥尚属国内学界研究较多的国家，其研究深度尚且如此，至于其他一些较小的、不大为我国学者所关注的国家，研究的水准就更不乐观了。

表 9　　　　　　墨西哥政治研究论文的类型 （2001～2004 年）

总数	分析性	他国比较	时局评论	历史外交	一般知识	书评	其他	非主题
55	7	2	4	5	1	1	6	29

4. 国别研究的比例不平衡

近年来，尽管研究的对象国有了一定程度增加，研究的视野有了拓展，但过分偏重于

欧美发达国家的状况并没有根本改变。

表 10　　　　　　中国期刊网国别政治研究检索统计（2001～2004 年）

专栏栏目：文史哲辑、经济政治与法律辑、教育与社会科学辑

检索项：篇名/关键词/摘要

首次检索	检索词	政治	政治制度	政治体制	政党	腐败	民主	政治发展
	命中（篇）	61 133	7 664	4 865	2 783	7 310	18 365	21 315
二次检索 检索词及命中（篇）	美国	2407	245	136	77	93	597	783
	英国	533	87	31	47	24	100	171
	法国	280	50	20	28	16	99	89
	德国	299	39	24	43	11	133	88
	俄罗斯	630	77	67	65	22	97	261
	瑞典	11	4	0	6	3	11	6
	澳大利亚	58	9	5	5	2	14	22
	加拿大	55	12	8	4	2	10	13
	日本	928	88	78	59	35	170	295
	韩国	138	13	12	4	20	38	53
	新加坡	83	4	8	10	18	25	39
	印尼	79	6	3	9	6	19	31
	印度	248	25	12	19	9	49	91
	伊拉克	329	12	7	3	0	70	72
	伊朗	48	6	0	2	1	6	2
	以色列	68	2	1	6	3	8	2
	土耳其	34	1	3	2	1	6	0
	埃及	28	2	1	2	0	4	0
	尼日利亚	8	2	0	3	4	8	0
	南非	41	4	2	2	2	27	2
	巴西	46	4	6	6	5	11	25
	阿根廷	50	7	1	2	3	4	20
	智利	8	2	0	0	0	3	3
	墨西哥	55	13	1	10	13	9	23

　　表 10 的统计数据显示，对发达国家政治和政治制度的研究成果远远多于对发展中国家的研究，以印度和美国为例，它们分别是关于发展中国家研究和发达国家研究的论文最多的研究对象国，印度研究论文数却只相当于美国研究的论文数的 10.3%。再如东亚地区，日本与韩国、新加坡、印尼虽然同为东亚国家，但是韩国、新加坡、印尼研究的论文

数分别只有日本研究论文数的 14.87%、8.94%、8.51%。

国别研究的不平衡不仅表现在研究成果的数量上，更表现在质量上。这种不平衡可以从三个方面来考察，一是经过 20 多年来的发展，对发达国家尤其是大国的研究已经比较深入，如前所述，已深入到比较具体的制度和机制、政治发展的比较具体的时段，所运用的方法也比较成熟，而对其他国家（包括发展中国家和较小的发达国家）的研究则基本上停留在一般介绍的层次上，有分析深度的成果较少。二是在发展中国家，对东亚国家的研究比较深入和成熟，形成了学界比较普遍接受的命题和概念，如"威权政治"研究，其他地区，除了拉美、阿拉伯研究比较兴旺外，其他地区的研究比较表层、比较零星。三是东亚研究中又集中在 20 世纪 80 年代以来经济成长比较成功的所谓新兴工业国家韩国、新加坡以及泰国、印尼、马来西亚等，而其他国家则少有关注。偶有注意的也只是因为该国发生了惊天大事，如王室血案后的尼泊尔。缅甸、孟加拉国虽然都是我国的周边国家，竟然少有研究，这是令人遗憾和困惑的。

四、该学科专业领域在"十一五"期间的发展趋势

进入"十一五"后，随着社会主义政治文明建设的发展、民主法治的推进、社会科学的繁荣，政治学也必将有一个大的发展，作为政治学的重要分支之一，外国政治和政治制度的研究也理应并且可能实现更快的发展。具体来说，将出现如下趋势：继续坚持以历史唯物主义作为总的指导，以更加开放的眼光面向世界、认识外国，对外国政治和政治制度研究的总体水平将进一步提高，比较政治学的理论研究将会有新的突破，外国政治和政治制度的研究方法将更加多样化，研究的范围和视野将进一步拓展，对发展中国家的研究水平和深度将会有显著的进步，尤其是将会有更多的分析性研究成果，外国政治和政治制度研究将对于我国全面建设"小康社会"和社会主义政治文明建设和政治发展、对于我国制定国际战略和外交政策发挥更加积极的作用。

（一）比较政治学学科建设的跨越式发展，初步改变政治学学科分支配置不合理的局面

政治学学科的研究生培养将在巩固、稳定现有学位授予授权点的基础上继续发展，因而"中外政治制度"专业的硕士点和博士点也将相应发展。在硕士生培养层次，一些学校已经积蓄了有一定实力的外国政治和政治制度的教学和研究力量，正在酝酿设立"中外政治制度"硕士点，尤其是已经在"政治学理论"硕士点设置了"比较政治"研究方向的学校，如北京师范大学、山西大学、东北师范大学、华南师范大学、外交学院、上海师范大学、西北大学。在博士生培养层次，随着国家积极鼓励申请设立一级学科博士学位授予授权点、鼓励以获得一级学科授权的单位自主设置博士研究生专业，一些正在积极创建一级学科博士点的高校在获得授权后将逐步设置"中外政治制度"专业的博士点，如北京师范大学、山东大学、东北师范大学、天津师范大学，还有一些学校则可能在已有的或将要建立的"政治学理论"博士点开辟"比较政治"的相关研究方向，如中国政法大学、南开大学、中山大学和北京师范大学、东北师范大学、山西大学等。西部地区的一些高校，由于种种原因，政治学学科的研究生培养发展相对比较缓慢，但有的学校利用了其与中亚、西亚、南亚地区靠近的地理便利和居民的民族、语言、文化等方面的便利条件，

在对这些地区的研究方面形成了一定的优势，在国家对西部实行政策倾斜的背景下，都有可能在近几年获得"政治学理论"专业的博士点并随之设立"比较政治"或国别政治、地区政治的博士生培养研究方向，尤其是目前已具备一定实力、并且现已有"中外政治制度"的硕士点或已在"政治学理论"专业设立了"比较政治"研究方向的学校，如云南大学、四川大学、西北大学。

（二）比较政治学的理论与方法研究和运用正酝酿较大的突破

近年来，比较政治研究的方法论问题已经引起越来越多的学者的重视，成为我国比较政治学研究的重要内容。总体上说，外国政治研究中单纯的国别研究、表层性制度介绍将继续占有一席之地，但所占的比例将有所减少，而比较研究将有所加强。由于国外比较政治学所采用的诸多分析模式已被广泛地介绍到国内，不少学者已超越了单纯介绍的阶段，开始有意识地运用这些理论模式进行对外国政治和政治制度的研究，如政治发展模式分析、政治文化分析、政治参与分析、结构功能分析、第三世界本土化发展理论、国家和社会关系理论、民主模式的类型学比较、个案研究和变量研究、体系理论模式、比较现代化研究模式、社会—政治结构研究模式、集团理论模式、官僚权威主义理论模式等。但总的来说，我国学者在历史唯物主义的指导下，将对这些分析模式加以消化、改造，立足于现实的国内社会政治条件创造性地运用，尤其是运用经济—政治关系方法，分析不同类型、不同地区、不同发展阶段的国家的政治和政治制度，将是研究方法的主流，并将比较政治文化、比较政治现代化和后发展国家政治发展理论融汇其中。

（三）国别政治研究的范围将进一步拓展，实现"多极化"

1. 发达国家政治和政治制度研究将进一步深化。
2. 东亚、中东、拉美国家的政治和政治制度研究将趋于成熟。
3. 俄罗斯、东欧、中亚政治研究将在稳步发展中深入。
4. 非洲国家政治研究将引起更多关注。
5. 热点地区的政治和政治制度研究将不断提出新的课题。

（四）问题研究将更加"多样化"

1. 各国政治现代化、民主化的模式分析及其比较研究。
2. 政治发展与政治稳定的比较研究。
3. 各国法治和宪政发展及其比较研究。
4. 政党政治和各国政党执政方式、执政规律的比较研究。
5. 议会制度和议会政治及立法听证、立法监督的比较研究。
6. 不同类型的国家政治腐败的表现形式和反腐败的制度建设比较研究。
7. 国家与社会关系的跨国比较研究。
8. 各国政府对经济进行干预和控制的模式。
9. 各国的处理突发事件和灾难的机制研究。
10. 各国社会利益的协调机制及其政治学分析。
11. 宗教政治研究，尤其是全球化背景下伊斯兰的复兴及其面临的挑战研究。

12. 大国国际战略和外交政策形成的利益性机理和制度性机制研究。

13. 国家结构形式与民族整合、国家认同研究。

（五）关于加强外国政治和政治制度研究的 3 条建议

1. 外国政治和政治制度研究，无论资料搜集、实际调查还是学术交流，都需要比一般理论研究和本国政治研究付出更高的成本，因此，国家应加大资金支持的力度，至少第一步要改变目前投入过少，与政治学其他分支学科不成比例的状况。

2. 对外国政治和政治制度的研究，对研究者在外国语的掌握、背景知识的积累，都有更高的要求，研究也有更大难度，更需要研究者具有甘于寂寞、拒绝浮躁，潜心治学的精神，因此，国家对他们应多予鼓励。在认识上要继续严格区别面向世界，了解世界和"全盘西化"、"崇洋媚外"，要确立下述观念：基础研究与现实问题研究同等重要，本国问题研究与外国问题研究同等重要，面向世界与面向社会基层同等重要。

3. 目前我国使用的学科专业目录，存在一些与国际通行学科分类相悖的情况，政治学学科尤其如此，其中，"中外政治制度"可以参照国际通行的专业设置，分为"中国政府与政治"与"比较政府与政治"。

项目主持人和报告执笔人：谭君久（武汉大学）
参加调查人员：
    高春芽：比较政治学的理论与方法、外国政治制度与政治的研究通论
    徐　琳：外国议会和议会制度研究
    宋腊梅：外国政党和政党制度、执政方式研究
    藤白莹：西欧、北美及澳大利亚、新西兰政治制度与政治
    严友良：东亚、东南亚、南亚各国政治制度与政治
    唐　颖：中东、阿拉伯、非洲各国政治制度与政治
    王季艳：俄罗斯、东欧、中亚各国、拉美国家政治制度与政治

读书札记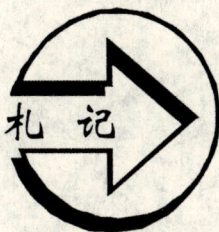

"劳动人本政治观"的理论内涵

——对《广义政治论》一个重要范畴的再思考

尚重生*

摘要："劳动人本政治观"不仅是《广义政治论》的重要概念，而且是一个极为丰富的理论系统。它由六个子概念组成其独特的范畴结构，作为一种理论，它不仅有着自己的方法论基础：唯物史观、实践认识论和劳动决定论，而且具有其固有的价值取向：人民至上和劳动至尊。"劳动人本政治观"的理论品质是人本性和人道性、超越性和理想性、大众性和世俗性。

关键词：劳动人本政治观；方法论基础；理论价值取向

《广义政治论》——政治关系社会化分析原理（武汉大学出版社，2004年版）是刘德厚教授多年潜心研究政治学基本理论的一部力作，这本书不仅体系宏大，内容丰富，而且建构确立了许多非常重要的一般理论和基本范畴，笔者在阅读该著的过程中，得到了许多启发，尤其是对之提出的一个理论范畴——"劳动人本政治观"很感兴趣，觉得有必要对这一概念进行深入的探讨。

政治观问题是政治学基本理论的重大问题，其属于政治哲学的范畴。它既有人们对于人类政治现象的认知理念、情感态度，也包括人们观察政治的角度和视域、立场和方法。刘德厚教授在其所著的《广义政治论》一书第二部分第五章第二节中，提出了"劳动人本政治观"这一重要的广义政治学范畴。笔者认为这一范畴的提出，并不是作者在广义政治论写作中为了构建体系所使用的简单概念，而是深思熟虑、精心凝练的一个理论创新。也就是说，无论从概念结构、方法论基础，还是价值取向及内在品质上看，"劳动人本政治观"都有着极为丰富的理论内涵。

一、"劳动人本政治观"的概念结构

"劳动人本政治观"这一范畴，从语词单位上看，至少由五个既相互联系又相互独立的概念组成：①劳动，②劳动人，③劳动人本，④人本政治，⑤劳动人本政治，算上"劳动人本政治观"本身，总共有六个概念。

"劳动"，作为"劳动人本政治观"的首要概念，它的含义，正如《广义政治论》中所述："在一般意义上，'首先是人和自然之间的过程，是人以自身的活动来引起、调整和控制人和自然之间的物质变换的过程'。这一过程是有意识的，人的'劳动过程结束时

---

* 武汉大学政治与公共管理学院副教授。

得到的结果，在这个过程开始时就已经在劳动者的表象中存在着，即已经观念地存在着。他不仅使自然物发生形式变化，同时他还在自然物中实现自己的目的，这个目的使他所知道的，是作为规律决定着他的活动的方式和方法的，他必须使他的意志服从这个目的'。可见，人性的三要素（自然性、社会性、意识性）同人的劳动要素组合形式和发展状况密不可分。劳动过程，就'它的简单的抽象的要素来说，是制造使用价值的有目的的活动，是为了人类的需要而占有自然物，是人和自然之间物质变换的一般条件，是人类生活的永恒的自然条件，因此，它不以人类生活的任何形式为转移，倒不如说它是人类生活的一切社会形式所共有的'。"① 劳动创造了人和世界，劳动是理解人类社会发展的一把锁钥。在"劳动人本政治观"这一范畴中，劳动是其基石和关键，劳动人，劳动人本，人本政治这些概念的内涵都是基于劳动而存在的。

"劳动人"，首先是劳动的主体，是劳动过程的主导者和承担者，他起着组织、协调和控制的作用。作为主体，劳动人"总是自然界中惟一具有能动性的力量，始终扮演着改造自然、改造世界的角色。人的能动性在从社会实践到社会认识的过程中，都是以主体性形式表现出来的，或者说，人在劳动生存过程中和通过劳动自觉不自觉地顽强表现出自己的主体性。如果说生存需要是一切生物的共同本能，那么以劳动作为谋取生存和发展的惟一手段，则是全体人类的共同特性。人的劳动和社会实践是人的能动性之源、生命之基，这就是人之为人的主体性"②。其次，劳动人也是政治的主体。在政治生活领域，劳动人的主体性表现为政治的主体性，正如亚里士多德所言，人天生就是政治动物，注定要过城邦的生活。人要寻找有意义的优良的社会生活，要过善的生活，就要设计必要的政治制度，并且建构这种政治制度的道德承诺，这样一来，人就不可能不是政治人即政治的主体。因此，是劳动人，就是政治人；是劳动的主体，就一定是政治的主体。二者是内在统一的。

"劳动人本"是相对"劳动异化"的一个概念。马克思在他的早期著作《1844年经济学哲学手稿》中，对劳动异化进行了完整而又系统的揭示和描述，他认为，雇佣劳动者在劳动活动中遭受着人的三重异化之苦。一是劳动目的的异化：劳动不是为了劳动者的自由和生命意志，而是为了给资本家创造剩余价值；劳动不是为了劳动者的快乐和幸福，而是为了给剥削阶级生产物质财富。二是劳动过程的异化：劳动的过程并不是自主的创造活动，而是痛苦的生命体验。三是劳动结果的异化：劳动者创造了美的财富以及财富的美，而得到的却是贫穷和灾难。作为劳动异化的对立面，"劳动人本"意味着劳动是一种自由自觉的活动，是一种自主乐生的创造性活动，劳动者本人的福利就是劳动的全部目的。

"人本政治"是指人民的政治，是劳动者作为政治主体的政治，它既区别于神本政治对神的崇拜和对人的取消，又区别于阶级的政治的非正义和不公平，更不是物本政治的见物不见人。其特点是一切政治权力和政治制度是劳动人民自己设计的，也是为劳动人民自己利益和幸福而设计的，而不是异己于劳动主体，需要推翻和捣碎的东西。

"劳动人本政治"是以劳动为本体的政治设计和政治理想，同时也是一种以劳动为轴

---

① 刘德厚：《广义政治论》，武汉大学出版社2004年版，第137～138页。
② 刘德厚：《广义政治论》，武汉大学出版社2004年版，第118页。

心的政治形态。而"劳动人本政治观"既是一种政治知识论、政治认识论和政治价值观，也是一种政治的观念形态。它认为劳动实践以及劳动主体的利益关系是一切社会关系的主要内容，也是人类政治生活的根本所在。

总之，"劳动人本政治观"有其特定的概念结构，它们之间环环相扣，有着固有的逻辑递进性：劳动→劳动人→劳动人本→劳动人本政治→劳动人本政治观。它给我们指出了劳动及其劳动主体在人类政治生活中的作用以及与人类政治活动的内在相关性。

二、"劳动人本政治观"的方法论基础

为什么要建构劳动人本的政治观？为什么可以建构劳动人本的政治观呢？作为理论的系统，而不是单一的概念，"劳动人本政治观"的确立有着自身的方法论基础，这就是唯物史观，实践认识论和劳动决定论。

首先，马克思主义哲学从其唯物论和辩证法的基本原则出发，不但揭示了社会与自然的联系和区别，而且还进一步说明了社会的本质、社会存在和社会发展的条件、社会的基本结构以及社会发展的动力和规律。在《〈政治经济学批判〉序言》中，马克思写道："人们在自己生活的社会生产中发生一定的、必然的、不以他们的意志为转移的关系，即同他们的物质生产力的一定发展阶段相适合的生产关系。这些生产关系的总和构成社会的经济结构，即有法律的和政治的上层建筑树立其上并有一定的社会意识形式与之相适应的现实基础。物质生活的生产方式制约着整个社会生活、政治生活和精神生活的过程。不是人们的意识决定人们的存在，相反，是人们的社会存在决定人们的意识。社会的物质生产力发展到一定阶段，便同它们一直在其中活动的现存生产关系或财产关系（这只是生产关系的法律用语）发生矛盾。于是，这些关系便由生产力发展的形式变成生产力的桎梏。那时社会革命的时代就要到来了。"① 从这段被誉为历史唯物主义的"压缩饼干"的经典话语中，我们可以清楚地知道，是生产力决定生产关系和上层建筑（经济基础只是占主导地位的生产关系）。而在由劳动者、劳动对象和劳动工具三要素组成的生产力中，劳动者又是生产力的主导因素。没有劳动者使用劳动工具作用于劳动对象的劳动，物质的生产力便不能存在。所以，在唯物史观中，是劳动主体的劳动形成了物质的生产力，进而形成了整个社会的经济结构、政治结构和文化结构。因此，无论社会的政治，还是政治的社会都是建立在以劳动主体为本的劳动过程基础上的。

其次，劳动是人类的实践活动，正是在劳动的实践中产生了认识。所谓实践是认识的来源、目的、动力和认识正确与否的检验标准，说的就是这个道理。人类的各种政治观，归根到底都是起源于人的劳动实践的，是实践的广度和深度直接或者间接地决定着人类政治观的内容和形式。劳动人本政治观扎根于劳动，也就昭示了"实践第一"的认识论的唯物论和辩证法。

再次，劳动决定论是劳动人本政治观最为深刻的理论土壤。众所周知，在自然界向社会飞跃的过程中，在人和人类社会形成的过程中，劳动是一个决定性的条件。劳动不仅把人类社会和自然界分离开来，同时又把二者联系起来，即劳动毫不间断地实现人和自然之间的物质和能量的变换，从而使人类社会能够继续存在和发展下去。这就是说，劳动不仅

---

① 《马克思恩格斯选集》，第 2 卷，人民出版社 1995 年版，第 32 页。

促进了人类社会的形成，而且推动了人类社会的发展。马克思指出："任何一个民族，如果停止劳动，不用说一年，就是几个星期，也要灭亡，这是每一个小孩都知道的。"① 可见，劳动是人的生命存在和全部社会生活的基础和源泉。与此同时，劳动又是人们全部社会关系形成和发展的基础，劳动不仅生产出为人们生存和社会生活所必需的劳动产品，而且同时也生产着人与人之间包括政治关系在内的各种社会关系。

总之，不难看出，劳动是一切历史的前提和基础，只要人类历史在继续，劳动就永远是它的前提和基础。所以，劳动人本政治观，无论是其内容、形式，还是其所关注的各种政治利益关系都是植根于劳动的土壤的。

三、"劳动人本政治观"的理论价值取向及内在品质

任何理论都有自己的价值取向，任何理论体系都不可能是价值中立的，标榜其价值中立本身就是一种明显的价值取向。作为一种丰富的理论系统，"劳动人本政治观"有着自己明显的理论价值取向和理论品质。

笔者认为，首先，"人民至上"是"劳动人本政治观"首要的价值取向。讲劳动，就必须讲谁在劳动。因为没有脱离了具体人的抽象的劳动，劳动必然有劳动者即劳动主体。显而易见，在"劳动人本政治观"里，劳动只能是广大人民的劳动。正是千千万万劳动大众的劳动，才建构了人类社会及其文明，才有了政治、经济、文化等社会物质现象和精神现象。人民，只有人民才是历史的创造者。所以，"劳动人本政治观"把人民放在了最为重要的位置，毫不掩饰这种理论的人民本性。如果要对之进行阶级分析的话，这种政治观就是要公开地为劳动人民辩护。

其次，"劳动人本政治观"认为"劳动是至尊的"。劳动创造了一切，劳动决定了一切、影响了一切，政治生活是在劳动的实践中生成的，政治利益和政治关系都是在劳动中搭建的。没有正确劳动观的政治观是不可理喻的。因此，应该倡导以劳动为本的人本政治观。

"劳动人本政治观"不仅有其极为凸显的价值取向，而且有着极为宝贵的理论品质。这个品质就是人本性和人道性；超越性和理想性；批判性和解构性；大众性和世俗性。具体来说，人本性就是坚持以劳动为本，以劳动者为本，而不是以统治者为本。人道性是指它始终把劳动着的人放在第一位，高举人民的旗帜，强调相信谁，依靠谁，为了谁从来就是政治统治的根本问题。只有人道的政治和为民的政治才具有真正的合法性和有效性。超越性是指它斩断了阶级分化和纷争的乱麻，直接指出劳动和劳动人民相对于政治形态的重要性是显而易见的不争事实。理想性是指"劳动人本政治观"有着高远的政治理想，它指出了未来社会劳动为本、劳动和谐、劳动自由自觉乃至劳动快乐的社会状态。大众性是指"劳动人本政治观"具有通俗性和易懂性，通过宣传，完全可以成为广大劳动人民掌握并且践履的政治理论。

总而言之，"劳动人本政治观"是《广义政治论》的一个极为重要的理论概念，它的提出不仅阐述了一种政治观，而且指出了人类政治事务的发展趋势和大的方向。是人类社会在从阶级的政治走向非阶级的政治的漫长过程中，必须确立的一种政治理念。

---

① 《马克思恩格斯选集》，第4卷，人民出版社1995年版，第368页。

当然，以上所述，只是笔者在阅读《广义政治论》一书过程中的一点粗略思考，该书所提出的涉及政治学基本理论的诸多问题，需要我们大家一起进一步地思考和探讨，以不断推进政治学基本理论的研究和知识的普及。

学 术 动 态

"政治文明与政治体制创新"研讨会综述

虞崇胜* 王洪树**

为了建设社会主义政治文明，推进中国政治体制创新，武汉大学政治与公共管理学院和政治文明与政治发展研究中心于 2006 年 5 月 26~28 日召开了主题为"政治文明与政治体制创新"的学术研讨会。与会学者包括复旦大学林尚立教授、华中师范大学徐勇教授、国家行政学院许耀桐教授、中国社会科学院政治学研究所杨海蛟研究员、南开大学杨龙教授、中国政法大学陈红太教授，以及武汉大学政治与公共管理学院刘德厚教授、谭君久教授、虞崇胜教授、施雪华教授、张星久教授、叶娟丽教授等 30 余人参加了会议。研讨会收到 20 余篇专题论文。与会学者在研讨会的发言和提交的论文中，对当代中国政治发展的形势做了科学理性的分析，对政治文明发展与政治体制创新的前沿问题进行了广泛深入的探讨，提出了一系列富有创意的观点，进一步明确了中国政治文明建设和政治体制创新以及中国政治学发展的方向和路径。

一、当代中国政治发展形势的理性分析

关于当代中国政治发展的形势，与会的学者经过充分讨论，从总体上形成了一个基本的判断：即中华人民共和国成立将近六十年（即"花甲之年"）了，改革开放也快三十年了，经过几十年的改革和发展，中国政治发展正在进入一个新的发展时期——政治体制创新期；与此同时，中国政治学恢复和发展也已快三十年了，应该是进入"三十而立"，上一个新的台阶的时候了。因此，无论是中国政治发展抑或是中国政治学都将进入一个新的发展时期。

刘德厚教授认为，中国政治学自恢复以来的这二十几年是在培养人才，划清学科范围，建立学术平台，引进外国思想，同时对中国的现实情况做一些调查和研究，培养起了一批中国学者。现在政治学应该是"三十而立"的时候了，中国政治学的发展也应该上一个新的台阶。而召开此次会议，就是要通过提倡政治体制创新，酝酿浓厚的"上台阶"的气氛。他要求后继的政治学者以现实主义的社会主义者的眼光，肩负起自己的历史使命，以勇于创新的精神在中国社会"双重转型"（即由传统社会向现代社会转型，同时在实现现代化过程中建立和健全社会主义制度；也就是：现代化 + 社会主义制度化 = 社会"双重转型"）的大背景中创造出符合中国国情的具有中国特色的政治学学科语言，说自己的话，想自己的问题，表达自己的意见。他认为西方政治思想可以供我们学习，开拓我

＊ 武汉大学政治与公共管理学院教授。
＊＊ 武汉大学政治与公共管理学院博士生。

们的眼界，但反对按照西方的模式来改造中国，反对跟着外国思潮亦步亦趋。他希望在讲体制创新的时候，首先应该有学科的创新和基础理论的创新，应该根据中国的实际建立若干中国人自己总结出来的基本范畴和基本概念，写出几十本、上百本可供西方学者和中国的学生了解中国政治学学科研究的著作。以一个政治学先行者的身份，他呼吁年轻的政治学者确立大志向，站在大时代，做出大成果，把中国政治学学科向前推进一步。

林尚立教授认为当代中国政治发展面临的问题不再是价值选择问题，而是路径选择问题。因为民主共和已成为确定的价值理念，内化为中华民族的精神。从合理的选择来看，他认为中国政治发展的基本原则已经确立，围绕基本原则也建立了相应的制度，现在的问题是对中国根本政治制度的进一步完善，让它有效地运作起来。

虞崇胜教授十分鲜明地提出，改革开放以来，中国政治发展如同经济发展一样取得了巨大的成绩，如果从政治发展理念、政治发展模式和政治发展道路三个层面来看，中国政治发展总体经历了两次重要的转型：第一次转型从1978年党的十一届三中全会开始，即从以阶级斗争为纲的政治发展向以经济建设为中心的政治发展的转变；第二次转型从2002年党的十六大以来，即从以经济建设为中心的政治发展向以人为本的政治发展的转变。毫无疑问，以人为本的政治发展理念的确立必将对中国政治发展模式和发展道路产生重大的影响。

根据中外政治发展的历史经验、中国政治发展的现实要求和政治发展的理论逻辑，虞崇胜教授进而提出中国政治发展已经进入了体制创新期。他认为，中国现行的政治体制经过近六十年的磨合，基本的矛盾和基本的问题已经比较清楚。社会主义市场经济体制基本建立、公民自主意识和权利意识普遍提高、政治指导者的领导能力大大增强，所有这些都为政治体制创新做好了准备。因此，从总体上看，中国政治体制创新的基本条件已经基本成熟。

徐勇教授则提出了中国政治体制改革为什么步履艰难的命题。他认为主要原因是当代中国政治建设中充满着悖论。最大的悖论是政治文明建设的取向是建设一个现代国家，但是面对的又是一个以农民为主体的农民社会。这个悖论使中国政治发展充满着变数。其次是现代国家的二元价值不平衡或冲突。现代国家是一个民族国家，它的政治逻辑是追求主权，是按集权方式来配置权力。与此同时，它又是一个民主国家，以人民的同意为合法性的来源，要求按分权方式来配置权力。在21世纪，建立一个民主国家可能会成为中国政治发展的主导性任务。

施雪华教授对中国政治发展的形势做出了独特的理性判断。他认为在未来二十年里，中国政治体制只有小的、一点一点的创新，不可能出现大规模的政治体制创新。因为，中国现阶段政治体制大规模创新的基本条件还不具备。从历史来看，没有一个国家大规模的政治体制创新时，社会能量是有限的，社会没有给它以足够的压力。所以，即使现在进行大规模的体制创新，结果也不会是好的。因此，他认为在未来二十年能够大展拳脚的空间是在经济社会领域，即公民社会领域。

二、政治文明和政治体制创新前沿问题探讨

在充分讨论当代中国政治发展形势的基础上，参会的各位学者就政治文明和政治体制创新的一些前沿问题进行了深入的探讨，在思想的交锋中进行理性的沟通。各抒己见，求

同存异。具体而言，这些问题主要涉及以下几个方面：

第一，政治思维方法和研究方法的探讨

杨海蛟研究员认为思维方法是所有研究方法中最高层次的方法。随着科学发展观的提出和认识的深化，政治思维应该发生一个变化。因为在政治现象还存在的前提下，政治具有极大的渗透性。而现在社会科学的各个学科边界划分又越来越模糊。这就要求思考政治问题的时候，思维应该有所调整，可以把政治的问题放在一个社会的总体布局中去思考。为此，要转变20世纪五六十年代遗留下来的"经济决定政治，政治反作用于经济"的这样一种思维，而树立全面、协调、可持续的科学发展观的思维方法。否则，政治体制改革、政治体制创新和政治文明建设会受到很大的局限。刘德厚先生则主张树立政治学学科是个大学科、大学问的观念，反对将政治学庸俗化、生活化。因为政治学研究的是整个政治主体的全局利益，它要把人类社会古今中外的人们之间的社会政治利益关系综合到一个现实的集中点上来，以寻求解决的办法。在此观念的指导下，政治学者应该肩负起历史使命，自觉追求现实主义和未来主义的结合，关注中国的现实问题，建立起具有自己基本范畴和基本概念的政治学学科体系。

第二，政治发展或政治体制创新的路径选择和总体架构问题

刘德厚教授认为，政治体制创新是个总体概念。凡是符合民主和社会发展的，就是好的，就是创新。中国现阶段的改革不是西方式的发动群众从下到上的推倒重来，而应该是从上到下有领导、有秩序的，根据改革近三十年的经验和教训总结出来的三个方面来进行，即国家坚决实行制度化的、逐步完善的人民宪政，政党——特别是中国共产党——应该下大决心实行依法执政，基层人民群众有充分的自由按照自己的意愿自主生活。三者结合，就能很好地创造政治体制改革的模式。而现在的关键是执行。

徐勇教授认为我国现行的政治体制还是符合人们过良好生活的需求的取向的。未来的中国政治发展首先是实现自由。因为没有自由的民主是没有根基的民主。而政治体制改革或创新要得以有效进行，需要三个条件。一是有独立的经济运行体制，能保障人们不受非法干涉，维持正常的生活；二是有稳定中立的行政体制，政治体制的主要改革还应该是强调行政如何为经济服务和提高行政效率；三是在前二者已经具备的基础上，推动政治民主。中国的政治民主建设应是可控的，能够保障经济政治体制相互促进，在经济高速增长的同时避免大范围、高强度的政治动荡。

通过历史的考察，林尚立先生提出中国民主成长周期的命题。他认为中国的民主成长要经历三个阶段：一是国家主权阶段，该阶段建立起了主权国家，为民主成长提供了基础；二是个体独立阶段，该阶段的改革由国家启动，改革的动力在于分权，而分权的后果就是每个人都有获益的可能，社会开始发生革命性的变化；三是构建社会平等，即解决政治平等的阶段，该阶段启动在社会，运作在国家，民主成长将在国家体制上表现出来。而他分析认为，中国民主成长的切入点就是创建一个有机的社会生活，从责任角度建构民主。责任应该成为构建民主的一个重要指标。为此，中国民主建设应该注意公民精神的培育、社会团体的发展、社会平等的促进、政党政治的理性和协商社会的形成。

纵观二十多年的改革实践，许耀桐教授认为政治体制改革虽然有所进步，有过突破，但是步履蹒跚，多有曲折。结合"十一五"规划的精神，他认为政治发展应该从消除体制性障碍入手。而探讨和解决政府权力职位由谁授权、政府体制怎样才算是科学的等这些

真正的、深层次的"体制障碍"问题，涉及政治体制改革。为消除这些体制性的障碍，他认为政治体制改革的主要内容应包括八个方面，即政治权力职位授予方式改革、党政关系和党政体制改革、政府职能转变和机构改革、干部人事制度改革、决策体制改革、司法体制改革、权力制约和监督体制改革和执政党自身改革。

陈红太教授则概要的表述了其对政治体制创新的总体思考。他的思考的基本立论点是中国的政治和政治制度有它自己的独特性，不能讲与西方接轨。因为它是按照马克思的基础理论而建立起来的。他认为中国政治构架的一个基本点就是两个联合体。一是人民联合体，其核心是党和人民的关系问题；一是公共权力联合体，即人大和"一府两院"的关系问题。而对中国政治构架的总概括就是党领导人民依法行使当家作主的权力。为此他提出了一个中心（即走中国的政治体制创新和政治文明创新的道路），两个基本点（即培育公民社会和建设民主政治），三个统一（即党的领导、依法治国和人民当家作主的统一）和四个核心理念（即科学、自由、民主和法治）等范畴和界定，为中国政治建设展示了一幅总体构架。

从政治经济学的分析角度，陈云副教授探讨了开放体制下中国社会新的制度变迁传导机制的形成。她认为邓小平开发战略形成的"开放体制"（具体表现为"举国体制"）给中国社会的制度变迁架设了一个新的管道。在开放体制下，国际社会和国内社会之间形成互动（即传导），举国体制及其功能和副作用使得经济问题和政治问题复杂地纠缠在一起，引致经济领域的制度变迁逐渐走出单纯的经济领域，进入社会、政治层面的制度变迁。针对国际与国内、经济与政治之间的制度变迁传导机制的形成，陈云女士认为与其说是人为推动，还不如说是由于新的生存必需、生存法则的出现而带来的一种必然的结果。

基于对人的理性和中国政治建设的后发地位的辨证分析，博士生王洪树认为中国政治体制建构应该走一条理性设计为辅和自然进化为主相结合的道路，有领导、有步骤的选择有利时机渐进推动政治体制创新。一方面，可以剥离西方资产阶级民主建设中的阶级性内容，借鉴西方民主建设的共通经验，节省政治体制创新的试错成本；另一方面，结合中国的政治国情，对现有的根本政治制度予以体制性的完善，在民主导向下增加其复杂性、自主性、适应性和连续性。

第三，政治文明发展和政治体制创新的基础理论问题

杨海蛟教授认为政治文明与政治体制创新是一个宏观的理论问题。而这种宏观性的、价值性的和规范性的研究是推动政治发展必不可少的重要内容。改革是扬弃，而创新则是要建立新的东西。为此，要求政治学者辨清政治体制、政治制度和政治运行机制等概念的区别与联系，分清政治体制的内涵和外延。否则，概念的混淆往往会限制研究的视野，对现实政治生活中的改革和创新造成很多失误，带来很多问题。同时，要把政治文明建设的成果落实到政治体制上来，通过政治体制的创新来推动政治文明的建设。刘德厚教授就政治体制创新的理论基础建设进一步指出，在讲体制创新的时候，首先应该有学科创新，学科创新应该有基础理论的创新。在没有基础理论创新的前提下，中国的体制创新搞不好就会走向邪路。刘海涛先生则给出了一个新颖的分析视角，他认为政治衰败和政治发展的真正原因在于政治知识供给的差异。因此他从政治科学的分析视角，对政治发展和体制创新所需知识的生成和供给进行了制度性的探悉。他认为政治领域的制度化对抗与冲突的知识生成和知识供给原理对于政治发展和体制创新起着关键性的、建设性的作用；政治发展和

政治体制创新必须解决发展和创新所必需的外部知识和内部知识问题。

第四，党和人民（国家政权或人大）的关系问题

就党和人民的关系，陈红太教授认为其中有两个维度。一个是党如何领导人民，另一个是人民如何认同党的领导。党领导人民有两种方式，首先是领导党民主方式，即党制定方针政策，起着模范带头作用，领导人民实行自治；其次是执政党民主方式，即党代替人民直接执掌政权，然后个人不断扩大民主。在这两种方式中，他本人倾向于赞成领导党民主。在人民如何认同党的问题上，他认为有三个定位，即党要领导和支持人民当家作主、维护和实现人民的根本利益、实现人的全面自由解放。他认为推动、实现这三个定位，人民就会认同党。王维国先生则从人民代表大会的职能作用来分析党和人民的关系。他认为党的领导、人民当家作主和依法治国三者统一是政治文明建设的原则。而三者统一的落脚点是人民当家作主。因此，从人民代表大会发挥的职能来看，它应该是政治文明发展与解决党和人民关系的一个主渠道。从社会力量整合的角度，储建国副教授认为自20世纪中叶开始，中国建立了以行政权力为中心治理体系，改革开放后，通过精英合作式的行政吸纳在很大程度上实现了社会精英之间的合作，缓和了精英与大众的矛盾。但行政吸纳没有突破自己结构性的缺陷，尤其是政治体系的功能错位不仅没有得到纠正，而且还可能被强化。为克服其弊端，应该探索新的党如何整合社会力量的方式。为此，他提出了以"一党立宪"的方式进行政治吸纳，即在中国共产党的领导下，以完善宪定根本政治制度为主轴，不断扩大政治吸纳的空间，有步骤的兑现对人民的民主承诺。而林尚立先生则从民主集中制这个党和国家政治生活的根本原则出发，认为民主集中制为解决民族和国家的整合提供了一个组织原则。随着国家和社会互动的加强，逐渐产生了有机的公共生活领域。政党成为有机的公共生活的主体和代言人。但有机的公共生活的维系，应从个人出发，每个个人都应承担起他应该承担的生活责任。为此，在党整合社会力量时，应该实行制度化的民主和制度化的集中。而随着分税制的实施，中国的制度化民主和制度化集中已经有了运作的基础。

第五，党和政府的关系与政府和人民的关系问题

针对党和政府的关系，许耀桐教授认为目前党政关系表现为党高于政，党决定政，是以党治国的体制。在这种体制中，表面上有政府体制，但实际上没有、也不可能有独立的政府体制，党自身就是一个强势国家政权组织。在党可以对政府发号施令的情况下，党实际上起着第一政府的作用，而政府成为党支配下的第二政府。因此，以党治国的体制是党政不分、以党代政的根源，应该加以改革，实行党政分开。以国家政权为中心，执政党采取对国家政权提出大政方针的建议、通过法律程序立法、由国家政权决策执行的方式来实现党的领导，实行民主式的执政。具体来说，就是确立一元的政治体制、独立的政府体制。共产党作为执政党，应采取选派党的干部通过选举进入政权机构任职，贯彻党的执政方针，实现党的领导。

而谈到政府和人民的关系时，陈红太教授则以为，从党的十四大以来，中国政治发展开始了重大转型，借鉴西方的经验，建设廉洁、低成本和高效的政府来处理政府和社会的关系。其中，很多方面是学习西方的。针对这一点，他提出了一个新颖的视角，即从社会主义的理念角度来考虑中国政治建设。他认为中西政府的根本区别在于"民主"两字上面。中国建立的政府是要实现四个民主，即民主选举、民主决策、民主管理和民主监

督。西方政府在行政过程中根本不存在民主决策和民主管理的内涵。而中国的政府在决策中要吸取广大社会力量的意愿，把最广大人民的意愿集中起来进行决策。在管理过程中，很多管理也依靠社会组织来参与管理，社会组织参与管理就是民主管理的过程。在处理政府和人民的关系上，中国政府与西方政府截然不同。

第六，党内民主和政党制度问题

党内民主建设是当前民主建设讨论的一个热点。针对此热点，许耀桐教授从四个方面分析了实行党内民主的原因。一是党的八大是发展党内民主的先驱。党的八大决议就明确指出，必须在党的各级组织中无一例外地贯彻执行党的集体领导原则和扩大党内民主，要促进党内民主高涨。二是发展党内民主是世界大趋势。三是马克思主义历来主张发展党内民主。恩格斯针对共产主义者同盟的建立曾要求，组织本身应该是完全民主的，一切都按照这样的民主制度运行。四是以党内民主带动人民民主是民主建设的可行之路。当前中国的民主建设，党内民主是重点，应该先行一步。因为政党组织和党员经过了专门有素的训练，在党内先开展民主建设，比直截了当地在社会开展民主，容易避免风险和失误。而实行和发展党内民主，首先要保障党员的权利义务，从基层党组织做起，然后逐级而上实现全党民主。最后，许先生强调指出，发展党内民主是共产党人的神圣职责。

而谈到政党制度时，杨龙教授认为中国发展道路的一个成功经验就在于实行了适合中国情况的政党制度，即中国共产党领导下的多党合作和政治协商制度。中国这种独特的政党制度是否能够存续，取决于中国共产党的执政能力。因为中国共产党面临的任务是在市场经济制度下，面对社会中广泛存在的多元利益主体，在不实行竞争性政党制度的情况下，如何保证自己作为居于领导地位的执政党的代表性和先进性。为了解决上述问题，他认为应该从三个方面加强中国的政党制度建设。一是真正落实"三个代表"重要思想，特别是代表最广大人民的根本利益，以不断获得统治的合法性。二是建立一个健全有效的党的监督制度。三是探索更为合适的党政关系。针对社会主义市场经济制度建设中的党政关系的变化，即政府改革的趋向是从经济和社会中"退出"与党对社会的控制和领导在增强的这种现象，他认为并不是一种"逆"改革开放而动的举措，而是在新的发展阶段上社会和国家发展管理的一种新的形式。

政治学理论、中外政治制度和相关专业的博士生和研究生参加了研讨会。与会学者强烈的历史责任感、开阔的理论视野、精彩的理论热点探讨，赢得了大家的热烈掌声，引起了强烈的时代和理论的共鸣，启发了深邃而又广阔的理论思考。

"珞珈政治学论坛"学术沙龙活动持续举行

"珞珈政治学论坛"是在武汉大学政治与公共管理学院支持下，由政治学系与国际关系学系主办的一个持续性的学术沙龙活动。该"论坛"于2005年3月创办，2006年6月以前，由施雪华教授主持，名为"现代政府和政治发展学术论坛"。2006年9月以来，改名为"珞珈政治学论坛"，由刘俊祥教授主持。

"珞珈政治学论坛"作为一个政治学学术思想交流与传播的开放式平台，自创办以来，除武汉大学谭君久、虞崇胜和张星久等教授以及各相关专业的师生之外，华中师范大学、中南财经政法大学、中国地质大学、武汉理工大学、江汉大学等在汉高校以及湖北省社科院政治学专业师生，也热情支持和积极参与。其间，来武汉大学做访问学者和进修的外省市高校（如云南大学、西南政法大学等）的教师、留学生也参与了论坛的一些活动。

"论坛"创办之初，就确立了论坛的宗旨和意义，在于交流学术思想；撞击学术火花；训练学术思维；激发学术智慧；促进学术互动；提倡学术规范；增进学术民主；活跃学术气氛；提升学术品味；提高学术水平。论坛一般每学期举办4次，在每个月的中下旬举行。要求学术活动严格遵守四项基本原则，在讨论中遵循民主和平等原则。每期确定一个主题和主题发言人，学术讨论围绕主题问题并针对主题发言进行。

该"论坛"自举行第一期学术沙龙活动以来，到2007年4月，已经举办了19期。各期举行的时间、主题和主题发言人如下：

（1）第1期于2005年3月30日举行。主题是"《反国家分裂法》的政治学解读"。主题发言人是武汉大学尚仲生副教授。

（2）第2期于2005年4月13日举行。主题是"社会转型过程中的底层情绪化和分配危机"。主题发言人是武汉大学柳新元教授。

（3）第3期于2005年5月18日举行。主题是"当代中国的政治参与：现状与未来"。主题发言人是武汉大学储建国副教授。

（4）资料暂缺。

（5）第5期于2005年9月14日举行。主题是"和谐社会与政治整合"。主题发言人是武汉大学尚仲生副教授、袁银传教授。

（6）第6期于2005年10月19日举行。主题是"政治庇护制度与东亚政治发展"。主题发言人是武汉大学储建国副教授。

（7）第7期于2005年11月16日举行。主题是"复合制国家结构与冲突的解决"。主题发言人是武汉大学李晶副教授。

（8）第8期于2005年12月21日举行。主题是"当代中国户籍制度与城乡二元结构"。主题发言人是华中师范大学贺东航博士后。

（9）第9期于2006年3月1日举行。主题是"当代中国政治发展的第二次转型"。

主题发言人是武汉大学虞崇胜教授。

（10）第 10 期于 2006 年 3 月 15 日举行。主题是"外朝化与边缘化：中国近官嬗变研究——以'朗官'为个案"。主题发言人是武汉大学史云贵博士后。

（11）第 11 期于 2006 年 4 月 12 日举行。主题是"农民理论与新农村建设"。主题发言人是武汉大学袁银传教授。

（12）第 12 期于 2006 年 5 月 17 日举行。主题是"男女的权力意识和行为的差异及其原因"。主题发言人是武汉大学尚重生副教授。

（13）第 13 期于 2006 年 6 月 26 日举行。主题是"中国的现代国家建设与现代公民社会的成长"。主题发言人是华中师范大学贺东航博士后。

（14）第 14 期于 2006 年 9 月 26 日举行。主题是"中国政治体制改革：目标设定与路径选择"。主题发言人是武汉大学教师，唐皇凤博士。

（15）第 15 期于 2006 年 10 月 25 日举行。主题是"中国基层选举制度创新"。主题发言人是华中师范大学吴理财副教授。

（16）第 16 期于 2006 年 11 月 29 日举行。主题是"当代中国国企工人正义观研究"。主题发言人是武汉理工大学黄岭峻教授等。

（17）第 17 期于 2006 年 12 月 27 日举行。主题是"协商民主理论及其在中国的适用性"。主题发言人是武汉大学教师，朱海英博士等。

（18）第 18 期于 2007 年 3 月 21 日举行。主题是"德沃金论自由与平等"。主题发言人是中南财经政法大学葛四友副教授。

（19）第 19 期于 2007 年 4 月 25 日举行。主题是"政治反抗：未被规定的权利"。主题发言人是武汉大学教师，付小刚博士。

（20）第 20 期于 2007 年 5 月 30 日举行。主题是"政治学的科学化"。主题发言人是华中师范大学政治学研究院胡宗山副教授。

（21）第 21 期于 2007 年 6 月 28 日举行。主题是"中国和平崛起的政治意象解读"。主题发言人是武汉大学教师，冯承万博士。

上述已经举行的 21 期学术沙龙活动，所关注和讨论的问题，涉及政治学领域的各方面和各层次。通过这些学术活动，论坛加强了在汉各高校和科研院所政治学研究的协作与交流；为本院年轻的政治学教师提供了锻炼与发展的机会；增强了师生之间的思想交流，培养和训练了学生的观察与思考问题、思想表达与理论研究的能力。论坛的持续举办，为活跃武汉大学和武汉地区政治学的学术氛围，推动武汉大学政治学面向未来的发展，发挥着重要的作用。

该"论坛"活动能够持续地举行，得益于武汉大学社科部、研究生院、政治与公共管理学院等有关部门和领导的支持。武汉大学研究生会、青年传媒和青年新闻中心，在武汉大学"未来网"上，对论坛活动进行了采访报道。其间，湖北电视台等媒体和有关企业的人士关注和参与了论坛活动，这扩大了论坛的学术影响和社会影响。

"珞珈政治学论坛"作为武汉大学政治与公共管理学院进行政治学理论教学、学术研究与思想交流以及青年教师培养的一种实践形式，将继续就政治学领域的理论性、前沿性和热点性问题，举行主题讨论、专题讲座和论题辩论等学术活动。

（刘俊祥　整理）

《珞珈政治学评论》征稿启事

《珞珈政治学评论》由武汉大学政治与公共管理学院政治学与国际关系学系主办，武汉大学出版社出版，每年出版 1~2 卷。本《评论》通过刊登政治学各学科的基础性、前沿性和独创性的学术研究成果及其相应的科研文献资料，为国内政治学界提供一个具有特色的理论研究与学术交流的平台。

一、栏目设置

1. 从《珞珈政治学评论》第 2 卷开始，将设置一些基本固定的栏目：（1）专题论文；（2）常设论文；（3）实证调查报告；（4）书评与读书札记；（5）学术动态等。

2. 所刊载文章的内容，涉及（1）政治学理论与方法；（2）政治文明与政治发展；（3）宪政理论与实践；（4）政治思想与文化；（5）比较政治与政治制度；（6）地方政治与政府治理；（7）国际关系与国际政治等多方面。

3.《珞珈政治学评论》第 2 卷，将设立"当代中国的地方政治与政府治理"专题研究栏。

4. 本《评论》的各栏目，特别是专题研究栏，欢迎学界专家、同行赐稿。

二、来稿要求

1. 论文稿件字数一般在 10000~15000 字为宜。其他稿件可根据具体情况确定字数。

2. 来稿中请注明作者的单位、职称、学位、研究方向、联系电话、通讯地址、邮政编码和电子邮箱，便于联系。

3. 来稿需附上摘要（300 字以内）和关键词（3~5 个）。

4. 来稿请附上英文标题。

5. 来稿请采用"页下脚注"的注释方法，且每页重新连续编号。例如，第 1 页①②③，第 2 页则另起①②③。所引用文献的具体要求是：

（1）中文专著或主编类，应当如：何平：《中国传统政治思维探源》，天津人民出版社 2003 年版，第 49 页；徐大同：《20 世纪西方政治思潮》，天津人民出版社 1991 年版，第 411 页。

（2）中文论文集类，应当如：卢风：《处于国家和个体张力中的人权》，载李鹏程等主编：《对话中的政治哲学》，人民出版社 2004 年版，第 88 页。

（3）中文论文类，应当如：褚松燕.《公民资格定义的解释模式分析》，《天津社会科学》，2002 年第 3 期，第 50 页。

（4）中文译著类，应当如：［美］布坎南等：《原则政治，而非利益政治——通向非歧视性民主》，张定淮等译，社会科学文献出版社 2004 年版，第 1 页。

（5）中文报纸类，应当如：傅达林：《"红头文件"应当接受法律审查》，《工人日报》，2002 年 1 月 17 日，第 2 版。

(6) 中文辞书类，应当如：《辞海》，上海辞书出版社 1979 年版，第 35 页。

(7) 引用原版外文著作，从该文种的注释习惯。

(8) 引用互联网文献的，应当按格式注明文献、详细网址及访问时间。

6. 本刊反对抄袭，来稿文责自负，请勿一稿多投。

三、投稿方式

1. 电子邮件投稿。投稿信箱：

(1) 刘俊祥 xiangjunliu3959@ sohu. com

(2) 戴红霞 ylsyls321@ 163. com

(3) 陈 刚 chengangwuhan@ yahoo. com. cn

2. 纸质文稿投稿（需附软盘）。请寄武汉大学政治与公共管理学院陈刚收。

邮编：430072；电话：13396075602

《珞珈政治学评论》 编委会